# 福山藩地方書の研究

阿部氏治世期徴租法の解明

勝矢倫生
*Katsuya Michio*

清文堂

# 福山藩地方書の研究

## ―阿部氏治世期徴租法の解明―

目次

装幀／森本良成

# 序章　福山藩における地方書研究の課題と展望

## 第一節　福山藩の地方書

本書は、地方書「郷中覚帳」を中心に、「郡中町方明細記」等、福山藩における他の地方書の内容をも併せ解析することを通して、阿部氏治世期福山藩における徴租法の基本構造の解明をめざしている。筆者は、前著『広島藩地方書の研究』（英伝社　平成一一年）において、広島藩の地方書群の分析を通して、徴租法・貢租収納策・勧農策・農村支配政策・地域政策など、広島藩における農政の構造とその変容過程の解明を試みた。本書では、分析の対象を備後国福山藩の地方書に移し、引き続き地方書を活用した近世農政史研究の可能性を追究したい。

地方書《じかたしょ》とは何か。すでに前著の序章で近世地方書の意義について縷々述べたので、ここでは要点を記すに止めたい。地方書とは、徳川期に、代官・手代などの地方役人、あるいは庄屋などの村役人たちによって、天領あるいは諸藩で農政あるいは民政を推し進めるために、その指導書あるいは実務マニュアルとして活用されることをめざして記された著編書を言う。田制・租税徴収法のほか、農村支配・農村生活全般に及ぶ内容を含んでおり、徳川期における農政・農村の実状を探る上できわめて貴重な研究素材である。(1)

地方書の内容はきわめて多様である。地方書と農政書を区別する見解もあるが、(2)現実には、著者の階層あるいは役職上の相違はもとより、その内容によってさえも両者の区別はつけがたく、農村法令書、救荒書、林業書、土木・治水書との区分も容易ではない。児玉幸多氏は「地方とは、広義では行政一般をさすが、近世では主として郷村支配のことをいう。地方書とはそれに関係あることを扱ったもの」と述べられたが、(3)地方書の定義として単純ながらかえって現実的である。

本書の考察において、その中心的史料としての位置を占める地方書「郷中覚帳」は、単に福山藩における地方所務の解説書、関連法令を収録した農政法令集であるだけでなく、手歩・合毛・綿高・鍬下年季など徴租法にかかわる諸数値の算出法を事例を挙げつつ詳細に解説した地方算法書としての性格をも兼ね備えたきわめて優れた内容の地方書である。ここに言う地方算法書とは、郡村における田制・徴租法・普請などに関連する諸々の計算方法を解説した著編書を指す。佐藤常雄氏は地方算法書を「算法書と地方書を結合させた地方手引書」と説明されたが、(4)正鵠を射た定義であると思われる。徳川期の地方算法書として、村田恒光「算法地方指南」(天保七年・一八三六)、秋田義一編「算法地方大成」(天保八年)などがよく知られている。

福山藩の地方書について一言しておきたい。伝存する福山藩の地方書はきわめて数が限られ、「郷中覚帳」・「郡中町方明細記」・「郡中諸見分覚書」など数編にとどまる。これは農村法令集を含め一〇編を越える地方書の伝存がみられる隣藩の広島藩に比べ、著しく趣を異にしている。

数の少なさだけではない。筆者は前著『広島藩地方書の研究』において、広島藩における農政あるいは地方支配の動向との関連を探りつつ、同藩における農政批判書としての地方書四編を取り上げ、その解析を試みた。それらの広島藩の地方書の著者たちは、旺盛な観察眼と批判精神を駆使して郡村の動向を探り、諸制度・諸政策が現実に農民にいかに受け止められているかを問いただし、ある者は冷静に広島藩の農政に論評を加え、またある者は熱意を込めてその改革を提言している。福山藩においてはそのような藩政あるいは農政に批評を加えた内容をもつ地方書の存在は知られていない。

## 第二節　地方書「郷中覚帳」の成立

本書で解析を試みる地方書「郷中覚帳」はどのような経緯によって成立をみたのだろうか。福山城博物館附属鏡櫓文書館鶴賓文庫所蔵による慶応元年(一八六五)書写本の奥書には、藤駒亀兵衛なる者が福山藩郡方役人・岡本膳兵衛が記した覚書を同年九月に借り受けて書写したと記されている。[(5)] しかし、岡本膳兵衛による覚書「郷中覚帳」そのものも他の郡方役人の覚書の記事を取り込みつつ編まれた。そのことは慶応元年書写本の本文「一稲検見」の項にみられる「右之通、池田要平次ノ手帳之内書抜」、また、「卯九月三日記与覚ニ有之」などと記されていることから明らかである。このような先行地方書の改筆・増補は近世地方書著述の一般的スタイルであり、広く見られることであった。

では、岡本膳兵衛著「郷中覚帳」はいつごろ成立したのか。慶応元年写本の記事の内で最も新しい事項を記すのは、「七　稲束改」に載せられた「文化元子歳左之通印鑑来ル、吟味役江相廻ス」と前書きして記された三吉村光善寺の稲束改めの記事である。おそらく岡本本「郷中覚帳」は文化初期に完成をみたと考えられる。同帳には福山藩寛政改革に関連する多数の記事が挿入されており、特に「廿五　諸見分一件」には、相当の紙数を費やして同改革の折りに発令された諸法令が網羅所載されている。福山藩寛政改革が一段落したこの時期、岡本膳兵衛は、郡方役人の一人として、ほぼ成功裏に終わった寛政改革の余韻に促され、まだ冷めぬ緊張感をもって同帳を編んだのであろう。

これまでこの岡本膳兵衛著「郷中覚帳」は池田要平次が記した原著に増補改訂を加えて成立した地方書であると言われてきた。[(6)] しかし、地方書「郷中覚帳」の系譜をめぐる問題はそれほど単純ではない。岡本本「郷中覚帳」は「池田要平次ノ手帳」をはじめ、他の先行地方書を含む多様な文書の記事を抜粋・集成して成立したと考えられるのである。その手掛かりは、文化六年(一八〇九)に成立をみた「郡中諸見分覚書」(福山城博物館附属鏡櫓文書館中井家文庫所蔵)によって得られる。同書は、その巻末に「文化六己巳歳冬写之　広田守訓」と記しているとおり、文字通りの写本であり、後述するとおり「松永村塩浜古検新検之畝歩」の項を割愛した以外、原本に大きな改編・増補を加えた兆候はみとめられない[7]。「郡中諸見分覚書」の記事のなかでは、「六　古キ川成類起シ返之事」に含まれる明和四年（一七六七）未九月における沼隈郡早戸村の荒地・替地・新発改めに触れた記事[8]が最も新しく、それを降る年代の記事はみられない。したがって、「郡中諸見分覚書」は明和四年以後に纏められた地方書を写し取って成立したことは明らかである。この「郡中諸見分覚書」の記事は、一部記載順が異なる項目や内容に若干の差異がある項目はみられるものの、岡本膳兵衛著「郷中覚帳」にほぼすべて所載されている。明らかに岡本膳兵衛は自らの「郷中覚帳」の一部の記事を広田守訓が「郡中諸見分覚書」に書写したと同一の素材を用いて編んだのである。

岡本膳兵衛「郷中覚帳」に「右之通、池田要平次ノ手帳之内書抜」の記事がみられることを先述した。同書の何カ所かに「池田要平次ノ手帳」から抜粋した旨を記した上、記事が挿入されているが、「郡中諸見分覚書」には「池田要平次ノ手帳」はおろか、池田要平次の名前に触れた記事すらいっさい現われない。

岡本膳兵衛「郷中覚帳」、広田守訓「郡中諸見分覚書」の両書とも共通して出所として挙げているのは「郷中覚帳」である。表序―1は、広田守訓「郡中諸見分覚書」と岡本膳兵衛「郷中覚帳」にそれぞれ収録されているすべての項目を挙げ、両書の構成の比較を試みたものである。同表からも知られる通り、両書とも第二五項は「免定奥印之事」であるが、同項末尾にいずれも「委細者郷中覚帳ニアリ」と記されている。「二一　綿検見」には、両書ともに「卯九月三日記与覚帳ニ有之」の記事がある[9]。ほかにも両書にあらわれる「覚」・「覚帳」はこの先行地方書「郷中覚帳」を指すのであろう。岡本膳兵衛による「郷中覚帳」以前にすでに同名の祖本「郷中覚帳」が成立していたのであり、岡本膳兵衛・広田守訓が手にしたのはさらにそれに幾人かの地方役人たちが手を加える形で伝えられていた写本であった。岡本膳兵衛はこれに「池田要平次ノ手帳」からの書き抜きをはじめ、多数の増補・改訂記事を挿入し、増補本「郷中覚帳」を成立させたのである。

| | | | |
|---|---|---|---|
| ⑱ | 新屋鋪分地幷新発鍬下 | ⑱ | 新屋敷分ケ地幷新発鍬下 |
| ⑲ | 作場廻り之事 | ⑲ | 土免幷検見引類極ル定 |
| ⑳ | 土免幷検見引類極ル覚 | ⑳ | 手城村潮廻し反別 |
| ㉑ | 手城村潮廻し反別 | ㉑ | 諸作物出来高大旨幷蒔時種積 |
| ㉒ | 諸作物出来高大旨幷蒔種積 | ㉒ | 村々役目割 |
| ㉓ | 村々役目割 | ㉓ | 検見之節覚 |
| ㉔ | 近在村々迎馬無之分 | ㉔ | 近在村々地廻り迎馬無之分 |
| | | | 亥(年代不明)9月7日の郡奉行からの通達によって14ヵ村が地廻りに迎え馬なしとなったと末尾に但し書き追記。 |
| ㉕ | 免定奥印之事 | ㉕ | 免定奥印之事 |
| ㉖ | 氷打麦見分之事 | ㉖ | 氷打麦見分之事 |
| ㉗ | 機役 | ㉗ | 鍬下之事 |
| ㉘ | 宗門奥判相済日 | ㉘ | 備前検地 |
| | | ㉙ | 御城下町並家数人別幷道程外共 |
| | | ㉚ | 御城内 |
| | | ㉛ | 六尺寸壱分間竿之始り |
| | | ㉜ | 四木三草之事 |
| | | ㉝ | 作場廻り之事 |
| | | ㉞ | 合羽代之事 |
| | | ㉟ | 諸見分一件 |
| | | ㊱ | 検地心得之事 |
| | | ㊲ | 機役 |
| | | ㊳ | 沼隈郡畳表機役 |
| | | ㊴ | 大川井手掛り村々 |
| | | ㊵ | 服部大池掛り |
| | | ㊶ | 炭山見分積り |
| | | ㊷ | 請山見分積り |
| | | ㊸ | 宗門奥印相済日 |
| | | | 奥印日と春の鍬下見分出在の日程を調整する必要性を述べた1項目。 |
| | | ㊹ | 畳表鋪料運上無之分先々代ゟ定り |
| | | ㊺ | 塩浜 |
| | | ㊻ | 土之善悪見分九ヶ条 |
| | | ㊼ | 御村里善悪見分五ヶ条　(標題のみ本文なし) |

注1)岡本膳兵衛「郷中覚帳」・広田守訓「郡中諸見分覚書」ともに各項目の標題は各書の冒頭に付された目録の表記ではなく、本文に記された標題の表記に従った。

注2)○内の数字は「郷中覚帳」・「郡中諸見分覚書」それぞれにおける各項目の掲載順序を示す。

注3)両書に同一、あるいはほぼ同一の標題がつけられている項目に網掛けを付した。同一の標題の項目で、両書に異なる記事がみられる場合、標題の下に、欄を設けて簡単にその内容を記した。同じく同一の標題の項目で、若干の語句の相違はみられるにせよ、まったく同一内容で両書の内容に相違がみられない場合は網掛けを付した標題のみを表示した。

出所)広田守訓「郡中諸見分覚書」・岡本膳兵衛「郷中覚帳」(福山城博物館附属鏡櫓文書館中井家文庫・鶴賓文庫所蔵)

**表序−1　広田守訓「郡中諸見分覚書」・岡本膳兵衛「郷中覚帳」の構成の比較**

| | 広田守訓「郡中諸見分覚書」 | | 岡本膳兵衛「郷中覚帳」 |
|---|---|---|---|
| ① | 人別作平均稲検見之事 | ① | 人別作平均稲検見之事 |
| | 検見の際の歩刈の項1項目。 | | 寛政5年(1793)の村々への布令2項目。大検見・小検見・人別作平均検見の解説各1項目(池田要平次の手帳から書写したと記す)など、計6項目。 |
| ② | 綿検見 | ② | 綿検見 |
| ③ | 川欠鍬下改 | ③ | 川欠鍬下改 |
| | 長和村羽原入の事例、起こし返しの推進策、2間竿の使用についてなど2項目。計3項目。 | | |
| ④ | 見取場新開改 | ④ | 見取場新開改 |
| ⑤ | 新屋敷斗代違竿入改様之事 | ⑤ | 新屋鋪斗代違改様之事 |
| ⑥ | 古キ川成類起シ返之事 | ⑥ | 古キ川成類起し返之事 |
| ⑦ | 稲束改 | ⑦ | 稲束改 |
| | | | 延享4年(1747)・宝暦3年(1753)の役人出在時の荷物などについての記事(池田要平次の手帳から書き抜いたと記す)2項目。文化元年(1804)三吉村光善寺の稲束改めの記事1項目。 |
| ⑧ | 田畑一毛荒改 | ⑧ | 田畑一毛荒改 |
| | 水入一毛荒改帳の作成事例。 | | 村々斗代・合毛の算出事例に追記。 |
| ⑨ | 抜綿改 | ⑨ | 抜綿改 |
| ⑩ | 多葉粉見分之事 | ⑩ | 多葉粉見分之事 |
| ⑪ | 藺田見分之事 | ⑪ | 藺田見分之事 |
| | | | 正徳元年(1711)高須村藺田見分出郡役人名についての1項目。 |
| ⑫ | れんしゃく痛麦見様之事 | ⑫ | れんじゃく痛ミ麦見分之事 |
| | | | 安永4年(1775)5月服部永谷村の降雹についての1項目。 |
| ⑬ | 手城村瓜・西瓜作様之事 | ⑬ | 手城村瓜・西瓜作様之事 |
| ⑭ | 稗田 | ⑭ | 稗田之事 |
| ⑮ | 当国古来ゟ升替定法 | ⑮ | 当国古来ゟ升替定法 |
| | | | 山田白麦の升替の数値を「7升」(寛政6年・1794)の改訂分に訂正。 |
| ⑯ | 一村坪入検見之事 | ⑯ | 一村坪入検見之事 |
| | | | 大検見の説明1項目。 |
| ⑰ | 喰溜米定 | ⑰ | 喰溜米定 |
| | | | 正徳元年(1711)・寛保3年(1743)の上中下喰溜米量併記。寛政2年(1790)諸役方出在時賄い献立に魚禁止、野菜に限定されたとの記事。 |

この祖本「郷中覚帳」は地方書「郡中町方明細記」(福山市芦田町福田・宮崎家所蔵近江家旧蔵文書)の成立にも大きな役割を果たした。(10)「郡中町方明細記」には、享保元年(一七一六)の品治郡今岡・助元両村の新発屋敷など三項目について述べた「郷中覚帳書抜」の項があり、「松永村塩浜古検新検之畝歩」の項には「明和二酉年郷中覚帳之写」の書き入れ記事がみられる。(11)前者の記事は岡本膳兵衛「郷中覚帳」・「郡中諸見分覚書」には載せられていないが、後者は相当の補筆を加えた上で、「四五　塩浜」として岡本本「郷中覚帳」に所載されている。また、「諸作物出来高幷蒔時種積り」(12)の記事は岡本膳兵衛「郷中覚帳」・「郡中諸見分覚書」・「郡中町方明細記」のいずれにも所載されている。すでにこの記事は祖本「郷中覚帳」に盛り込まれていたものと推測する。

「郡中町方明細記」の成立時期は安永六～八年(一七七七～九)頃と推定できる。その根拠は、同書中の最も年代の新しい所載記事は、「一　安永六丁酉年山手・下岩成・長和・早戸御検見出在、小幡平右衛門給人御勘定方鑓為持罷出候事」であること、また、表紙に続く同書の冒頭に年号別に年を追って書き込まれている干支が元文元戊申年に始まり、安永八己亥年で筆が措かれていることに求められる。(13)

一方、祖本「郷中覚帳」はいつ頃成立したのか。岡本膳兵衛「郷中覚帳」・「郡中諸見分覚書」のいずれからも確たる手掛かりは得られない。既述の通り、「郡中町方明細記」には、古くは享保元年の記事、最も新しくは明和二年の記事が祖本「郷中覚帳」から転載されていた。これはほとんど書写に徹して成立したとみられる「郡中諸見分覚書」の最も新しい所載記事が明和四年(一七六七)であった事実と符合する。祖本「郷中覚帳」の成立時期は明和四年以降であったのであり、その後も、多数の地方役人たちによって書写が繰り返され、記事の削除・補筆・改訂が重ねられた。すでに触れた通り、広田守訓は、半ば定本化し、地方役人たちに広く利用されていた祖本「郷中覚帳」の補筆改訂本を入手し、これを書写することによって、文化六年(一八〇九)、「郡中諸見分覚書」を完成させた。また、これよりやや早く、文化初期に、岡本膳兵衛も、おそらく広田が用いたと同一内容の祖本

「郷中覚帳」の改訂本の記事をベースに増補本「郷中覚帳」を編んだのである。

岡本膳兵衛「郷中覚帳」に載せられた「池田要平次ノ手帳」の記事から同手帳が纏められた年代を特定することは難しい。同手帳の記事には、延享四年(一七四七)・宝暦三年(一七五三)の二つの年代しか現われない。おそらく祖本「郷中覚帳」と同じく明和初期か、それを遡る数年間のうちに纏められたと思われる。

ともあれ、一八世紀中期、それ以前の多数の記事を集めて明和期に成立した祖本「郷中覚帳」は、後続の福山藩の地方書の素材としてきわめて重要な役割を果たした。その成立からほぼ一〇年後、安永期において、同帳は「郡中町方明細記」の編集に際して多数の素材を提供した。祖本「郷中覚帳」はその後も多数の地方役人たちによって手が加えられ、その約三〇年後、文化初期に、その補筆改訂本は、同じく明和期前後に纏められたとみられる「池田要平次ノ手帳」などとともに、岡本膳兵衛に採択され、さらに大幅な増補・改筆を施され、新たな「郷中覚帳」として蘇生した。また、ほぼ同時期に、広田守訓によって同じ改訂本は「郡中諸見分覚書」として写し取られた。一方、岡本膳兵衛筆「郷中覚帳」もまた、幕末期、藤駒亀兵衛に書写され、今日に伝えられたのである。「郷中覚帳」の系譜をめぐるこれらの歴史は、明和期に成立した祖本「郷中覚帳」がきわめて優れた内容を具え、福山藩の地方役人たちに永く支持され続けたがゆえに生み出されたのだと言えよう。

# 第三節　阿部氏福山藩政における地方書「郷中覚帳」の位置

## (一)　初期阿部藩政の動向

元禄一一年(一六九八)における水野氏の断絶後、短期間の天領時代と、元禄一三年(一七〇〇)からわずか一〇年間に終わった松平忠雅時代を経て、阿部正邦《まさくに》が下野国宇都宮藩から福山藩一〇万石に入封したのは宝永七年（一七一〇）のことであった。この間、元禄一二年（一六九九）五月末から九月末まで、岡山藩によって代行実施され、翌一三年に検地高の確定をみたいわゆる福山藩備前検地（元禄検地）によって、水野氏一〇万石の旧領は一五万石と査定され、そのうち天領分五万石を除く一〇万石が松平・阿部氏の所領高となった〈その後、享保二年（一七一七）、天領のうち二万石が豊前中津藩奥平氏の飛地に編入された〉。水野氏時代に比べ、三分の二の財政基盤で藩政を展開せざるを得ない現実は、その後の阿部氏福山藩の財政を常に圧迫する桎梏《しっこく》となり、同藩の地方支配を硬直化させる素因となった。

本書の課題である「郷中覚帳」をはじめ、福山藩の地方書の分析を円滑に進めるために、煩を厭わず、阿部藩政の展開過程を一瞥《いちべつ》しておこう。それによって、福山藩の地方書の中心的位置を占める「郷中覚帳」の成立動機をさらに深く探る糸口を得ることもできるであろう。福山藩政史については、刊行後すでに相当の歳月が経過しているが、『福山市史中巻』・『広島県史近世1』・『同近世2』の水準を超える論考は未だ現われていない。両著の論考を参考に、極力両著の著者の方々が用いた参照・引用史料に遡りつつ、初代藩主・阿部正邦から、二代正《まさ》福《よし》、三代正右《まさすけ》までの初期阿部藩政の推移を地方支配の動向を中心に略述しよう[14]。

阿部正邦は、寛文一一年（一六七一）、武蔵国岩槻藩九万九〇〇〇余石を襲封後、天和元年（一六八一）、丹後国宮津藩九万九〇〇〇余石、元禄一〇年（一六九七）、下野国宇都宮藩一〇万石、宝永七年（一七一〇）、備後国福山藩一〇万石と一代で三回の移封を余儀なくされた。したがって、福山藩主としての在任期間は短く、晩年のわずか四年六カ月に過ぎなかった。宝永八年、村々にいわゆる「宝永差出帳」の提出を命じて、領内村々の村高・戸口・牛馬数、水野・松平氏時代の租税徴収法・五人組制度等の慣行を調査し、領内の把握に努めた。正徳元年（一七一一）には郡奉行から郡方三十五カ条の条目を発令させて領内統治に意を注ぎ、同三年には村入用の確定をはかるなど藩制整備に努めた(15)。

跡を引き継いだ正福は、藩主就任三年目の享保二年(一七一七)に領内惣百姓一揆に遭遇し、その後、村役人の綱紀粛正、村方の夫役負担の公平化をめざす「役目割」の石高割への変更や農家経営の分解の阻止を狙った分地・結婚年齢制限令を発令するなど農村経済の安定と地方支配の強化をめざす施策を実施した。しかし、享保一七年(一七三二)に発生した享保の大飢饉、また、寛保二年(一七四二)における利根川の御手伝普請によって、いったん安定の兆しがみえた福山藩の財政は再び窮地に追い詰められた(16)。

続く正右は、京都所司代・老中などの幕府要職を歴任、定府政治を展開した。二八年の藩主在任期間のうち二五年間幕府の要職にあったため、江戸・京都に居住し、藩政はもっぱら国元老臣に委ねられた。このため江戸諸入用・役職昇任のための諸費用が膨張したにもかかわらず、福山領内は、寛延元年(一七四八)、宝暦二年(一七五二)、同三・五・六・七・一二年と、相次ぐ干魃・風水害・流行病・飢饉の連鎖に見舞われ、諸村の損毛夥しく、藩財政はさらに逼迫した。寛延元年に藩札の通用を強制したが、財政的苦境が強まるとともに濫発が進行し、宝暦二年(一七五二)、藩札価値の下落に対処するために新札を発行し旧札との引き替えを強行した。翌三年、郡中村々に石高割二五〇貫、福山城下・鞆町に一〇〇貫の御用銀を賦課したことを契機に領内全郡に及ぶ惣百姓一揆が発生し、御用銀の撤回、藩札通用の停止を認めてようやく収拾をはかっている(17)。

しかし、藩府は、藩財政の逼迫を乗り切るために財政収入補強策を継続せざるを得なかった。一揆後間もない宝暦六年、再度藩札発行に踏み切り、明和元年(一七六四)には神戸商人・俵屋孫三郎を札元とする新藩札を発行して旧札との引き替えを強制した。また、同年、いったん緩めていた綿の流通統制策を強化し、運上所の増設と抜け綿の監視強化をはかり、領内で生産の拡大が進む綿の流通量を把握し、これを運上銀の獲得に結びつけるなどの諸施策を講じている。明和三年には、国元大目付の名で、藩内の綱紀粛正と五万石大名の格式並みの質素倹約を求める緊縮政策の実施を命じたが、さほどの効果を収め得なかった(18)。

## (二)　明和～天明期における福山藩政の展開

阿部氏福山藩第四代藩主・正倫《まさとも》の治世は、明和六年(一七六九)の襲封以後、享和三年(一八〇三)まで、三四カ年余の長きに及んだ。前述した通り、祖本「郷中覚帳」も池田要平次の手帳も、正倫の襲封後数年間のうちに纏められたと推定され、岡本膳兵衛増補による「郷中覚帳」も正倫による福山藩寛政改革の成果を基礎として編まれた。直接的に、あるいは間接的に地方書「郷中覚帳」の成立・成熟の契機となった正倫による福山藩政とはいかなるものであったか、その展開過程をやや立ち入って考察しよう。

正倫は藩政改革への強い意欲を抱いて藩政を開始した。明和六年、叔父の安藤主馬を御勝手御用に任じて江戸藩邸の綱紀粛正に当たらせ、翌七年には安藤を福山御勝手御用・郡中御用掛りとして国元に派遣し、藩政改革に取り組ませた。しかし、同年八月に発生した惣百姓一揆によって改革はあえなく頓挫した。明和七年春、福山領内は連年の凶作により飢餓人の発生をみたが、これに加えて六～八月、深刻な干魃に見舞われ、稲作・綿作合わせて六万石に達する地域に損毛が生じた。同年四月、旧札を廃止し、いわゆる大坂五軒屋(19)を札元とする新藩札の通用を強制したことによる領民の不満も重なり、同年八月、安那郡川南・川北村に端を発する一揆は全藩に及ぶ惣百姓一揆に拡大した。一揆農民の要求は、村役人の交代、年貢・諸運上の減額・年賦払い、質物・借銀の年賦払い、小作料の免除などであったが、諸税にかかわる訴願は大筋で認め、質・借銀・小作料は領民間の私的な問題としながらも当年に限り要求を認める姿勢を示した(20)。

正倫は過去三代の藩主がそれぞれ一部分ずつ身に帯びていた阿部藩政の矛盾のすべてを一身に体現する藩主であった。第一に、彼は、藩主在任中、幕閣の要職を歴任し、長期間にわたり定府政治を展開した。安永三年(一七七四)

に奏者番、同八年寺社奉行兼任、天明七年(一七八七)には老中に昇任し、このため藩主の江戸定府と多数の家臣の江戸詰めが必要となった。また、昇任のために多くの費用を要することになり、江戸諸入用は膨張し、藩財政を圧迫した。藩府は藩政機構の簡素化・役方費用の節減に努めるなど緊縮政策を遂行したが、施策の重点は、相次ぐ御用銀の賦課と、上下銀・大坂大名貸の融資を引き出すことによってとにかく急場を凌ぐことに置かれた。[21] [22] すなわち、第二に、正倫もまた、逼迫する藩財政の下で、膨張する江戸諸入用を捻出すべく、本来の租税徴収仕法の原理・原則を無視した臨時課税・御用銀の賦課に頼る財政政策を常套手段として展開せざるを得なかった。

第三に、藩主の定府によって、領主不在の領国の政治は国元の老臣に委ねられたが、政策推進のヘゲモニーそのものは領主の信認を得た特定の家臣に握られることになった。

土井作治氏の「阿部家分限記録帳」を用いた算定によれば、明和初期の阿部氏の知行取・扶持人総計は二四〇二人で、そのうち国元役人数は一四〇〇人(五八・三%)、江戸詰役人数は九七三人(四〇・五%)、大坂・京都・伏見・奈良詰役人は二九人(一・二%)であった。知行取石高では、国元二万八三四五石(七〇・三%)、江戸詰一万一八四二石(二九・四%)、大坂そのほか一三〇石(〇・三%)、米俵取では、国元一万一六一六俵(五〇・八%)、江戸詰一万一一五八俵(四八・七%)、大坂ほか一一六俵(〇・五%)、扶持米取では、国元二九五五人扶持(一四・七%)、江戸詰一万六九一〇人扶持(八四・四%)、大坂ほか一八二八人扶持(〇・九%)であった。土井氏は国元知行取石高が人数に比べて高率になっているのは、阿部家旧臣など上級家臣の多くが藩主不在の国元を守る体制がしかれていたことを意味すると述べられている。[23] しかしそのことは、裏を返せば、進取の気風に富む中堅の力量ある吏僚層の大半が江戸詰に充てられていたことを意味するのであり、領国では老臣たちによる守旧的政治が支配的となりがちであり、国元に有能な中堅の家臣がいたとしても、その数はわずかであり、相互に切磋琢磨・競争・牽制し合う機会が少なかったことをも意味する。そのような国元における政務事情は、下級藩士でもひとたび藩主や上級老臣の信任を得れば、その威信を振り翳して、領主不在の領国において諸施策を専横しうる機会を得る結果をもたらした。

天明初期、軽輩から身を起こした遠藤弁蔵は臨時職「惣郡之御用惣掛、惣纏役」に任じられて財政の実権を握り、領内の農村事情を無視した地方支配を展開した。まず財政面では、天明四年(一七八四)、大坂・福山城下・在郷の有力商人と結んで新藩札を発行し、同五年には、木綿の流通統制を開始する一方、大坂・城下内外からの藩債と上下銀の未返済分を強引に年賦償還に置き換える措置を講じた。税制面では、同六年二月、江戸藩邸火急御用のためと称して先納銀・初納銀の繰り上げ上納を命じたのを皮切りに、御用米間銀・御口入銀・御急用米・御米割・人馬間銀など様々な名目の税目を創り出すと共に、裏判借銀制度・石代納制度などを用いた高利貸的手法によって領内農民から容赦ない収奪を強行した。遠藤による暴政は、領内農民の強い反発と不満を生み出し、天明六年一二月、品治郡戸手村に端を発する惣百姓一揆を惹起することとなった(24)。

遠藤弁蔵が実施した苛烈・性急極まりない諸施策は、財政不如意から一刻も早い脱却を望む藩主・正倫をはじめとする福山藩上層部の潜在的願望を剥き出しの形で体現したものであった。正倫は、一揆の勃発を知った後もなお遠藤を擁護する姿勢を崩さず、藩役人がいったん受理し、藩主への取り次ぎを約した一揆農民の約三〇カ条の要求を一方的に破棄し、石代銀納を相場の安い冬値段で納めることを認める以外の譲歩を示さず、翌年一月二六日を期限に年貢の納入を命じた(25)。

天明七年(一七八七)一月二六日、年貢納入期限当日に一揆は再燃し、前年とは比べものにならない未曾有の規模の全藩を席巻する惣百姓一揆に拡大した。領内ほとんどの月番庄屋・庄屋、また相当数の藩御用達商人が攻撃の対象となり、炊き出しを強制され、家宅を打ち毀され、着物・家具を焼き捨てられるなどの被害を受けた。一揆勢の行動は苛烈を極めたが、領内東西二組に分かれて活動を展開したり、代表者を立てて岡山藩へ越訴を決行するなど、きわめて組織的であった(26)。

おそらく、徳川時代、藩主在任中に二度も百姓一揆の洗礼を浴びた領主はそれほど多くはあるまい。正倫が体現している阿部氏による福山藩政の特徴として、第四に、藩主の領国に対する関心が薄く、そのため領内事情に疎く、領民への配慮・慈愛に欠けた領主支配を展開しがちであった点を挙げておこう。その原因の一端は明らかに長期にわたる定府政治にあったが、徳川初期ならともかく、阿部氏の初代福山藩主・正邦が三回の転封の末、一八世紀に至ってようやく四つめの領国・福山藩に定着したことは、以後の藩主たちに福山領国を束の間の領地とみなす意識を分け持たせ、領民にも親近感を抱きにくい精神的風土を生み出したと思われる。その結果、阿部氏による福山藩の治世は、ともすれば領主の威厳と封建的理念を振り翳すことによって郡村を力尽くで統治しようする傾向を帯びることとなった。

さて、岡山藩への農民越訴の報を受けた藩主・正倫は、遠藤弁蔵の役儀召放・差控えを命じ、農民の要求に応じる決断を余儀なくされた。改めて農民から出されていた約三〇カ条の要求のうち受理したのは、祝儀米・御用銀賦課、年貢・諸役の納入方法、村入用の取り扱いにかかわる要求などであり、庄屋の交代、検見役人の減員、未進年貢・拝借米返済の用捨、畳表運上・綿役所の廃止など、藩支配体制・藩財政に直結することや、村内貸借・質物証文・頼母子講など農民間の私的な経済にかかわることは受理しなかった。しかし、一揆農民の突き上げは激しく、いったん拒否した未進米銀・裏判証文入の預かり銀・村々農民間の借銀などの三〇年賦返済を認め、綿役所による専売制を廃止する措置を取らざるを得なかった(27)。

## (三)　福山藩寛政改革の展開構造

天明一揆の打撃を受け、藩体制の危機を強く意識した藩主・正倫は、天明八年(一七八八)から二カ年の準備的施策を実施した後、寛政二年（一七九〇）から翌三年、自らの親政の下、いわゆる福山藩寛政の改革を推進した。正倫は、定府政治を廃し、直接藩政を主導することによって、先に挙げた阿部氏福山藩政の矛盾のうちの三つを回避したが、権威をもって領民に対し、封建道徳の強制によって領民支配をめざす姿勢は崩さず、むしろこれを強化する方向で藩政改革を推進した。

改革の内容は、藩政機構の簡素化と綱紀の粛正、財政緊縮策、御用達商人への接近策、農政機構の粛正と農村振興対策、民政・教育の重視策に大別できる。土井作治氏が指摘されたとおり、これらの諸施策は、同時期、松平定信によって「享保の制」への復帰をめざして推進されていた幕政改革の政策と酷似しており、職制機構の合理化によって体制強化をはかり、台頭しつつある村落豪農層を取り込みつつ、本百姓体制の再建を達成することが改革の眼目であった(28)。

福山藩寛政改革において実施された諸政策のうち、農政・地方支配にかかわる施策の要点を述べる。寛政初年、藩政機構中の役割ごとにその職務内容・職掌権限を確定する指令が再三発令されたが、郡方支配にかかわる郡奉行・代官・手代についても職責を明確化するとともに、従来のように庄屋を介して郡村を把握するのではなく、直接一般農民の動向を掌握する姿勢を求める通達が出された。また、郡奉行の下に、訴訟出入調役（三人）、訴訟出入認物役（二人）を置いて、郡村における差縺《さしもつ》れに対処する施策を講じた。寛政二年（一七九〇）、領内町村における公事訴訟の迅速化・公平化をはかるべく幕府の「公事方御定書」に倣った「御仕置定式」が制定されたほか、それまで元締支配下にあった代官を郡奉行配下とし、郡奉行（三人）・代官（三人）・代官手代（一二人）に改組し、郡方支配と年貢収納所務の一本化をはかった(29)。

村政機構では、寛政元年（一七八九）、大庄屋を廃止し、世話役（年番）庄屋に改めた。しかし、二年後、再び大庄屋制に復し、その後、文政六年（一八二三）に至り、世話役（年番）庄屋に名称が戻されている。これは、農民の反発を鎮めるために、天明六・七年の百姓一揆において攻撃目標となった大庄屋を更迭して新たに世話役庄屋を任命したものの、役務に大きな変化がなかったことを意味する。手作富農から今や地主層に変貌を遂げつつあった豪農たちは藩政機構の末端に組み入れられ、郡村の総まとめ役として福山藩の地方支配の責任の一半を担わせられたのである。(30)

豪農層を地方支配強化の先兵として位置づけようとする藩府の意図は、彼らに在中合力扶持・名字帯刀御免の特権を与え、在中御用達・在中御用聞などの役職に任じたことによく示されている。寛政五年(一七九三)における在方扶持人は二一人、うち名字帯刀御免は九人であったが、天保期までに、在中扶持一八人、御用達二〇人、名字帯刀御免七二人、在中御用聞は五人に増加している。これは、上層村役人・在方商人を武士身分の末端に引き込み、郡村統治を担うための権威を与えるとともに、彼らに地方支配の責任の一半を背負わせたことを意味する。(31)寛政三年(一七九一)、藩府は、すでに寛保二年(一七四二)に設置をみていた目安箱の詳細な投函規定を定め、諸役人・村方庄屋等の私曲非分を訴え出るときは、無記名・無印でよいとする方針を示した。農民側の不満を下級藩吏と村役人に向けさせて、藩主・藩上層部に対する直接的な糾弾をかわし、自らはその裁定・調停者としての位置を占める巧妙な地方支配を展開したのである。(32)

租税徴収政策では、先の天明一揆の根本的な原因は年貢・村入用・裏判証文預り銀等借銀の上納・返済手続きに対する農民の不満・疑惑にあると捉え、その解消をめざす施策を重点的に展開した。寛政元年、年貢・村入用の取り扱いについて、庄屋・百姓に対して一八カ条にわたる注意書を布達し、翌年には、郡代官・手代に対して農民支配の心得を下命した。庄屋・百姓に対する注意書の要点は、年貢・諸役取り立てにおける庄屋・村役人の権限と責任を明確にすることにあり、末端農民に至るまで負担の内容・方法を納得・了承させ、印形を取って収納させ、関連諸帳面を添付して上納するように求めた。村入用については、費用の一割削減を目標に費目・入用高の縮減をはかり、村役人・村役の給米・賄米の定額化を推進した(33)。

寛政三年(一七九一)には、従来「早米セリ立て」をめざして納米期日を分割し、その日限を強制していた年貢米の収納期日を「早中晩田熟し候上、銘々相励心次第」に納めるように改め、銀納分は、先納銀は八月、麦成銀は九月、初納銀は一〇月、暮銀・小役銀は一二月限りを納付期限とし、晦日までに年貢米銀を完納するように求める書付を村方に布達した。同書付は、これまで年貢の早期迫り立てによって納入に窮した多数の農民が借銀・質入れを余儀なくされ、利銀の累積に苦しんでいたが、百姓が「懐勝手」に応じて自主的に納入できるようになり、これまでの困難が緩和されると、制度改変の意義を強調している(34)。

藩府がこれまで推進してきた年貢米早期皆済策を断念した一因に、この時期、領内に多額の借銀と多数の手余り地を抱え、年貢未進を重ねる難渋村が発生している現実があった。寛政二年、藩府は村々の調査を命じ、極難渋村として認めた村落に拝借銀の申し出を許可した。さらに、年々領内全村で総計一〇〇〇石に達していた貢租賦課の際に実施されていた用捨引を廃止して、これを寛政二年から五年間「被下米」として鞆津へ貸付け、その積立金を六年目から村々の極難渋人の救済に充てる施策を講じている(35)。しかし、このような藩府による難渋村再建策は無力・脆弱であると言わざるを得ない。福山藩では、豪商・豪農層が藩に代わって救恤《きゅうじゅつ》の中心的な担い手となった。彼らは一揆のたびごとに攻撃を受けたことによって、自らの存立基盤である農村秩序の危機を強く意識するようになり、農村経済を安定させる必要性を痛感せざるを得なかった。すでに天明八年(一七八八)に設立をみていた府中市村社倉をはじめ、寛政八年(一七九六)・同一一年の深津郡千田村・市村の宝講、文化元年(一八〇四)の福府義倉は、いずれも相互扶助による農村経済の安定・維持をめざす豪商・豪農の発起によって設立された(36)。

地方支配にかかわる施策では、その他に、寛政三年(一七九一)、「民政教書」・「御尊意被仰出候御書之覚」を全村に配布し、庄屋が村民に毎月読み聞かせる慣例を強制したことは注目される。「民政教書」では、十三経の一つ「孝経」の章句を掲げ、その内容を敷衍しつつ、「孝」・「忠」の意味を説いて領主への絶対的従順を求める一方、「御尊意被仰出候御書之覚」では、儒教的倫理に基づいて、具体的に領民に法の遵守、生活・風俗の自己規制、租税負担の重要性を述べ、領主支配の貫徹をはかろうとした。また、長寿者、孝行・善事を行なった者に褒美を与えて表彰し、村政に貢献した庄屋・村役人に苗字帯刀・扶持米を与えるなど、藩主への尊敬を促す効果を狙った表彰制度を展開した(37)。

### （四）地方書「郷中覚帳」の位置

福山藩寛政改革において実施された諸政策のうちで、地方書「郷中覚帳」に関連する最も重要な施策について、まだ触れていない。それは、寛政六年(一七九四)以降、積極的に推進された検見仕法をはじめとする租税徴収仕法の「古法への立て戻し」政策である。阿部氏が福山に入封した当時に比べて相当減収をみていた貢租収納高(38)の回復をはかるべく租税収納仕法の抜本的な見直しが進められ、その結果、むしろ阿部氏が福山に入部した当初の仕法に立ち返る施策が選択されたのである。岡本膳兵衛「郷中覚帳」に重要な素材を提供した祖本「郷中覚帳」や「池田要平次ノ手帳」の内容はこのような福山藩が寛政改革の後半に至ってようやく見出した租税徴収の基本原理に立ち返る施策を先取りするものであった。

藩主・正倫が襲封直後に推進した藩政改革が百姓一揆によって頓挫した後、藩府は定府政治にともなう財政支出を補填すべくまたしても藩債や御用銀による一時凌ぎの財政補強策に頼る施策を展開していた。展望を待たぬままその場限りの手段によって財政収入の増加をはかろうとする藩府の欲望はやがて農村に向けられ、天明期、福山藩は遠藤弁蔵による暴政の時代に突入していくことになる。今は名も知れぬ祖本「郷中覚帳」の著者や池田要平次をはじめ、福山藩の心ある地方役人たちは、地方支配の現場からそのような現状を空虚な思いを抱きつつ遠望していたのではなかろうか。彼らは多年にわたる地方所務の経験によって、最も有効な財政収入増加策は農村の現状を無視した苛斂誅求などではなく、本来の租税徴収仕法に準拠した収税実務を着実に実行することにあることを確信していたに違いない。しかし、それは農民や村役人に媚びたり、阿《おもね》ったりすることを意味しない。地方役人たちが、むしろ冷徹に徴税にかかわる原理・原則を励行することこそ、領主側はもちろん、長期的にみて村方側の利益にも結びつくことを彼らは見抜いていたのである。

既述の通り、祖本「郷中覚帳」の内容は、文化六年（一八〇九）に成立をみた広田守訓書写「郡中諸見分覚書」から窺い知ることができる。先行地方書「郷中覚帳」の著者は、政策批判・政策構想等、著編者の私見を示す言辞を排し、解説書に徹した筆致で、数値を例示しつつ福山藩の収税実務を解説している。先に筆者は藩政・農政批判を記した福山藩の地方書は見当たらないと述べたが、むしろわれわれは、いっさい私的な見解を差し挟むことなく、冷徹に福山藩における農政の運用原理を明示したところに先行地方書「郷中覚帳」の価値を見出すべきである。

なぜ、先行地方書「郷中覚帳」の著者は強い緊張感を保持しつつ同書を編んだのか。彼は眼前に展開される福山藩の農政・税制の現状を強い危機感をもって捉えていた。時代とともに租税徴収仕法をはじめとする福山藩の地方所務のあり方は相当変容し、少なからざる矛盾を抱えるようになっていた。さりとて、これを直ちに旧に復することは決して容易ではない。なぜなら、必ずしも郡方所務の変容のすべてが地方役人たちによる放漫な実務の遂行の結果生じたわけではなく、むしろ郡務の簡素化を推し進め、村方と利害の調整をはかることに努めた結果、生じたものも多かったからである。本来の原理から相当乖離してしまった現行の郡方所務から何を取り、何を捨てるか、祖本「郷中覚帳」の著者は現場における農政・税制にかかわる諸実務の運用原則・原理を改めて探り、それを「郷中覚帳」に詳述することによって、地方所務に携わる他の藩吏たちがいま一度農政の基本原理に立ち返り、諸実務の内容を見直し、各人の職務を着実に果たすことを期待したのである。

ところで、幕領において、郡方・村方支配に精通した地方役人・村役人たる地方巧者が記した地方書が広範に成立するのは、近世中期以降、特に享保の改革以降のことであると言われる。年貢徴収率の低下・地方役人の不正の横行・百姓一揆の頻発などの対策に苦慮した幕府は、天領における地方支配の再編をめざして、地方役人の監督を強化するとともに有能な地方巧者を積極的に抜擢して地方支配機構の再構築に努めた。このとき、地方役人による恣意的、偶発的な農民統制を排除しうる規範書の作成が求められることとなり、以後、多数の地方書が生み出される契機となったのである[39]。幕領を視野に収めた地方書のみならず、藩領を対象とする多数の地方書も藩政の危機を契機として成立したことは疑う余地がない。福山藩の地方書「郷中覚帳」の場合、やや成立時期は遅れるものの、幕領の地方書と同様に、阿部氏福山藩における農政・税制の現況に対する強い危機意識に支えられ、成立をみたのである。

祖本「郷中覚帳」と同時期か、若干それを遡った時期に「池田要平次ノ手帳」が纏められたのも、その後、安永六〜八年(一七七七〜九)に至り、地方書「郡中町方明細記」が成立したのも決して偶然のことではない。池田要平次は福山藩における税務にかかわる郡方所務の解説と自らが携わった出在記録を手帳に纏めようとした。「郡中町方明細記」には同藩の地方・町方支配にかかわる多種多様な記事が盛り込まれた。これらのことは、祖本「郷中覚帳」の成立と同時期、あるいはそれ以後においても、同書の著者と姿勢を同じくする同藩の地方役人たちによる地方支配・貢租徴収の基線を探る地道な営みが継続的に展開されていたことを示している。

これに続く岡本膳兵衛による増補本「郷中覚帳」は、主としてその前半部分を祖本「郷中覚帳」の写本の書写と池田要平次の手帳からの記事の挿入に充て、後半部分に福山藩寛政改革によって達成された地方所務にかかわる諸改革のうち、特に租税徴収仕法の古法への立て戻し策に関する諸法令を多数収録している。福山藩寛政改革は、阿部氏が福山藩に入部した当時の貢租徴収仕法への復帰をめざす施策の実施をもって終結をみた。それは天明の百姓一揆以後、相当の年月を経て、年々貢租の安定的収納をはかることの重要性を藩府がようやく学んだことを意味するのであり、地方所務の基本を重視する祖本「郷中覚帳」の著者や池田要平次ら地方役人たちの現場の知見が藩府に汲み上げられたことを意味する。それ故にこそ、福山藩寛政改革は、一定度の貢租収入の回復を達成するなど、(40)一応の成果を収め得たのだと言えよう。

## 第四節　地方書「郷中覚帳」の構成と内容―本書の課題―

表序―1を用いて、改めて広田守訓「郡中諸見分覚書」・岡本膳兵衛「郷中覚帳」両書の構成と内容を一覧しておこう。「郡中諸見分覚書」は二八項目、岡本本「郷中覚帳」は四七項目で構成されているが、岡本本の第四七項「御村里善悪見分五ヶ条」は標題のみで本文の記載がない。掲載順の異動や標題に若干の相違はみられるものの、広田守訓「郡中諸見分覚書」の所載項目は、すべて岡本本「郷中覚帳」にも載せられている。両書に共通する二八項目のうち内容に差異がみられるのはわずか一一項目にすぎない。しかもそのうちの三項目は岡本膳兵衛による追記ないし但し書き、また四項目は二〇〇字にも満たない短文の挿入によって両書の文面に差異が生じているにすぎない。残る四項目のうち、「三　川欠鍬下改」にみられる両書間の文面の差異は、広田守訓が当該記事を挿入したためではなく、岡本膳兵衛が先行「郷中覚帳」の写本に載せられていた同記事を自著に載せなかったために生じたとみるべきである。「一　人別作平均検見」においても、岡本は祖本「郷中覚帳」の写本から一部の記事を削ったとみられるが、祖本「郷中覚帳」写本からの省略はこの二カ所以外には行なわれていない。

岡本による挿入記事が多数を占めるのは同じく「一　人別作平均検見」であり、寛政改革における布令のほか、「池田要平次ノ手帳」からの書き抜きをはじめ多数の記事を挿入している。その他、「七　稲束改」にも、「池田要平次ノ手帳」からの記事など比較的多数の挿入記事が盛り込まれている。

岡本膳兵衛が自著「郷中覚帳」の中心の一つをその前半部分、すなわち、広田守訓「郡中諸見分覚書」と共通する項目に置いていたことは、祖本「郷中覚帳」の写本をほとんど省略することなく誠実に写し取り、しかもそのうちのいくつかの項目に「池田要平次ノ手帳」からの書き抜きをはじめ、多数の記事を挿入していることに明らかである。同書の前半部分は徴租法に関連する項目が中心を占めており、岡本が強い関心と熱意をもって関連記事の増補・改訂に励んだことが想像される。

岡本は自著の「郷中覚帳」の後半部分に独自の項目を多数置いたが、内容そのものは、「三一　六尺寸壱分間竿之始り」・「三二　四木三草之事」などのように、きわめて短い記事しか載せられていない項目が多い。多数の記事を含む項目においても、「二九　御城下町並家数人別幷道程外共」・「三九　大川井手掛り村々」、祖本「郷中覚帳」の所載記事「松永村塩浜古検新検之畝歩」に大幅な補筆を加えた「四五　塩浜」などに典型的にみられるように、単にデータを記載した項目がその大半を占めている。しかも、「四五　塩浜」に載せられた松永塩田に関する多様なデータを別にすれば、大方の記事は他の史料にもみられる比較的よく知られたものである。また、岡本が自著「郷中覚帳」の後半部に追加した諸項目には解説記事が少なく、先行「郷中覚帳」の写本を基礎に「池田要平次ノ手帳」をはじめ、多彩な記事を挿入して徴租法に関連する福山藩における郡方所務の仕法を詳細に説明している前半部に比べて著しく見劣りする。地方書に期待される手引書・マニュアルとしての側面が欠けているのである。また、大部を占める「三六　検地心得之事」の記事はすべて慶安二年（一六四九）二月に、幕府が発令した「検地仕様之覚」[41]を転載したものである。

岡本本「郷中覚帳」の白眉とも言いうる内容を備えているのは「三五　諸見分一件」である。すでに述べた通り、同項には、福山藩寛政改革時に発令された徴租法に関連する多数の触書・諸規則などが網羅集成されており、すでに失われ直接みることのできない史料も多く、きわめて貴重である。

今日の眼からみて、岡本膳兵衛による増補版「郷中覚帳」の価値は、やはり広田守訓「郡中諸見分覚書」の記事と重なる前半部にあると思われる。岡本が挿入した多彩な記事によって、阿部氏福山藩における収税に関連する郡方実務の実態が多面的に理解できるだけでなく、誤字や数値の誤記が散見される広田守訓の「郡中諸見分覚書」に比べてはるかに書写は正確であり、多数の地方役人の改訂を経て、その当時半ば定本化していたとみられる祖本「郷中覚帳」の写本の内容を明確に掴むことができる。

さて、すでに本章の冒頭に記したとおり、本書の目的は、慶応元年藤駒亀兵衛書写による岡本膳兵衛著「郷中覚帳」を中心に「郡中町方明細記」など他の地方書の内容を併せ検討することによって、阿部氏治世期福山藩における徴租法の解明をめざすことにある。本書で追究を試みるのは、福山藩における貢租徴収に関連する諸仕法の基本原理とその運用の実態である。課題はきわめて基礎的、かつ単純・素朴であるが、水野氏・松平氏時代を含め、福山藩における徴租法の基本原理に関するこれまでの研究の蓄積は少なく、福山藩における貢租徴収にかかわる郡方所務の実態はほとんど明らかにされてこなかった。「一毛荒《ひとげあれ》」とは何か。「綿見分」とは、また、「畑年貢」とは何なのか。百姓一揆農民の訴願をはじめ、村々の免状・年貢納目録にしばしば現われるこれらの福山藩貢租制にかかわる諸仕法について、今なお必ずしも十分な理解が得られているとは思われない。

本書では、米作のみならず、麦作・綿作・藺作など、多様な作付作物に対する福山藩における貢租徴収仕法とその実務内容について、その基本原理の解明を主眼に考究を進めたい。昭和四一年(一九六六)、森杉夫氏は近世徴租法研究の今後の課題をいくつか挙げられ、その一つとして、「大和・中国筋の綿作や藍作などの、いわゆる商品作物にたいする徴租法は、まだ明らかにされていない。また、裏作と貢租賦課の関係について、はっきりふれたものはない。これらは一つ一つ綿密に解明する必要がある。[42]」と述べられた。それ以後、ほぼ半世紀を経過した現在、同氏が提示された研究課題はどれほど達成されただろうか。

たしかに近年、本城正徳氏による京都南部二村における藍年貢、畿内摂津・河内・和泉国諸村における木綿徴租法の分析[43]、また、田中誠二氏による萩藩における水田麦作の徴租法に関する考察[44]など、優れた研究成果が現われている。しかし、研究地域や貢租賦課の対象とされる作物の種類はまだ限られており、研究の蓄積が乏しい状態から抜け出ていない。この現況を克服し、近世徴租法研究の一層の深化をはかる努力が求められている。本書の考察の対象は阿部氏治世期の福山藩というきわめて狭い領域に限られているが、本書の目標はより広く、このような近世徴租法研究の課題に応えることをめざしている。

本書の構成と各章の内容を簡単に記しておこう。本章に続く第一章では、「郷中覚帳」ほか福山藩の地方書を繙くに先立って、阿部氏治世期福山藩における耕地環境と同藩六郡の農業経営構造を考察する。福山藩の徴租法はいかなる農村・農業事情を前提に存立し、また、運用されていたのかを探るためである。

第二章では、地方書「郷中覚帳」を中心に「郡中町方明細記」を併せ分析することを通して、福山藩における土免制の基礎構造の解明を試みる。福山藩における土免制の成立過程とその基本的性格、凶作年度における検見、皆損時における年貢減免仕法たる一毛荒（皆捨り）の運用構造の分析を中心に考察を進めたい。本章の考察を通して、免率の固定、一村坪入検見から人別作平均検見への移行過程、凶作年度における検見・皆損時における寄せ取り法の実施手順など、これまでほとんど知られていなかった貢租の安定的収納をめざす福山藩土免制の展開構造を明らかにする。

近年、近世日本農業史研究においては、徳川期における農業の多様性が重視されるようになり、これに連動して、近世徴租法研究においても、田方・畑方経営全体に対する貢租徴収構造の解明が強く求められるようになった。第三章では、前章と同様に、「郷中覚帳」と「郡中町方明細記」の関連記事の検討を通して、土免制採用以後、阿部氏治世期福山藩の木綿徴租システムの解明を試みる。木綿検見・木綿見分、抜綿改め・一毛荒など、凶作年度あるいは皆損時における年貢減免仕法の実務手順・運用構造の分析を中心に考察を進めたい。木綿検見から木綿見分への移行、大通り見分の採用、抜綿改め仕法の確立など、これまで正面から取りあげられることのなかった土免制下、福山藩における木綿徴租法の展開構造を解明する。

第四章においても近世農業の多面性に留意した徴租法研究の課題に応える試みを継続し、地方書「郷中覚帳」の分析を中心に、阿部氏治世期福山藩における藺田徴租法の構造を考察する。徳川期、福山藩沼隈郡は全国屈指の藺草栽培地域であった。藺草の栽培とこれを原材料とする畳表製織の高収益性に注目した福山藩府は、藺田内見・藺田見分による藺田の段取りに応じて「跡植」晩稲検見の有米に対して行なわれる引高を調整し、水田課税対象石高の減少を抑止する周到な藺田徴租法を採用した。藺田内見・藺田見分・晩稲検見の運用構造、また、藺田段位ごとの年貢減免仕法を分析することによって、福山藩藺田徴租法の全体像を明らかにするとともに、同仕法の範疇を探るために、藺田帳提出仕法、織村制度の成立事情を併せて考察する。

続く第五章においても、水田稲作以外の田方・畑方を含む多様な諸作物に対する貢租徴収システムの解明をめざす視角から、地方書「郷中覚帳」・「郡中町方明細記」両書を活用して、阿部氏治世期福山藩における麦作および稗作に対する徴租システムを考察する。徳川期、福山藩諸村において、麦は農民の食糧供給源として枢要な位置を占め、田方・畑方両様の裏作作物として積極的に作付けされた。一方、稗は粟・黍などの雑穀類と同様に、農民の日常的食糧の一角を占め、また、特に備荒作物として重視され、主に畑方の表作作物として作付けが継続された。一八世紀以降の福山領内における麦作・稗作の展開事情を探ると共に、両作物に対する年貢減免仕法を分析することによって、半高の法、代米定（升替定法）、寄せ取り法など、土免制下、福山藩における年貢徴収諸仕法の運用構造を探る。

第六章では、やや視角を変え、阿部氏治世備後福山藩における村方屋敷地の徴租法について考察を試みる。福山藩領においては、福島正則による慶長検地、水野氏による寛文期を中心とする地詰を経て、元禄一二年（一六九九）、岡山藩によって代行実施されたいわゆる備前検地によって、屋敷地の石高・面積が決定づけられた。その数値は、以後約一七〇年に渡る福山藩における屋敷地徴租法の基準値となったのである。元禄検地条目とそれ以後に発令された触書、地方書「郷中覚帳」の関連記事、また伝存する阿部氏時代の「新屋敷縄帳」、水野氏時代の「新屋敷出目高帳」・「新屋敷改帳」の分析を通して、特に新屋敷の認定仕法に注目しつつ、阿部氏治世福山藩における村方屋敷地に対する貢租徴収仕法の運用構造を探る。

さて、近年、地球規模に及ぶ環境破壊、また、大津波、相次ぐ大地震・大風水害の経験を経て、人々の環境や自然災害への意識が高まっている。歴史・経済史の分野においても、環境史・災害史に強い関心が寄せられ、国家・行政の危機管理、セーフティネットのあり方を歴史的に遡及する貴重な研究成果が着々と蓄積されている。第七章では、このような歴史・経済史研究の新たな課題に応える一試みとして、阿部氏治世期を中心に、福山藩における起こし鍬下年季仕法の構造とその展開過程を分析する。福山藩では水害を受けた耕地の復旧を領民に行なわせ、これと引き替えに一定期間年貢負担を免除する起こし鍬下年季仕法の展開がみられた。本章では、まず、他地域の実施事情を探るべく、天領および徳島・宮津両藩における耕地保全策としての鍬下年季仕法の展開事情を考察する。続いて、福山藩における起こし鍬下年季仕法の実施原理、鍬下年数の算出法を分析し、福山藩起こし鍬下年季仕法の制度的構造を明らかにする。次いで、一七世紀末の芦田郡阿字村、一八世紀初頭の分郡草戸村・佐波村、幕末期の大水害時における同仕法の展開事情を探り、耕地水害復旧支援策としての福山藩起こし鍬下年季仕法の意義と特質、また、その限界点を解明する。

最終章の第八章では、追加的な考察を加えつつ、本書における分析結果を総括し、今後の研究課題を述べて、

本書の結語にかえたい。

## 注

(1) 前著『広島藩地方書の研究』序章の注記に、近年における地方書研究の低迷ぶりを嘆きつつ、いくつかの主要な近世地方書研究の成果を挙げた。ここでは、それ以後に現われた地方書を活用した研究成果のうち注目すべきものを列挙する。

まず、田制・農政史関連では、近年その意味が問い直されつつある石高と免について、大畑才蔵「地方の聞書」の分析を通して、和歌山藩において高は年貢高、免は年貢高に対する年貢負担率として把握すべきことを論証した田上繁「近世地方書にあらわれる高と免に関する一考察―「地方の聞書」を中心にして―」(神奈川大学日本経済史研究会編『日本地域社会の歴史と民俗』所収 雄山閣 平成一五年)がある。また、村方文化に関わる研究では、工藤航平「農村における編纂物とその社会的機能」(『一橋論叢』一三四巻四号 平成一七年)を挙げておこう。門前博之「指銭の種類と負担をめぐって―須田家文書「指銭帳」の検討―」(『明治大学人文科学研究所紀要』第六八冊 平成二三年)は、法令・地方書を活用することによって水戸藩村落における村入用＝「指銭」の負担構造を探った論考である。

一方、近年、地方書を用いた徳川期の土木史・測量史研究の高揚がみられる。土木史関連では、やや時期は遡るが、知野泰明「徳川幕府法令と近世治水史料における治水技術に関する研究」(『土木史研究』第一一号 平成三年)、同氏「近世文書にみる治水・利水技術」(大熊孝編著『川を制した近代技術―叢書・近代日本の技術と社会4―』平凡社 平成六年)、また、篠田哲昭・中尾務「定法書の系譜に関する一考察」(『土木史研究』第二二巻 平成一四年)、和田一範・有田茂・後藤知子「わが国の聖牛の発祥に関する考察―近世地方書にみる記述を中心として―」(『土木史研究論文集』二四巻 平成一七年)などがある。測量史関連では、鳴海邦匡『近世日本の地図と測量―村と「廻り検地」―』九州大学出版会 平成一九年 特に第一章「農村社会における地図と「廻り検地」―地方書と和算書の検討から―」を挙げる

に止めよう。

(2)佐藤常雄「農書」(『講座日本技術の社会史第一巻―農業・農産加工―』日本評論社 昭和五八年 所収)三〇三頁。

(3)児玉幸多「地方書と農書」(児玉幸多他編『近世史ハンドブック』近藤出版社 昭和四七年 所収) 三四七頁。

(4)佐藤常雄「地方書」(国史大辞典編集委員会『国史大辞典』六 吉川弘文館 昭和六〇年 所収) 六七六頁。

(5)慶応元年(一八六五)、藤駒亀兵衛書写「郷中覚帳」には土肥日露之進氏による手書き写本(福山市中央図書館蔵)がある。省略部分が多く、注記に誤りが散見されるものの、誤読・誤写も少なく、参考資料として有益である。

(6)例えば、有薗正一郎「芦田川下流域における近世木綿作の地域的性格」(立命館大学地理学教室編『芦田川流域の空間組織』昭和五六年 所収)六八頁。おそらく有薗氏は、土肥日露之進氏が手書き写本の解題で示された見解をそのまま採用されたのであろう。

(7)この文化六年(一八〇九)、広田守訓書写による「郡中諸見分覚書」(福山城博物館附属鏡櫓文書館中井家文庫所蔵)は、稚拙なミスによる誤字・脱字、数値の誤記が散見され、地方算法書としての価値を著しく損ねる内容となっている。「三川欠鍬下改」、「六　古キ川成類起シ返之事」では、目立って数値の誤記が多く、広田が鍬下年季の算出法を理解できなかったことを示している。同書は広島県『広島県史近世資料編Ⅱ』昭和五一年 に活字翻刻されているが、それらの数値の誤記はほとんど校訂がなされていない。

(8)「郡中諸見分覚書」(前掲『広島県史近世資料編Ⅱ』所収)一〇四二頁。

(9)同右　一〇六一・一〇二八頁。

(10)地方書「郡中町方明細記」は、領内村々の元禄検地高と古高、年間農事の概要など、租税の収納量・収納方法をはじめ、福山藩の地方・町方支配に関わる藩吏にとって枢要な諸事項を集成した地方書である。同書は、あまりに多様な素材を取り込んで編まれたために緻密な構成を欠き、解説も簡潔過ぎるなど、福山藩の諸制度の詳細を窺うには不十分な点はみられるものの他からは得られない多数の農政関連史料を所載した貴重な地方書である。なお、同書は、府中市『府中市史史料編Ⅱ近世編上』昭和六三年 に活字翻刻されている。

(11)「郡中町方明細記」(前掲『府中市史史料編Ⅱ近世編上』所収)一二三七頁・一二三九頁。

(12)「郡中町方明細記」(前掲『府中市史史料編Ⅱ近世編上』所収)二四六～五〇頁、「郡中諸見分覚書」(前掲『広島県史近世資料編Ⅱ』所収)一〇五八～六一頁。
(13)「郡中町方明細記」(前掲『府中市史史料編Ⅱ近世編上』所収)二四六頁・一六九～七〇頁。
(14)正邦の曾祖父・阿部正次の武蔵足立郡鳩谷・相模高座郡一宮、合わせて一万石の領有に始まる阿部氏の大名としての歴史を付記しておこう。正次は、その後下野国都賀郡などで加増を重ね、元和三年(一六一六)上総国大多喜三万石、同五年には相模国小田原五万石の領主となった。さらに、同九年、武蔵国岩槻五万五〇〇〇石に移り、その後、武蔵国足立・埼玉郡、下総国葛飾郡、上総国夷隅郡、摂津国豊島・川辺・有馬・能勢郡などで加増を重ね、合わせて八万六〇〇〇石余を領する大名となった。正次の次子・重次は、寛永一五年(一六三八)、父の封地のうち四万六〇〇〇石を受け、下野国都賀郡などの加増分を合わせ、武蔵国岩槻を拠点に五万九〇〇〇余石を領し、その後、正保四年(一六四七)の都賀郡における一万石の加増、慶安元年(一六四八)、父の摂津国の遺領三万石の襲封によって合わせて九万九〇〇〇余石の所領を有する領主となった。同四年、重次が将軍家光の死にともなって殉死した後、その子の定高が跡を継いだが、二五歳で夭折した。そのとき、嗣子・正邦がまだ幼少であったため、しばらく弟の正春が父と兄の遺領総計一一万五〇〇〇余石を引き継ぎ、正邦が九万九〇〇〇余石の家督を継いだのは寛文一一年(一六七一)のことであった〈「阿部家伝」(福山・備後護国神社蔵　明治六年)(広島県『広島県史近世資料編Ⅱ』昭和五一年所収　史料番号三号)五一～九頁、福山市史編纂会編『福山市史中巻』昭和四三年　四五四～七頁〉、〈進士慶幹「阿部氏」、岡本堅次「阿部正次」・「阿部重次」(国史大辞典編集委員会『国史大辞典』一　吉川弘文館　昭和五四年　所収)二七一・二七八～九・二七一～二頁)。
(15)前掲「阿部家伝」(『広島県史近世資料編Ⅱ』所収)五八～九頁、前掲『福山市史中巻』四五七～六七頁、広島県『広島県史近世Ⅰ』昭和五六年　二二三～六頁、「従郡奉行所在中江之条目」(下御領・横山家「御条目写」正徳元年)(広島県『広島県史近世資料編Ⅴ』昭和五四年　所収　史料番号一三三号)一三七～四二頁、「覚」(木之庄・岡本家文書　正徳三年)(同上書所収　史料番号一四三号)一五二～七頁。
(16)前掲「阿部家伝」(『広島県史近世資料編Ⅱ』所収)五九頁、前掲『福山市史中巻』五二八～三四・九五三～五五頁、前掲『広島県史近世Ｉ』二二六～九・四七〇～六頁、「郡中役目除高覚」・「覚」（享保八年）〈宮原直倁「備陽六郡志」備陽六郡外志「百姓心得」（得能正通編『備後叢書第二巻』復刻版 歴史図書社 昭和四五年）一八九～九〇・一九〇頁。

(17)前掲「阿部家伝」『広島県史近世資料編Ⅱ』所収）五九～六〇頁、前掲『福山市史中巻』五三五～六・六八四～六・九五六～九頁、広島県『広島県史近世２』昭和五九年 一〇三～五・九七一～三頁、「覚」その他（鞆・中村家「日記」寛延元年・宝暦三年）（前掲『広島県史近世資料編Ⅴ』所収 史料番号一九五～七・二〇二号）二〇一～三・二一二頁。

(18)前掲『福山市史中巻』五三六～八・六八六頁、前掲『広島県史近世２』一〇五・五六〇～二頁、「無題」（鞆・中村家「日記」宝暦六年・明和元年）（前掲『広島県史近世資料編Ⅴ』所収 史料番号二一四・二二三号）二三二・二三七頁、「覚」（藤江・古志家「綿売問屋綿御運上記録」明和元年）（同上書所収 史料番号二二二号）二三六～七頁。

(19)福山藩の藩債の担い手であった五軒の大坂商人、油屋吉兵衛・泉屋佐七・助松屋与兵衛・米屋惣兵衛・明石屋庄右衛門を指す。

(20)前掲「阿部家伝」『広島県史近世資料編Ⅱ』所収）六〇～一頁、前掲『福山市史中巻』五三八～九・九五九～六三頁、前掲『広島県史近世２』一〇五～六・五六二・九七四～七頁、「無題」（鞆・中村家「日記」明和七年）（前掲『広島県史近世資料編Ⅴ』所収 史料番号二二九号）二四一～二頁、「明和七年寅九月日六郡村々願箇条申渡書」（浜本文庫「備後資料採訪帳」明和七年）（同上書 史料番号二三一号）二四三～五頁。

(21)「上下銀」とは、幕府領甲奴郡上下町にあった上下代官陣屋が、石見国大森銀山の産出銀の減少を補填すべく、産出銀を元手に在所の有力商人に委託して金融貸付業を営ませた結果、安芸・備後・備中地域に展開された貸付銀をいう。福山藩で年貢未進時に上下銀を村借として運用したり、藩財政の補填源として利用されていた。宝暦・天明期には、福山藩在方御用達・分郡森脇村佐藤新四郎を口入人とする借り受けも行なわれていたが、明和期に至り、返済不納分・遅滞分の取り立てが厳しくなり、公訴の動きがみられたので、藩主・正倫は幕府勘定奉行・安藤弾正に働きかけて、上下銀元利返済の一時凍結に成功した。しかし、天明五年（一七八五）、藩と上下代官手代の間で係争が再燃し、口入人・佐藤新四郎はその責任を問われ、領分追放の刑を受けた。広島藩では、藩府がたびたび禁令を出し、上下銀の借り入れの抑制に努めたが、領民の上下銀との接触は止まず、その返済をめぐるトラブルが領内各地で頻発した。

広島藩は上下銀の貸付融通活動に対して反対の立場をとったが、必ずしも上下銀の借用を全面的に禁じたのではなく、借銀の不払いや滞銀の原因となる無制限な貸付・借用を抑制したのであり、郡村建て直しのための村役人を通した「正判信用」は認めていた（前掲『広島県史近世1』二二五～七頁）。一八世紀半ばに起こった広島藩世羅郡諸村農民と上下銀主との紛争は広島藩府を巻き込み、ついに農民の代表が江戸表に出向いて幕府の採決を仰ぐ事態に立ち至った。その興味深い経緯については、前掲 拙著『広島藩地方書の研究』一四二～三頁を参照。

(22)「前掲『福山市史中巻』五三九～四〇頁、前掲『広島県史近世2』一〇七頁。

(23)「阿部家分限記録帳」（宝暦末～明和初年）（前掲『広島県史近世資料編Ⅱ』所収）三四一～八六頁。前掲『広島県史近世2』一一七頁。

(24)前掲『福山市史中巻』五四〇～一・九六三～七〇頁、前掲『広島県史近世2』一〇七～八・九七七～八二頁、「無題」（土肥文庫・「綿一件書付写」天明五年）（前掲『広島県史近世資料編Ⅴ』所収 史料番号二九六号）二九一～三頁、「覚」・「御急用米割」・「無題」ほか（山手・三谷家「御用書留帳」天明六年）（同上書所収 史料番号三〇〇・三〇五～六・三〇八・三一〇～一・三一五～二六・三二八～三一・三三三～四五号）三四一～八六頁。

(25)前掲『福山市史中巻』九七〇～一頁、前掲『広島県史近世2』一〇八・九八二頁、「乍恐書附を以奉願上候御事」（『蘆品郡志』天明六年）（前掲『広島県史近世資料編Ⅴ』所収 史料番号三五二号）三一六～七頁、「郡中一統於庄屋の宅百姓共へ御書下読聞せの事」（『西備遠藤実紀』二）（福山市『福山市史近世資料編1政治・社会』平成二三年 所収）三九四頁。「村々小面共江申渡の覚」（『安部野童子問』巻之七）（同上書 所収）四四二～三頁。なお、この天明六・七年の一揆の顛末を綴った記録文学として、「西備遠藤実紀」と「安部野童子問」がよく知られている。むろん二書ともに歴史史料として用いるには限界があるが、きわめて優れた記録文学であり、他では得られない史料も所載されている。「安部野童子問」の書誌的系譜は、中山富廣氏による同上書 四六八頁の補注に詳しい。

(26)前掲『福山市史中巻』九七一～三頁、前掲『広島県史近世2』九八二～四頁。

(27)前掲『福山市史中巻』九七三～五頁、前掲『広島県史近世2』一〇九・九八四～九頁、「今般被仰出候趣」（『西備遠藤実紀』二）（前掲『福山市史近世資料編1政治・社会』所収）四〇六～一〇頁。「被仰渡御書附の覚」・「六郡村々申合之覚」(「安部野童子問」附録)(同上書 所収)四六六〜八頁。

(28)前掲『広島県史近世2』一二五〜三一頁。福山藩寛政の改革全体にわたる政策的構造については、土井作治氏の同書一一七〜五五頁における論考を参照。同書の刊行後三十余年が経過したが、管見の限りでは、同氏の論考の水準を越える福山藩寛政改革に関する研究は現在も現われていない。『福山市史中巻』五四一〜五〇頁。

(29)前掲『広島県史近世2』一四二〜三頁。「覚」・「寛政元酉年十二月九日被仰出候御直筆写」(福山・福田家「日記」安永七年・寛政元年)(前掲『広島県史近世資料編V』所収 史料番号三六六・三七一号)三三八〜九・三四三〜四頁、「大目付江」「御仕置定式」・「代官共江」(東京・阿部家「諸向被仰出幷諸向書付類」寛政二年)(同上書所収 史料番号三七八・三八〇・三八五号)三四九〜五一・三五二〜九四・三九六〜四〇二頁)。

(30)前掲『広島県史近世2』一四三〜四頁。「世話役庄屋・惣庄屋共江左之通」(戸手・信岡家文書 寛政元年)(前掲『広島県史近世資料編V』所収 史料番号三六四号後段史料)三三七〜八頁。寛政四年(一七九二)三月付の郡方役人の心得を示した藩主書付には再び「大庄屋」の呼称が用いられている「無題」(寛政三年)(福山・福田家「福山文学」第一集)(前掲『広島県史近世資料編V』所収 史料番号四二六号)四五七・四五九頁、「覚」(戸手・信岡家文書 文政六年)(同上書所収 史料番号六六八号)六四七〜八頁。

(31)前掲『広島県史近世2』一四六〜七頁。

(32)前掲『福山市史中巻』五四七〜六〇頁、「目安筥出候所江高札」ほか・「無題」(東京・阿部家「諸向被仰出幷諸向書付類」寛政三年)(前掲『広島県史近世資料編V』所収 史料番号四〇二・四〇三号)四〇九〜一〇頁。

(33)前掲『広島県史近世2』一四七〜九頁、前掲『福山市史中巻』五四四〜五頁、「寛政元年酉五月十二日御郡中惣庄屋幷惣百姓共江被仰出候書附左之通」(戸手・信岡家文書 寛政元年)(前掲『広島県史近世資料編V』所収 史料番号三六四号前段史料)三三四〜七頁、「御口上」(木之庄・岡本家文書 寛政元年)(同上書所収 史料番号三六八号)三四一頁)。

(34)前掲『広島県史近世2』一四九頁、「無題」(東京・阿部家「諸向被仰出幷諸向書付類」寛政三年)(前掲『広島県史近世資料編V』所収 史料番号四〇六号)四二五〜六頁。

(35)前掲『広島県史近世2』一五一〜二頁、「無題」・「難渋村々可認」ほか(東京・阿部家「諸向被仰出幷諸向書付類」寛政三年)(前掲『広島県史近世資料編Ⅴ』所収 史料番号三九〇・三九一・三九二号)四〇五・四〇五〜六・四〇六〜八頁。

(36)後藤陽一『広島県の歴史』山川出版社 昭和四七年 一四七〜八頁。福山藩における社倉・義倉の展開過程については、前掲『福山市史中巻』一〇〇六〜四四頁(第六章第四節)、および、前掲『広島県史近世2』九四一〜九六八頁(第Ⅴ章第二節(二)・(三)項)の論考が最も詳しい。

(37)前掲『福山市史中巻』五四六〜五〇頁、前掲『広島県史近世2』一五三〜五頁、「民政教書」(田島・武田家「民生教書」寛政三年)(前掲『広島県史近世資料編Ⅴ』所収 史料番号四〇八号)四二九〜三二頁、「無題」(いわゆる「御尊意被仰出候御書之覚」)(東京・阿部家「諸向被仰出幷諸向書付覚」寛政三年)(同上書所収 史料番号四〇七号)四二六〜四二九頁。

(38)土井作治氏の研究によれば、この当時の福山藩の貢租収納高は、寛政元年(一七八九)以降七カ年平均による一カ年の実績で、年貢正米納高三万八四〇〇石、春残米納高五七九〇石、総計四万四一九〇石余、銀納額は、先納銀一五〇貫目、麦成銀二八貫五九八匁、初納銀一五〇貫目、銀納掛詰一二貫目、酒米扶持方・小役銀ほか六四貫九〇〇匁、銀納二番割一五〇貫目を合わせ六六〇貫目余であった。これを一石=七三匁替えで計算すると、五万三二三一石となって、阿部氏入部当時の収納石高と言われる五万七〇〇〇〜九〇〇〇石より四〇〇〇〜六〇〇〇石の減収に相当する。しかし、この数値は、明和八年(一七七一)の収納総高が差し引き約一万石の減収となっていたのと比べると、収納高が上向きになっていたことを示している(前掲『広島県史近世2』一五〇〜一・一六二〜三頁)。

(39)佐藤常雄「地方書」(前掲『国史大辞典』六)六七六頁。

(40)注(38)を参照。

(41)「検地仕様之覚」(『条例拾遺』五〇号)(児玉幸多編『近世農政史料集一江戸幕府法令上』吉川弘文館 昭和四一年 所収)四五〜八頁。

(42)森杉夫「貢租」(井上幸治・入交好脩編『経済史学入門』廣文社 昭和四一年 所収)三八〇頁。

(43)本城正徳『近世幕府農政史の研究―「田畑勝手作の禁」の再検証を起点に―』大阪大学出版会 平成二四年、特に

第三～五章。

(44)田中誠二『近世の検地と年貢』塙書房 平成八年、第五章。

# 第一章　福山藩の耕地環境・農業経営構造

## はじめに

徴租法の考究に先立って、まず本章では、阿部氏治世期福山藩諸郡における耕地環境と農業経営構造を考察しよう。本来、同藩の徴租法は福山藩諸郡の耕地環境に対応して設定され、また、徴税に関連する郡方所務も各郡の農業経営の実状に応じて展開されるべきものであった。領主側は福山藩諸郡における耕地環境と農業経営の現状をいかに把握していたか、主として福山藩の地誌「備後郡村誌」（文政元年・一八一八成立）(1)の記事に依りつつ、一八世紀初頭、阿部氏治世期福山藩領の農業事情を探ることが本章の主たる課題である。

## 第一節　福山藩六郡の耕地環境

まず表1―1a～cをみよう。そのうち、表1―1aは宝永八年（一七一一）の時点における福山藩領六郡（地図1―1参照）の石高・耕地構成・溜池数・戸口・飼養牛馬数等の数値表である。福山藩では、水野氏時代には、芦田・深津・沼隈・品治《ほんじ》・安那《やすな》の五郡からなる郡制が布かれていたが、元禄一三年（一七〇〇）、松平氏治世下で、深津郡西部の一一カ村、沼隈郡東部の一六カ村を割き、新たに分郡《わけ》二七カ村が分出された。これにともなって、深津郡は二一カ村、沼隈郡は二八カ村となった。福山藩のみの私的な措置であったが、以後福山領内では広く用いられた(2)。

表1―1aに所載した数値のうち水田石高・畑石高・屋敷石高・水田面積（二毛作田＋単作田）・畑面積・屋敷地面積は、水野氏断絶後、元禄一二年（一六九九）に幕府の命を受け岡山藩によって代行実施されたいわゆる備前

検地（福山藩元禄検地）によるものであり、二毛作田面積が明和三年（一七六六）の数値である以外、その他はすべて宝永八年の「村々差出帳」所載の数値である。表1―1b・cにはそれらから算出できる石盛・持高平均等の諸数値を示した。「備後郡村誌」では、屋敷高・屋敷面積を含めた形で畑高・畑面積を計上しているので、それぞれ別途に計算し直し、それらの数値をもとに算出表を作成した。

福山藩六郡の耕地環境を探るためには、各郡の旱損・水損事情を理解しておくことが不可欠である。福山領内には多数の小河川が流れ（地図1―2参照）、それらは砂質の天井川であったために、河川の灌漑面積は狭く、領内は間断なく旱魃に見舞われる一方、河岸諸村は年々多発する水害に苦しめられた。本多利明はその著『西薇事情』において、福山藩の水害事情について次のように述べている。

一　深山より白砂、大雨降る毎次に、流れ出て川に入る。依て川床高く成り、処に因りては、畊地と川床との高低、或は七八尺、或は一丈餘もあり。依て洪水の節、必田地へ溢れ入り、白砂を押入て田畑の位を卑下するなり。田畑乏敷国柄故に、砂入に成りても、人力のあらん限を盡し、砂を去るといへども残砂良田に交り、位を卑下するなり。(3)

福山藩では、頻発する洪水によって年々多数の田畑が砂入りとなり、修復に向け領民の多大な努力が払われているが、被災田畑の田位の低下は避けがたい現状であると述べられている。福山藩領の農民にとって不幸であったことは、天井川がたびたび氾濫して水害をもたらすだけでなく、その大半は小河川であったために灌漑能力がきわめて低く、ひとたび日照りが続けばたちまち流域村落は干魃地域となることであった。旱損・水損事情は福山藩各郡の農業経営を左右する重大な要件の一つとなっていたのである。

「備後郡村誌」には、宝永八年（一七一一）の時点における領内六郡全村落の旱損・水損率が記されている。図1―1aは、同書の記事から知られる村落数でみた郡別の水損・旱損率を分布グラフで示したものである。また、

| ⑹畑面積<br>町、反。畝、歩、厘、毛 | ⑺屋敷面積<br>町、反。畝、歩、厘、毛 | ⑻溜池数<br>（箇所） | ⑼人口<br>（人） | ⑽戸数<br>（戸） | ⑾馬数<br>（頭） | ⑿牛数<br>（頭） |
|---|---|---|---|---|---|---|
| 1005、6、7、11、0、0<br>888、3、8、03、0、0 | 62、9、4、08、0、0<br>49、9、9、13、0、0 | 65<br>58 | 23692<br>13460 | 3865<br>1909 | 56<br>56 | 695<br>543 |
| 581、3、5、14、6、7 | 37、5、4、05、0、0 | 285 | 11946 | 1743 | 62 | 408 |
| 477、3、9、14、0、0<br>391、0、2、25、0、0 | 43、4、6、02、0、0<br>32、2、7、01、0、0 | 102<br>94 | 9629<br>7507 | 1506<br>1208 | 84<br>73 | 368<br>297 |
| 826、4、2、14、0、0<br>788、1、4、08、0、0 | 48、8、7、03、0、0<br>47、4、0. 04、0、0 | 390<br>389 | 24064<br>22396 | 3106<br>2912 | 142<br>141 | 1209<br>1205 |
| 535、2、7、02、0、0 | 30、7、5. 17. 0、0 | 91 | 11478 | 1569 | 147 | 499 |
| 864、8、7、05、0、0<br>843、8、4、11、0、0 | 46、9、6、09、0、0<br>43、0、1、28、0、0 | 238<br>237 | 21870<br>20023 | 3392<br>2873 | 416<br>393 | 1143<br>1143 |
| 4290、9、9、00、6、7<br>4066、9、0、01、6、7 | 270、5、3、14、0、0<br>240、9、8、08、0、0 | 1171<br>1154 | 102679<br>86810 | 15181<br>12214 | 907<br>872 | 4322<br>4095 |

| Ⓔ総土地面積<br>町、反。畝、歩、厘、毛 | Ⓕ牛馬総数<br>（頭） |
|---|---|
| 1745、4、6、12、0、0<br>1604、2、2、15、0、0 | 751<br>599 |
| 1477、5、9、27、0、0 | 470 |
| 1562、8、5、01、5、0<br>1237、5、7、18、5、0 | 452<br>370 |
| 1805、3、7、05、0、0<br>1759、9、2、21、0、0 | 1351<br>1346 |
| 1309、4、5、13、0、0 | 646 |
| 1781、6、4、15、0、0<br>1743、7、6、25、0、0 | 1559<br>1536 |
| 9682、3、8、13、5、0<br>9171、4、2、09、5、0 | 5229<br>4967 |

これをもとに郡ごとに旱損所・水損所を抱える村数をそれぞれ算出し、郡内全村に占めるパーセンテージをみたのが図1―1bである。いずれの郡においても旱損所・水損所をともに抱える村落がみられるので、両者の百分比の合計値は一〇〇を越えている。品治郡・芦田郡は旱損・水損両様の被害に苦しむ村落が多く、逆に、分郡は水損・旱損のいずれか一方、沼隈郡・深津郡は旱損のみに被害が集中する多数の村落を抱えていることが知られる。

## 表 1−1 a　福山藩諸郡の石高・耕地面積・溜池数・戸口・牛馬数（宝永８年）・二毛作田面積（明和３年）

| 郡　名 | (1)水田石高（石） | (2)畑石高（石） | (3)屋敷石高（石） | (4)二毛作田面積 町、反。畝、歩、厘、毛 | (5)単作田面積 町、反。畝、歩、厘、毛 |
|---|---|---|---|---|---|
| 分　郡 | 8370.915 | 7243.802 | 791.547 | 260、6、6. 05、0、0 | 416、1、8、18、0、0 |
| ★ | 8260.177 | 6565.171 | 522.861 | 260、6、6、05、0、0 | 405、1、8、24、0、0 |
| 深津郡 | 10920.219 | 4774.457 | 395.895 | 577、6、2、00、0、0 | 281、0、8、07、3、3 |
| 安那郡 | 14199.608 | 3599.718 | 436.698 | 617、1、4、00、0、0 | 424、8、5、15、5、0 |
| ★★ | 10873.096 | 2853.652 | 318.218 | 508、4、6、00、0、0 | 305、8、1、22、5、0 |
| 沼隈郡 | 12482.488 | 5729.833 | 450.715 | 536、5、1、22、0、0 | 393、5、5、26、0、0 |
| ★★★ | 12440.615 | 5473.199 | 434.549 | 532、2、5、22、0、0 | 392、1、2、17、0、0 |
| 品治郡 | 8650.458 | 3717.453 | 307.559 | 335、7、9、28、0、0 | 407、6、2、26、0、0 |
| 芦田郡 | 11111.694 | 5865.556 | 476.085 | 556、5、5、06、0、0 | 313、2、5、25、0、0 |
| ★★★★ | 10930.546 | 5570.531 | 412.986 | 547、4、8、06、0、0 | 309、4、2、10、0、0 |
| 全６郡 | 65735.382 | 30930.819 | 2858.499 | 2884、2、9、01、0、0 | 2236、5、6、27、8、3 |
| ★★★★★ | 62075.111 | 28954.463 | 2392.068 | 2762、2、8、01、0、0 | 2101、2、5、28、8、3 |

## 表 1−1 b　算出表（1）

| 郡　名 | Ⓐ耕地石高（石） | Ⓑ総石高（石） | Ⓒ水田面積 町、反。畝、歩、厘、毛 | Ⓓ総耕地面積 町、反。畝、歩、厘、毛 |
|---|---|---|---|---|
| 分　郡 | 15614.717 | 16410.096 | 676、8、4、23、0、0 | 1682、5、2、04、0、0 |
| ★ | 14825.348 | 15352.041 | 665、8、4、29、0、0 | 1554、2、3、02、0、0 |
| 深津郡 | 15694.676 | 16090.571 | 858、7、0、07、3、3 | 1440、0、5、22、0、0 |
| 安那郡 | 17799.326 | 18236.024 | 1041、9、9、15、5、0 | 1519、3、8、29. 5、0 |
| ★★ | 13726.748 | 14044.966 | 814、2、7、04、5、0 | 1205、3、0、17、5、0 |
| 沼隈郡 | 18212.321 | 18663.036 | 930、0、7、18、0、0 | 1756、5、0. 02、0. 0 |
| ★★★ | 17913.814 | 18348.363 | 924、3、8、09、0、0 | 1712、5、2、17、0、0 |
| 品治郡 | 12367.911 | 12675.470 | 743、4、2、24、0、0 | 1278、6、9、26、0、0 |
| 芦田郡 | 16977.25 | 17453.335 | 869、8、1、01、0、0 | 1734、6、8、06、0、0 |
| ★★★★ | 16501.077 | 16914.063 | 856、9、0、16、0、0 | 1700、7、4、27、0、0 |
| 全６郡 | 96666.201 | 99528.532 | 5120、8、5、28、8、3 | 9411、8、4、29、5、0 |
| ★★★★★ | 91029.574 | 93425.474 | 4863、5、3、29、8、3 | 8930、4、4、01、5、0 |

| (f)二毛作率(%) | (g)家族成員数(人) | (h)持高平均(石) | | | | | (i)平均土地所有面積(反) | | | | | (j)牛馬飼養率(戸) |
|---|---|---|---|---|---|---|---|---|---|---|---|---|
| | | 水田 | 畑 | 屋敷 | 全耕地 | 全土地 | 水田 | 畑 | 屋敷 | 全耕地 | 全土地 | |
| 38.511 | 6.130 | 2.166 | 1.874 | 0.205 | 4.040 | 4.246 | 1.751 | 2.602 | 0.163 | 4.353 | 4.516 | 5.146 |
| 39.147 | 7.051 | 4.327 | 3.439 | 0.274 | 7.766 | 8.042 | 3.488 | 4.654 | 0.255 | 8.142 | 8.403 | 3.187 |
| 67.267 | 6.854 | 6.265 | 2.739 | 0.227 | 9.004 | 9.232 | 4.927 | 3.335 | 0.215 | 8.262 | 8.477 | 3.709 |
| 59.227 | 6.394 | 9.429 | 2.390 | 0.290 | 11.819 | 12.109 | 6.919 | 3.170 | 0.289 | 10.089 | 10.377 | 3.332 |
| 62.444 | 6.214 | 9.001 | 2.362 | 0.263 | 11.363 | 11.627 | 6.741 | 3.237 | 0.267 | 10.299 | 10.245 | 3.265 |
| 57.685 | 7.748 | 4.019 | 1.845 | 0.145 | 5.864 | 6.009 | 2.994 | 2.661 | 0.157 | 5.655 | 5.813 | 2.299 |
| 57.580 | 7.691 | 4.272 | 1.880 | 0.149 | 6.152 | 6.301 | 3.174 | 2.707 | 0.163 | 5.881 | 6.044 | 2.163 |
| 45.169 | 7.315 | 5.513 | 2.369 | 0.196 | 7.883 | 8.079 | 4.738 | 3.412 | 0.196 | 8.150 | 8.346 | 2.429 |
| 63.985 | 6.448 | 3.276 | 1.729 | 0.140 | 5.005 | 5.145 | 2.564 | 2.550 | 0.138 | 5.114 | 5.252 | 2.176 |
| 63.891 | 6.969 | 3.805 | 1.939 | 0.144 | 5.744 | 5.887 | 2.983 | 2.937 | 0.150 | 5.920 | 6.070 | 1.870 |
| 56.324 | 6.764 | 4.330 | 2.037 | 0.188 | 6.368 | 6.556 | 3.373 | 2.827 | 0.178 | 6.200 | 6.378 | 2.903 |
| 56.796 | 7.107 | 5.082 | 2.371 | 0.196 | 7.453 | 7.649 | 3.982 | 3.330 | 0.197 | 7.312 | 7.509 | 2.459 |

Ⓔ＝(4)＋(5)＋(6)＋(7)。

Ⓕ＝(11)＋(12)。

注3）(a)＝(1)÷Ⓒ・(2)÷(6)・(3)÷(7)・Ⓐ÷Ⓓ・Ⓑ÷Ⓔ、(反当たり石高を算出)。
(b)は「備後郡村誌」記載の村ごとの免率の郡別平均値。
(c)＝Ⓐ÷(9)・Ⓑ÷(9)、(1人当たり生産高)
(d)＝(9)÷Ⓓ・(9)÷Ⓔ　反当たり労働投入量(ⒹⒺを反に換算して算出、対総耕地面積・対総土地面積)。
(e)＝Ⓒ÷Ⓓ× 100・Ⓒ÷Ⓔ× 100。
(f)＝(4)÷Ⓒ× 100。
(g)＝(9)÷(10)。
(h)＝(1)÷(10)・(2)÷(10)・(3)÷(10)・Ⓐ÷(10)・Ⓑ÷(10)。
(i)＝Ⓒ÷(10)・(6)÷(10)・(7)÷(10)・Ⓓ÷(10)・Ⓔ÷(10)。
(j)＝(10)÷Ⓕ、牛馬1頭を何戸で 飼養している割合か。

福山藩各郡の水損・旱損事情は、表1―1a(8)欄の郡別溜池数からも知られる。六郡中最多の沼隈郡、これに次ぐ深津郡は明らかに旱損地域であり、先の観察結果と合致する。溜池の少ない分郡、品治郡は水損地域とみなしうる。先の観察では、品治郡は水損・旱損両様の被害を受ける村落が多く、分郡は旱損・水損村落に二分されているとみたが、両郡の水損の被害は旱損の被害を遙かに上回るものであったと解しうる。

図1―2は、宝永八年の時点における各郡の村別溜池数の分布をみたものである。先の表1―1a(8)欄では、芦

**表 1–1 c　算出表(2)**

| 郡　名 | (a)石盛(石) | | | | | (b)免率平均(%) | (c)労働生産力(石) | | (d)労働投入量(人) | | (e)水田率(%) | |
|---|---|---|---|---|---|---|---|---|---|---|---|---|
| | 水田 | 畑 | 屋敷 | 全耕地 | 全土地 | | 対耕地石高 | 対総石高 | 対耕地面積 | 対総面積 | 対耕地面積 | 対総面積 |
| 分　郡 | 1.237 | 0.720 | 1.258 | 0.928 | 0.940 | 59.21 | 0.659 | 0. 693 | 1.408 | 1.357 | 40.228 | 38.778 |
| ★ | 1.241 | 0.739 | 1.046 | 0.954 | 0.957 | 60.57 | 1.101 | 1. 141 | 0.866 | 0.839 | 42.841 | 41.506 |
| 深津郡 | 1.272 | 0.821 | 1.055 | 1.090 | 1.089 | 60.57 | 1.314 | 1.347 | 0.830 | 0.808 | 59.630 | 58.115 |
| 安那郡 | 1.363 | 0.754 | 1.005 | 1.171 | 1.167 | 56.31 | 1.849 | 1.894 | 0.634 | 0.616 | 68.580 | 66.673 |
| ★★ | 1.335 | 0.730 | 0.986 | 1.103 | 1.100 | 55.84 | 1.829 | 1.871 | 0.603 | 0.607 | 65.446 | 65.796 |
| 沼隈郡 | 1.342 | 0.693 | 0.922 | 1.037 | 1.034 | 60.98 | 0.757 | 0.776 | 1.370 | 1.333 | 52.951 | 51.517 |
| ★★★ | 1.346 | 0.694 | 0.917 | 1.046 | 1.043 | 61.52 | 0.800 | 0.819 | 1.308 | 1.273 | 53.978 | 52.524 |
| 品治郡 | 1.164 | 0.694 | 1.000 | 0.967 | 0.968 | 57.98 | 1.078 | 1.104 | 0.898 | 0.877 | 58.139 | 56.774 |
| 芦田郡 | 1.277 | 0.678 | 1.014 | 0.979 | 0.980 | 62.28 | 0.776 | 0.798 | 1.261 | 1.228 | 50.142 | 48.821 |
| ★★★★ | 1.276 | 0.660 | 0.960 | 0.970 | 0.970 | 61.67 | 0.824 | 0.845 | 1.177 | 1.148 | 50.384 | 49.141 |
| 全 6 郡 | 1.284 | 0.721 | 1.057 | 1.027 | 1.028 | 59.79 | 0.941 | 0.969 | 1.091 | 1.060 | 54.409 | 52.888 |
| ★★★★★ | 1.276 | 0.712 | 0.993 | 1.019 | 1.019 | 59.98 | 1.049 | 1.076 | 0.972 | 0.947 | 54.460 | 53.029 |

出所)「備後郡村誌」(文政元年)宮内庁書陵部所蔵(府中市『府中市史史料編Ⅳ地誌編』昭和 61 年　所収)によって作成。

注 1 ) ★鞆町・島嶼部(走島・田島・横島・百島の 4 カ村)を除いた数値。
★★川南・川北 2 カ村(神辺宿)を除いた数値。
★★★町場の形成がみられた松永村を除いた数値。
★★★★同じく府中市村を除いた数値。
★★★★★上記のすべての町場・島嶼部を除いた数値。

注 2 ) Ⓐ=(1)+(2)。

Ⓑ=(1)+(2)+(3)、ただし、分郡と全 6 郡の総石高は、これにさらに表 1–a に計上していない分郡の塩浜ぬい高 3 石 8 斗 3 升 2 合を合算している。

Ⓒ=(4)+(5)。

Ⓓ=(4)+(5)+(6)。


田郡の溜池数は安那郡を凌いでいるが、芦田郡の溜池は南部地域に集中しており、福田・上有地・下有地・柞磨・栗柄の五カ村で実に一四二カ所を占めていた。しかも同郡には溜池のない村が五カ村あり、文化一三年(一八一六)にその数はさらに六カ村に増えている[4]。これに対して、安那郡は広範囲の村々に少数ずつ溜池が分散している。あえて両者を類別すれば、芦田郡は水損地域、安那郡は旱損地域に位置づけられるだろう。

地図 1-1　福山藩 6 郡全図（阿部氏治世期　嘉永 5 年加増以前）

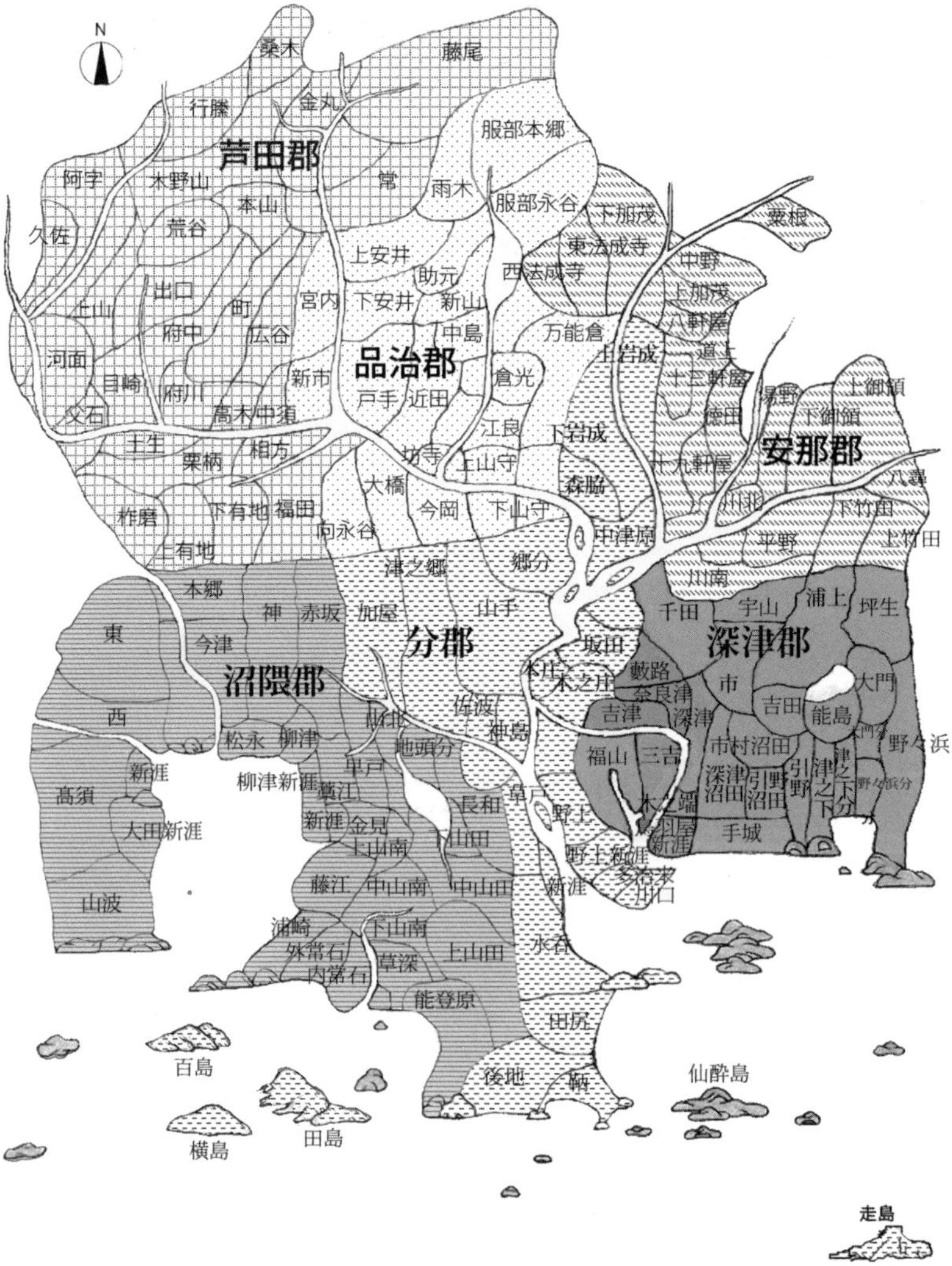


出所）菅茶山「福山志料」（文化 6 年）巻之三十三　附録絵図を改変

**地図 1-2　福山藩の主要河川**

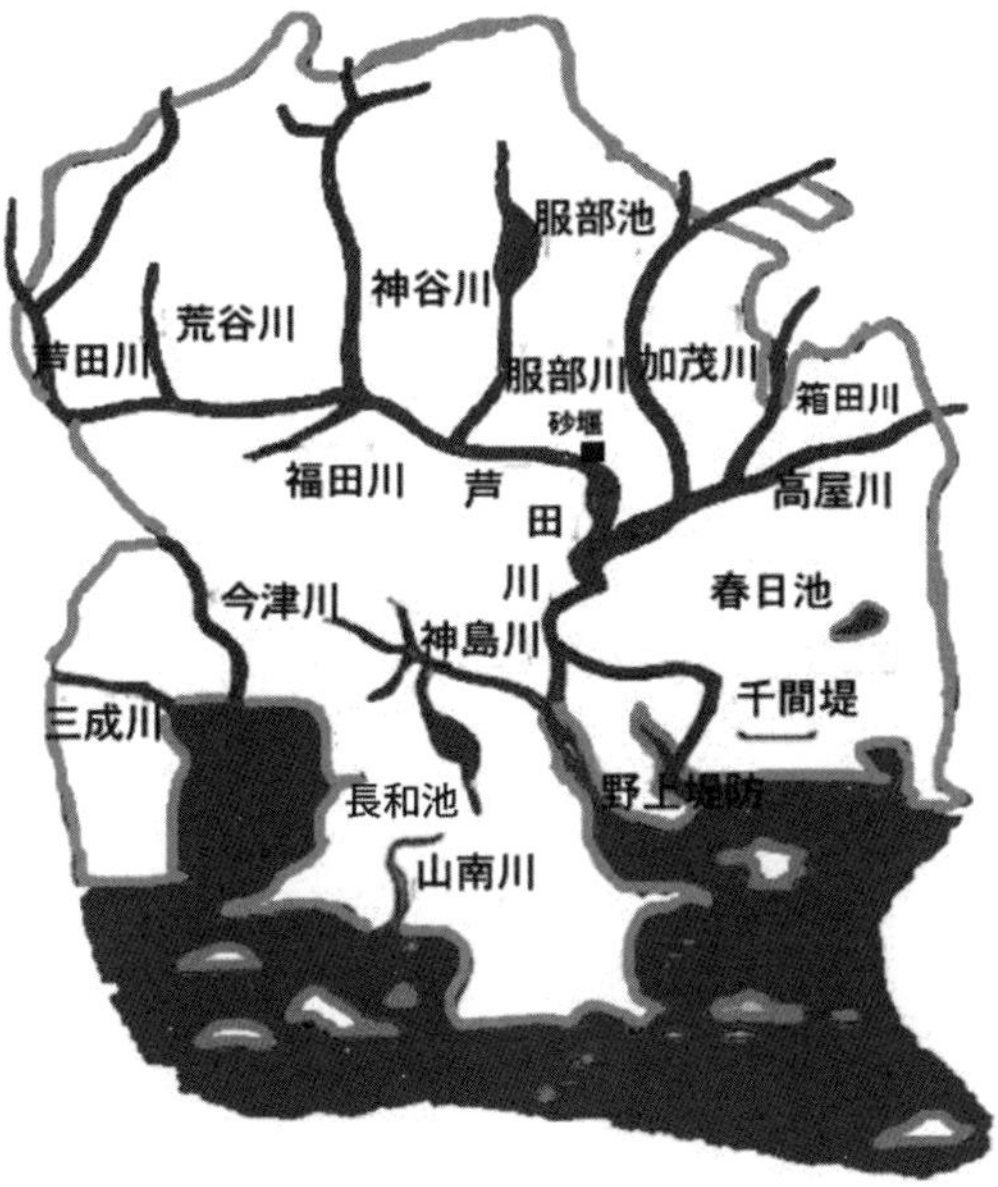


## 第二節　福山藩六郡の耕地利用状況と農業生産力

このような福山藩諸郡の旱損・水損事情は各郡の農業生産力にどのような影響を及ぼしていたのだろうか。次に、表1―1c（a）の石盛の欄をみよう。本節と次節では、島嶼《とうしょ》部や町域を除いた数値によって郡別の比較を試みる。屋敷地を含む土地全体、あるいは水田・畑地を合わせた耕地の石盛は、領主側が示した農業生産力に対する総合的な評価とみることができる。各郡の土地全体の石盛は、安那・深津・沼隈郡の順に高く、芦田・品治・分郡がこれに続いており、耕地のみの石盛もこの順位に変わりはない。土地全体・耕地全体の石盛で上位を占める安那・深津・沼隈三郡はいずれも旱損地域、これらより下位の分・品治・芦田三郡は、前節の観察では、水損地域に属していた点に留意すべきである。領主側は水田作・畑作両面の生産力を損なう障害として明らかに旱害よりも水害を重大視していたのである。

水田のみの石盛の順位は、沼隈・安那・芦田郡と続き、深津・分・品治郡が下位を占めているのに対して、畑のみの石盛の順位は、深津・分・安那郡が上位、沼隈＝品治・芦田郡が下位グループを占めており、安那・品治郡を除けば、両者の上位・下位グループは逆転している。領主側は、郡ごとに達成度に差異がみられるにせよ、おおむね水田生産力が低い諸郡は高い畑作生産力が、畑作生産力が低い諸郡は高い水田生産力が、それぞれ各郡の農業経営の安定性を補完しているとみていたのである。

表1―1a（4）～（7）欄を基に福山藩六郡における土地利用状況をグラフ化し、図1―3として示そう。二毛作田・単作田を合わせた水田率の郡別の順位は、安那・深津・品治・沼隈・芦田・分郡の順で、畑作率の順位は、当然、分・芦田・沼隈・品治・深津・安那郡の順となる。芦田郡は田方・畑方相半ばしている。先にみた郡別の旱損・水損の類別を想起すれば、品治郡を例外として、高水田率の安那・深津・沼隈郡は旱損地域、高畑作率の分郡は水損地域という現状を看取できる。水田稲作と天候の関連を述べるについて、しばしば「日照りに不作なし」・「日照りに飢渇なし」などと言われる。稲は水害に比べ比較的旱害に強く、極度の干魃を問題外とすれば、旱損地域では溜池等の灌漑施設の整備・確保さえ可能ならば、水田稲作においては、水損地域よりも年々安定的に収穫を維持することができる。一方、水損地域では、水害の危険や砂質田の悪弊を冒してあえて水田経営を行なうより畑作経営を選択する方が合理的である。たとえ水害に見舞われても、畑地は水田に比べて耕地の修復が比較的容易であり、播種から収穫までの期間が短い作物の選択肢は多く、直ちに跡作が可能である。福山藩にみられた旱損地域諸郡の高水田率、水損地域である分郡の高畑作率という傾向は、稲作に向かない砂質土壌を避けようとする判断を含め、安定的な農業経営をめざす同藩農民の英知の賜物であったと言えよう。

むろん領主側の生産力の把握がもっぱら旱損・水損事情を指標として実施されたなどと強弁するつもりはない。

**図 1–1a　福山藩６郡における水損・旱損率別村落数**

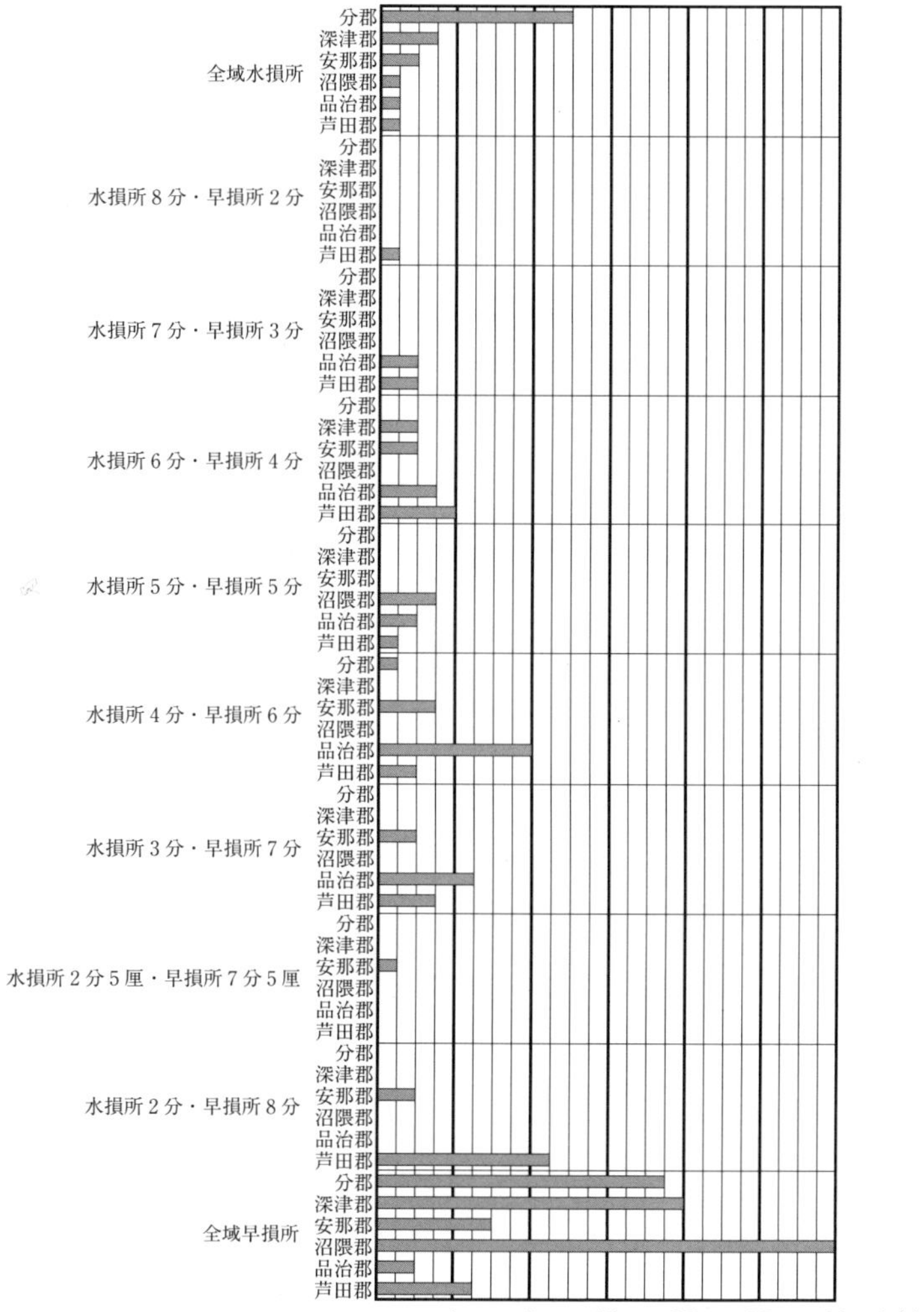


出所)「備後郡村誌」(文政元年)宮内庁書陵部所蔵(『府中市史史料編Ⅳ地誌編』昭和 61年所収)によって作成。
注 1)鞆町を除く。
注 2)分郡島嶼部を含む。(走島・横島・百島・田島４カ村はすべて全域旱損所)
注 3)安那郡川南村(水損所２分・旱損所８分)、川北村(全域水損所)を含む。
注 4)沼隈郡松永村(全域旱損所)を含む。
注５)芦田郡府中市村(水損所８分・旱損所２分)を含む
注６)深津郡深津村は「水損・旱損両様の地」と記されているが、水損所として処理した。

**図 1–1 b　福山藩6郡における旱損・水損村落数と郡内比率**

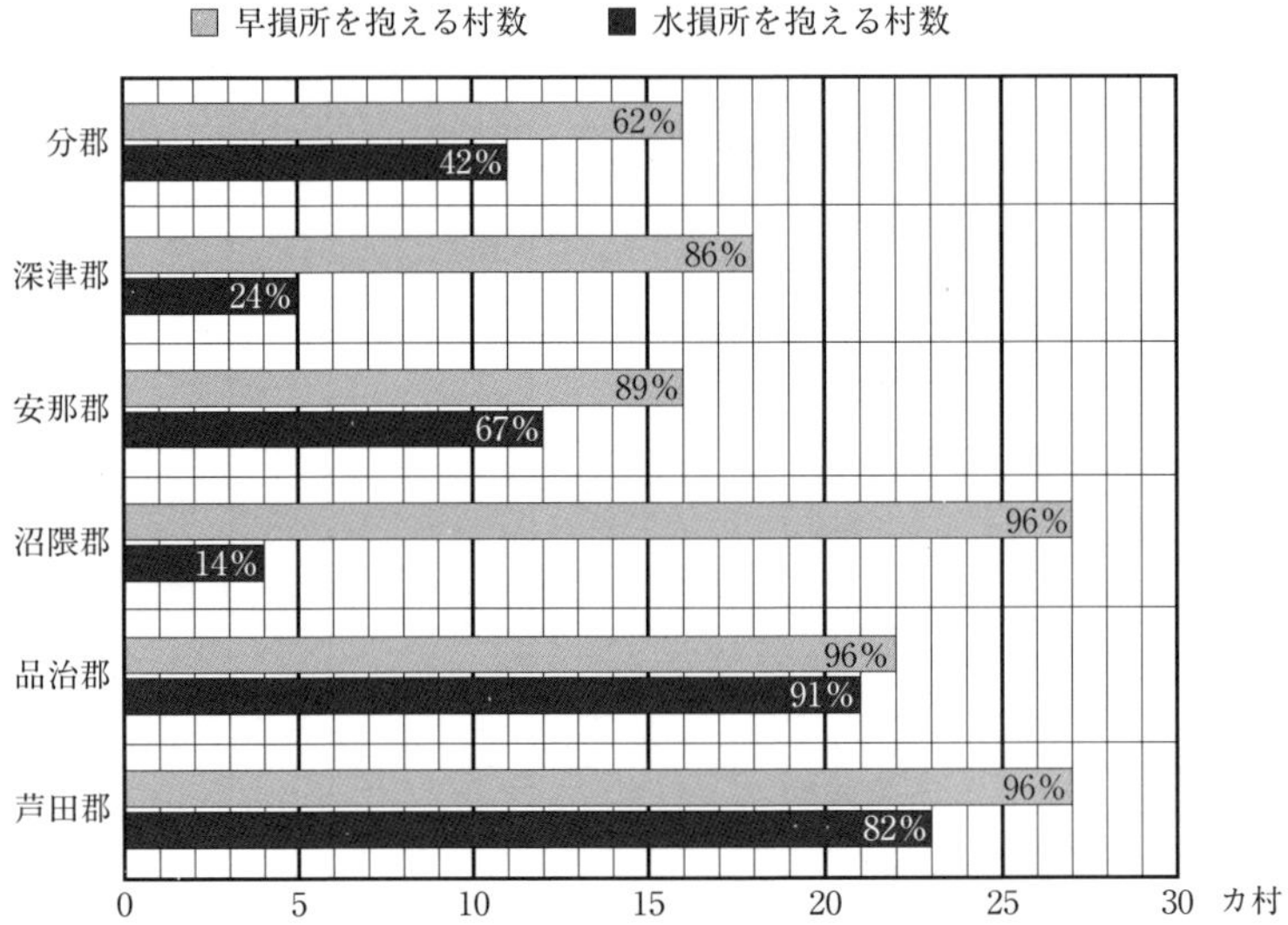


出所）図 1–1a による。
注）百分比の合計値が 100 を越えているのは、旱損所・水損所の両方を抱える村落が存在するためである。

元禄検地は、沿海部諸郡における急速な新開の進展の成果、内陸部諸郡における著しい商業的農業の発達という現状を踏まえて実施された。例えば、表1―1c（a）欄をみると、沼隈郡の土地全体・耕地全体の石盛は安那・深津郡と並んで一石を上回っており、水田の石盛は六郡中最高である。同表（b）欄から年貢率も芦田郡に次ぐ高率免が課されていたことが読み取れる。これは芦田郡における綿作の場合と同様に、沼隈郡における藺草栽培・畳表製織業がもたらす高い収益性を領主側が看取していた結果に他ならない。しかし、土地生産力の把握に際して領主側が重視したのは農業経営全体の安定度であり、それは旱損地域諸郡のみが達成しうるものであった。為政者は水害を福山領内における農業経営の安定性を損ねる最大の障害として意識していたと言えよう。

## 図 1–2　福山藩６郡における村別溜池数の分布（宝永８年）

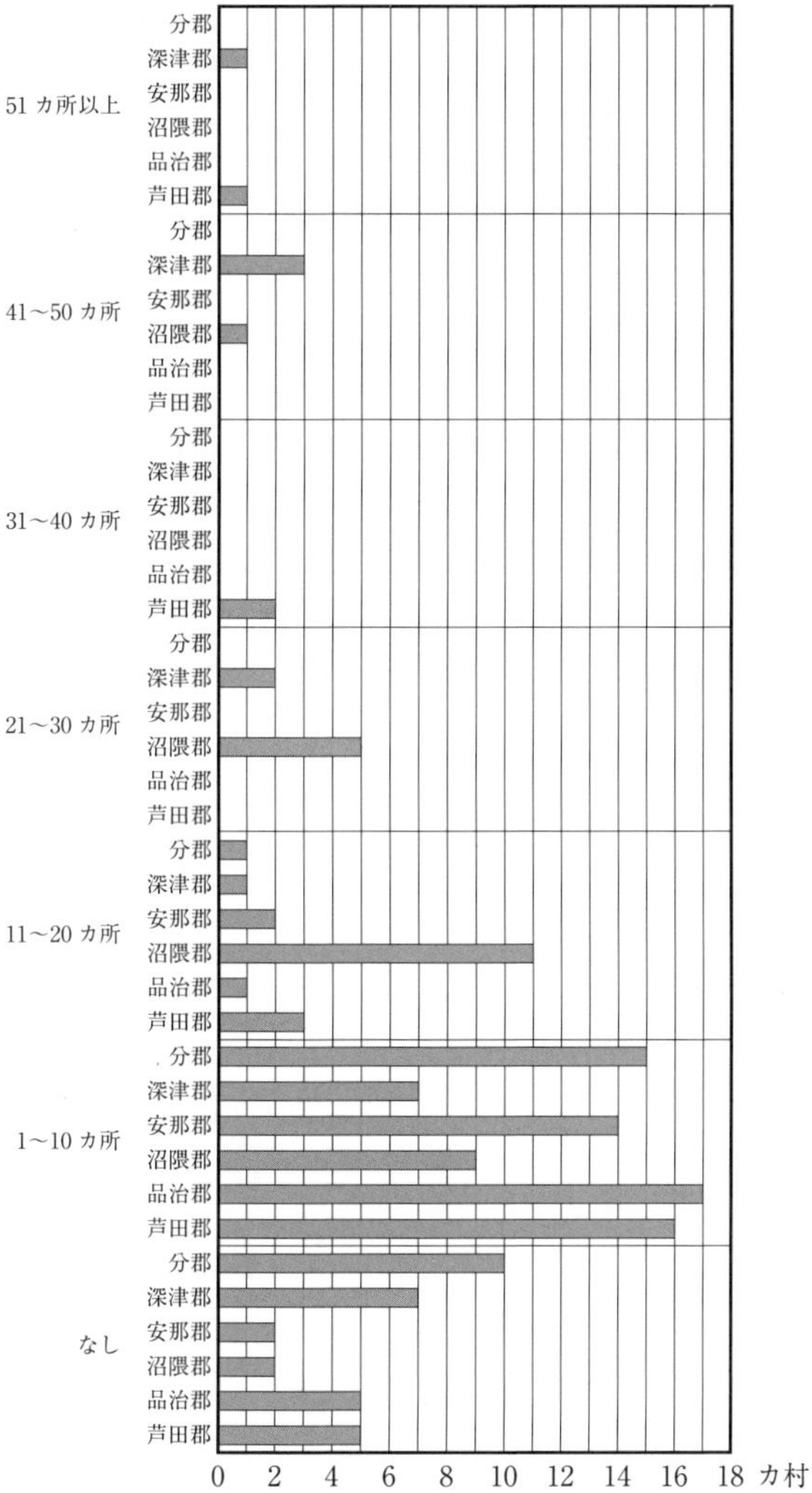


出所）「備後郡村誌」（文政元年）宮内庁書陵部所蔵（『府中市史史料編Ⅳ地誌編』昭和 61年所収）によって作成。
注 1）分郡鞆町を除く。
注 2）分郡走島（２カ所）・田島（なし）・横島（２カ所）・百島（３カ所）を含む。
注 3）安那郡川南村（７カ所）・川北村（１カ所）を含む。
注 4）沼隈郡松永村（１カ所）を含む。
注 5）芦田郡府中市村（１カ所）を含む。
注 6）芦田郡の溜池は南部地域に集中し、福田・上有地・下有地・杵磨（たるま）・栗柄の５カ村で 142 カ所を占める。

図1–3　福山藩6郡における土地利用状況　宝永8年（1711）
〈二毛作面積は明和3年（1766）〉

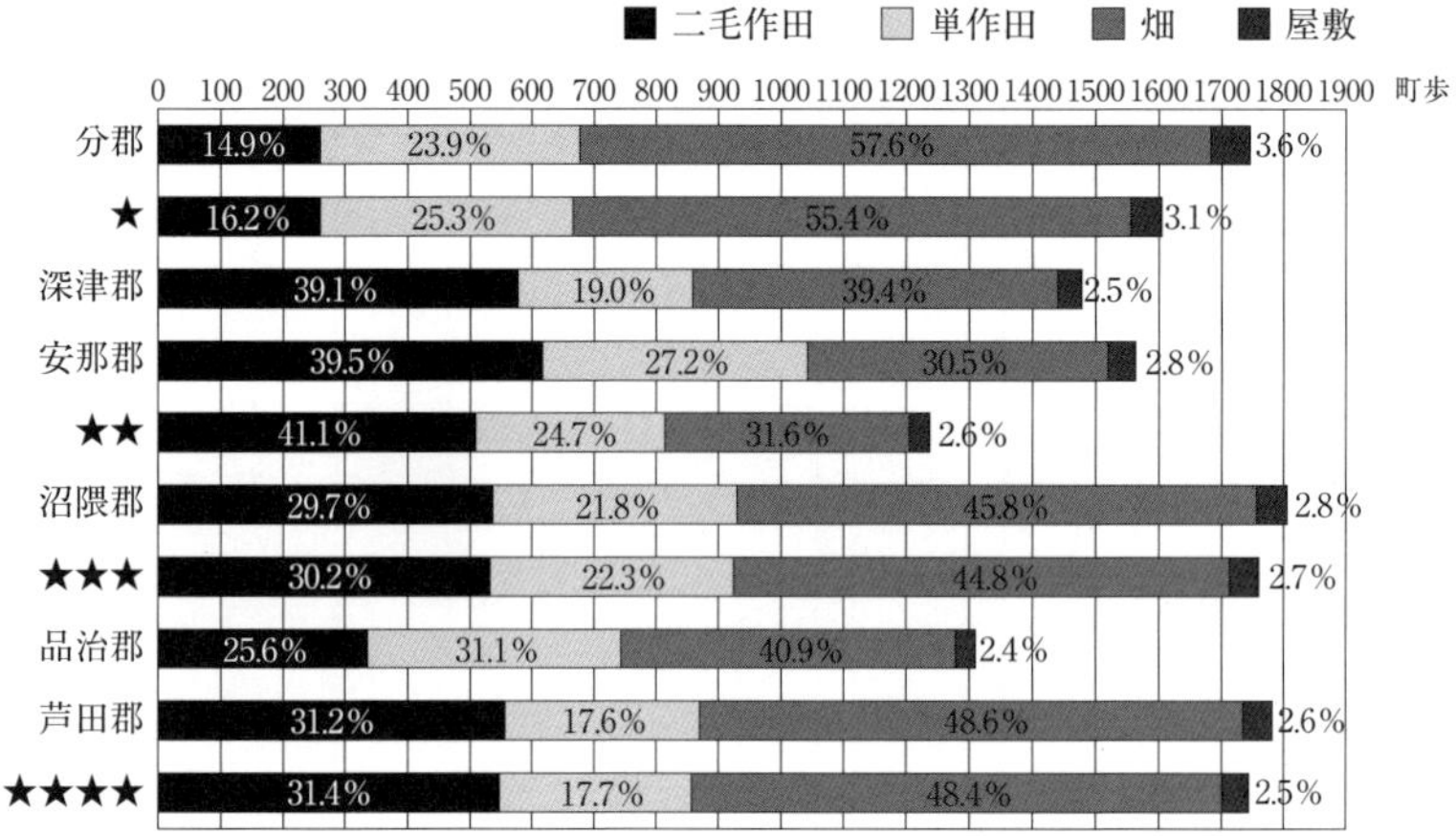


出所）表1−1 aによる。

## 第三節　福山藩六郡の農業経営構造

次に福山藩諸郡の農業経営構造について考察しよう。まず、表1―1c（c）・（d）欄によって、労働生産力（人口一人当たり石高）の順位は安那・深津・分・品治・芦田・沼隈郡の順、労働投入量（反当たり投入労働人数）は、その逆の沼隈・芦田・品治・分・深津・安那郡の順であることが知られる。同表（h）欄の平均持高（全耕地・全所有地）の順位は、安那・深津・品治・分・沼隈・芦田郡の順、同じく（i）欄の平均土地所有面積は耕地に限れば、沼隈・芦田郡が逆転している以外、それと同順、屋敷地を加えた全所有面積の平均では、品治・分郡の順位も逆転している。

福山藩六郡の農業経営構造については、すでに早く渡辺則文氏によるきわめて優れた分析がある。同氏は、農業経営の安定度を指標にして、福山藩六郡を(1)安那・深津、(2)分・品治、(3)芦田・沼隈の三グループに類別・順位づけられた。これは福山藩域を縦に三分割した地域に

図 1–4　農業経営の安定度からみた福山藩 6 郡の地域モデル

出所〕福山市史編纂会編『福山市史中巻』昭和 43 年　559 ～ 64 頁における渡辺則文氏の所説に基づき作成。

相当する（図1―4参照）。そして、分・品治郡は芦田川の氾濫、芦田・沼隈郡は山がちな地形によって、それぞれ農業経営の安定度を阻害されていたが、芦田・沼隈郡は「多労働の投入」と役畜の多投によって劣悪条件を克服し、土地生産性を高めていたと述べられた(5)。

表1―1b（D）欄で沼隈・芦田郡の耕地面積は六郡中一・二位を占めているが、表1―1c（h）欄で両郡の持高平均はそれぞれ五・六位の低い位置にあった。表1a（10）欄で戸数がそれぞれ全郡中で一・二位であったためであり、表1c（g）欄の農家一戸当たりの家族成員数も、沼隈郡は六郡中最多、芦田郡もほぼ七人に近接する人数であった。当然、両郡の労働生産力は低く、単位面積当たりの労働投入量も多かった。しかし、ここに言う労働投入量・「多労働の投入」とは、多数の労働人数の投入のことであり、必ずしも労働量の多投を意味していない。一八世紀初頭、福山藩の山間部農村では、間脇・下人等による隷属農民労働・族縁的協業を基盤とする地主手作経営が未だ広く残存し

ていたと言われている。[6] 地主手作経営の残存度が高い沼隈・芦田郡では、現実には特定の大土地所有者に土地所有が集中している場合が数多くみられるにもかかわらず、多数の未だ隷属身分を脱しきれていない農民人口・農民家族が存在しているために郡全体の平均持高・労働生産力は低められている。これとは逆に、平野部の安那・深津郡では、夫婦家族による激しい長時間の労働の投入を基盤に、農業経営における、いわゆる「勤勉革命」[7]が達成されつつあった。安那・深津郡では、すでに直系家族を基盤とする小農経営が定着していたために中位の土地所有者が多数を占め、郡全体の平均持高、労働生産力は芦田・沼隈郡より高い数値を示しているのである。

注

(1)「備後郡村誌」(文政元年 宮内庁書陵部所蔵)(府中市『府中市史史料編Ⅳ地誌編』昭和六一年 所収)。

(2)福山市史編纂会編『福山市史中巻』昭和四三年 四四一〜二頁。

(3)本多利明「西薇事情」(寛政七年)(滝本誠一編『日本経済大典第二〇巻』啓明社 昭和五年 所収)二九八頁。

(4)前掲「備後郡村誌」四〇一〜九八頁。

(5)前掲『福山市史中巻』五五九〜六四頁。

(6)同右 四三九頁。

(7)言うまでもなく、「勤勉革命」という概念ないし用語はわが国における歴史人口学の確立者・速水融氏によって提示され、広く用いられるに至った。徳川期の農村において生じた資本節約・労働集約による生産革命を指している。「ユーラシア大陸の西端の島(イギリス)では、労働の軽減・資本の多用を内容とする「産業革命」(industrial revolution)が生じたが、東端(日本)では、より大量の労働投下によって生産量を上げようとする「勤勉革命(industrious revolution)が生じたのである。」〈速水融・宮本又郎「概説　一七〜一八世紀」(速水融・宮本又郎編『日本経済史1 経済社会の成立 一七〜一八世紀』岩波書店 昭和六三年)三六〜七頁〉

しかし、福山藩域においては、生産要素としての人力(労働)が畜力(資本)を代替するような現象は生じなかった。

文化 13 年(1816)における福山藩 6 郡の牛馬飼養数

| 郡名 | (1)戸数(戸) | (2)馬数(頭) | (3)牛数(頭) | (4)牛馬総数(頭) | (5)牛馬飼養率(戸) |
|---|---|---|---|---|---|
| 分　郡 | 5113 | 229 | 1603 | 1832 | 2.791 |
| ★ | 3308 | 228 | 1257 | 1485 | 2.228 |
| 深津郡 | 3178 | 201 | 898 | 1099 | 2.892 |
| 安那郡 | 2588 | 109 | 1193 | 1302 | 1.988 |
| ★★ | 2014 | 86 | 972 | 1058 | 1.904 |
| 沼隈郡 | 6840 | 202 | 3489 | 3691 | 1.853 |
| ★★★ | 6219 | 202 | 3476 | 3678 | 1.691 |
| 品治郡 | 3044 | 198 | 1670 | 1868 | 1.630 |
| 芦田郡 | 5160 | 402 | 3417 | 3819 | 1.351 |
| ★★★★ | 4365 | 389 | 3388 | 3777 | 1.156 |
| 全 6 郡 | 25923 | 1341 | 12270 | 13611 | 1.905 |
| ★★★★★ | 22128 | 1304 | 11661 | 12965 | 1.707 |

出所)「備後郡村誌」(文政元年)宮内庁書陵部所蔵(府中市『府中市史史料編Ⅳ地誌編』昭和 61 年　所収)によって作成。

注１)★鞆町・島嶼部(走島・田島・横島・百島の４か村)を除いた数値。

★★川南・川北２カ村(神辺宿)を除いた数値。

★★★町場の形成がみられた松永村を除いた数値。

★★★★同じく府中市村を除いた数値。

★★★★★上記のすべての町場・島嶼部を除いた数値。

注２)(4)＝(2)＋(3)。(5)＝(1)÷(4)牛馬1頭を何戸で 飼養している割合か。

上表に示したとおり、福山藩における文化一三年(一八一六)の牛馬飼養数は、先に表１―１ａ～ｃに示した宝永八年(一七一一)に比べて、相当の増加がみられ、飼養率(牛馬一頭を何戸で養っているかの割合)にもかなりの縮減が生じた。福山領内農村においては、綿作・藺作・煙草作・菜種作等の労働の多投を必要とする商業的農業の発展にともなって畜力の投入も増加し、人的労働の投入も増加したのである。この問題については、斎藤修「勤勉革命論の実証的再検討」(『三田学会雑誌』九七巻一号　平成一六年)等を参照。

# 第二章　福山藩における土免制の基本構造

# はじめに

土免制(土免法)は、徳川期、中国・四国・北九州地域の多数の諸藩で採用された徴租法である。採用地域が西日本に片寄っていたためであろうか、土免制に関する研究は長らく等閑視され、進捗をみなかった。しかし、近年、その実証研究・理論研究が急速に進展し、研究は大きな深化を遂げつつある。(1) しかも近時、青野春水氏によ る、近世における年貢徴収方式を、検地・村請→土免(基準年貢＝検地帳記載村高×年貢率)→免合(土免の調整＝秋免・春免・定免)→年貢のプロセスで一括して捉えるべきであるとする注目すべき論考が現われた。同氏によれば、有毛検見取以外、近世の年貢徴収方式はすべてこのプロセスで説明できることになる。(2) すでに早く水本邦彦氏は、土免制実施諸藩の関連史料を比較検討され、土免制を定免制の一種、あるいは不完全な定免制とみる従来の解釈に疑問を呈され、むしろ定免制こそが土免制に包摂されるべき年貢徴収形態であり、基本的に、近世年貢徴収方式には検見制と土免制の二種が存在し、定免制は後者の免固定形態として把握すべきであるとされた。(3) 青野氏の所説はこれをさらに拡張・進化させたものと言えよう。同氏の見解が研究者に広く受け入れられるためには、豊臣政権期における関連史料の読解の妥当性、また天領をはじめ、全国諸藩の年貢徴収仕法との整合性の検証がさらに必要であろう。

本章では、「郷中覚帳」を中心に、その他の福山藩の地方書をも活用しつつ阿部氏福山藩における土免制の基本構造を探る。その際、青野氏が提示された近世年貢徴収方式の統括論に照らしつつ福山藩の土免制を考察する方法を採ることはできない。「郷中覚帳」をはじめ本章で分析を試みる地方書は、一八世紀以降に成立し、すでに年々の免率は固定され、凶作年度にも検見に基づき引高による年貢減免が実施されるようになって以後の土免制運用の実状を関連地方所務の解説を中心に記しており、近世年貢徴収方式の総合的把握をめぐる議論に直結した内容は含まれていない。青野氏が提示された近世年貢徴収方式のシェーマに福山藩の徴租法を位置づけることが可能か否かを探るためには、むしろ水野・松平氏時代の検見制に遡った考察が求められるだろう。

本章では、一八世紀以後、阿部氏福山藩において展開された土免制の展開構造を探る。福山藩の土免制については、『福山市史中巻』における隼田嘉彦氏の論考以来、これまで研究の進捗がほとんどみられず、今もなお解明されるべき数多くの不明点が残されている。地方書「郷中覚帳」は、検見の運用方法、凶作時の一毛荒における引高の算出法など、これまでほとんど知られていなかった福山藩における土免制の運用にかかわる郡方実務の内容を具体的事例を挙げつつ詳細に説明している。本章では、「郷中覚帳」の地方算法書としての性格に留意しつつ、同書をはじめ福山藩における他の地方書の関連記事も併せ分析することを通して、同藩における徴租法の根幹をなす土免制の基本構造を探ることにしよう。

## 第一節　福山藩における土免制の成立

福山藩における土免制の成立過程について、地方書「郷中覚帳」は次のように述べている。すなわち、

一　検見引ハ正徳四年初、夫ゟ七年目子ノ年ニ石数相究[4]

一　正徳元卯年朝鮮人来朝ニ付、諸役人手足り不申ニ付当御年貢取立免相之儀、先代申歳ゟ寅迄七ケ年平均ヲ以当卯収納被仰渡候趣、於鞆津郡奉行後藤新八郎ゟ三郡庄屋江申渡、残三郡ハ爰元ニ而中山七郎右衛門申渡、巳ゟ土免ニ相究、先御代者年々検見ニ付毎年免くるい申事也

一　正徳三巳歳ゟ検見引・用捨引・下免引之類吟之上減し候、夫より年々得与村々相吟へ、詰ル所ハ、享保

五子歳ニ右品引方相究ル

曰、先代寅年免之儀縦令ハ五ッ之処四ツ九分与御究被下度候、全上納ハ五ツニ可仕与村内願も有之候哉、此等之義内々ニ而手筋を以聞合候処右之通ニ候哉、壱歩上り又翌年ハ壱歩上り御引渡、年々弐分上りニ而定免ニ相極ル(中略)

但、七ケ年平均ハ取米ヲ平均候事ト見江、卯年ニ免不見(5)

阿部氏は入国した年、宝永七年(一七一〇)には、前代藩主松平氏の下ですでに決定されていた免率をそのまま引き継ぎ、翌正徳元年(一七一一)には、松平氏治世期の宝永元年(一七〇四)から同七年にわたる七カ年の「平均免」を設定した。三項め末尾に記されているように、これは「取米」の平均であった。さらに、翌正徳二年には、宝永七年の免に一分上り、翌同三年はさらにその一分上りの免を設定した。この正徳三年(一七一三)以降、福山藩では土免制が採用され、先代まで検見制の下で年々変動をみた領内村々の免率は一定となった。その際、村々から内々に免下げ、あるいは五つ免への統一を望む願い出もあったが、宝永七年の免率の二分上りで決着をみたと述べられている(6)。

正徳三年の土免制の実施にともなって、水野氏・松平氏時代から継続されてきた検見引・用捨引・下免引等の引高の再検討が実施され、これを減じる措置が取られ、享保五年(一七二〇)に村々におけるその数値が確定したと述べられている点に留意すべきである(7)。後にみるように、福山藩はこの期間に、いったんすべての引高を廃止しようとする動きさえ示した。また、第一項には、検見引は正徳四年から開始されたとも記されている。土免制開始後の調整期間を経て、享保五年、藩府は、水野・松平氏以来の引高を整理・確定することによって、貢租の安定的収納を達成すべく、旧制から分離した阿部氏独自の徴租法の確立をめざそうとしたのである。

では、それらの引高は具体的にどの程度であったのか。『備陽六郡志』・「惣寄並差引」の記事をグラフ化し、これをみようとしたのが図2―1である。松平氏時代から引き継いだ引高に加え、阿部氏は徴租制開始当初から多数の引高の設定に迫られており、実に総石高の一割を越える石高を予め貢租賦課の対象から外さざるを得なかったことが知られる。

なお、ここに記されている検見引を凶作年度、検見の実施を経て行なわれる引高と混同すべきでない。例えば、明和三年(一七六六)、芦田郡府川村「村鑑委細書上帳」には、次のように述べられている。すなわち、

御免七ツ七分
高四百弐拾壱石三斗壱升八合　　府川村
　内
畝拾九町六反五畝弐拾三歩
　内　拾三町八反　　両毛作
　　五町八反五畝拾三歩　水田
高三百三拾三石六斗七升五合　田高
　内　弐歩通　田木綿作
　　八歩通　稲作
畝九町壱反三畝五歩　　畑高
高八拾七石六斗四升三合
　内　六歩通　木綿作
　　四歩通　雑穀作
右之内

**図 2–1　福山藩阿部氏時代初期における引高**

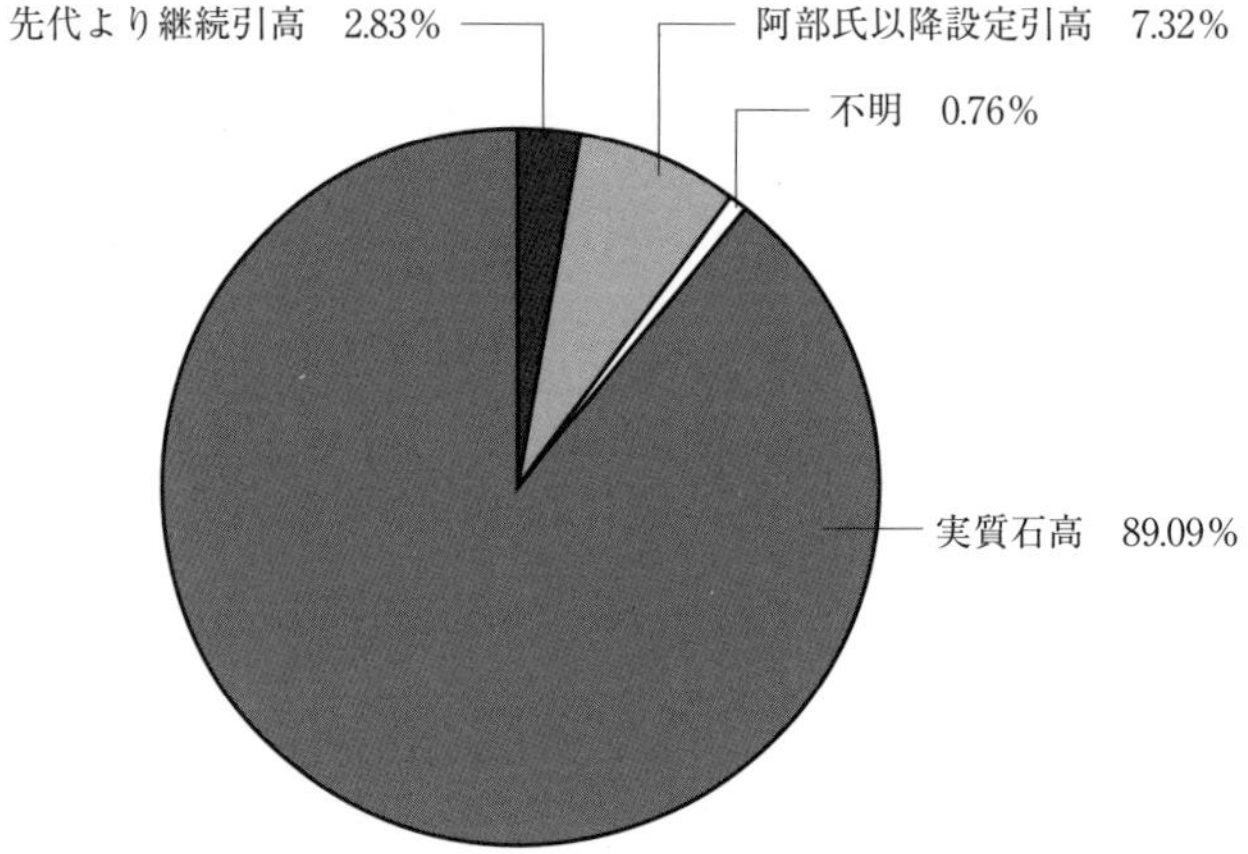


| 種別 | | 石高（石） |
|---|---|---|
| 先代より継続引高 | 先代より用地引 | 567.006 |
| | 先代より万用捨下免斗代下共引 | 2191.608 |
| | 先代より川欠・土手成・池成・溝成・海成・潮欠・銅山小屋場川欠共引 | 68.474 |
| | 先代より土取場引 | 2.709 |
| 阿部氏以降設定引高 | 当御代用地引 | 0.107 |
| | 当御代用捨下免引 | 195.569 |
| | 当御代年々土取場引 | 1.363 |
| | 当御代年々川成・溝成・道成・土手成・砂入・汐浜・荒地・池成・山崩れ共引 | 740.119 |
| | 当御代年々荒田畑引 | 49.388 |
| | 当御代実相寺上ケ畑・石川弥惣左衛門上ケ畑共引 | 3.442 |
| | 検見引 | 6330.851 |
| 不明 | 野上村同沼田村斗代下用捨引 | 742.844 |
| | 芦場新涯潮溜り荒地引 | 1.242 |
| | 項目記載漏れ | 16.722 |
| 実質石高 | | 89088.556 |

出所）宮原直倁『備陽六郡志』内篇巻十二「惣寄並差引」（宝永 5 年頃）〈得能正通編『備後叢書第 1 巻』復刻版 歴史図書社 昭和 45 年 329 ～ 30 頁〉によって作成。

注）総引高の数値に誤りがみられるので、実質石高は修正値を表示した。

高弐斗　　　　　　　　　　　　　郷蔵屋鋪引
高弐拾石弐斗五分(升)　　定例御検見引
引高弐拾石四斗五合
残四百石九斗壱升三合(8)　　　　(下略)

ここに記されている府川村の検見引分「高弐拾石弐斗五升」は、『備陽六郡志』・『備後郡村誌』所載の同村における「検見引」の数値と完全に一致している。(9)検見引は豊凶、検見見分の実施いかんにかかわりなく、例年「定例」に貢租賦課の対象から除かれる石高であった。(10)

この検見引について、寛政六年(一七九四)、福山藩寛政改革において、検見仕法を古法に立て戻すに当たって下された庄屋・組頭・釣頭・惣代百姓宛の覚えに次のような興味深い一節がある。すなわち、

(前略)一躰作平均検見之儀者、享保初年六郡一統検見平均引御立被遊、村々免相被仰付一同御受申上、一村検見之儀相止メ候、右之通検見平均引之儀ハ、定例ニ被下置候儀ニ付、以来検見相願候儀ニ無之処、其後壱人切田方格別不作之分、厚御慈悲を以御聞届被成見分被仰付候儀ニ付、然ル所追々趣意心得違人別作平均之作法相崩、村方ニ寄候而者壱人切作方書上候仕組等明白ニ無之、不作之分而已指出候事ニ相心得候るいも有之候様相聞、甚不埒之事ニ候(11)

「一村(坪入)検見」から「人別作平均検見」への移行などについて注目すべき内容が綴られているが、これらの凶作年に実施される検見については後に考察しよう。ここでは、「享保初年」、つまり享保五年(一七二〇)に「六郡一統」に「検見平均引」を設定し、その見返りに以後「一村(坪入)検見」の実施を停止したと述べられている点に注目すべきである。「検見平均引」を毎年「定例」に下し置いたゆえ、いっさい検見を願い出る筋はないが、その後、凶作年における「人別作平均検見」だけは慈悲をもって許可してきた。しかるに、近年、その「人別作

平均検見」に不正が横行していることは不埒の極みであると述べられている。その後、この例年における「検見平均引」は、単に年々の貢租収納時の引高として機能するに止まらず、一種の既得権としてあたかも商品のごとく福山領内諸村の農民間で売買されるに至るのである。(12)

## 第二節　福山藩における土免制の基本的性格

### （一）　土免制の基本要件

では、福山藩の土免制は具体的にどのような徴租法であったのか、若干の土免制の基本要件を採り上げ検討してみたい。

まず、土免設定の対象、つまり土免の免率は何に対しての率であったのか。土免制採用諸藩では本高に対する率とする藩と毛付高に対する率とする藩がみられたが、福山藩における土免は毛付高に対する率であった。

この点を確認するために、文政六年(一八二三)、芦田郡町村の免定の事例をみよう。すなわち、

未歳免定之事

一　高五百弐拾弐石弐斗壱合　町村

内

壱斗壱升七合　郷蔵屋舗引

三石　悪所高下用捨引

三石八斗七升壱合　当未抜綿用捨引

拾弐石三升壱合　　　　当未旱損一毛引
七石七斗六升五合　　　検見引
引高〆弐拾六石七斗八升四合
六ツ九分
残四百九拾五石四斗壱升七合
取米三百四拾壱石八斗三升八合
六ツ九分
一　高壱石壱斗五升九合　　新畑
取米八斗
一　米六升弐合　　新屋舗斗代違
高九升之分
一　米六石八斗五升四合　　口米
一　米七石四斗五升五合　　夫米
一　米弐石六斗五升四合　　小物成米
米合三百五拾九石六斗六升三合
内
弐石　　当未用捨引
残三百五拾七石六斗六升三合　　納辻
（小林年貢以下銀納分省略）

右之通当未御年貢米相究候間、当月中急度可皆済者也

文政六年未十一月　　　　　　上田　繁助[13]（下略）

まず、本高（村高）五二二石二斗一合から諸引高二六石七斗八升四合を差し引いた毛付高（有高）四九五石四斗一升七合に免率六つ九分を乗じて取米三四一石八斗三升八合を算出している。これに同様にして算出された新畑分の取米八斗、さらに口米などの付加税分を加え、いったん三五九石六斗六升三合を計上しているが、そこからさらに二石の用捨引分を差し引いた総計三五七石六斗六升三合の租税負担を求めている。当年、文政六年に限り実施された引高は、本高に対する「当未抜綿用捨引」・「当未旱損一毛引」、さらに、「納辻」の前行に記された「当未用捨引」であり、それ以外の引高は例年認められたものであった。なお、「当未旱損一毛引」は、この年、町村においては、一二石三升一合の「一毛荒」（皆損）の取り扱いが承認され、その分の年貢が「皆捨り（丸引）」となったことを意味するが、この「一毛荒」については本章第四節で改めて触れよう。また、「当未抜綿用捨引」については、第三章の木綿徴租法に関する論考で「抜綿改め」について詳しく考察する。いずれにせよ、土免制下、福山藩の免率は毛付高に対する率として設定された。

次に、免の決定時期についてみよう。一般に土免制における免決定の時期は、立毛出来以前、とりわけ春に行なわれる場合が多いといわれる。ところが、先に掲げた芦田郡町村の免定が一一月付になっていることからも知られるように、福山藩においては、必ずしも例年春に免定の下付が励行されていたわけではなかった。土免制の下で免率の固定が継続されていく過程で、領主側・領民側双方ともに免率に対する関心は稀薄になり、両者の関心はむしろ引高の多寡に移行していった。その結果、次第に春に免定を交付する郡方所務の意義は失われ、それは免定下付の遅延という現象となってあらわれたのではなかろうか[14]。

土免の割付方法についてはどうか。福山藩の土免制においては、未だ正式に高付されない見取場に別免が課さ

れる場合を除いて、領主側から田品ごとに免率を変えて免定めを実施することはみられなかった。先の芦田郡町村の免定にもみられるように、本田畑・新田畑ともに、それぞれの本高から引高を差し引いた毛付高（有高）に対して同一の免が提示された。また、阿部氏は建前上は地方知行制を採ったが、現実に知行地の給付は行なわれず、給人は単に俵米・切米・扶持米の給付を受けるにすぎなかったから、一村落内で知行地の入り組みによって土地によって免率が異なるケースも生じなかった。

ところで、「郷中覚帳」には、福山藩の土免制を定免制と同義のものとみる見解が示されている。すなわち、

一　大検見与言ハ当御代ハ無之、是ハ麦作夏物ニ至迄不残壱ケ年分押平均免相極ル、当時ハ七年平均之土免ニ付年々検見者無之、土免之儀宜与言、当時之風俗ニ而年々検見ニ致候ハヽ、下ゟ賄賂有之依怙贔屓出来不可申哉、定法（免）ニ候ハヽ、正道之事也

一　大検見之事、是ハ一村之麦作并夏諸作物、其外早田之分、御代官検見、中晩田ニ至而御勘定所ゟ検見致、其村々之検見引・用捨引之類不残引戻候上ニ而引立て遣ス、上（免）も上ケ極ル也、水野様御代、如此改有之、下総守様御代以後無之

私曰、免上ケ候而も余り強く候得者、其外能程用捨引ヲ立遣候由[15]

まず、水野氏時代の基本的な徴租法であった検見制では、その年の稲作の作況を中心に、麦作・夏作等、稲作以外の収穫状況をも勘案して、免率を決定する方法が採られ、これを大検見と称したが、検見制の下では、領民からの賄賂が横行しがちであり、また、藩役人の依《え》怙《こ》贔《ひい》屓《き》も生じやすく、現在の土免制の方がより公正な徴租法であると述べている。すでにみたように、正徳三年以降の福山藩の免率は、宝永七年の免率に、二カ年連続の一分上りを加えたものであり、「当時ハ七年平均之土免ニ付」という表現は正しくない。

二項めでは、水野氏時代の検見制の下では、麦作・夏作を含め、早・中・晩田に至るその田地一年間のすべて

の作物の出来高を査定して、引高と免率を年々決定する方法が採られていたと述べられている。免率の変動による極端な負担の上昇を緩和すべく引高が併用されたのである。「下総守様御代以後無之」、つまり松平氏時代以後、このような免率と引高の変更を併用する方法は採られなくなったと述べられているが、詳細は明らかではない。

正徳三年(一七一三)以降、福山藩においては、平年時の免率は完全に固定された。「郷中覚帳」において、阿部氏時代の徴租法が定免制と捉えられている根拠はこの点にある。では、なぜそれは同時に土免制なのか。まず、制度の弛緩・形骸化が生じていたにせよ、原則として毎年春に免の提示が実施されることになっていた。また、毛付高に対して免が提示されていた。おそらくこの二点に福山藩の徴租法が土免制である根拠が求められているのであろう。しかし、例えば広島藩のように、土免制採用諸藩のなかには、免を本高に対する率とするケースが少なからずみられたのであり、これまで言われてきたように(16)、福山藩の徴租法が土免制である所以を必ずしも本高から引高を除いた毛付高(有高)に免を付す点だけから説明することはできない。福山藩における土免制の構造を探るためには、土免制採用初期における同藩の徴租法の運用事情をいま少し掘り下げて考察する必要がある。

## (二)　検見の許容

一般に、土免制においては、これを請け負うか否か、農民の選択意志が許容されており、また、凶作時においては破免し、検見が実施されるのが原則であった。原理的に、土免制の下では、農民が土免の請け負いを拒否した場合、検見が実施されるのであり、いったん土免を請け負っても、凶作の年には破免し、検見を実施した上で、改めて免が決定されるか、これに代わる措置がとられた。福山藩の土免制においても、このような農民の選択意志の許容はみられたのであろうか。

まず「郡中町方明細記」所載の次の史料をみよう。

土免被仰付候書付郡方ゟ享保四年亥三月十五日来写
一　当年土免相願候者去戌検見引引増之内半分引可遣事
一　去年検見幷見分受之村々ハ別紙書付指出候
一　去年検見引引増無之村々ハ可為去年通事
右之通ニ而土免不相願村々ハ検見可被仰付、乍爾当年ハ朝鮮人来朝ニ付、御役人手違も無之ニ付大検見可被仰付候、其内ニも水旱之損不同ニ相見候村々ハ、其時望小検見ニいたし候事も可有之候事
附り、小検見ニいたし候ハヽ、相潰立毛善悪ニしたかひ古法之通免相究可申候、但し大検見ニ而も免相少々之くるひハ可有之事
一　土免相定候上ニも村大変有之ハ大検見可致事
一　水損旱損等有之、見分願出候村々ハ人別大通り作平均ニ可致、然共其時ニいたり委細見分可致事(17)

（下略）

第一項では、今年、土免を請け負うことを願った村は、昨年認めた検見引追加分のうちの半分を今年も引高に加えると述べられている。第二項では、昨年検見を願い出、見分が実施され、定例外の検見引追加分が認められた村に対して、別紙書付の提出が求められている。第三項では、昨年、「検見引引増」がなかった村は、昨年通りの引高に止めると記されている。たとえ今年土免を請け負わず、検見を願っても、凶作でない限り、今年は引高の追加は認めないという意味が言外に込められているのであろう。明らかに、この書付の本来の趣旨は、この年、享保四年(一七一九)度の土免の請け負いを奨励するところにある。

同項の追記には、今年、土免の請け負いを願わない村々には検見を実施するが、その場合は原則的に「大検見」を実施し、村内の一部に水損旱損が生じている村は願い出があれば、「小検見」の実施も認める旨が記されている。

「大検見」についてはすでに触れたが、「小検見」とは一村坪入検見を指す。この一村坪入検見については、人別作平均検見とともに後述する。ここでは、前者を一村落の全田地の立毛を対象とする検見、後者を村内の一部農民の田地の立毛だけを対象とする検見と理解し、議論を先に進めることにしよう。

この追記の意味するところは、次のようなことであろう。つまり、享保四年三月、福山藩の農民には、土免を請け負うか、あるいは、これを拒否して検見の実施を求めるか、二つの選択肢があった。検見の実施を求めた場合は、水野氏時代と同様に、通年にわたる諸作物の作況調査に基づいて、引高・免率が決定される「大検見」の適用を受ける。しかし、この場合でも、凶作となった場合は、村方全体で、「小検見」すなわち、一村坪入検見を願い出て検見見分を受け、引高の増加を期待することができた。「大検見ニ而も免相少々之くるひハ可有之事」という一節は、連年土免を請け負わず、検見を選択して「大検見」の適用を受けた場合でも、昨年通りの免率が設定されるとは限らないことを意味するのであろう。

続く第四項には、三月の時点で土免を請け負うことを願った村の場合も、その後、もし凶作となった場合、破免し、「大検見」を実施する旨記されている。最終項の第五項は、水損や旱損が生じた場合、願い出れば、人別作平均検見の実施も認める文面となっている。

ところで、この享保四年「土免被仰付候書付」は、その前年と前々年、すなわち、享保二・三年に領内で起こった百姓一揆の経緯を踏まえて記されている点に留意する必要がある。一揆農民の要求事項について、その詳細は必ずしも明らかではないが、この一揆の終息直後に記された覚書「福山領分百姓願之事」に、次のような一節がある。すなわち、

(前略)自先年引来たり之引物ならし引一毛引物等悉年々ニ巳ノ年ゟ酉ノ年マテニ悉御取上ケ被成、十万石本高御免も辰之年酉ノ年迄ニ村々三歩通ハ上リ、御物成六万石余モ納り申由ニ承候[18]

また、享保三年（一七一八）一月一二日、藩は一五カ条の布達を農民側に示したが、そこには次の三項が含まれていた。すなわち、

一　去ル酉年御取米之内弐千石被下置候事、尤酉年免定ニ筆を立可遣事

一　検見之儀、当秋ゟ如前々坪検見可被仰付、尤惣体之見分事随分少人数ニ而改可被仰付事

一　定引之儀、如前々之被遂御詮議御引可被遣事(19)

土免制が採用された正徳三年から一揆が起こる享保二年の間に、藩府は水野・松平氏時代以来、いわば村々の既得権として存続してきた例年定例の引高を廃止する動きを示した。一揆の鎮静化をはかるべく、藩府は享保三年の布達で、免率の再検討を約し、「坪検見」、すなわち、「大検見」の実施を認め、定例の検見引の存続を触れざるを得なかった。しかし、翌享保四年の「土免被仰付候書付」では、土免を採るか、検見を採るか、農民の選択意志に委ねる形で、土免制の継続をはかろうとしたのである。

この享保四年の「土免被仰付候書付」にみられる農民の選択意志の許容措置は、あくまでも一揆農民に対する臨時的な措置として理解されるべきかもしれない。しかし、「郡中町方明細記」所載の次の史料は何を意味するのであろうか。関連項目のみを抜粋して掲げよう。すなわち、

元禄《ママ》二年先々代検見之節帳面ニ而相渡候覚書写

一　土免ニ相極候村々之分ハ、当作切坪検見ニ相極候間、当作田方之分不残検見を入、出来越不足押坪当作田方之高於無之者、引遣可申候、大高ゟ見米多候ハヽ、当作之分不残大高ニ可相究事

一　土免受申村々延宝八申年已後為勝手畑を田ニ仕候儀者検見所可入、然れとも役人見分之上定畑田ニ申付、年明候ハヽ、改判形令詮議、毛見入可申事

一　秋免之村ハ先規之通坪入見つふしと検見ニ相究候間、坪々へ行込相見候者と心を合、相談仕り、甲乙無

之様入念可申事

一　断申出秋免受候村々畑田有之者検見入、見米を別帳ニ記可指出、且畑田ニ仕候故ニ近所之田方出水不足者、

向後本畑へ戻候様可申付事[20]

「元禄二年(一六八九)先々代検見之節」、すなわち、水野氏時代の検見の記録であるというこの史料の表題はにわかに信じがたい。これが誤記でないとすれば、すでに水野氏時代後期において、少なくとも領内の一部の村々で土免制が採用されていたことになる。しかし、たとえ年代に誤記があり、後代・阿部氏時代の記録であるとしても、この「覚書写」の内容は、福山藩において、土免を請け負うか否か、農民の選択意志の許容がみられた事実を証するに十分である。

「覚書写」には、この年、土免を請け負った村々は、「当作切坪検見」を、また、これを拒否した村々は「坪入見つふし」検見を実施すると述べられている。「当作切坪検見」は、検見が実施される時点の田方の立毛についてのみの検見を、また、「坪入見つふし」検見は、田方・畑方すべての作毛に対する検見を意味するものと解されるが、おそらく、前者は「郷中覚帳」が述べる「小検見」に、後者は「大検見」に相当するのではなかろうか。第一項文中の「大高」は本高(村高)と同義である。

先に記した享保四年、「土免被仰付候書付」に記されたとおり、免率の変更が行なわれたかどうか、また、凶作となった場合、当初から検見を選択した村々と土免を請け負った村々の双方に「大検見」を適用するという約束が履行されたか否かは定かではない。この百姓一揆に対する一時的な対策以外に、福山藩において、春に免を設定し、これを請け負うか否か、農民の選択意志が許容され、また、いったん土免を請け負った場合でも、凶作時においては破免し、検見が実施されていた時期があった。しかし、本質的に藩府の意図はこれを制限・否定する方向に向けられており、土免を採るか、検見を採るかという農民の選択意志はやがて許容されなくなっていく。

先の享保四年の「土免被仰付候書付」の本来の趣旨は、村方に対して土免の請け負いを奨励することにあったが、翌年、それまでの引高の実績を考慮の上、村々に定例の「検見引高」を設定することと引き替えに、一村坪入検見が停止され、凶作年に実施される検見は人別作平均検見に一本化された。これに加えて、このとき以降、土免の請け負いが強制され、土免を請け負うか否か、農民の選択意志の許容もみられなくなったのである。先に第一節で掲げた寛政六年(一七九四)の庄屋・組頭・釣頭・惣代百姓に宛てた覚えの「享保初年六郡一統検見平均引御立被遊、村々免相被仰付一同御受申上」という一節は、享保初年、すなわち、享保五年に領内村々一円に土免の請け負いが強制され、これが原則的に受け入れられた事実を示すものに他ならない。

## 第三節　凶作時検見の運用構造

### (一)　合毛の査定手順

福山藩における土免制の下で、凶作時における年貢減免措置として実施された一村坪入検見・人別作平均検見・相対検見の実務手順を具体的に考察しよう。表2―1は検見願の提出から検見見分の実施、請書の提出に至る凶作年度における検見の実施手順を示したものである。一村坪入検見であれ、人別作平均検見であれ、検見願いの提出を受けて、藩役人が当該村落に赴き、まずなすべきことは、収穫高を査定し、願い出通り年貢の減免措置を講じる必要があるか否か、判断を下すことであった。この収穫高の査定作業は目入・手歩・歩刈を併用することによって実施された。すなわち、

(前略)先初日ニ見掛候時、田壱枚之内不同無之なれ合申稲江歩竿ヲ入、此方了簡ニ五合与見置候稲五合

**表 2–1　検見の実施手順**

| 検見見分実施以前 | | |
|---|---|---|
| 実務内容 | 担当者 | 要領 |
| 検見願いの提出 | 庄屋→郡方役所 | ○検見願いを行なう田地を残らず書き出す。後に筆落ちが発覚したときは、すべての検見を無効とする場合もある。 |
| 下改帳の作成 | 庄屋・村役人 | ○早・中・晩田とも正確に作柄を調査して下改帳を作成する。 |
| 下改帳の提出 | 庄屋→郡方役所 | |
| 下改帳の回送 | 郡方役所→勘定方 | |
| 水落辺り刈りの願い出<br>実施 | 庄屋→郡方役所<br><br>村方 | ○水落辺り刈りは願書を提出した上で実施する。未提出で刈り取った分は検見の対象外とする。<br>○願書の提出があれば、一村坪入検見はすべての検見田、人別作平均検見は晩田のみ畦から２尺通りの稲の刈り取りを認める。２尺を越えた分は検見の対象外とする。 |
| 抜穂・切穂・刈毛の禁止 | | ○検見当日になって、鳥獣・盗刈の被害を申し立てても認めない。 |
| 検見見分当日 | | |
| 藩役人の出郡 | | ○早田は 8・9 月、中・晩田は 10 月中に、計２度にわたって検見見分を実施する。 |
| 神文(起請文)の提出 | 庄屋・村役人→検者<br>代官・手代(立ち会い) | ○神文の授受は庄屋宅で実施する。 |
| 検地帳・名寄帳の提出 | 庄屋→検者 | ○下改帳を提出する以前から検地帳・名寄帳を整備しておく。<br>○名寄帳は年々付紙を施した古帳を廃棄し、現在の土地保有者ごとに地並順に作成し直して提出する。 |
| 検見見分の実施 | 勘定組頭１人・代官１人・勘定方役人２人・郷手代１人・勘定方御用長持持人２人・草履取４人・両掛挟箱持１人(うち３人は村人足とする)<br>庄屋・境目見分竹持ち４人(村方) | ○検見見分は朝５つ時から夕方７つ時まで実施する。<br>○代官と手代は常に勘定方が実施する検見見分に付き添う。<br>○昼食は極力庄屋宅で取る。野合で取るときは、日覆いを設置する。<br>○煙草は朝昼２度ずつとする。<br>○宿泊所は庄屋宅か寺院とし、事前に了承を得ておく。<br>○見分には必ず庄屋が立ち会う。病気などで不可能なときは、隣村の庄屋が代行する。<br>○目ためしのために村ごとに歩刈を実施する。筆数が多いときは、見計らいを併用する。<br>○検見田１筆ごとに四方に竹を立て、畝数の確認を行なう。<br>○検見当日になって、検見願いの記載漏れを申し立て、見分を願い出ても受理しない。<br>○検見見分先への作人の立ち会いは認めない。<br>○検見役人と庄屋・村役人の必要外の会話を禁止する。<br>○昼間は検見田の畝数・作況の査定のみを行ない、夜間、帰村した後に、検地帳・名寄帳と照合して集計・記帳を実施する。この席には必ず勘定組頭が立ち会う。<br>○請書は検見当日ではなく、帳面類を役所に持ち帰り、吟味の上、後日村方に求める。<br>○検見終了後は速やかに退村する。 |

出所)「郷中覚帳」一「稲検見」・十六「一村坪入検見」・三十五「諸見分一件」によって作成。

五六勺も有之候ハ、、当年ハ見分ゟ出来宜与心得、積ニ壱合か五勺増而合毛可極、又五合与見候稲四合位有之ハ、当年ハ見掛ケゟ実入あしく与心得、目入ゟ五勺位引下ケ可極、然レ共心得者壱ヶ所・弐ヶ所之歩苅ニ而難極候へ共、先其心得ヲ有増記、扨其次之田江掛り、初而之歩刈之稲ゟ少しよく候者五勺か壱合上ケ、又あしく候者五勺も下ケ可極、何分最初之稲ヲ師与可心得、右之心得ニ而見候ハ、甚タ見能キ物也

但、拾歩・弐拾歩・壱畝迄之小畝をせ、り不申、大畝ニ候ハヽ目入ゟ五勺も引上ケ可極、訳ハ小畝者小百姓ニ而自分ニこなし、少しも捨り不申様致ス故、当年之検見ハ殊之外強く、一向之白(素)人抔与種々悪キ事共沙汰致スもの也、又大畝ハ家来任セニこなし等致故也、強く候而も畝数之事故難知者也、壱歩ニ五勺上ケ候得ハ壱反之米七升五合益也、又壱畝なれハ七合五勺也、壱畝已下之分ハ余り強く見不申ヲ功者与いふ由[21]

歩刈は検見田ごとに、平均的な作柄が見込まれ、出来が一様な箇所で実施された。まず一歩当たりの収穫高の見込みを立て(この作業を目入と言う)、目入と歩刈の結果得られた現実の査定値を比較・勘案して公式の一歩籾(合毛)を決定した。最初の歩刈の結果を基準に据え、検見田一筆ごとに合毛を決定し、これを記帳した。

合毛の決定に当たっては、小土地保有者には寛大に、大土地保有者には厳正に臨むのが良策であるという見解が付記されている。自ら直接家族労働を投入して経営を行なう小農に比べ、下人労働ないし奉公人労働に依拠する富農は検見の結果に鈍感であるから富農の検見田の合毛を少々高めに決定しても異論は少ないといういささか姑息な認識が披瀝されている。合毛の五勺上りは、一反で七升五合、一畝で七合五勺の収納増加がもたらされると末尾に述べられているように、阿部氏治世期の福山藩における租米の納入は五合摺りが原則であった[22]。検見田の合毛の算定に当たって、検見役人には、極力その減少を回避する所務が期待されていたのである。

現実に検見田の一筆ごとに歩刈が行なわれたわけではない。村方の下改めと藩役人の目入の結果がほぼ一致し、村方がそれを受け入れた場合は下改帳記載の数値がそのままその検見田の合毛となった。極端に両者の数値が乖

離しており、双方で合毛をどの辺りに決定すべきか閲《せめ》ぎ合いが生じた場合、歩刈を実施した。このようなケースをせり歩と称した。すなわち、

一　せり歩ニ成り候時ハ別而大事也、此方勝候へハ先ヲ取候ゆへ、田毎之究能也、負候へハ村江先ヲ被取候故、甚タ心遣ひ之上、見にくきもの也、せり歩ト云ハたとへハ下見四合之処ヲ此方ゟ七合与申出ス、其節村役人共左様ハ無之御引下ケ被下候様段々断申候而も容易ニ引不遣、組頭衆ゟ五勺引遣候へ与有之候へハ六合五勺与申聞、夫ニ而も合点不致候而も、又其上五勺引与申事ハ無之、左様之節ニ至り歩苅致ヲせり歩と云也、弥七合毛ニ目入候ハヽ、先手歩ヲ可致、其田之上歩・中歩・下歩ヲ見置、三ケ所ニ而手歩ヲ致ス、上田ハ壱坪ニ稲株四十四五株ゟ五拾株、中田ハ五十四五ゟ六十株、下田ハ六十四五ゟ七十八十株植候者也、依而上田ナレハ五株取ル、穂ヲ手之内ニ得与にきり、七勺与見候ハヽ、七合毛也、但田壱枚之内ニ而見平均様、たとへハ上歩ハ壱升、中歩ハ七合、下歩ハ四合、〆弐升壱合也、三ツニ割七合毛有、先大旨如此ニ候へ共かならず是共難極、何分数度之功ニ可寄、兎角多分之了簡ニ可任、必我意ヲ不可立事(23)

極力歩刈の実施を回避し、村方との交渉によって下改帳記載の数値よりも合毛を引き上げる措置が講じられた。村方がこれを受け入れず、歩刈を実施せざるを得ない場合に備えて、目入の数値を裏付け、これを確認する作業として手歩を実施した。検見田一枚のうちで作柄の上・中・下三カ所を見定め、それらの穂を手に取って、収量の推定を行ない、三者を平均しておおよその合毛を算出し、目入の確かさを検証した。

手歩、すなわち、稲穂を一握することによって知られる籾量は一歩の一〇分の一の田畝の収穫籾量に当たるものと考えられた。したがって、手歩の籾量を一〇倍したものが一歩当たりの籾の量、つまり合毛に相当する。いかにも稚拙な収量の査定方法であるかの印象を受けるが、必ずしもそうではない。手歩は特に一毛荒見分の際の合毛の算出法として重視された。手歩による合毛の算出法については、第四節で改めて触れたい。

検見田ごとに竿入れを行なって田畝を計測し直し、検地帳記載の田畝との広狭を比較・勘案して目入に修正を加えた。検見田の畝歩改めは、検見の厳正を期すための作業というよりむしろ、下改帳記載の数値よりも合毛を引き上げ、領主側に有利な結果を導くための作業として機能した。すなわち、

一　見掛り候節、田之四方江境目竹ヲ立させ、其田之畝歩ヲ見候事也、是ハ畝詰り又ハ畝延等心ニ持、畝広之処ハ目入ゟ五勺モ壱合モ上ケ可申、尤畝広ハ作人之仕合候間見込申筈ニハ無之候へ共、年々人ゟ徳分有之稲ニ候へ者、少分之儀ハ検見ニ出ス間敷事ニ候得共、検見受ハ過怠与存候ヘハ不苦哉、又ハ畝つまりハ有躰ニ可究事(24)

検見田の四方境目に竹を立て面積を計測した。この境目見分竹持ち役四人は村方が務めた。検地帳記載の面積より実際の畝数が上回っているときは、目入の数値を五勺なり一合なり引き上げ、畝詰まりのときは、そのままとした。検見田が公式の面積よりも広い場合、その事実は下改帳記載の数値よりも高い合毛を村方に受け入れさせる論拠となったのである。当該農民は畝広の効用によって年々徳分を享受してきたのであり、農民の怠惰がむしろ不作を招いたと解すべきであるという厳しい見解が示されている。

検見役人にとって、歩刈は「目ためし」のために村ごとにせいぜい一度限り行なうべきものであった。極力歩刈を回避して、目入と手歩の結果をもとに、下改帳記載の合毛を上方へ修正し、年貢減免量の減少をはかる、また、可能ならば検見そのものを不履行に終わらせる、極論すれば、これこそが検見役人たちに課せられた使命であった。いかにすれば、検見を領主側に有利な結果に導けるか、地方書「郷中覚帳」には多数の検見役人の心得が記されているが、それらは検見において、言わば合法的に領主側の利益を守る手法をさまざまな角度から教示すべく記されたものであった。

## （二）　年貢減免量の決定法

一村坪入検見であれ、人別作平均検見であれ、年貢減免措置は新たに引高を追加する方法によって行なわれたが、一村坪入検見においては、年貢減免量の過大な増加を避ける手段として、若干の免上げが併用された。すなわち、

一　早中晩田一村不残、但平均引之他当り物不残取戻ス

一　一村検見ハ諸引物田方江当分不残取上、新引ニ致検見候事故、免も改り壱ツか五分か上り候御法之事[25]

一村坪入検見においては、村内の早・中・晩田のすべての査定を必要とし、その村の本田にかかわるいっさいの定例引高(引物)を放棄した上で改めて引高が決定された。引高の決定後、その村の例年の免率より一つないし五分高い免率が設定された。その理由は「併検見願候程之難儀故外ニ夫丈ケ用捨引有之也」[26]という点にあった。合毛の算定結果をそのまま引高に反映させた場合、新たに設定される引高は村全体で相当量に達するので、その調整措置として一定度の免上げが併用されたのである。原則的に見分以前の刈り取りは禁じられていたが、収穫の遅延による稲の痛みを避けるために、願い出れば、良作田、あるいは一定の収穫がある有毛田については、見分以前の刈り取りは可能であった。しかし、このとき、例年定例の引高は認められなかった。

享保五年以降、凶作時の検見としてもっぱら人別作平均検見が実施された。「郷中覚帳」に

一　人別作平均検見ハ、一村ニ不構、不作之者斗り壱人切之稲作善悪共ニ書出シ、是を改メ、出来越有之候共、不出来江平均辻ニ而不足ヲ見、其上江其人之平均引・用捨引ヲ入レ、其上ニ而も不足有之、引ケ可遣、若又改メ上ニ而ハ不足有之、平均・用捨ヲ指次、見越有之者、棒点之事[27]

と述べられているように、人別作平均検見とは不作となった一村内の特定の農民だけを対象に実施される検見を

言う。検見は申請を行なった農民の不作地のみに実施されるのではなく、その農民の保有地全体を対象に実施された。一人の農民の早・中・晩田すべての田地の作柄を改めて合毛を算出し、検見田全体の出来・不出来を平均して有米を出し、これを検地帳記載の石高と比較して不足高を見定めたが、このとき同時に畝高の改めを実施し、公式の畝高より現実の畝高が上回っているときは、その差分だけ有米を増加する措置が取られた。例年定例の平均引・用捨引を行なってなお有米に不足が生じた場合、はじめてその分引高の追加措置が取られたのであり、定例の平均引・用捨引を行なって、不足が生じないときは、検見は無効になった。

しかし、人別作平均検見が村内の特定の農民の田地を対象とする検見であるといっても、一村内でただ一人の農民が検見を申請し、見分を受ける状況をイメージすべきではない。凶作年には、一村落内全体の農民がなんらかの形で不作の被害を受けたのであり、検見願いの取り次ぎを望む声が庄屋に向けて殺到した。一村落内で検見願いを提出する農民の人数をいかに少数に止めるか、「郷中覚帳」には領主側の立場からこの点について次のように述べられている。

　一　人別作平均与云ハ、村々百姓五拾人有内廿人ハ少々不足ニ候へ共、検見之賄人馬送り迎諸入用有之候故、右人別ヲ外シ、残三十人ハ大不足ニ付検見受候ニ付、人別作平均也、帳面仕立ハ年々之検見帳ヲ見合、平均引・用捨引・下免引之仕様可見合也(28)

検見役人の送迎・賄い費用など、検見に要する諸費用はすべて村方の負担が原則となっていた。検見によって引高の恩典を得ても、村方の必要経費がそれを相殺してしまう可能性があるので、村方は引高と経費負担のバランスを考慮して検見の申請を行なう必要があった。たとえ一村落の作況が全体に悪い場合でも、検見見分が大規模となり、長日時に及べば、それだけ村方の経費負担が増加する。人別作平均検見の願い出を行なうに当たって、庄屋をはじめ村役人は、比較的不作の程度が軽い家々を願い出の対象から外し、不作の程度が重い家々に申請の範囲を絞らざるを得なかったのである。

結局、人別作平均検見は村落内の少数の不作農民を救済するための検見法というよりも、年貢減免措置が一村落内の多数の農民に及ぶ事態を避けるための検見法として機能した。言うまでもなく、享保五年（一七二〇）に一村坪入検見を廃止し、検見法を人別作平均検見に限定した藩府の意図は、検見田の縮小＝年貢収納量の確保という一点にあった。凶作時における検見を人別作平均検見に一本化することに成功した藩府は、厳しい申請条件を設定することによって、さらに検見の実施範囲の縮小をめざそうとしたのである。

しかし、人別作平均検見は必ずしもそのような領主側の意図どおりには機能しなかった。時代の経過にともなって、運用に相当の弛緩がみられるようになり、願い出は比較的容易に受理され、凶作時の検見による引高が増加した。すでに序章で福山藩寛政改革の一環として検見仕法の古法への立て戻し策が実施されたことについて触れたが、この措置は、減少しつつあった租米収納量を確保するために従来の人別作平均検見の仕法を厳格に励行し、引高の増加を阻止するための施策に他ならなかった。寛政六年（一七九四）の代官宛書付の冒頭の二項は次のように記されている。

一　作平均検見相願候得者、壱人切之分不残可書出候処、近来出来越之作一向無之、十四・五年已前迄ハ筆数之内ニハ多分出来越候稲有之候所、近年ハ右様之稲無之候ハ怪敷候儀ニ被存候間、得与相吟壱人切不残書出候様、可被仰付候

一　是迄筆落等追々ニ願出候得共、壱人切之作不残書出候ニ筆落抔与申儀ハ無之筈ニ候間、筆落等願書差出候而もむざトハ被取上間敷候、全不吟ゟ事起候儀候間、右筆落等有之分ハ壱人切之作不残見分相除可申儀も可有之候間、其段兼而相心得居候様可被仰付候、尤品ニ寄綿作仕付之坪江も見分ニ罷越候様致度候事(29)

検見田のなかには、合毛・有米の算出結果が検見田の公式の収穫籾量ないし石高を上回るケースもあり得るは

ずであるのに、近年の検見見分でそのような「出来越」が生じることはなく、大方の検見田に引高を認める現状である。その原因は村方が検見申請者のすべての田地を書き出さず、故意に「筆落」のある検見願いを提出しているためである。このように述べて、今後は検見を申請した農民のすべての田地に検見見分を実施すべく細心の注意を払うように郡方役人を督励している。

## (三)　相対検見

現実に村ごとに規定通りの検見見分を実施すれば、領内全体に要する郡方所務は相当量に及ぶ。一方、検見見分にともなう必要経費は村方の負担が原則であり、それ以前に実施される下改めの際の村役人の夫飯米の負担を含めれば、検見にともなう村入用は相当額に達する。検見を人別作平均検見に一本化することに成功した藩府は、さらにその査定作業の簡略化をめざして相対検見と称する検見方式を併用した。検見一日分の諸経費と村役人下改めに要する夫飯米を領主側が負担することを条件に、査定を簡略化して、一村につき半日か一日の検見見分で引高を決定したのである。

明和二年(一七六五)一一月の安那郡川北村元藤における相対検見の事例をみよう。すなわち、

相対検見之積左之通

免六ツ五厘

反別五町五反弐畝拾七歩

一　高六拾八石九斗壱升四合　　川北村検見願

此平均引拾石七斗壱升三合

此用捨引拾壱石五升壱合

〆弐拾壱石七斗六升四合

村見付米拾九石七斗七升九合引

残四拾九石壱斗三升五合

内

畝ヲ歩ニして籾六勺ヲ掛ケ弐ッ割ニして高米ニ成ル

四石九斗七升　　壱歩ニ付籾六勺上り之積

現米弐石九斗ヲ高ニ直ス

此米弐石九斗　　村諸入用　但一日分

〆米九石七斗六升二合引

猶残三拾九石三斗七升三合　不足之分引

内

弐拾壱石七斗六升二合　平均引・用捨引

拾七石六斗九合　　全新引

此米捨石六斗五升壱合(30)

一部計算が合わない箇所があり、おそらく記載漏れがあると思われるが、ここでは次のような演算が行なわれている。川北村元藤では村で下改めを実施した結果、一九石七斗七升九合しか見米が得られなかった。この地域の石高は六八石九斗一升四合であるから見かけでは有米は四九石一斗三升五合不足していることになる。しかし、検見の結果、見上り米、すなわち一歩当たりの合毛の追加量は籾にして六勺あった。これを検見田全体の畝高五町五反二畝一七歩＝一万六五七七歩に乗じ、玄米の高＝石高になおせば、九石九斗四升六合二勺の二分の一、四石九斗七升(三合一勺)になる。先の不足分四九石一斗三升五合からこの見上り米分を差し引く。さらに、負担が免除される村諸入用分(計算上では四石七斗八升八合九勺)を減じれば、その量は三九石三斗七升三合となる。これに加えて、この検見田の例年の平均引・用捨引の合計が二一石七斗六升二合あるから、この分を差し引くと残り高は一七石六斗九合(一七石六斗一升一合)となる。これに免率六つ五厘を乗じれば、現実にこの相対検見の措置によって領主側が猶予すべき租米量は一〇石六斗五升壱合(四合六勺)となるというのである。

この川北村元藤の相対検見の見積もりが作成されたのは次のような事情によるものであった。すなわち、明和二年、いくつかの村々から検見願いが提出された。そのうち川北村だけが説得に応じず検見願いを取り下げなかったので、手代を差し向け、一村のみの検見は何かと「物入」となるので取り下げるよう内談に及んだ。しかし、同村はこれに応じず、「現米」一〇石引きを検見願いを取り下げる条件とする旨返答した。「現米」とはここでは玄米での負担、つまり租米納入量を指すのであろう。領主側が相対検見の仕法で査定を行なった結果、見上り米、すなわち、下改帳記載の一歩当たり合毛への追加量は六勺であった。これをもとに積算すると、不足高は一〇石六斗五升一合となったので、一〇石の用捨引を認めたという(31)。

不作年度には、領内で多数の検見願いが殺到しがちであり、領主側には、これをいかに処理するかその対策が求められた。川北村と領主側の応答の経緯をみても明らかなように、領主側はまず村々に検見願いを取り下げるように説得した。それに応じない村方に対して、従来自村の負担が原則となっていた検見入用、すなわち、下改めの際の村役人「喰口」(夫飯米)、検見当日の藩役人送迎用人馬・給仕夫・料理夫賃米等々の諸入用一日分の負担を免除することと引き替えに、査定を簡略化し、比較的高い見上り米の設定を受け入れさせたのである。

創始年代は必ずしも明らかではないが、相対検見は、郡方所務を簡略化し、しかも検見による引高を極力最小限に抑止するために生み出された検見方式であり、寛政改革以後も継続したとみられる(32)。相対検見は、享保五年以降、人別作平均検見に一本化されていた凶作年度における検見仕法を維持・補完する役割を担う年貢減免方式であったのである。

## 第四節　一毛荒（皆捨り）の運用構造

### （一）　寄せ取り法（生畝を取る）

すでに前章で述べたとおり、福山領内には多数の小河川が流れ、しかもそれらの河川は砂質の天井川であったために、領内は間断なく水害と旱魃に見舞われ、水損・旱損による損毛が年々領内各地で発生した。被害が皆損に及ぶことも稀ではなく、そのために、福山藩においては、一毛荒（皆捨り）という貢租の「丸引」を認める独特の制度を維持せざるを得なかった。このような制度は同じく土免制を採用していた隣藩の広島藩にはみられないものである。この一毛荒の仕法はどのように運用されたのか。「郷中覚帳」は次のように説明している。すなわち、

一　一毛荒之姿水損年ハ藁壱筋も無之、旱損年ハ一面ニ有之、穂も有之候得共、一向しひなニ而米一粒も無之ヲ一毛荒ト言、併籾縁リニ少々ツヽ有之分合毛ヲ積、生畝ヲ取、是ハ検者之了簡ニ而見計也、併一毛荒ニたより候坪も無之、一面毛上相見江籾も少々ツヽ有之ハ検見ニ出可申旨可申聞、併少分之事故御検見ハ受不申、何卒一毛荒ニ御覧被下度申候ハヽ、つまみ之生畝ヲ取残一毛荒ニ致見分候事も品ニより有之也(33)

水損・旱損、いずれのケースにせよ、村方から一毛荒の申請があった場合、極力これを回避する措置がとられた。藩役人が見分に赴いたとき、たとえわずかなりとも収穫があると見込まれるときは検見の申請に切り替えるように説得し、村方がこれに応じないときはじめて、一毛荒の措置をとった。しかし、たとえ一毛荒の申請が受

理されても、その田地に賦課されるすべての年貢が無条件に免除されるわけではない。一毛荒の対象地から極力収穫、つまり合毛の可能性を発見し、合毛とその土地の斗代との相関から「生畝ヲ取」り、残り畝のみを一毛荒とする処理が行なわれた。

この「生畝を取る」、または「寄せ取」とも称した年貢減免量の算出法を具体的にみることにしよう。すなわち、

　此見様たとへハ壱反之内五畝ハ全一毛荒、五畝ハちら〳〵籾も有之を見候ニハ、

高壱石五斗代

一　田壱反歩

内

五畝者　全ク一毛荒

五畝者　五勺毛内十五歩生、残四畝十五歩一毛荒

壱歩ニ籾五勺毛ト見候ハヽ、壱畝ニ壱升五合、反ニ壱斗五升、米ニメ七升五合有、五畝之分ニ而十五歩生、残九畝十五歩一毛荒ニ成ル、又壱合毛与見候ハヽ、壱畝之生也、田方一毛荒ハ丸引故其畝ニ当ル平均引・用捨引・下免引不残取戻ス、右之積リヲ以生畝ヲ取、先其田之斗代ヲ合点して不積候へハ相違有之也、尤生畝ヲ取ト申御法無之候、一面ニ毛上付候ハヽ、検見者也、併近来検見之見斗臨気《ママ》応変之取斗ニ而下之難渋無之様、又御上御不益之筋も無之故、生畝ヲ取跡ヲ一毛荒ニ相極ル、乍併初心之難致事也、能々合点して見分可有之[34]（下略）

高一石五斗・面積一反歩の田地のうち収穫があるのは五畝、残りの五畝は一毛荒、収穫がある五畝の合毛、つまり一歩当たりの籾の量が五勺であるとみた場合の算出法が例示されている。合毛五勺をこの土地全体の収穫量に換算すれば、五×三〇〇＝一五〇〇勺＝一斗五升の総籾量、高に直せばその半分の七升五合の収穫が得られることになる。これは本来のこの土地の石高一石五斗の二〇分の一に相当する。これをこの土地の面積一反歩に換

算すれば、その二〇分の一、すなわち、三〇〇÷二〇＝一五歩となる。この一五歩を生畝、収穫があって年貢を賦課する土地として取り扱い、残りの四畝一五歩と五畝、総計九畝一五歩を一毛荒として処理する。同様に、合毛が一合あるとみたときは、田畝一反の一〇分の一、一畝が生畝、残りの九畝が一毛荒となるというのである。

後段では、本来、このような生畝と一毛荒を区分して一毛荒の申請に対処することは公式には認められず、たとえわずかでも田地全体に作毛がみられるときは、検見の対象とするのが原則であると述べられている。このような生畝をとる措置は、領主側の不利益もなく、領民の難渋を救うことになるので、近年に至って行なわれるようになったと記している。

そもそも、その田地が皆損の状態であるか、凶作の範囲に止まっているか、一毛荒か、検見の申請に止めるべきか、その判断をめぐって領主側と農民側の利害は当初から対立していると言うべきである。一毛荒の申請が多発する現状に苦しんだ領主側は、一毛荒の対象地に生畝を取る方法（寄せ取りの法）を創出して、皆損時においても、一定度貢租収納量を確保しようとした。一毛荒の措置がとられる土地は、その土地の高が丸引となるので、平均引・用捨引・下免引等の例年定例の引高は認められないと記されているように、生畝を取る方法を適用することによって、領主側は直接一毛荒の対象となる田地、貢租が丸引となる耕地の範囲を限定することに努めたのである。

「郷中覚帳」には、生畝を取って残り畝のみを一毛荒として処理する方法の是非について、さらに踏み込んだ見解が示されている。すなわち、

一　合毛附ハ検見ニ可出ヲ一毛荒ニ生ヲ取出候事全躰無之事也、然共少分之事故別ニ検見ヲ願出候程も無之ハ無拠願出候事故、格段之事致了簡合毛ヲ以生ヲ取候事、然共検見ニ願候義者一躰物入村ゟ致候処ヲ、一毛荒ニ願候得者御上ゟ喰溜も被下候儀候ハヽ、此所致勘弁少々強く合毛ヲ取、生ヲ見積ゟ少々増取可申也、

是ニ而も融通致ス心也、検見ト同様ニ不参候得者しくせニ成、検見ヲ一毛荒ニ小面ら致度存候而ハ、検見一毛荒之分り合毛附ニ而者分り兼ル故、此所含可極事(35)

一毛荒の見分に要する諸経費は領主側の負担が原則であった。合毛がわずかしかないような収穫状況の場合、農民が一毛荒を願い出すのは無理からぬことである。さりとて、一毛荒の取り扱いを認めれば、諸費用が村持ちとなる検見とは異なり、領主側は夫飯米まで負担しなければならない。そこで、一毛荒を認める場合、それと引き替えに、生畝を取る際、強含みに合毛を出すべきである。検見と同様の強い姿勢で臨まなければ、一毛荒は恒常化し、農民は検見で済む場合も一毛荒と言い崩して申請を行なうようになり、両者の区別は曖昧なものになってしまう。「郷中覚帳」は、申請地全体に一毛荒の適用を認めず、極力生畝を取る施策が実施されている理由をこのように説明している。領主側からすれば、皆損の場合においても、貢租収納量を可能な限り確保しようとする姿勢を崩すわけにはいかなかったのである。

## （二）手歩による合毛算出法

一毛荒の申請の可否を判断するためであれ、生畝を取るためであれ、一毛荒の申請田において合毛の査定を行なうことは、皆損、もしくはほとんどそれに近い状態の田地からあえて収穫量を割り出すことを意味した。一毛荒の申請田に対しては、もっぱら手歩によって合毛を算出する方法が用いられた。手歩から合毛を割り出すにはどのような方法が用いられたか、次にこれを具体的に考察しよう。すなわち、まず、

一　合毛斗代ニ直左之通
手歩ハ一坪之十歩一、籾ニ而壱合、米ニ而五勺、米壱升六万六千粒(36)

とあるように、手歩は一歩の一〇分の一、手歩の一〇倍が一歩当たりの籾の量、つまり合毛とみる。手歩は籾の

量で計られるから、手歩一合は、玄米ではその半分の五勺である。玄米一升の米粒は六万六〇〇〇粒あるものとみる。したがって、籾ではその二分の一の三万三〇〇〇粒、籾一合の籾粒は、その一〇分の一の三三〇〇粒、一勺では三三〇粒あることになる。つまり手歩が籾三三〇粒であれば、合毛はその一〇倍の三三〇〇粒、つまり一合毛ということになる。

図2—2は右の前提に基づいて手歩によって知られる籾粒数と合毛、さらに合毛から算出される一反歩当たりの収穫高の相関をグラフで表したものである。むろんこれら三者は連続した数値間の関係として捉えられるが、ここでは、「郷中覚帳」に例示されている数値だけを棒グラフで示した。

さて、手歩を出すためには、何株の稲穂の籾の数を数えればよいか。作付けされている稲の株数は田地によって異なるから、手歩を実施するに先立ってまず一歩当たりの稲株数を知らねばならない。その計量は次のような方法で行なわれた。

一　株数之積様杖長曲尺三尺五寸ニして上五寸ハ持所与定、下ゟ手元迄三尺之印ヲ付ケ置、株ゟ株江此杖ヲ渡見ル、　如此三株掛レハ三株ヲ倍シ六尺ニ六株ト知ル、尤田之植様ニ可寄、ナレ共大旨大積リ無違、歩苅之節ためし見ル、大旨違イなし、然レ共、　如此掛レハ、三株之上江弐株ニ〆、六尺ニ五株ニ〆、五・六、三十株有之与可知、心配いたし可積事(37)

一間＝六尺、六尺四方が一歩である(38)。まだこの時期、正条植え（稲の等間隔の植付け）は広く普及していなかった点に留意する必要がある(39)。三尺五寸の曲尺を用いて縦の稲株数を計測する。曲尺の三尺の部分に稲株が何株掛かるかを計測し、それを二倍すれば縦の株数が知られる。ただし、三尺の部分への稲株の掛かり方によって若干の斟酌を加える。それに六を乗じれば一歩当たりの株数が知られるというのである。粗略な方法ではあるが、「大旨違イなし」という一節にも窺えるように経験知に裏付けられた計測法であった。

**図 2–2　手歩と合毛・1反当たりの石高の相関**

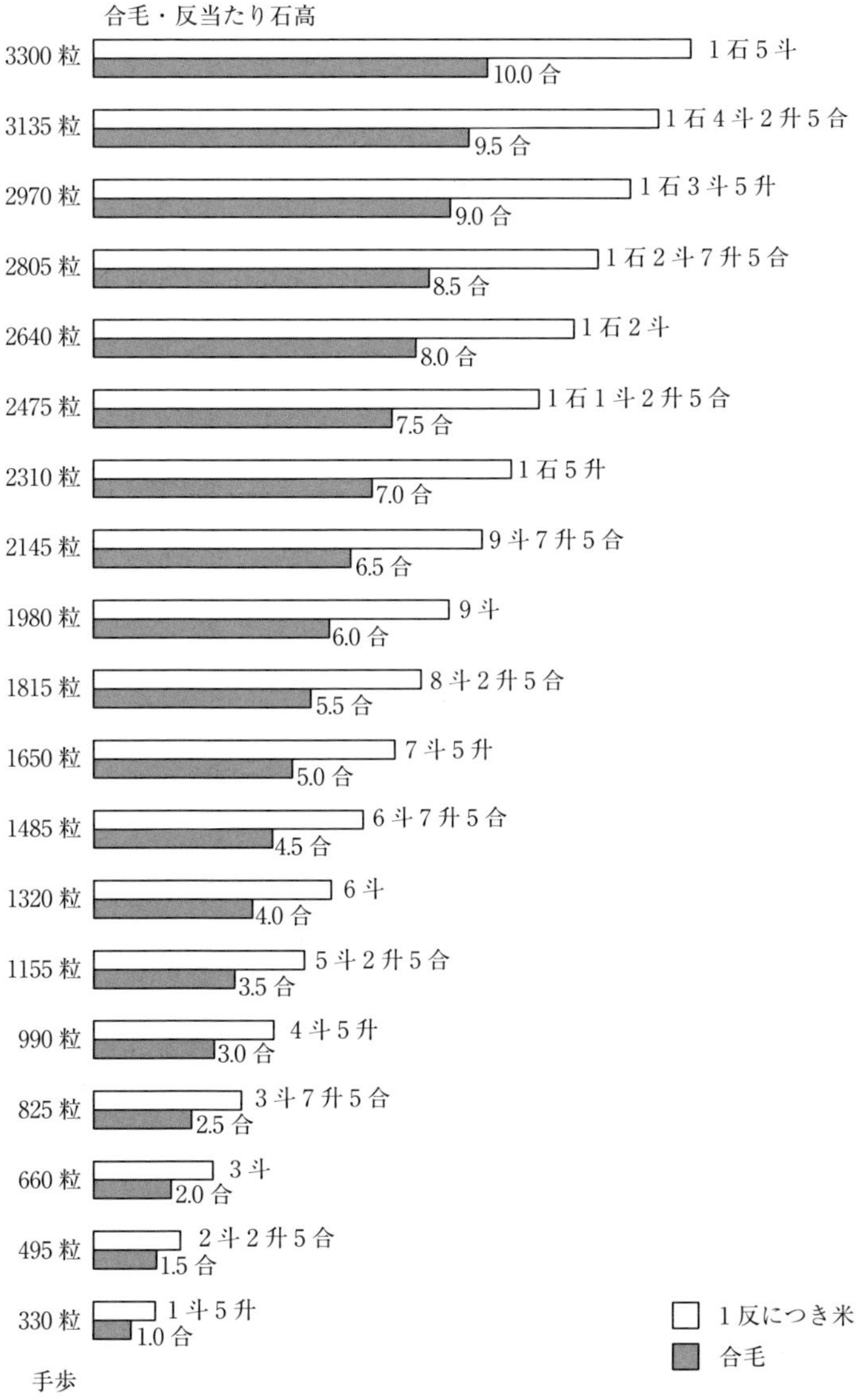


出所)「郷中覚帳」八「田畑一毛荒改」によって作成。

このようにして計測した一歩当たりの稲株数の一〇分の一の稲株について手歩を行なう。ただし、手歩は、稲一株についている穂数と籾の数によって変動する。例えば、

一　壱坪ニ付稲株四十掛レハ此十歩一ハ四株也、此四株ニ而手歩致ス、壱勺有之ハ壱坪ニ籾壱合有也(40)

というように、田地一歩当たりに稲株数が四〇株あった場合、その一〇分の一の株数四株についている穂数を算出し、これに一穂当たりの籾の数を乗じて籾粒の概数を出した。先にみたように、手歩の籾三三〇粒は一合毛であったから、これに準じて手歩によって知られた籾粒数を籾量(勺)に直し、これを一〇倍して、一歩当たりの籾量、つまり合毛を割り出したのである。

## おわりに

阿部氏治世下、福山藩において実施された土免制は、採用当初から免率が固定され、水野氏・松平氏時代以来、認められてきた例年における村々の引高もこれを縮小するか、廃止する方向で展開された。享保二年に発生した百姓一揆はこのような年貢収納強化策の進行を阻むものであり、藩府は土免による免率を受け入れるか否か、農民に土免の請け負いの可否を問う必要に迫られた。福山藩において、平年時に土免請け負いの選択意志が許容されていた時期とその内容については不明点が多く、今後、さらに考察を深める必要がある。

享保五年(一七二〇)、領内農民の動揺が鎮静化するのを待って、阿部藩府は、一揆以前、廃止の方針を打ち出していた村々の定例引高を一定度認めることと引き替えに、領内全村に土免の請け負いを強制するとともに、凶作年度に実施する検見を人別作平均検見のみに限定することに成功した。福山藩の土免制は、百姓一揆の発生を契機に、享保五年以降、制度の固定化・関連郡方所務の単純化というむしろ領主側にとって望ましい枠組みの下

で機能することになったのである。以後、福山藩では、凶作年度における年貢減免は免率を変更せず、引高を追加する方法で処理された。当初、検見見分は厳重をきわめ、極力検見田の合毛の査定値を増加させ、引高の減少をはかる方向で実施された。また、郡方所務の簡素化を達成し、しかも引高の増加を抑止すべく相対検見を併用するとともに、皆損時においても、寄せ取り法（生畝を取る仕法）を適用することによって貢租の丸引を回避する施策が講じられた。

しかし、このような貢租の安定的収納をめざす厳格な制度の運用と諸仕法の創出がはかられたにもかかわらず、福山藩の土免制は必ずしも十全に機能せず、阿部藩府は年貢収納の実を上げることはできなかった。そのことは福山藩寛政改革において、土免制の再建・強化をはかるべく村方・郡方役人の双方に、凶作年度検見の運用規定をはじめ夥しい数の布令が発令されたことに明らかである。改革以後も必ずしも年貢収納所務の弛緩は止まず、農民に検見仕法の遵守を迫り、村々の定例引高の売買を禁じる通達がたびたび発令されたのである。

本章では、主として地方書「郷中覚帳」の分析を通して、福山藩における土免制の基礎構造の考察を試みた。その結果、凶作時検見の実務手順など、これまでほとんど知られていなかった同藩における土免制の運用構造を相当詳細に解明することができた。しかし、福山藩の土免制の全体像を明らかにするためには、木綿の徴租法・起こし鍬下年季仕法の運用仕法など、考究を加えるべき数多くの課題が残されている。それらの諸点については、第三章以下の考察を通して、順次明らかにしていくことにしよう。

## 注

(1)田中誠二「岡山藩徴租法の研究」（『史林』五九巻一号 昭和五一年 所収）、同氏「近世前期の徴租法をめぐって」（『日本史研究』一七六号 昭和五二年 所収）〈同氏『近世の検地と年貢』、塙書房 平成八年に再収〉、水本邦彦「近世前期の『土免』について―その語義分析を中心に―」（『歴史評論』三二六号 昭和五二年 所収）〈日本古文書学会編『日本古文書学論集一二—近世Ⅱ—』吉川弘文館 昭和六二年に再収〉、同氏「近世土免制とその構造」（『愛媛大学法文学部論集』文学科編一一号　昭和五三年 所収）〈同氏『近世の村社会と国家』東京大学出版会 昭和六二年に「近世土免制の研究」と改題して再収〉、青野春水「高松藩の土免と免所について」（『徳島文理大学文学論叢』一二 平成一七年 所収）、同氏「近世免相（免）成立史論」（『日本歴史』五五一号 平成七年 所収）、同氏「土免・免合（免）成立史論—土免・免合（免）の再検討—」（同上 六八五号　平成一七年 所収）、同氏「広島藩の土免・免合と知行免・免合」（同上 七一六号 平成二〇年 所収）、岡俊二「近世初期・前期、讃岐国の本年貢徴収法—讃岐高松藩における土免法の成立—」（有元正雄先生退官記念論文集刊行会編『近世近代の社会と民衆』清文堂出版 平成五年 所収）、同氏「高松藩の徴租法をめぐって—一名一結改めの特質—」（『香川県立文書館紀要』第二号 平成一〇年 所収）、同氏「高松藩・丸亀藩の「土免法」と幕領畝引検見取法」（同上 第七号 平成一五年 所収）、同氏「高松藩土免法の一考案—抜き改めの施行とその特質—」（同上 第一〇号 平成一八年 所収）、拙稿「広島藩における土免制の構造と展開」（尾道短期大学『研究紀要』三九巻二号 平成二年 所収）〈拙著『広島藩地方書の研究』英伝社 平成一一年に再収〉。これらの諸論のうち、土免制研究の今後の方向を見定める上で、筆者は今なお水本邦彦氏の所説が参照されるべきであると考えている。

（2）青野春水 前掲「土免・免合（免）成立史論—土免・免合（免）の再検討—」。青野氏は、先に発表された前掲「近世免相（免）成立史論」を修正され、上記の「「土免・免合（免）成立史論」を提示されたが、なお、近世の免・免相（合）の語義をめぐる議論に決着はついていないと思われる。近世の徴租法を統合的に把握する議論とは異なり、免・免相（合）の語義を探る議論は、近世の人々が免・免相（合）の語義をいかに理解し、使用していたか、それを例証しない限り、どのような合理的な解釈が示されても、歴史学に立脚する解決が見出されたことにはならないと考える。この問題については、中口久夫「「免」の意味変化について」（『日本歴史』五三八号 平成五年 所収）（同氏『太閤検地と徴租法』清文堂 平成二四年に再収）、田上繁「前田領の「免」に関する史論」（神奈川大学日本常民文化研究室奥能登調査研究会編『奥能登と時国家研究編2』平凡社 平成一三年）等を参照。

（3）水本邦彦 前掲『近世の村社会と国家』三〇〇〜五頁。

水本邦彦氏は土免制実施諸藩における免の決定プロセスとして次のような二つのコースを示された（若干用語を変

更させていただいた)。

〈コース(1)〉
農民による土免請負→土免の実施
←損毛の場合
土免請負の拒否→検見の実施
〈コース(2)〉
→土免の実施
土免の提示
→損毛等による農民の検見の願い出
←検見の実施

そして、後者のコースは土免制が定着して、前者の手順が自明のものとなった段階で採られることが多いとされた。(水本邦彦 同書 二九一頁)。本章で考察する阿部氏福山藩における土免制の展開過程はコース(1)からコース(2)への転換として捉えることができる。

(4)「郷中覚帳」一「稲検見」(福山城博物館附属鏡櫓文書館鶴賓文庫所蔵慶応元年(一八六五)書写本、岡本膳兵衛増補「郷中覚帳」)。
(5)同右 一九「大検見幷検見引覚」。
(6)土免制採用以後における福山領内村々の免率は『備陽六郡志』・『備後郡村誌』(府中市『府中市史史料編Ⅳ地誌編』昭和六一年 所収)を参照。また、その数値を逆算すれば、遡って宝永七年と正徳二年の免率は容易に知られる。
(7)(朱書)
「享保五子年」

一　高六千三百八拾七石七斗三升壱合　検見引
一　同弐千弐百七拾四石六升五合　御先代　数々用捨引
〈前掲『備後郡村誌』「六郡之寄」(『府中市史史料編Ⅳ地誌編』所収)四頁〉。

(8)芦田郡府川村「村鑑委細書上帳」(明和三年)(同右)六一八頁。

(9)前掲『備後郡村誌』「芦田郡弐十八ヶ村」(同右)四〇六頁。宮原直倁「備陽六郡志」内編巻六(得能正通編『備後叢書第一巻』復刻版 昭和四五年)一四五頁。

(10)隼田嘉彦氏は、「検見引き」を不作によるものと理解されているが、(福山市史編纂会編『福山市史中巻』昭和四三年 四八一頁)この認識は正しくない。

(11)「郷中覚帳」三三五「諸見分一件」。

(12)文化一三年(一八一六)、諸郡大庄屋に対する藩府からの令達には次のように記されている。

村々坪引之儀者、享保年中平均を以定引遣、以後検見為不相願之事ニ候、然ル所村ニ寄り田畑平均ニ割賦いたし遣し候も有之、又田方畑方与位附分而坪々江割賦いたし遣し候茂有之、沼隈郡内ニ而ハ其年々不作之坪々江割賦遣、見分事不相願分も有之由、是等ハ尤成ル取計来りニ候、然ルニ品治郡内ゟ外郡内ニ茂坪引を売買いたし、田地を不持坪引計を所持いたし候もの共も有之趣相聞候、往古ゟハ地所之善悪成替り候事も可有之候得共、其田坪之高位之償ニ候得ハ、外田江増減附替候茂不埒之処、右坪引を引上ケ所持いたし候段ハ不届之事ニ候得ハ、夫々遂穿鑿御取揚ニ茂可被仰付候得共、近年之仕業ニも無之、以前ゟ心得違来之事ニ候得ハ、先つ此度ハ以御憐愍を不被及其御沙汰事ニ候、併御引米其儘ニいたし置候儀も難相成候間、大庄屋共場ニ而早々得与相調書附指出、跡取計之儀ハ追而可相伺候(下略)
〈金丸・天野家「緒書下之写シ」(文化十三年)(広島県『広島県史近世資料編Ⅴ』昭和五四年 所収 史料番号五九〇号)五七九～八〇頁〉。

(13)「未歳免定之事　町村」(文政六年)(府中市『府中市史史料編近世上』昭和六三年 所収)六〇六頁。

(14)谷山正道氏は、この町村をはじめ、芦田郡の他の二カ村でも免定が一一月に下付されている事例について、それらの免定は検見の実施以後再交付されたものであるとの見解を示されているが(『府中市史史料編㊜近世上』解説一六頁〉、福山藩では、検見の実施後、村方は郡方役所へ検見請書を提出する必要があり、そこには検見の結果認められた引高がすでに明記されていたから、改めて村方に免定を再交付する必要はなかった。同じく土免制を採用していた高松藩では、破免・畝引が実施されて春に発給された免定の年貢納入量に変化が生じた場合、秋に免定が再発給されたが、そのとき免状の表題は「秋免定之事」となり、取米記載の部分に「御見付ニ被成」と付記が行なわれた。〈岡俊二 前掲「近世初期、前期、讃岐国の本年貢徴収法―讃岐高松藩における土免法の成立―」七五～七・八二頁〉。

(15)「郷中覚帳」一「人別作平均稲検見之事」。

(16)隼田嘉彦氏は、阿部氏時代、当時の徴租法が土免制と呼ばれていたのは、「免を土に据えるという意味で使われた」のであり、「村高から諸引高を差し引いた実際収穫のある土地に対する年貢率という意味に外ならない。」と述べられた（前掲『福山市史中巻』四八四頁）。水本邦彦氏が夙に強調されたように、土免の本来的語義が「免を土に据える」点にあること、土壌の善悪に基づいて免が決定されることにあることは言うまでもないことであるが、本高に免を置く土免制が他に存在する限り、毛付高（有高）に対する年貢率であるという点だけから、阿部氏時代の徴租法が土免制と呼び慣わされていた理由を説明することには無理があると思われる。

(17)「土免被仰付候書付郡方ゟ享保四年亥三月十五日来写」〈「郡中町方明細記」（『府中市史史料編Ⅱ近世上』所収）二四三頁〉。

(18)「福山領分百姓願之事」（享保三年）（府中市『府中市史史料編Ⅲ近世編下』昭和六三年所収）八六頁。

(19)「覚」（享保三年）（「郡中町方明細記」（前掲『府中市史史料編Ⅱ近世編上』所収）二〇五頁。

(20)「元禄（ママ）二年先々代検見之節帳面ニ而相渡候覚書写」〈同右〉二一六～七頁。

(21)「郷中覚帳」一「稲検見」。

(22) 一 検見之節歩苅いたし、縦令四合毛与相極候節籾干立減有之由申候者御代ハ五合摺ニ相極候付、減および不申候段可申聞事、六合摺余も有之もの也〈広田守訓「郡中諸見分覚書」一「人別作平均稲検見之事」（広島県『広島県史近世資料編Ⅱ』昭和五一年 所収）一〇二六頁〉。

この記事は「郷中覚帳」（慶応元年書写による岡本膳兵衛増補「郷中覚帳」）では省略されている。

(23)「郷中覚帳」一「稲検見」。
(24)同右。
(25)同右　一六「一村坪入検見」。
(26)同右　一「稲検見」。
(27)同右。
(28)同右。
(29)「郷中覚帳」三五「諸見分一件」。
(30)同右　一「稲検見」。
(31)同右。
(32)文化期に至っても相対検見が実施されていたことは、岡本膳兵衛増補「郷中覚帳」・広田守訓「郡中諸見分覚書」両書に相対検見に関する同一の記事が所載されていることから知られる。
(33)「郷中覚帳」八「田畑一毛荒改」。
(34)同右。
(35)同右。
(36)同右。
(37)同右。
(38)元禄一二年の福山領幕府検地における丈量基準は、あくまでも一間＝六尺であった。一間＝六尺一分のうち、一分は砂摺であった。『地方凡例録』も、「慶長・元和の頃より検地ハ六尺壱分の竿を用ひ、壱反三百歩の積りなり。之に依て古検ハ六尺三寸四方を壱歩とし、新検ハ六尺四方を壱歩とするに由り、文禄年中までを古検と云ひ、慶長・元和以後を新検と云ふ」・「間竿ハ弐間竿にて、壱丈弐尺弐分、壱間に壱分充の砂摺のために、余計を盛込ミ、…」と述べている（大石慎三郎校訂『地方凡例録』上巻 近藤出版社 昭和四四年 七一～一一・七五頁）。なお、『広島県史近世1』に「六尺一寸竿」と記されているのは論外（同書 二九一頁）、おそらく誤植であろう。

(39)天保期、大原幽学が下総国香取郡長部村農民に片正条植えの指導を行なった事実や、天保一二年(一八四一)、周防国大島郡の篤農に対する代官高杉又兵衛の質問の一節に「近来五畿内、中国筋は纔三四十株ニして筋を立て植るに徳ありと言、御国中にてハ七八十株ゟ狭きは弐百四五十株にして、めった植なり。」と記されていることが知られているが〈「農業巧者江御問下ケ十ケ条并御答書」(『日本農書全集第二九巻』農山村漁村文化協会 昭和五七年 所収 一九一～二二頁)〉、正条植えが全国的に普及・定着をみるのは明治期以降のことである(農業発達史調査会編『日本農業発達史第一巻』中央公論社 昭和二八年 五〇頁、和田一雄『田植えの技術史』ミネルヴァ書房 昭和六三年 九～三二頁)。

(40)「郷中覚帳」八 「田畑一毛荒改」。

# 第三章　福山藩における木綿徴租法

## はじめに

近世における村落農民の生産・生活構造はきわめて多様であり、田方・畑方・山方・浦方村落でそれぞれ農耕あるいは生業のあり方が異なっていた。徳川期農村の生業・労働形態は、各地の地理的・自然的条件に対応して趣を異にし、一村落においても各農家・世帯ごとに生業・生活基盤の差異がみられた。近世農村史・農業史研究の分野において、近年、このような徳川期農村における生業の多様性、農業経営の複合性を重視する傾向はますます強まりつつある。(1)とりわけ、近世畑方村落・畑作農業に強い関心が寄せられ、次々と興味深い論考が現われている。(2)言うまでもなく、このような研究動向は、従来の水田中心史観・稲作一元論に対する強い反省に裏付けられたものであり、近世農村あるいは近世農業の生産構造を自然環境との結合体と捉え、地域史の問題として改めて位置づけ直そうとする姿勢を反映するものに他ならない。

このような近世農村史・農業史研究の潮流を受けて、徳川期の徴租法に関する研究においても力点の変化がみられるようになった。まず、畑方村落・畑作農業史研究の高揚と連動して、石代納《こくだいのう》(上方幕領における三分一銀納、十分一大豆納、関東における畑永など)に関する研究に相当の深化がみられた。(3)また、諸役負担についても、村から領主への献上役負担の社会的意義を論じた刮目に値する研究が現われている。(4)

しかし、比重の如何は別にして、水田・畑地両者を合わせ持つ耕地形態こそが近世村落の一般的で普遍的な姿であったはずである。稲作一元論は克服されるべきであるとしても、少なくとも徳川期における食糧生産全体に占める水田の役割の大きさは否定できない。近世農業における田方経営の実態を無視するのではなく、畑方経営、あるいは多彩な就業機会との複合性を重視しつつ、徳川期農民の農業経営の多面性・多様性を探る姿勢こそが求められていると言えよう。

田方・畑方両面に作付けされていた木綿・麦・煙草、もっぱら田方に裏作された藺草、これらの諸作物に対して福山藩府はどのような貢租負担を課したのだろうか。また、それはどのような方式で徴収されたのか。もちろん、ここに言う貢租負担とは流通段階に課される運上・冥加類の租税のことではなく、生産段階に課される貢租負担、すなわち、田方・畑方における作物の作付け・収穫そのものに対する年貢負担を指している。現在のところ、このような徳川期農民による稲作以外の作物生産に対する幕府・諸藩の徴租法に関する研究成果はまだきわめてその数が限られている。(5)本書では本章以下、三章にわたって、これらの多様な作物生産に対する阿部氏福山藩の貢租徴収システムの解明を試みる。

さて、福山藩における綿作の展開事情、また、同藩領内における綿作経営の動向については、すでに先学による相当の研究の蓄積がある。(6)しかし、これを木綿の租税負担にかかわる側面についてみれば、従来の研究成果はもっぱら流通段階に課される木綿運上に限られており、生産段階における貢租負担、すなわち、綿作農民の木綿に対する年貢負担に関する研究はこれまでほとんど等閑に付されてきた。(7)徳川期、畿内などと並び称される主要な綿作地域であった福山藩における木綿徴租法はどのようなものであったのか。この課題にアプローチをはかるためには地方書の活用が有効である。本章では、主として地方書「郷中覚帳」(8)に記された木綿年貢の算出法の分析を中心に、同じく地方書「郡中町方明細記」(9)の関連記事を併せ検討することを通して、これまで手つかずの状態にあった阿部氏治世期福山藩における木綿徴租システムの解明を試みることにしよう。

## 第一節　木綿検見・木綿見分の実施原理

### （一）木綿検見と木綿見分の相違点

すでに前章でも述べたとおり、福山藩においては、阿部氏入封の三年後、正徳三年（一七一三）に、先々代・先代の水野氏・松平氏時代まで継承されてきた検見制を廃止し、徴租法として土免制が採用され、それ以後免率は固定された。土免制採用以後、田方米作に対する村々の年貢負担は、本高から例年定例の諸引高を差し引いた毛付高（有高）に年々同率免を課す方式がとられ、凶作年度には農民の願い出に応じて検見が実施され、引高による年貢減免措置が講じられた。

このような年貢徴収原理は木綿作に対しても同様に適用された。それゆえ、例年通りの年貢負担に耐えうる木綿の収穫が続く限り、年々の収穫状況の変動が直接年貢負担量に反映することはなく、米納年貢制を基本とする福山藩徴租制の原理に準じて、毎年同量の米納による租米の負担が維持された。木綿の徴租法の独自性は、村方が貢租負担に耐えかねる程の凶作に見舞われ、年貢減免措置を願い出た場合にはじめてあらわれたのであり、土免制下における福山藩の木綿徴租法の本質は、木綿検見・木綿見分・抜綿改めなど、凶作年度ないし皆損時における年貢減免仕法の実施原理、実施方法に表現されていた。

さて、まず「郡中町方明細記」の次の一節に注目しよう。すなわち、

　深津郡八ヶ村新涯木綿別段之場所先規ゟ由緒有之、御検見被仰付村々左之通
深津沼田村　手城村　引埜《野》沼田村　市村沼田村　吉田村　津之下村　野々浜村　大門村

〆八ヶ村此村々新涯之外ハ木綿見分願といふ

右村々差出帳ニ曰、新田之内田木綿御検見之儀、新涯出来巳後地面悪敷、殊ニ水不御座候付、其時分先々御代之郡奉行も申候者、田木綿植付候者地面直り可申候、左候ハ、稲田同前検見御入可被下候由ニ而、年々御検見御入被下候由、尤先代下総守様ニ而も御聞届被仰付候由(10)

福山藩において、「新涯四ケ沼田」と総称されていた深津郡の上記八カ村の新田は、地味が悪く、水不足が生じがちであったので、土壌の涵養をはかるべく木綿の作付けが認められ、水野・松平氏両時代を通して、稲と同様に毎年田木綿検見が実施されていた。阿部氏時代に至り、徴租法として土免制が採用された後、これら深津郡八カ村における田木綿の収穫量の査定は凶作年度の実施だけに限られることになった。八カ村の村民は、凶作年度に木綿年貢の減免措置が講じられる場合、旧領主時代の「由緒」を根拠に、従来の木綿検見同様の仕法の実施を要求し、一定度それは受け入れられた。「此村々新涯之外ハ木綿見分願といふ」と述べられているように、土免制下の福山藩では、一般の村々においては「木綿見分」、深津郡八カ村においては「木綿検見」という二様の凶作年度における木綿年貢の減免仕法が併用されていたのである(11)。

では、木綿検見と木綿見分にどのような相違がみられたのか。まず、木綿検見は一村落のすべての綿作地を対象とする年貢減免仕法であるのに対して、木綿見分は村落内の特定の農民の綿作地だけを対象とする年貢減免仕法であった。表3—1は、第二章の考察結果を踏まえ、土免制下の福山藩における水田稲作に対する年貢減免仕法の内容を示したものである。これを綿作に置き換えて述べれば、木綿検見は、稲作における一村坪入検見、木綿見分は人別作平均検見に対応する年貢減免仕法であったと言えよう。このように、木綿検見と木綿見分の相違点は、まず、年貢減免の実施範囲の差異にあった。

木綿検見と木綿見分の第二の相違点は、免率の変更の有無にみられた。木綿検見であれ、木綿見分であれ、年

**表 3–1　土免制下、福山藩における凶作年度・皆損時田方米作年貢の減免仕法**

| | 査定の対象 | 年貢減免量(引高)の決定法 | 引高の算出基準 | 例年定例引高の取り扱い | 免率変更の有無 |
|---|---|---|---|---|---|
| 一村坪入検見(享保5年廃止) | 村内の全米作田地 | 目入・手歩・歩刈の実施→合毛(一歩籾)の算出→下改帳の修正→引高の算出・決定 | 丸高(斗代) | 取り戻し | 1つないし5歩程度の免上げを併用 |
| 人別作平均検見 | 村内特定不作農民の保有する全米作田地 | 目入・手歩・歩刈の実施→合毛(一歩籾)の算出→下改帳の修正→引高の算出・決定 | 丸高(斗代) | 丸引き | なし |
| 相対検見 | 村内特定不作農民の保有する全米作田地 | 検見見分の簡略化ないし見計らいによる合毛・引高の決定(検見見分の経費を領主側が負担することと引き替えに引高を抑制) | 丸高(斗代) | 丸引き | なし |
| 一毛荒 | 村内の皆損の被害を受けた田地 | 年貢の丸引き<br>わずかでも収穫があるときは寄せ取り法(手歩によって合毛を算出し、この分を丸引き分から差し引く)を実施して、年貢の丸引きを回避する | 丸高(斗代) | 取り戻し | なし |

出所）本書第二章「福山藩における土免制の基本構造」の考察による。

貢の減免は新たに引高を追加する方法で行なわれたが、木綿検見においては、引高の決定後、若干の免上げが併用されることになっており、米作に対する一村坪入検見の場合と同様に、これを「小検見」とも称した。すなわち、

一、免壱ツか五分上ル御法之事、併夫たけ用捨引有之、但免上り之儀其村生高斗り江当ル、新田ハ除(12)

（下略）

とあるように、木綿検見においては、引高の控除後、未だ土壌が涵養されていない新田作付分を除く村内すべての綿作地について、例年の免率に一つないし五分程度の免上げが実施された。木綿検見の場合、年貢減免の対象は一村全体に及ぶため、引高は相当の量に達するので、その調整措置として免上げが併用されたのである。木綿検見と木綿見分のその他の相違点については、次節以下の考察を通して、順次、明らかにしていくことにしよう。

## （二）綿高の算出法

木綿検見ないし木綿見分において、収穫量の査定、綿高の算出方法に関して、両者間に相違はみられなかった。しかし、引高については、土免制開始当初、両者の算出方法は明らかに異なっていた。「郷中覚帳」は木綿検見における綿高・引高の算出方法を次のように説明している。すなわち、

一、田木綿壱歩ニ六拾本ゟ七拾本迄有之、桃壱本ニ弐ツ平均ニ〆壱坪ニ百四拾、壱反ニ四万弐千、此綿拾弐貫六百目、壱ツ三分吹、此米九斗四升五合、壱貫目ヲ七升五合替として、たとへハ壱石八斗代なれハ半高麦毛ニ引、残半高検見ニ出ル故、九斗有之ハ斗代有綿也、大旨壱坪ニ百三十四有之候ハ、壱石八斗之半斗代ニ当ル、壱歩ニ桃三ツならし有之ハ壱反ニ九百、此綿弐百七拾目、此米弐升

高壱石八斗
　半高九斗
　　内弐升　見付綿
残八斗八升　検見引(13)

田木綿検見の場合について述べられているが、収穫量の査定方法・綿高算出法は、木綿検見であれ、木綿見分であれ、また畑木綿であっても原理的に変わりはなかった。まず、一歩当たりの「桃」の数をカウントする。木綿の子房は受精後、肥大化して綿絮《めんじょ》を形成するが、これをその形状から「桃」と称した(図3―1参照)。ここでは、面積一歩当たり七〇本の綿木が作付けされ、綿木一本につき「桃」が二つずつ付いている場合(二つ吹きと称する)が例示されている、このとき、「桃」の数は、一坪で一四〇吹き、一反ではその三〇〇倍の四万二〇〇〇吹きである。ただし、「尤壱ツ半吹或者三ツ半吹とも半ヲ付て苦からす、木綿木之勢其様子入念相改候事」(14)とあって、

図 3–1　「桃」の図

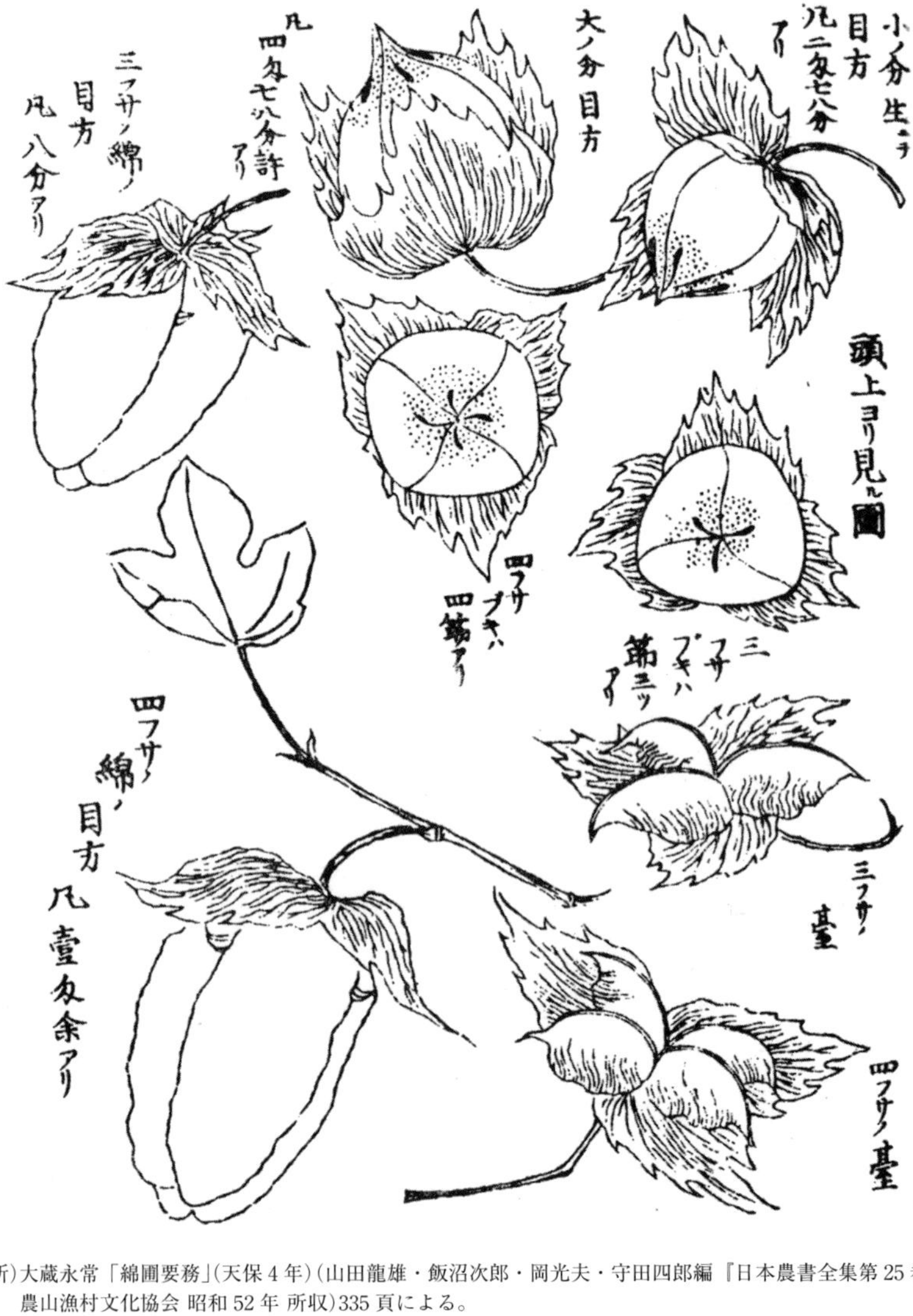


出所）大蔵永常「綿圃要務」（天保 4 年）（山田龍雄・飯沼次郎・岡光夫・守田四郎編『日本農書全集第 25 巻』農山漁村文化協会 昭和 52 年 所収）335 頁による。

査定に当たって、綿木一本当たりの「桃」の数は必ずしも正数である必要はなかった。

次に「桃」の総重量を算出し、これを綿高に換算する。福山藩阿部氏時代においては、標準的には、「桃」一つの重量を三分、綿一貫目を米七升五合代えとして、換算が行なわれた。したがって、桃四万二〇〇〇吹きの重量は、三×四二〇〇〇＝一二六〇〇〇分＝一二貫六〇〇匁となる（これを貫目綿と称した）[15]。さらに、これを綿一貫目＝七升五合として石高に換算すれば、一二・六×七・五＝九四・五升＝九斗四升五合の綿高が得られる。

しかし、桃一つの重量＝三分、綿一貫目＝米七升五合という換算値は、あくまでも標準値にすぎなかった。すなわち、

一、大赤木与申木大ふりニ出来桃も大キニ有之ハ壱ツ四分吹

一、葉紅綿抔と申シ所々ニ作り、別而手城辺地面あしき所ニ而ハ桃壱ツ弐分五厘有之、見分之節右鉢之義迄も心ヲ付可申事、但、桃も小振りなり

一、木綿壱貫目米七升五合与申御法有之、乍尓米相場ニ寄木綿之相場次第ニ而、其年之申合次第与申事ニ而、（中略）先年八升替ニ而見分之年も有之（下略）[16]

とあるように、査定の現場では、桃一つ当たりの重量は綿の品種に応じて斟酌が加えられた。綿高も、米・綿相場の変動に応じてしばしば換算値が変更され、後にみるように、特に抜綿改めにおいては、木綿相場の動向を重視する厳重な取り扱いがなされた。

### （三）　引高の算出法

次に引高の算出法をみよう。前項（二）の冒頭に掲げた「郷中覚帳」の記事をみよう。その後段に「半高」の文字がみえるが、ここに例示されている算出法は、木綿検見における引高の算出法が従来の「丸高」から、木綿見

分と同様に「半高」を基準とする仕法に改められて以後のものである。斗代を二分し(半高)、そこから綿高を減じる方法が示されている。

見分を受けた綿田ないし綿畑の斗代が一石八斗だとすれば、その半高は九斗、この事例の場合、綿高は九斗四升五合で、斗代半高の九斗を越えるから、この木綿検見は無効になり、年貢減免措置はとられない。斗代一石八斗のとき、年貢減免が認められるためには、一坪の桃数は一三四吹き未満でなければならない。このとき、一反の桃数は、一三四×三〇〇＝四万二〇〇吹き、重量は桃一つ三分代えで、四〇二〇〇×三＝一二万六〇〇分＝一二貫六〇匁、綿一貫目＝米七升五合代えで、綿高は一二・〇六×〇・七五＝九斗四合五勺となり、半高を若干上回るからである。同様の条件で、一歩に桃三つしかないときは、一反で九〇〇吹き、貫目綿にして二七〇匁、綿高は二升(正確には二・〇二五升)となる。引高はこの土地の斗代の半高九斗から二升を減じた八斗八升になる。いずれにしても、相当の減収が生じない限り、年貢減免措置は取られなかったである。[17]

ところが、「郡中町方明細記」の木綿検見の項では、この「半高」についてまったく触れられていない。すなわち、

一、木綿壱ツ吹弐ツ吹と見る也、壱ツ吹とハ木壱本ニも、壱ツ、壱歩ニも、六拾と知る也、壱反ニ付壱万八千之も、也、然ル時ハ壱反五貫四百目といふ也、壱房三分究也、弐ツ吹と見る時ハ、拾貫八百目と見るへし、升替ニして七升五合替故七五ヲ掛ルト斗代ニ成也、是を畝ニかけ不足ヲ知る也[18](下略)

綿高の算出方法は「郷中覚帳」が述べるところと変わりはない。綿木一本に桃一つ、一歩に綿木が六〇本あれば、一反の桃数は一万八〇〇〇であり、桃一つが三分の重さという決めであるから、五四〇〇〇分＝五貫四〇〇匁、二つ吹きなら、一〇貫八〇〇匁となる。綿一貫目＝米七升五合代えのときは、一〇・八×七・五＝八一升＝八斗一升、これが綿高である。引高の算出法については、「是を畝ニかけ不足を知る」、つまり、全体の畝数＝作付

面積に先の反当たりの綿高を乗じて、総綿高を算出し、全綿作地の石高からこれを減じれば、不足分＝引高が知られると述べられている。このように「郡中町方明細記」は、半高の斗代を基準とすることにまったく触れておらず、引高の算出基準を丸高に置く木綿検見仕法を記している。後にみるように、土免制採用後、木綿検見は次第に形骸化し、ほとんど木綿見分に近似する仕法となった。現実に木綿検見が実施されなくなったために、「郡中町方明細記」には、かえって変更以前、初期の木綿検見仕法が記されたのであろう。

## （四）　半高の法

では、なぜ木綿見分、次いで木綿検見において、半高を引高の算出基準とする取り扱いが行なわれたのか。土免制下の福山藩においては、凶作年度に年貢減免措置を講じる場合、畑方は半高、田方は「丸高」・「丸引」を引高の算出基準とする原則があった。それゆえ、水稲・田木綿は本高、畑木綿は半高が引高の算出基準とされたが、その後、田木綿についても、半高を引高の算出基準とする取り扱いが行なわれるようになった。この点について、「郷中覚帳」・「郡中町方明細記」はそれぞれ次のように述べている。すなわち、

一、半高ニメ検見致候訳ハ、稲方同前之丸高之筈ニ候得者、田ニ綿仕付候地合ニ付、麦毛も取候ニ付畑方同前之事、尤大麦反ニ弐石ゟ弐石五六斗ハ取候由、此米壱石弐三斗也(19)

「郷中覚帳」

一、田木綿見分之儀、田方ハ丸引候得者木綿作り候迚も丸引ニ可申付候事ニ候得共、田ニ畑物ヲ百姓勝手ニ而仕付候、勿論木綿仕付候程之田地ハ麦毛有之候ニ付、旁趣意を以畑方同前ニ引方遣候事と享保三年覚帳有之なり(20)

「郡中町方明細記」

「郷中覚帳」は田木綿検見、「郡中町方明細記」は田木綿見分の場合について述べている。後者末尾の記事から、田木綿見分においては、遅くとも享保三年（一七一八）以降、半高を引高の算出基準とする措置が取られたことが知られる。両書とも裏作の麦の収益は斗代の半高に相当するから、あらかじめこの分を年貢減免の対象から外す措置が取られたと述べている。「郷中覚帳」は、裏作に大麦が作付けされていれば、その反当たり収量は米に換算すれば一石二・三斗程度に相当すると述べて、麦作の収益の高さを強調しているが、「郡中町方明細記」は、ストレートに「田ニ畑物ヲ百姓勝手ニ而仕付候」ゆえと記している。領主側は綿作の単位面積当たりの収益率を稲作よりも遙かに高いものとみて、木綿見分、次いで、木綿検見において、引高の算出基準を半高とする措置を取ったのである。

ところで、土免制下の福山藩では、豊凶、検見見分の実施いかんにかかわりなく、例年、貢租賦課の対象から外される平均引・用捨引等の定例引高があった。木綿検見にも木綿見分と同様に半高の法が適用されて以後、年貢減免量の算出に当たって、木綿検見は、「平均引・用捨引半分取戻、尤検見不出田綿之分も半分取戻御法也、稲作り候分ハ無貧《（頓）》着。」であるに対し、木綿見分は、「見分綿ハ用捨引・平均引、皆捨り綿高ニ当分半分取戻外者不取戻」という原則が維持された[21]。木綿検見の場合、村方は不作に及ばず検見を受けなかった分を含め、米作地を除く村中いっさいの綿作地について、定例引高の半分を放棄する必要があったが、木綿見分の場合は、「皆捨り綿高」、すなわち、見分の結果、皆損とみなされた綿高について、その定例引高の半方を放棄するに止められた。定例引高の半方を放棄するこのような仕法は、明らかに半高の法に連動するものであった。

# 第二節　木綿検見・木綿見分の運用構造

## （一）段取綿

木綿検見ないし木綿見分の実施手順とその実務内容について具体的に考察しよう。

木綿に不作が生じ、村方から木綿検見ないし木綿見分の願い出が提出されたとき、郡役所は郡方役人による収穫量の査定を実施するに先立ち、村方に下改帳の提出を命じた。村方は、査定を受ける田綿・畑綿の出来具合を田畑一筆ごとに調査し、一反当たりの綿の重量を算出して、作況に応じてそれぞれを何段階かにランク付けし（段取綿と称した）、これを下改帳に記した。段取綿は、上綿・中綿・下綿の三段階とすることが多かったが、これに下々綿を加え、四段階の段取りも行なわれた。また、青桃・腐りなどが生じ、まったく収穫がみられない分は「皆捨り」として別記した。

木綿検見においては、引高を決定するために領主側が実施する収穫量の査定は、本来段取綿によることを前提とした。それゆえ、木綿検見は別名「段取検見」とも称したが、領主側は次第にこれを簡略化しようとした。木綿見分も段取綿による査定を建前としたが、実施されることは少なく、「大通り」の見分（後述）と称する段取綿によらない簡略化された査定法が多用された。

下改帳には一筆ごとに斗代・田畑の等級・面積と、村方の下見によって知られたその土地の収穫綿の重量、段取綿のランク、平均引・用捨引等の定例引高が記されていた。下改帳は、木綿検見の場合は、その村全体の綿作地について、木綿見分の場合は、見分の対象となる村民の綿作地について作成された。下改帳の末尾には、その村全体の見分綿について、各段取ごとに一反当たりに換算した綿の重量（貫目綿）の上限と下限が記された。

## （二）平均貫目

下改帳の提出を受けて、藩役人による見分が実施された。郡方役人の見分は、村方が提出した下改帳の段取りに応じて、それぞれランクごとにいくつかの綿田・綿畑の実際の収穫量を見分して反当たりの綿の重量を算出し、村方が差し出した下改帳の段取綿に修正を加える方法で実施された。すなわち、

綿見分仕様村ゟ仕出候帳面見分之上、左之通貫目見分通、下地ヲ消此方之ヲ書入ル

高壱斗八升　　五貫目
一、上田壱畝　　中三貫五百目吹　村仕出し
村見付綿三百五拾目
高四斗五升　　六貫五百目
一、中田三畝　　上五貫目吹　右同断
村見付綿壱貫五百目
高壱斗六升　　弐貫目
一、下田弐畝　　下壱貫目吹　右同断
同見付綿弐百目(22)

この事例の上田一畝の綿田は、村方の下改め（村見付）では三五〇匁吹き、段取は中綿、一反当たり三貫五〇〇匁吹きであった。しかし、藩役人の見分の結果、五〇〇匁吹きの結果を得たので、一反当たりの貫目綿を一貫五〇〇匁の見上りとして五貫目吹きに修正したのである。中田三畝・下田二畝の綿田も同様にして、それぞれ下

改帳記載の貫目綿に修正を加えている。このように、郡方役人は実施した見分の結果を踏まえ、下改帳の数値を次々に修正していくのである。木綿検見・木綿見分においては、田畑の等級は無視された。

次に見分の結果知られた段取綿各々の反当たりの平均貫目を算出する。原理的には、反当たりの平均貫目は、修正した一筆ごとの綿の目方を各段取りごとに集計し、これを総畝歩で除し、それを反当たりに換算すれば算出できる。しかし、現実には、そのような厳密な方法ではなく、もっと簡便な方法が用いられた。すなわち、

一、弐貫五百目・五貫目迄　上綿
一、壱貫弐百目・弐貫四百目迄　中綿
一、五百目・壱貫目迄　下綿
右之通村仕出し
見分之上此方段取
一、七貫五百目・拾貫目迄　上　平均八貫七百五十目
　村仕出し何程上り
一、四貫五百目・六貫五百目迄　中　平均五貫五百目
　村仕出し何程上り
一、壱貫目・三貫五百目迄　下　平均弐貫弐百五十目
　村仕出し何程上り
上綿ニ而村仕出平均ニ五貫五拾目上り
中綿ニ而同　四貫四百弐拾目上り
下綿ニ而同　壱貫四百五拾目上り(23)

先とは別の事例が用いられている。前段には下改帳の段取綿、後段には藩役人によって修正された段取綿が記されている。一部の綿作地に見分を実施したところ、上綿の一反当たりの貫目綿は下限七貫一〇〇匁から上限一〇貫目までであった。領主側の平均貫目は、この下限と上限の平均値八貫七五〇匁となる。これは、同じ手順で算出した村方仕出し段取綿の平均貫目三貫七五〇匁に対し五貫五〇匁の見上りとなる。同様にして、村仕出しに対して、中綿は四貫四二〇匁、下綿は一貫四五〇匁の見上りになる。

必ずしも下改帳に記されたすべての綿田・綿畑の見分が行なわれたわけではない。木綿検見はもとより、木綿見分においても多数の圃数の見分を必要とする場合には、段取綿ごとにいくつかの綿田・綿畑を見分し、その結果知られた貫目綿の上限・下限を取って段取りごとの平均貫目を算出し、これと村方が提出した下改帳に記載された段取綿の平均貫目とを比較してそれぞれ段取ごとに見上りを割り出し、その数値を用いて年貢減免の申請があったその村の綿田・綿畑の総貫目綿を算出した。

最後に一村全体の引高が決定される。その実例を、宝暦一二年(一七六二)に実施された品治郡下安井村における木綿見分の場合についてみることにしよう。すなわち、

反別八丁八畝拾五歩
　高九十四石四斗三升八合
一、半高四拾七石弐斗壱升九合
　村見綿九拾五貫八拾目
　外八拾八貫弐百八拾目　　見上り
此見綿百八拾三貫三百六拾目
此米拾三石七斗五升弐合

但壱貫目ニ付米七升五合かへ
残三拾三石四斗六升七合
内拾八石七斗三升六合　　皆捨高
内
六升七合　　皆捨高当分平均引半分取戻
三斗四升八合　右同断用捨引高当分半分取戻
三拾三石五升七合　新引
右之通宝暦十二午歳下安井村之分(24)

この年、下安井村で木綿見分を受けた綿田・綿畑の総反別は八町八畝一五歩、総石高は九四石四斗三升八合、その半高は四七石二斗一升九合であった。このときの段取綿の内容は知られない。村方の下改めでは総貫目綿は九五貫八〇匁とされていたが、藩役人の見分の結果、総計八八貫二八〇匁の見上りが生じ、総貫目綿は一八三貫三六〇匁に修正された。綿一貫目＝米七升五合代えでこれを綿高に換算すれば、一八三・三六×〇・〇七五＝一三石七斗五升二合となる。引高を算出するために、まず半高四七石二斗一升九合からこの綿高一三石七斗五升二合を減じて三三石四斗六升七合を得ている。すでにみたように、木綿見分の場合、見分の結果、皆損とみなされた綿高＝「皆捨り綿高」に対応する定例引高はその半方を放棄する必要があった。この下安井村の木綿見分の皆捨り高は一八石七斗三升六合、これに対応する定例引高たる平均引・用捨引の半方は、それぞれ六升七合・三斗四升八合であった。先の三三石四斗六升七合からこれらを減じれば、三三石五升七合の引高が確定する。

では、木綿見分が実施された下安井村総計八町八畝十五歩の綿田・綿畑の現実の年貢負担量はどれだけになるだろうか。まず、石高九四石四斗三升八合から引高三三石五升七合を減じて、六一石三斗八升一合を得る。下安井村の免率五つ九分をこれに乗じ、年貢負担量三六石二斗一升四合七勺が知られる。

## 第三節　木綿検見・木綿見分の展開構造

### （一）木綿検見の形骸化

木綿検見における引高の算出方法が、斗代そのもの（丸高）から綿高を減じる方法から、半高から綿高を減じる方法に変更された事実は、享保一〇年（一七二五）、および延享元年（一七四四）における「新涯四ケ沼田」八カ村の木綿検見の実施経緯に明らかである。

享保一〇年、福山領内一円に木綿不熟が生じた。他の村々は「綿作平均」、すなわち、人別作平均仕法による木綿見分願いを提出したが、深津郡八カ村[25]のうち野々浜村を除く七カ村は、古来からの木綿検見の由緒を理由に、「綿均検見」＝一村坪入検見を願い出た。これに郡役所は次のように対応している。すなわち、

　右七ヶ村綿見分之儀、脇村之儀者綿作平均被相願候得者、深津郡八ヶ村之儀古来ゟ由緒御座候よしニ而、綿坪検見と願出候ニ付、見分ハ検見ニいたし、引方之儀者脇村同前ニ半高之割合を以相究候事、附、右村之割増之儀、丑年ニハ古地畑方へも割増遣候処、当年ハ新涯田方へ計引遣候事[26]

見分は検見、引高は他の村と同様に半高の割合とすると述べられている。これは、査定は村全体の綿作地を対象とする木綿検見の法によるが、引高の算出は半高を基準とする木綿見分の方法を用いることを意味する。木綿検見本来の丸高を基準とする引高の算出法は認められず、他村の木綿見分の仕法と同様に、半高を基準とすることが強制されたのである。この変更がすでに享保一〇年（一七二五）以前に行なわれていたことは、丑年、つまり

享保六年には、本畑にも割増の措置を講じたが、この度は「新涯田方」だけに止めると述べられていることに明らかである。すでに享保六年度の木綿検見の際、半高の法の実施にともなう引高の減少を補償する措置が講じられていたのであり、享保一〇年には、その補償範囲が狭められたのである。

続いて、延享四年（一七四七）には、虫付きによる木綿不作が生じ、深津郡八カ村のうち深津沼田・市村沼田・吉田・手城の四カ村が木綿検見願いを提出した。このとき、古来からの由緒を根拠に木綿検見の完全実施を迫る四カ村に対して、郡方役所は「勿論外村々ハ作平均見分与申名目、右村々ハ作平均検見与申差別相分り候間、綿作平均ニ仕候様」に説得を試みている。[27]あくまでも全綿作地の収穫の査定を望む村方に対して、郡役所は、査定の対象を特定の農民の綿作地のみとする人別作平均仕法の実施を受け入れるなら、引高の算出法は丸高を基準とする木綿検見の仕法に従うという妥協案を示したのである。

四カ村はこれを拒否したが、一〇月となり、裏作の仕付けにかかわるという理由で、人別作平均仕法による見分を受け入れている。しかもそれは段取棉によらない「大通り」（後述）の査定によるものであり、引高の算出法も他村の木綿見分と同様に半高を基準とするものであった。すなわち、

一　手城村・市村沼田下見帳之内、半高ニ而見付綿代米致指引候へハ、村仕組通ニ而も有毛田ニ罷成候分ハ此度村々江為申聞度候得共、此度者大通り検見ニ付、不申聞、此方之仕組ニ者八升かへにして有毛田ニ成候分御検見引除申候事[28]

丸高から綿高を減じて引高を算出する木綿検見本来の仕法が実施されることを想定して、下見帳を作成・提出した手城村・市村沼田農民の意向は受け入れられず、半高を基準に引高の算出が行なわれたことが知られる。両村の下見帳の筆数のなかには、見分の結果、綿高を半高から減じると有毛田になってしまう（引高が生じないこと、出来越と称する）ものもあったが、この度は大通りの検見であるので、村方を咎めず、八升代え（綿一貫目＝米八升）

で綿高を算出し、有毛田となった分は検見の対象から外したと述べられている。

「郷中覚帳」は「新涯四ケ沼田」八カ村における木綿検見の展開過程を総括して、

（前略）享保六丑歳・同十巳歳・宝暦元未歳右三ケ年共坪入検見ニ而、実ハ人別作平均見分之仕方故免上りなし、延享四卯歳四ケ沼田検見有之候処、小検見与被仰付候得共、今度ハ十月ニ至り、時節後レ麦作仕付候節ニ相成候故、大通之検見ニ御座候、依右免上り不申、実ハ人別作平均之類也(29)

と述べている。土免制開始後間もない時期から、藩府は、凶作時における木綿年貢の減免法を人別作平均見分に一本化しようとする姿勢を示した。しかし、定例引高を温存することと引き替えに、享保五年以降、一村坪入検見を廃止した米作の場合とは異なり、木綿作については、当該村落に対し、必ずしも一村坪入検見の廃止を強制する方法は採らなかった。領主側は、村方の対抗を避け、むしろ済し崩しの内に木綿検見仕法を形骸化させる方法を選択した。木綿検見願いが提出されたとき、人別作平均仕法による見分を受け入れるように村方を説得しつつ査定時期の延引をはかり、最終段階で、人別作平均仕法に基づく段取棉によらない見分、半高を基準とする引高の算出方法を村方に受け入れさせる実績を積み重ね、「新涯四ケ沼田」八カ村の木綿検見を有名無実なものにすることに成功した。言うまでもなく、このような措置は凶作時における年貢減免量を削減し、綿作から例年安定的に貢租の収納を引き出そうとする藩府の姿勢を反映するものに他ならない。

### （二）査定の簡略化―「大通り」見分の実施―

すでに第二章で考察したとおり、土免制下の福山藩においては、稲作の検見において、本来村方の負担が原則であった検見見分に要する諸費用を領主側が負担することと引き替えに、査定を簡略化して見計らいで引高を決定することがしばしば行なわれ、これを相対検見と称した。領主側は相対検見の実施を通して極力引高の減少をはかり、貢租の安定的収納と郡方所務の簡素化をめざそうとしたのである。このような査定の簡略化の動きは木綿検見・木綿見分においてもみられた。

例えば、享保四年（一七一九）、品治郡下安井村・新市村において実施された木綿見分では、次のような方法が採られた。すなわち、

（前略）享保四亥年下安井村木綿見分有之候節、上中下歩入致候処、貫目余り多出候ニ付、左之通貫目積り合見分なし大通ニ受候者書付之通ニ而可相究由、庄屋へ書付渡と有之、左之通

歩入拾七貫目

上綿　　壱反ニ付拾五貫目吹

同拾五貫三百目

中綿　　壱反ニ付拾貫目吹

但願ニ付九貫目吹ニ成

同拾弐貫六百目

下綿　　壱反ニ付三貫五百目吹

八月十九日

〆

右書付之通受可申候由作人共申候ニ付、廿日昼ゟ見分止ル、依而証文取究と有之、

右同断新市村有之候処、是又見分貫目平均被仰付被下候様ニと村ゟ相願歩入貫目積りを以上中下左之通相対相済

田畑共平均壱反ニ付

上綿拾六貫目
中綿拾貫目
下綿六貫目
右之通ニ而相済候由、同年覚帳ニ有之候事(30)

わずか数カ所の歩入れのみで、両村の木綿見分が処理されている。村に赴いた藩役人は、まず村方が提出した段取綿ごとに一カ所ずつ歩入れを実施し、一歩当たりの貫目綿（歩入貫目と称する）を計測した。当然、歩入れは、村方の段取綿に相当の見上りが期待される箇所で実施された。次に歩入貫目から各段取綿の反当たり貫目綿を算出し、村方にこれを示した上で、それより若干少なめの貫目綿を提示し、これを平均貫目として受け入れるように求めた。下安井村の木綿見分では、歩入れによれば上綿の貫目綿は一七貫目となるが、平均貫目を一五貫目吹きに下げる。同様に、中綿は一五貫三〇〇匁を一〇貫目吹きに、下綿は一二貫六百匁を三貫五〇〇匁に下げる。この条件を村方に示したところ、村方は中綿の平均貫目をさらに九貫目吹きに下げてくれるなら受諾してもよい旨を申し出た。領主側はこの村方の要求を受け入れ、平均貫目の決定をみたのである。新市村においても同様にして上・中・下三段階の貫目平均が決定されたのであり、いずれの場合も、村方と領主側の妥協が成立した時点で、ただちに見分を打ち切っている。このような下改帳の段取綿を無視し、領主側と村方が相対で平均貫目を決定する方法を「大通り」の見分と称した。

さて、すでに触れたように、享保一〇年（一七二五）は「別而綿作不熟」の年となった。この年、藩府は領内一円に「大通り」見分の実施を図っている。すなわち、

一、当年田畑見分願之儀段取願之村々者、郡方ニ而願不取上、人別綿作平均見分願之分計り見分被仰付、尤掛り作共見分被仰付(31)

「段取願」とは「段取検見願」＝木綿検見願いを指す。この年、郡方役所は村々に対して、木綿検見願いを認めず、「掛り作」＝小作地作付分を含め、「人別綿作平均見分」＝木綿見分願いのみを受理する旨の達しを下した。しかし、領主側の底意は「大通之見分」の実施にあり、木綿見分を願い出た村々に対して、説得工作が行なわれた。すなわち、

　右見分之村々江入込、少々相改候已後ニ而庄屋役人江為申聞候得者、当年綿作坪見分願候得者、綿作之儀者合毛とハ違ひ於其場所貫目之儀論候而も明白ニ難相知事、然れとも此方之見分迚も過半之違も有之間敷候、其上当年之儀者時節も殊之外後れ、悉改候と申事ニ而ハ日数も掛り可申儀、左候得者却而御収納之時節ニ押かゝり、村ニ而も難儀ニ有之へく、大通之見分ニいたし、御引方之儀者何分ニも此方共見分之上之御引方被下候様ニと相願申事ニ候得者、大通之見分ニいたし、日数をも掛り不申様ニ可申由為申聞、何れ之村々も右之通願候ニ付、左之通之証文取大通り見分ニ而下見ニ何割と申事も不為申聞、一通り見分之儘ニ而相済、御引方ハ仕組帳之通相究り、（中略）代米八升替之積なり。是以村々ニ而八升替不申聞候事[32]

綿作の貫目綿の査定は、稲作の合毛の査定に比べ、正確を期しがたく、査定に日時を要する点を説き聞かせ、巧みに「大通之見分」の実施を村役人に認めさせている。引高も領主側が作成した仕組帳のまま受け入れさせ、しかも村方に知らせぬまま、綿高への換算率を標準の綿一貫目＝米七升五合替えではなく、八升替えで処理している。

　凶作年度に多数の村落から年貢減免願いが提出された場合、原則通り見分を遂行すれば、多数の吏員の派遣と相当の日時が必要となる。領主側は郡方所務を簡略化して、これを迅速に処理し、しかも引高の増大を極力回避する必要があった。一方、木綿見分の必要諸経費は村方の自己負担が原則であったから、見分に日時を要すれば、藩役人の送迎人馬費用、給仕夫・料理夫の賃米等々の諸費用は増加する。村方側は見分の延引を避けつつ、しか

も引高増大の成果を引き出す必要があった。「大通り」見分はこのような領主側・領民側双方の利害の一致点と相違点を交差させ、双方の妥協点を探る営みとして機能したのである。

## 第四節　皆損時における年貢減免仕法の運用構造

### (一)　抜綿改めの実施原理

土免制下の福山藩においては、水害・旱害等で米作が皆損に及んだ場合、農民の申請に応じて貢租の「丸引」を認める一毛荒(皆捨り)の仕法があったことは、前章第四節で詳述した。綿作の場合、これに対応する仕法として、「抜綿改め」と「一毛荒」があった。抜綿改めの仕法は、すでに水野氏・松平氏時代に成立をみていたとみられるが、詳細は明らかではない。阿部氏の下で、この仕法の基本形態が確立したのは、享保八年(一七二三)のことであった。すなわち、

享保八癸卯年覚帳ニ有之定書

郡中抜綿之義ニ付定書御年寄衆・郡奉行中江相渡候書付写

一、唯今迄抜綿郷中ゟ願出候儀、時節後レ相願候ニ付、綿之善悪紛敷、其上跡植不仕差置候事も有之候ニ付、向後水入抜綿之儀七月中を限、用ニ不立綿見切願可出候、見分之上抜綿可申付候間、早速跡植仕付可申候、若跡植不仕指置候者可為生地候、尤抜綿願出候跡ニ而綿直り候者、断次第帳面相除可申候

附、跡植之品上中下之位付帳面指出可申事、但引方之儀者田畑共

七月ハ半毛引跡植有四歩一引

八月へ入願出候分ハ三歩一引
九月江入願出候分ハ一切取上申間敷候事（中略）
卯七月八日究[33]

抜綿改めとは、農民の願い出に応じ、綿木の抜き捨てを認めるか否かを判断するために実施される郡方役人の見分を言う。享保八年（一七二三）、従来曖昧であった抜綿改め願いの提出期限に制限が加えられ、引高は、田畑ともに、七月中に願い出た分は「四歩一引」、八月中は「三歩一引」、それ以後の願い出はこれを受理しない仕法が確立し、以後、この仕法は藩政末期まで維持された[34]。この仕法の主旨は、抜綿改めの実施を早め、農民に不良綿木の処分を急がせ、「跡植」、すなわち、綿作跡地に別作物の作付けを促すところにある。裏作作付けまでのわずかな期間にも、跡地に蔬菜・雑穀類を植え付けさせ、その収穫を綿高に組み入れ、引高の減少をはかろうとしたのである。

願い出月によって引高に差異がつく理由は次のように述べられている。

（前略）但、七月願四歩一引之訳ハそば・大根・くまご・小豆るい跡植相成候付、たとへハ、壱石代、五斗ハ麦毛之分、弐斗五升ハ跡植之分、残弐斗五升四分一引遣候、又八月願三歩一引之訳ハ高壱石五斗ハ麦毛、最早時節も後レ跡植成不申候付、半高五斗引可遣処、三分一之三斗三升三合引遣候訳ハ、八月ニ至綿吹候最中ニ候故、少々ハ取可申与之積ニ而壱斗六升七合之分綿与見而三歩一之割合也[35]

斗代一石の綿作地の事例が挙げられている。願い月にかかわりなく、斗代から裏作・麦作分の半高五斗を差し引いた五斗が引高の算出基準となる。七月願いでは、綿木の廃棄後、まだ、跡地に蕎麦・大根等を作付けする時間的余裕があるので、その収穫分を半高の二分の一とみて、二斗五升を差し引く。残りの二斗五升、つまり斗代の四分の一が引高となる。また、八月願いでは、すでに時期が遅いので「跡植」分は差し引かれないが、八月に入れば、綿絮が吹く盛りであり、被害を受ける以前に一定の収穫は見込めるから、その分を半高の三分の一とみて、一斗六升七合を差し引く。残りは三斗三升三合、つまり斗代の三分の一が引高となるというのである。要するに、抜綿改めを経て年貢減免措置を講じる場合も、引高の算出基準は半高とされ、棉木廃棄後の「跡植」の可能性、また、廃棄以前の時点における収穫の可能性を考慮して、願い月に応じて引高に差異がつけられたのである。

### （二）　寄せ取り法（生畝を取る）

しかし、願い月に応じて認められた「四歩一引」、「三歩一引」がそのまま引高となるわけではない。米作に対する「一毛荒」（皆捨り）の場合と同様に、抜綿改めにおいても、「生畝を取る」、あるいは「寄せ取り法」と呼ばれる引高の算出法が併用された。すなわち、

> 抜綿与申ハ桃壱ツも無之ヲ相改候御法也、併壱反之内ニ五畝ハ全抜綿姿、五畝ハたとへハ壱歩ニ桃十四五も有之候得者、見分桃ニ候得共、少々之事故見分ニも得相願不申与難儀之筋有之候へ者、生畝ヲ取残之分抜綿之事、右生畝之見様壱歩ニ桃十五有之候へハ、五畝ニ桃弐千弐百五十也、此綿六百七拾五匁ヲ米ニ直し五升也、但壱貫目七升五合替ニして、半高之五斗代ハ壱畝ニ五升ニ当り候付、壱畝之生ヲ取り残九畝抜綿ニ成ル[36]

斗代一石・面積一反歩の綿作地のうち、収穫があるのは五畝、残りの五畝は皆損となっており、収穫がある五畝に「桃数」が一歩当たり一五あった場合の算出法が例示されている。一歩に「桃」が一五あれば、五畝では、一五×三〇×五＝二二五〇、これは貫目綿にして、二二五〇×三＝六七五〇分＝六七五匁、綿高は、綿一貫目＝米七升五合代えとして、〇・六七五×七・五＝五・〇六二五≒五升となる。これはこの作付地の半高五斗の一〇分

の一に当たるから、この作付地の面積一反歩に換算すれば、一畝に相当する。この一畝を生畝、収穫があって年貢を賦課する土地として扱い、残り九畝を抜綿の扱いとするというのである。

前段で、このような「生畝を取る」仕法が抜綿改めに適用されたのは、本来、抜綿改めは収穫皆無の状態を改めるものであるが、わずかでも桃がついているとき、わざわざ木綿見分願いを出す煩わしさを避けるためであると述べている。別の箇所では、「村一統抜綿之序ニ書出候分無拠改遣し可申由申合候(37)」とも記しているが、牽強付会の論理と言う他はない。言うまでもなく、「生畝を取る」仕法を抜綿改めに適用した領主側の意図は、ほとんど皆損の状態にある綿作地から敢えて収穫の可能性を発見し、極力引高の減少をはかろうとするところにあった。

### (三)　抜綿改めの年貢減免法

ところで、抜綿改めを経て、木綿年貢の減免措置が講じられる場合、

一、右三歩壱、四歩一引ハ平均引・用捨引不取戻(38)

と述べられているように、例年の「定例引高」はそのまま認められた。稲作の一毛荒では、「生畝を取る」場合においても、「田方一毛荒ハ丸引故其畝ニ当ル平均引・用捨引、下免引不残取戻ス(39)」とあるように、年貢減免に当たって「定例引高」の放棄が義務づけられていた。抜綿改めにおける引高は、斗代そのものからの「丸引」でなく、願い月によって「「三歩一引」・「四歩一引」とされたので、一定の補償措置が加えられたのである。

では、ほとんど収穫がみられない状態の綿作地において、「桃数」、つまり木綿収穫量の算定はいかにして行なわれたか。

一、壱坪之桃数ヲ早く積ル為ニ、杖長サ曲尺三尺五寸ニして下ゟ手元迄三尺之印ヲ附置、木綿之うね江此杖

ヲ当、此三尺之内ニ桃五ツあレハ六尺ニ十ウ也、又五うねかゝりナレハ此拾江五ヲ掛壱坪之桃五十ト知ル、
横うね数ヲ知ルハヨ如此掛レハ五うね掛り也、ヨ如此掛レハ四うね掛り也、此心得を以早ク積り申候事(40)

福山藩阿部氏時代の丈量基準は、一間＝六尺、六尺四方が一坪(歩)であった(41)。三尺五寸の曲尺を用い、そのうち三尺の部分を畦に沿って当て、そこに「桃」がいくつあるかをカウントする。その数の二倍が横の「桃数」である。もし五つあるとすれば、六尺では一〇、縦に五畦あれば、一〇×五＝五〇で、一坪に「桃」が五〇あることが知られる。縦の畦数を知るには、曲尺三尺の部分にいくつの畦が掛かるかを計測する。これを二倍して畦数を知るが、例示されているように、曲尺に畦が掛かる余裕度に応じて若干の斟酌を加えた。

次に綿高を算出する。すでにみたように、阿部氏時代、福山藩においては、原則として綿一貫目＝米七升五合代えとして、換算が行なわれた。しかし、抜綿改めにおいては、綿一貫目を米量いくらに換算するかについて相当慎重な取り扱いがなされ、年々の米価・綿価の変動に応じてしばしば変更された。すなわち、

改様

一、木綿壱貫目米七升五合与申御法有之、乍尓米相場ニ寄木綿之相場次第ニ而、其年之申合次第与申事ニ而、

一三五　綿弐貫目代銀拾匁之節

一、七升五合かへハ　石六拾六匁六分四厘ニ当ル

壱二六　右同断

一、七升替ハ　石七拾壱匁四分弐厘八毛

壱一七

一、六升五合替ハ　石七拾七匁

壱令八

一、六升替ハ　　石八拾三匁三分三厘

右之通ニ付、当年ハ七升かへ之積を以生畝ヲ可取ト申合候事[42]

その年、綿二貫目の代銀は一〇匁、つまり綿一貫目＝銀五匁であったとする。綿一貫目＝米七升五合のままなら、米一石の代銀は、五÷〇・〇七五＝六六・六六六六匁、これを七升代えにすれば、五÷〇・〇七＝七一・四二八五匁、同様にして、六升五合代えでは、七六・九二三匁、六升代えでは、八三・三三三三匁となる。このように、その年の綿代銀から米代銀を算出し、その年の米代銀に適合する綿高への換算値が決定された。

各項の肩に付された「一三五・壱二六」等の数値は、綿高への換算値に応じて、一坪当たりの桃数から直接木綿の斗代を割り出す方法を示している。例えば、綿一貫目＝七升五合代えのときは、桃数に一三五、七升代えのときは一二六、六升五合代えでは一一七、六升代えでは一〇七を乗じれば、直ちに木綿の斗代が知られる[43]。なぜなら、「一三五」・「一二六」等の数値は、一坪当たり「桃数」一〇のとき、綿高への換算値ごとに、木綿の斗代がいくらになるかの計算値だからである。例えば、綿高への換算値が綿一貫目＝米七升代えのとき、次のような演算が成り立つ。すなわち、

一、縦令ハ壱坪之桃拾ウ有之時者、十坪之桃百、壱畝ニ三百、反ニ三千也、掛目三ツニ而九百目也、此米壱貫目ニ付七升替ニ而六升三合也、木綿ハ半高ニ付是ヲ倍シテ高壱斗弐升六合之斗代ニ当ル、依而壱坪之桃数江一二六ヲ掛何斗代之木綿ト積置、其畝之斗代ニ而割レハ生畝何程生ト可極也、但、石代ナレハ此生畝ナリ、其外ハ何割何歩何厘ト生キニ成ル、依而改畝何割何歩生ト積り生畝可極也[44]

一坪の桃数は一〇、一反で三千、貫目綿は三分を乗じて九〇〇匁、これを綿一貫目＝米七升代えで換算すれば、綿高は六升三合となる。木綿は半高であるから、斗代はその二倍の一斗二升六合となる。したがって、綿一貫目＝米七升代えの場合、一坪当たりの桃数にこの数値「一二六」（厳密に言えば、〇・一二六）を乗ずれば、木綿の斗代

を直接算出できる。他の綿高換算値の場合も同様に、それぞれ肩に付された数値を用いて直接木綿の斗代を算出できる。このようにして得られた木綿の斗代を抜綿改めの対象となっている綿作地全体の斗代で除して、生畝を取るべき比率を割り出す。ただし、算出された木綿の斗代が抜綿改め対象地の斗代そのものを上回っているときは、その綿作地はすべて生畝となり、抜綿は認められないというのである。

## (四)　一毛荒

綿作の場合、一毛荒は、水害で綿木が押し流され、場合によっては、耕土さえ失われた状況に対応して実施される年貢減免措置を指した。抜綿改めは不良な綿木の廃棄を認める仕法であったが、木綿の一毛荒願いの提出は多数の綿木が流失し、ほとんど跡を止めない状態にあるような場合に限って認められた。木綿の一毛荒においても、年貢の丸引きは容易に認められず、抜綿改めの場合と同様に、生畝を取る仕法が実施され、また、平均引・用捨引等の例年定例の引高はその半方を放棄しなければならなかった。すなわち、

一、(前略)田木綿之儀、田方ハ丸引ニ候得共、田ニ畑物を百姓勝手ニ而仕付候程之田地ハ麦毛も有之ニ付、旁以畑方同前ニ引方遣候与享保三年覚帳ニ有之也

一、畑方一毛荒与申ハ木綿か秋大豆夏毛取ず、秋一作物也、水損ニ而毛上押流、地損も出来候類也、是も縁りニ少々ツ、毛上残あらば生畝ヲ取り、たとへハ壱反之内ニ三畝木綿残有之、桃壱歩ニ十ウ平均有之ハ三畝ニ桃九百也、壱ツ三分吹此綿弐百七十目、綿壱貫目ニ付七升五合替ニして米弐升ニ成、壱歩ニ壱合七勺ニ当ル、依三畝之内十弐歩之生ヲ取、全九畝十八歩一毛荒、但平均引用捨引半分取戻す[45]

木綿の一毛荒においても、田綿、畑綿ともに半高が年貢減免の基準とされた。ここでは、一毛荒対象地の斗代が記されておらず、しかも、迂遠な計算法がとられている。綿木があるのは三畝、そこに一歩につき「桃」が平

均一〇あるので、三畝では九〇〇、「桃」一つ三分として貫目綿は二七〇匁、一貫目＝七升五合代えとして、〇・二七×〇・七五＝〇・二〇二五≒二升の綿高となる。綿作は半高の取り扱いとなるから、計算値から逆算して知られるこの一反の綿作地の斗代一石を半減して五斗、一歩当たりの高にすれば、五÷三〇〇＝〇・〇一六六六≒一合七勺、同様に綿高の二升は、二÷三〇〇＝〇・〇〇六六六≒六才七弗となる。両者の比率は、〇・〇六七÷一・七＝〇・〇三九四≒四％、したがって一反＝三〇〇歩のうちの四％、一二歩を生畝とすればよいというのである。

## おわりに

土免制下の福山藩において、木綿年貢の徴収は、原理的には、米作に対する年貢徴収仕法と同様に、本高から例年定例の諸引高を差し引いた毛付高（有高）に年々同率免を課し、凶作年度ないし皆損時には農民の願い出に応じて引高の追加を認め、年貢減免をはかる方式を基盤に展開された。凶作年度・皆損時に実施される年貢減免諸仕法は、抜綿改めを除いて、概ね米作年貢の諸仕法に対応するものであったが、綿作の高収益性を熟知していた領主側は、半高の法の採用にみられるごとく、米作の場合に比べ遥かに厳しい姿勢で諸仕法を運用した。先に表3―1として掲げた米作年貢の場合と対比すべく、本章のこれまでの考察を通して知られた土免制下、福山藩における凶作年度・皆損時の木綿年貢減免仕法の内容を表3―2として纏め、掲げておくことにしよう。

これら阿部氏治世期に実施された木綿年貢減免仕法の淵源は、水野氏・松平氏時代にあったとみられる。今後、同時代の徴租法であった検見制の構造を明らかにし、両時代の諸仕法間にみられる連続性、あるいは、その変容の諸相について考察を深める必要がある。

土免制採用以後、福山藩における木綿年貢の徴収は、米作年貢の場合と同じく、郡方所務の簡素化を達成すべ

**表 3–2　阿部氏福山藩における凶作年度・皆損時木綿年貢の減免仕法**

| | 査定の対象 | 年貢減免量(引高)の決定法 | 引高の算出基準 | 例年定例引高の取り扱い | 免率の変更 |
|---|---|---|---|---|---|
| 木綿検見 | 村内の全綿作地<br>原則として深津郡８カ村(新涯四ケ沼田)に限定 | 歩入の実施→段取綿ごとに反当たり平均貫目を算出→下改帳(段取綿)の修正→引高の算出・決定<br>(次第に簡略化され大通り見分に移行) | 半高<br>初期は丸高(斗代) | 半方取り戻し | １つないし５歩の免上げを併用 |
| 木綿見分 | 村内の特定不作農民の全綿作地 | 原則的には木綿検見に同じ<br>(現実的にはほとんど大通り見分による) | 半高 | 皆捨り綿高分のみ半方取り戻し | なし |
| 大通り見分 | 村内の特定不作農民が保有する全綿作地 | 見分の簡略化ないし見計らいによる貫目綿の算出・決定 | 半高 | 皆捨り綿高分のみ半方取り戻し | なし |
| 抜綿改め | 水損・旱損を被り、綿木の抜き捨てを必要とする特定の農民の綿作地 | 見分を経て、７月願いは斗代の４分の１引き、８月願いは３分の１引き、９月以降は不許可とする<br>(わずかでも収穫があるときは、寄せ取り法を実施して、年貢減免量の削減をはかる) | 半高 | 丸引き | なし |
| 一毛荒 | 水害によって皆損の被害を受けた特定の農民の綿作地 | 木綿年貢の丸引き<br>(わずかでも収穫があるときは、寄せ取り法を実施して、年貢減免量の削減をはかる) | 半高 | 半方取り戻し | なし |

出所）本章における考察による。

く年貢減免仕法の簡略化を追求し、しかも同時に引高の抑制策を推進する方向で展開された。木綿検見から木綿見分への移行、大通り見分の採用はその典型である。しかし、享保五年に一村坪入検見を廃し、原則として、人別作平均検見への一本化がはかられた米作年貢の場合とは異なり、木綿年貢においては、済し崩しの形で木綿検見から木綿見分への移行が達成された。

本章では、これまで正面から論じられることのなかった福山藩の木綿徴租法について、阿部氏治世期、土免制採用以後を中心にその基礎構造の解析を試みた。考察に当たっては、地方書「郷中覚帳」・「郡中町方明細記」両書を積極的に活用し、特に「郷中覚帳」の地方算法書としての性格を重視しつつ分析を進めた。その結果、凶作年度、あるいは皆損時における年貢減免諸仕法の運用原理とその実務手順、また、引高の具体的な算出方法など、土免制下、福山藩における木綿徴租法の運用構造を相当詳細に解明することができた。土免制下における福山藩の徴租法については、藺作・稗作・麦作に対する年貢徴収法など、考察すべき課題が多々残されている。次章以下の考察によって順次不明点を明らかにしていこう。

**注**

(1)このような生業概念を重視する歴史学の現在の研究水準を最もよく示す論考として、国立歴史民俗博物館編『生業から見る日本史—新しい歴史学の射程』吉川弘文館 平成二〇年を参照。深谷克己・川鍋定雄『江戸時代の諸稼ぎ—地域経済と農業経営—』農山漁村文化協会 昭和六三年は早くから近世農業の多様性を論じていた。多角的な視野から日本史における生業の意味を論じた赤坂憲雄・中村生雄・原田信男・三浦祐之編『さまざまな生業 いくつもの日本Ⅳ』岩波書店 平成一四年、徳川期村落における多様な生業のあり方を探った後藤雅知編『大地を拓く人々 身分的周縁と近世社会1』吉川弘文館 平成一八年も興味深い。ほかに山村の生業史に触れた米家泰作『中・近世山村の景観と構造』校倉書房 平成一四年、白水智『知られざる日本—山村の語る歴史世界—』日本放送出版協会 平成一七年、原始から近世にわたる論文集として、木村茂光編『雑穀Ⅱ—粉食文化論の可能性—』青木書店 平成一八年がある。

(2)徳川期の畑作については、徳永光俊『日本農法史研究—畑と田の再結合のために—』農山漁村文化協会 平成九年、山口徹『近世畑作村落の研究』白桃書房 平成一三年、溝口常俊『日本近世・近代の畑作地域史研究』名古屋大学出版会 平成一四年がある。通史では、宮本誠『奈良盆地の水土史』農山漁村文化協会 平成六年、原始~現代では、木村茂光編『雑穀—畑作農耕論の地平—』青木書店 平成一五年、中世史では、同氏『ハタケと日本人』中央公論社 平成八年が興味深い。

(3)畿内天領の石代納については、古くは森杉夫「畿内幕領における石代納」(『大阪府立大学紀要』四巻 昭和三一年所収)、同氏「泉州幕領の石代納」(『高石市史紀要』一号 昭和五九年 所収)〈同氏『近世徴租法と農民生活』柏書房 平成五年に再収〉、近年では、本城正徳「近世大和国における一国幕領皆石代納の成立と奈良町渡米制」(『高円史学』一八号　平成一四年所収)をはじめ、それ以後の考察を総合的に纏められた同氏『近世幕府農政史の研究―「田畑勝手作の禁」の再検証を起点に―』大阪大学出版会 平成二四年の関連諸章を参照。関東農村の畑方永納については、神立孝一「関東『畑永』の成立について」・「関東『畑永』の変遷について」(『創価経済論集』一三巻四号・一四巻二号 いずれも平成九年所収)〈同氏『近世村落の経済構造』吉川弘文館 平成一五年に「関東畑方永納制の成立と構造」と改題して再収〉などを挙げることができる。

(4)大友一雄「献上役と村秩序」(『徳川林政史研究所研究紀要』昭和六一年度)、同氏「献上役負担と運動の論理」(『国史学』一三二号 昭和六二年 所収)等、〈同氏『日本近世国家の権威と儀礼』吉川弘文館 平成一一年に再収〉。

(5)畿内天領地域における木綿徴租法を論じた、森杉夫「近世徴租法の転換―畿内綿作を中心として―」(『史林』四八巻一号 昭和四〇年〈同氏『近世徴租法と農民生活』柏書房 平成五年に再収〉、同じく畿内私領についてみた、本城正徳「畿内諸私領における綿作発展と領主的対応―作付制限と貢租制度の問題を中心に―」(『大阪の歴史』三六号 平成一六年所収)を参照。同氏の前掲『近世幕府農政史の研究―「田畑勝手作の禁」の再検証を起点に―』には、上記の論考をはじめ、森杉夫氏の前掲「近世徴租法の転換」における所説を検証し、辻六郎左衛門「地方要集録」によって再検討を試みられた「綿作と貢租制度」が第四章に収録されている。本城氏は森氏の論考における典拠史料の時代的不適合と近世前期畿内綿作の評価に疑義を呈されているが、それらと並んで、森氏に代表される畝引検見取法から定免法・有毛検見取法への転換を幕藩制諸段階に照応するものと捉える従来の視角には、西南諸藩における土免制の存在がまったく考慮されておらず、やはり問題がある。そのほか、山口藩の水田麦作の徴租法を考察した、田中誠二『近世の検地と年貢』塙書房 平成八年における第五章「検地・年貢からみた近世耕地の存在形態―萩藩を事例に―」などが挙げられる。

(6)広島県『広島県史近世1・2』昭和五六年・五九年、福山市史編纂会編『福山市史中巻』昭和四三年における論考以外では、藤井正夫『備後福山社会経済史』第三・四章 児島書店 昭和四九年、岡光夫「綿作地における富農の技術―小農上昇の素因―」(同氏『幕藩体制下の小農経済』ミネルヴァ書房 昭和五一年 所収)、有薗正一郎「芦田川下流域における近世木綿作の地域的性格（立命館大学人文学会『芦田川地域の空間組織』昭和五六年 所収）、濱敏彦「幕末期農業生産力と地主富農の経営動向―備後国深津郡市村土屋家を中心に―」（有元正雄編『近世瀬戸内農村の研究』溪水社 昭和六三年 所収）などがある。
（7）管見の限りでは、前掲『福山市史中巻』（二二七頁）・『広島県史近世Ⅰ』（五八四頁）に水野氏時代における木綿検見について、藤井正夫 前掲『備後福山社会経済史』（一八八〜九頁）に阿部氏時代における木綿徴租法について、それぞれわずかな言及があるのみである。
（8）「郷中覚帳」（福山城博物館附属鏡櫓文書館鶴賓文庫所蔵、慶応元年書写本）。地方書「郷中覚帳」の詳細については本書序章を参照。
（9）「郡中町方明細記」〈（福山市芦田町福田・宮崎家所蔵）府中市『府中市史史料編Ⅱ近世編上』昭和六三年 所収〉。地方書「郡中町方明細記」の詳細については同じく本書序章を参照。
（10）「木綿検見次第」「郡中町方明細記」（前掲『府中市史史料編Ⅱ近世編上』所収）二三一頁。
（11）厳密に言えば、阿部氏治世期における木綿検見の実施地域は必ずしも「新涯四ケ沼田」六カ村に限られなかった。例えば、「一、分郡中津原村之内畝高給丁三反余高百四拾五石余水不足之分有之、木綿作御免之場所也、享保六丑田木綿検見引として、外村者用捨引也」〈「木綿検見次第」「郡中町方明細記」（前掲『府中市史史料編Ⅱ近世編上』所収）二三一頁〉とあって、分郡中津原村でも新田開作にともなって綿作が公認され、これを契機に木綿検見が実施されたことが知られる。しかし、後にみるように、藩府は深津郡八カ村の木綿検見を木綿見分に転換する動きを示したのであり、享保六年（一七二一）以後においても、中津原村で木綿検見が継続されたとは考えにくい。
（12）「郷中覚帳」二「綿検見」。
（13）同右。
（14）同右。
（15）福山領内においては、貢租負担量の算出、また、商事においても、木綿の重量は貫目で表示され、畿内など他の綿作地域で広くみられた斤目表示は行なわれなかった。

(16)「郷中覚帳」二「綿検見」。
文中の綿の品種「大赤木」・「葉紅綿」は、「○紅葉　葉ハかへでに似て、花は黄の色あり、○赤木綿　花赤黄まじり。桃大なり」〈大蔵永常「綿圃要務」(山田龍雄・飯沼次郎・岡光夫・守田四郎編『日本農書全集一五巻』)農山漁村文化協会 昭和五二年 所収〉三四七・三八四頁〉と同一、もしくはそれらに近似する品種であると思われる。

(17)例示されている斗代一石八斗は、深津郡八カ村では、上々田並みか、それ以上に相当する。例えば、市村沼田村の上々田の斗代は一石八斗、手城村は一石五斗である〈『備陽六郡志』内篇巻三(得能正通編『備後叢書第一巻』復刻版 歴史図書社 昭和四五年 所収)七五・八五頁〉。また、「一、木綿一反ニ五六十貫目吹、大旨二俵ゟ三俵位、壱俵十七貫目、此実綿也」(「郷中覚帳」廿一「諸作物出来高大旨并種積」)。「五機内辺にてハ一反に実綿四十貫目位を上作とするに、此所(備後)にてハ六十貫目取らざれバ上作とハ云ハざるよし」〈大蔵永常「綿圃要務」(前掲『日本農書全集一五巻』)三八五頁〉とある。この地域の木綿の平均反当収量が五十貫目程度であったとすれば、「桃」一つの重量三分という公定換算値の現実性に問題はあるが、およそ平年作の七割六分以上の減収が生じない限り、年貢の減免は認められなかったことになる。より斗代が低い田地・畑地に作付けされ、反当り収量にさほどの差異がみられない場合、木綿検見・木綿見分によって引高が認められる可能性はさらに狭まる。

(18)「木綿検見次第」〈「郡中町方明細記」〉(前掲『府中市史史料編Ⅱ』二三一頁)。

(19)「郷中覚帳」二「綿検見」。

(20)「無題」〈「郡中町方明細記」〉(前掲『府中市史史料編Ⅱ』二三二頁)。

(21)「郷中覚帳」二「綿検見」。

(22)同右。

(23)同右。

(24)同右。

(25)「新涯四ケ沼田」八ヵ村。本章第一節(一)掲載史料参照。

(26)「享保十巳年覚帳ニ有之書付左之通」〈「郡中町方明細記」〉(前掲『府中市史史料編Ⅱ』二三四頁)。

(27)「郷中覚帳」二「綿検見」。
(28)同右。
(29)同右。
(30)「無題」(「郡中町方明細記」(前掲『府中市史史料編Ⅱ』二三二～三頁))。
(31)「享保十巳年覚帳ニ有之書付左之通」(同右)二三三頁)。
(32)同右 (二三三～四頁)。
(33)「享保八癸卯年覚帳ニ有之定書」(同右)二三一～二頁)。
(34)福山領内における現実の綿の収穫時期を挙げる。
△八月九日～一〇月九日 芦田郡福田村・小野家(文政元年・一八一八)
△七月二四日～九月二二日 深津郡市村・土屋家・半田前中縄上の町一反歩(安政二年・一八五五)
△八月三〇日～一一月一五日 同家・小屋前二反五畝(安政三年)
(「文政元年 耕耘樹芸」(『府中市史史料編近世編下』所収)三二四～三三頁、岡光夫 前掲書 一四三頁、藤井正夫 前掲書 一二四頁)。作付地や品種によって収穫期の差異がみられたにせよ、抜綿改めを申請する農民は相当早期のうちに綿木を廃棄するか否かの決断を迫られたと言えよう。
(35)「郷中覚帳」九「抜綿改」。
(36)同右。
(37)同右。
(38)同右。
(39)同右 一「稲検見」。
(40)同右 九「抜綿改」。
(41)本書第二章注(38)を参照。
(42)「郷中覚帳」九「抜綿改」。

(43)「郷中覚帳」の著者は、「一三五」・「一二六」・「一一七」・「一〇八」という数値に一定の規則性がある点を言外に示唆しようとしている。郡方所務の現場では、正確な論理・数理よりも、簡便・単純明快な算出法が強く求められていたのである。
(44)「郷中覚帳」九「抜綿改」。
(45)同右　八「田畑一毛荒改」。

# 第四章　福山藩における藺田徴租法

## はじめに

すでに前章でも述べた通り、近年、近世農村史・農業史研究の分野において、近世村落・近世農民の生業・生活構造を見直そうとする動きが広がっている。徳川期の農民は必ずしも水田耕作のみに従事していたわけではなく、田方・畑方・山方・浦方村落でそれぞれ農耕あるいは生業のあり方が異なっており、多様な農閑余業への就業機会が開かれていたという認識が研究者に広く分け持たれるようになった[1]。しかし、筆者は単純な水田中心史観批判・稲作一元論批判に基づく生業多様論・複合論の陣営に与するつもりはない。比重の如何は別にして、水田・畑地両者を合わせ持つ耕地形態こそが近世村落の一般的で普遍的な姿であったはずである。稲作一元論は克服されるべきであるとしても、木綿・菜種・煙草・藍などの商品作物は主に水田に作付けされ、近世農村にプロト工業[2]を展開させる源泉としての役割を果たしたし、大半の地域で水田裏作作物の中心を占めた麦は農民の重要な食料源であった。徳川期の農民の生業の多面性・多様性を重視する今日の研究視角からみても、近世農業における田方経営の実態を探る重要性はいささかも色褪せていないと言えよう。

では、このような水田における換金作物の作付けや麦作に対して近世領主はどのような貢租負担を課したのか。また、それはどのような方式で徴収されたのか。すでに前章で述べたように、ここに言う貢租負担とは流通段階に課される運上・冥加類の租税のことではなく、生産段階に課される貢租負担、すなわち、水田における換金作物作付け・収穫そのものに対する年貢負担を指している。遺憾なことながら、現在の近世徴租法研究の水準は、幕領・諸藩の実態を見通したこれら近世田方経営全体にわたる貢租負担の構造を十分に描き出せる段階に達しておらず、今後、より広範な事例研究の集積が求められているのである[3]。

本章においては、徳川期における水田作付作物の貢租負担構造を探る一つの試みとして、阿部氏治世期を中心に、備後福山藩における藺田徴租法を考察する。畳表の原材料である藺草は、近世、近江・備前・備中・備後・肥前・豊後(七島藺)などの各地で栽培されたが、福山藩沼隈郡は藺草の著名産地として広く知られ、同郡諸村において製織された畳表は、その先進的な技術力に基づく高度な品質によって、備後表の名の下に、他地域の産出品を圧倒する名声を博していた。(4) 当然のことながら、福山藩における藺草の栽培事情、畳表の生産・流通構造、藩による保護・統制策の展開過程についてはすでに先学による相当の研究の蓄積がある。(5) しかし、これを藺田経営農民の藺草の収穫に対する年貢負担に関する研究について見れば、等閑に付され、ほとんど手つかずの状態のまま放置されてきた観がある。本章では、主として地方書「郷中覚帳」(6) に記された藺田年貢の徴収仕法の分析を通して、この課題にアプローチをはかり、阿部氏治世期、福山藩における藺田徴租システムの解明をめざしたい。

## 第一節　福山藩における藺草の栽培事情

### (一)　沼隈郡の耕地環境と農業経営構造

福山藩の藺田徴租法に関する考察に先だって、同藩における藺草の栽培事情について一定の理解を得ておきたい。まず、藺草の栽培地域であった沼隈郡の耕地環境と農業経営構造を考察しよう。

近世初期、福山藩において、藺草の栽培は沼隈郡だけでなく、品治・芦田・安那・深津の諸郡でも行なわれていた。しかし、一八世紀初頭には、栽培地域は沼隈郡二八カ村のうち松永村・山波村を除く、山間部を中心とする二六カ村に限られるようになった(地図4―1参照)。その原因は、この地域の土壌が藺草の栽培に適していた

**地図 4−1　福山藩 6 郡・沼隈郡 28 カ村（阿部氏治世期・嘉永 6 年加増以前）**

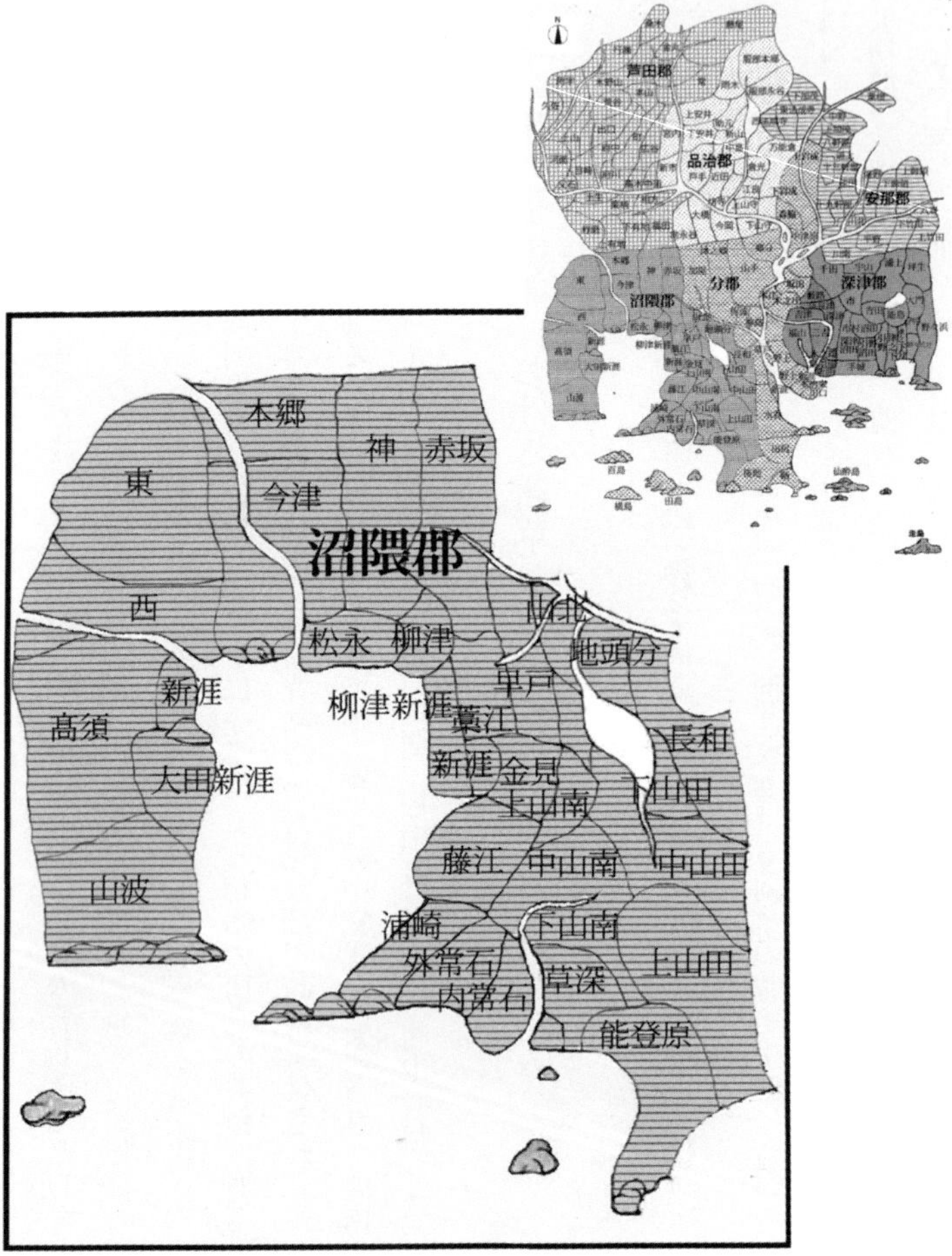


出所）菅茶山「福山志料」（文化 6 年）巻之三十三附録絵図をもとに改変

こと、沼隈郡は山間部に位置し、耕地が乏しく、余業収入に結び付く有利な農家副業が切実に求められていたことにあった。(7)

すでに第一章に掲げた表1―1a～c各欄の項目の配置を変え、また若干の項目を割愛して改めて表4―1a～cとして示そう。先述の通り、二毛作田の面積が明和三年(一七六六)の数値である以外、他はすべて元禄一二年(一六九九)に実施されたいわゆる備前検地(福山藩元禄検地)によるものであり、宝永八年(一七一一)の「村々差出帳」所載の数値である。表4―1cに示した石盛・持高平均等の諸数値によって沼隈郡の農業経営構造を考察しよう。第一章と同様に、島嶼部や町域を除いた数値によって他郡との比較を試みる。

沼隈郡の耕地面積は六郡中最大であったが、同郡の持高平均は芦田郡に次ぐ低い位置にあった。畑地の持高平均は六郡中最低であり、水田・屋敷地・全耕地・全土地、いずれの持高平均においても辛うじて芦田郡を凌いでいた。その原因は沼隈郡の人口・戸数がともに六郡中最多であったためである。当然、労働生産力は低く、単位面積当たりの労働投入量も多かった。

竈《かまど》を同じくする者を家族として括れば、沼隈郡の農業経営が小規模経営を基盤とするものであったことは否定できない。しかし、宝永期、福山藩の山間部農村では、間脇・下人等による隷属農民労働・族縁的協業を基盤とする地主手作経営が未だ広く残存していたと言われている点に留意すべきである。(8)地主手作経営の残存度が高い沼隈郡では、現実には特定の大土地所有者に土地所有が集中している場合が数多くみられるにもかかわらず、多数の隷属身分の農民人口・農民家族が存在しているために郡全体の平均持高・労働生産力は低められている。沼隈郡において、地主手作経営はやがて急速に分解が進行していく。しかも、図4―1によって知られるように、同郡は一八世紀を通して、福山藩の他の五郡を圧倒する高い人口増加率を示すことになる。沼隈郡において展開をみた藺草栽培・畳表製織は隷属農民たちに余業収入の獲得機会を与え、彼らが直系家族を基盤とする小農へと自立を遂げるための活力源としての役割を果たしたと言えよう。

すでに第一章でも触れたが、表4―1aから、他に、沼隈郡の溜池数は六郡中最も多数を数え、同郡が旱魃地

| (6)溜池数<br>(箇所) | (7)人口<br>(人) | (8)戸数<br>(戸) |
|---|---|---|
| 65<br>58 | 23692<br>13460 | 3865<br>1909 |
| 285 | 11946 | 1743 |
| 102<br>94 | 9629<br>7507 | 1506<br>1208 |
| 390 | 24064 | 3106 |
| 389 | 22396 | 2912 |
| 91 | 11478 | 1569 |
| 238<br>237 | 21870<br>20023 | 3392<br>2873 |
| 1171<br>1154 | 102679<br>86810 | 15181<br>12214 |

| (D)屋敷面積<br>町、反。畝、歩、厘、毛 | (E)総耕地面積<br>町、反。畝、歩、厘、毛 | (F)総土地面積<br>町、反。畝、歩、厘、毛 |
|---|---|---|
| 62、9、4、08、0、0<br>49、9、9、13、0、0 | 1682、5、2、04、0、0<br>1554、2、3、02、0、0 | 1745、4、6、12、0、0<br>1604、2、2、15、0、0 |
| 37、5、4、05、0、0 | 1440、0、5、22、0、0 | 1477、5、9、27、0、0 |
| 43、4、6、02、0、0<br>32、2、7、01、0、0 | 1519、3、8、29. 5、0<br>1205、3、0、17、5、0 | 1562、8、5、01、5、0<br>1237、5、7、18、5、0 |
| 48、8、7、03、0、0 | 1756、5、0. 02、0. 0 | 1805、3、7、05、0、0 |
| 47、4、0. 04、0、0 | 1712、5、2、17、0、0 | 1759、9、2、21、0、0 |
| 30、7、5. 17. 0、0 | 1278、6、9、26、0、0 | 1309、4、5、13、0、0 |
| 46、9、6、09、0、0<br>43、0、1、28、0、0 | 1734、6、8、06、0、0<br>1700、7、4、27、0、0 | 1781、6、4、15、0、0<br>1743、7、6、25、0、0 |
| 270、5、3、14、0、0<br>240、9、8、08、0、0 | 9411、8、4、29、5、0<br>8930、4、4、01、5、0 | 9682、3、8、13、5、0<br>9171、4、2、09、5、0 |

**表 4–1 a　福山藩諸郡の石高・溜池数・戸口(宝永 8 年)**

| 郡　名 | (1)水田石高(石) | (2)畑石高(石) | (3)耕地石高(石) | (4)屋敷石高(石) | (5)総石高(石) |
|---|---|---|---|---|---|
| 分　郡 | 8370.915 | 7243.802 | 15614.717 | 791.547 | 16410.096 |
| ★ | 8260.177 | 6565.171 | 14825.348 | 522.861 | 15352.041 |
| 深津郡 | 10920.219 | 4774.457 | 15694.676 | 395.895 | 16090.571 |
| 安那郡 | 14199.608 | 3599.718 | 17799.326 | 436.698 | 18236.024 |
| ★★ | 10873.096 | 2853.652 | 13726.748 | 318.218 | 14044.966 |
| 沼隈郡 | 12482.488 | 5729.833 | 18212.321 | 450.715 | 18663.036 |
| ★★★ | 12440.615 | 5473.199 | 17913.814 | 434.549 | 18348.363 |
| 品治郡 | 8650.458 | 3717.453 | 12367.911 | 307.559 | 12675.470 |
| 芦田郡 | 11111.694 | 5865.556 | 16977.25 | 476.085 | 17453.335 |
| ★★★★ | 10930.546 | 5570.531 | 16501.077 | 412.986 | 16914.063 |
| 全 6 郡 | 65735.382 | 30930.819 | 96666.201 | 2858.499 | 99528.532 |
| ★★★★★ | 62075.111 | 28954.463 | 91029.574 | 2392.068 | 93425.474 |

**表 4–1 b　福山藩諸郡の土地利用構成**

| 郡　名 | (A)水田面積<br>町、反。畝、歩、厘、毛 | (B)二毛作田面積<br>町、反。畝、歩、厘、毛 | (C)畑面積<br>町、反。畝、歩、厘、毛 |
|---|---|---|---|
| 分　郡 | 676、8、4、23、0、0 | 260、6、6. 05、0、0 | 1005、6、7、11、0、0 |
| ★ | 665、8、4、29、0、0 | 260、6、6、05、0、0 | 888、3、8、03、0、0 |
| 深津郡 | 858、7、0、07、3、3 | 577、6、2、00、0、0 | 581、3、5、14、6、7 |
| 安那郡 | 1041、9、9、15、5、0 | 617、1、4、00、0、0 | 477、3、9、14、0、0 |
| ★★ | 814、2、7、04、5、0 | 508、4、6、00、0、0 | 391、0、2、25、0、0 |
| 沼隈郡 | 930、0、7、18、0、0 | 536、5、1、22、0、0 | 826、4、2、14、0、0 |
| ★★★ | 924、3、8、09、0、0 | 532、2、5、22、0、0 | 788、1、4、08、0、0 |
| 品治郡 | 743、4、2、24、0、0 | 335、7、9、28、0、0 | 535、2、7、02、0、0 |
| 芦田郡 | 869、8、1、01、0、0 | 556、5、5、06、0、0 | 864、8、7、05、0、0 |
| ★★★★ | 856、9、0、16、0、0 | 547、4、8、06、0、0 | 843、8、4、11、0、0 |
| 全 6 郡 | 5120、8、5、28、8、3 | 2884、2、9、01、0、0 | 4290、9、9、00、6、7 |
| ★★★★★ | 4863、5、3、29、8、3 | 2762、2、8、01、0、0 | 4066、9、0、01、6、7 |

| (f)二毛作率(%) | (g)家族成員数(人) | (h)持高平均(石) | | | | | (i)平均土地所有面積(反) | | | | |
|---|---|---|---|---|---|---|---|---|---|---|---|
| | | 水田 | 畑 | 屋敷 | 全耕地 | 全土地 | 水田 | 畑 | 屋敷 | 全耕地 | 全土地 |
| 38.511 | 6.130 | 2.166 | 1.874 | 0.205 | 4.040 | 4.246 | 1.751 | 2.602 | 0.163 | 4.353 | 4.516 |
| 39.147 | 7.051 | 4.327 | 3.439 | 0.274 | 7.766 | 8.042 | 3.488 | 4.654 | 0.255 | 8.142 | 8.403 |
| 67.267 | 6.854 | 6.265 | 2.739 | 0.227 | 9.004 | 9.232 | 4.927 | 3.335 | 0.215 | 8.262 | 8.477 |
| 59.227 | 6.394 | 9.429 | 2.390 | 0.290 | 11.819 | 12.109 | 6.919 | 3.170 | 0.289 | 10.089 | 10.377 |
| 62.444 | 6.214 | 9.001 | 2.362 | 0.263 | 11.363 | 11.627 | 6.741 | 3.237 | 0.267 | 10.299 | 10.245 |
| 57.685 | 7.748 | 4.019 | 1.845 | 0.145 | 5.864 | 6.009 | 2.994 | 2.661 | 0.157 | 5.655 | 5.813 |
| 57.580 | 7.691 | 4.272 | 1.880 | 0.149 | 6.152 | 6.301 | 3.174 | 2.707 | 0.163 | 5.881 | 6.044 |
| 45.169 | 7.315 | 5.513 | 2.369 | 0.196 | 7.883 | 8.079 | 4.738 | 3.412 | 0.196 | 8.150 | 8.346 |
| 63.985 | 6.448 | 3.276 | 1.729 | 0.140 | 5.005 | 5.145 | 2.564 | 2.550 | 0.138 | 5.114 | 5.252 |
| 63.891 | 6.969 | 3.805 | 1.939 | 0.144 | 5.744 | 5.887 | 2.983 | 2.937 | 0.150 | 5.920 | 6.070 |
| 56.324 | 6.764 | 4.330 | 2.037 | 0.188 | 6.368 | 6.556 | 3.373 | 2.827 | 0.178 | 6.200 | 6.378 |
| 56.796 | 7.107 | 5.082 | 2.371 | 0.196 | 7.453 | 7.649 | 3.982 | 3.330 | 0.197 | 7.312 | 7.509 |

★★★★同じく府中市村を除いた数値。
★★★★★上記のすべての町場・島嶼部を除いた数値。
注2）表4-1 a (5)欄における分郡・全6郡の総石高が水田・畑・屋敷石高の合計値と一致しないのは、それに分郡の塩浜ぬい高3石8斗3升2合を合算して計上したためである。

域であったことが知られる。また、表4―1cから、水田率はほぼ五〇％で、田方・畑方相半ばする耕地構成で農業経営が展開されていたこと、また、水田の二毛作率は他郡と比べて特段高い比率を占めていたわけではなかったことも知られる。さらに石盛についてみると、水田のみの石盛では沼隈郡は六郡中第一位を占めており、全耕地・全土地の石盛では安那郡・深津郡に次いで高く、年貢率も芦田郡に次ぐ高率免を課されていたことが読み取れる。これは沼隈郡において展開されていた藺草栽培・畳表製織業が郡村農民にもたらす高い収益性を領主側が看取していた結果に他ならない。

次に、沼隈郡藺草栽培二六カ村の石高・耕地構成・藺田面積を示した表4―2をみよう。先と同じく石高・耕地構成は宝永八年(一七一一)の村々「差出帳」の数値で、水野氏断絶後、元禄一二年(一六九九)に岡山藩によって代行実施されたいわゆる備前検地によるものである。一方、藺田面積

**表 4−1 c　福山藩諸郡における貢租負担度・農業経営構造**

| 郡　名 | (a)石盛(石) | | | | | (b)免率平均(%) | (c)労働生産力 | (d)労働投入量 | (e)水田率 |
|---|---|---|---|---|---|---|---|---|---|
| | 水田 | 畑 | 屋敷 | 全耕地 | 全土地 | | 対耕地石高(石) | 対耕地面積(人) | 対耕地面積(%) |
| 分　郡 | 1.237 | 0.720 | 1.258 | 0.928 | 0.940 | 59.21 | 0.659 | 1.408 | 40.228 |
| ★ | 1.241 | 0.739 | 1.046 | 0.954 | 0.957 | 60.57 | 1.101 | 0.866 | 42.841 |
| 深津郡 | 1.272 | 0.821 | 1.055 | 1.090 | 1.089 | 60.57 | 1.314 | 0.830 | 59.630 |
| 安那郡 | 1.363 | 0.754 | 1.005 | 1.171 | 1.167 | 56.31 | 1.849 | 0.634 | 68.580 |
| ★★ | 1.335 | 0.730 | 0.986 | 1.103 | 1.100 | 55.84 | 1.829 | 0.603 | 65.446 |
| 沼隈郡 | 1.342 | 0.693 | 0.922 | 1.037 | 1.034 | 60.98 | 0.757 | 1.370 | 52.951 |
| ★★★ | 1.346 | 0.694 | 0.917 | 1.046 | 1.043 | 61.52 | 0.800 | 1.308 | 53.978 |
| 品治郡 | 1.164 | 0.694 | 1.000 | 0.967 | 0.968 | 57.98 | 1.078 | 0.898 | 58.139 |
| 芦田郡 | 1.277 | 0.678 | 1.014 | 0.979 | 0.980 | 62.28 | 0.776 | 1.261 | 50.142 |
| ★★★★ | 1.276 | 0.660 | 0.960 | 0.970 | 0.970 | 61.67 | 0.824 | 1.177 | 50.384 |
| 全 6 郡 | 1.284 | 0.720 | 1.057 | 1.027 | 1.028 | 59.79 | 0.941 | 1.091 | 54.409 |
| ★★★★★ | 1.276 | 0.712 | 0.993 | 1.019 | 1.019 | 59.98 | 1.048 | 0.972 | 54.460 |

出所）本書第一章表 1-1a・1b・1c
注 1）★鞆町・島嶼部(走島・田島・横島・百島の 4 カ村)を除いた数値。
★★川南・川北 2 カ村(神辺宿)を除いた数値。
★★★町場の形成がみられた松永村を除いた数値。

**図 4−1　福山藩 6 郡における人口の推移　宝永 8 年(1711)・文化 13 年(1816)**

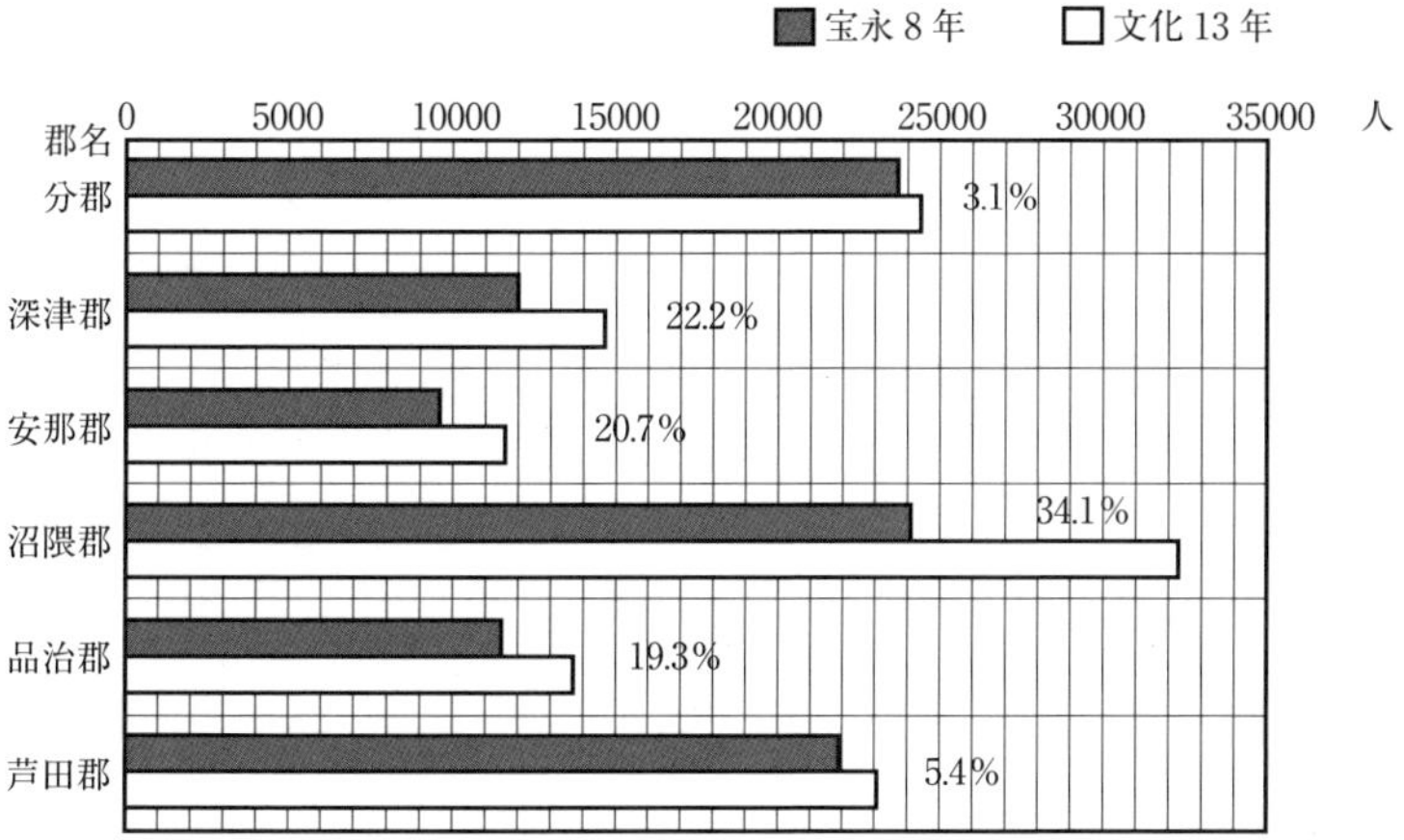


出所)「備後郡村誌」(『府中市史史料編Ⅳ地誌編』1986 年　所収)によって作成。
注)グラフ傍らに人口増加比率をパーセンテージで示した。

は寛保二年(一七四二)、二毛作田面積は明和三年(一七六六)の数値である。若干のタイムラグがあるが、三者の数値から藺田の対水田面積比率と対二毛作田面積比率を試算し、それぞれ(8)欄・(9)欄に表示してみた。外常石村は対二毛作田面積比が三〇〇%を超えているが、おそらくこれは二つの数値のうちのいずれかに誤記があるためであろう。他村の場合も同様の事情を考慮する必要があるが、むしろここでは大半の村々の藺田面積率が明和三年の時点の二毛作田面積に対してきわめて低い水準に止まっている点を指摘したい。

後に次節で詳しくみるように、沼隈郡において、ふつう藺草は水田裏作作物として作付けされた。同じ藺株を連年生育させる「通し藺」も行なわれたが、きわめて少なかった。二毛作田における藺草の作付比率の高い村をみると、内常石・草深・能登原・下山南村の順で、おそらく外常石村も同様に高い比率を占める村の一つであったろう。しかし、作付率が二〇%を下回る村が圧倒的に多く、一七カ村に及んでいる。「備陽六郡志」内篇巻七の沼隈郡諸村の年貢諸役を記した欄をみると、例えば上山南村の場合、「麦・大豆・小麦・御馬飼料、其外被仰付次第差上候」[9]と記されており、他の藺草栽培二五カ村においてもほぼ同様の負担を求められている。沼隈郡における藺草の栽培は麦・雑穀等の作付けを含む複合的な田方経営の一環として展開されていたのである。

ところで、徳川期、沼隈郡における藺草の作付けが小面積のまま推移した原因を説明する言説として、これまでの先行研究において、本多利明「西薇事情」〈寛政七年(一七九五)〉の次の一節がしばしば取り上げられてきた[10]。すなわち、

(前略)殊に表は日本第一の名産なれば、国中残なく葦田と為し、表を出すといへども、猶多しとするに足らず。然るに沼隈郡の内、山谷の村々に斗作る。(中略)一郡山谷の貧村、凡三里四方に作り出すなり。餘りに小分なるゆへ、その故を尋聞ば、村々の民といへるは、多く作りても、左様に賣れざれば、程能賣れる程づゝ作るゆへに、葦田の少き譯をいへり。殊に表より運上の上納ある迚、問屋の商人姦曲を用る故に、表あ

表4–2　福山藩沼隈郡藺草栽培26カ村の石高・耕地構成・藺田面積
(1)・(2)・(4)・(5)欄　宝永8年(1711)／(3)・(7)欄　寛保2年(1742)／(6)欄　明和3年(1766)

| 村名 | (1)村高(石) | (2)水田石高(石) | (3)藺田石高(石) | (4)総耕地面積(町.反.畝.歩) | (5)水田面積(町.反.畝.歩) | (6)二毛作田面積(町.反.畝.歩) | (7)藺田面積(町.反.畝.歩) | (8)対水田面積比(%) | (9)対二毛作田面積比(%) |
|---|---|---|---|---|---|---|---|---|---|
| 長和村 | 1011.255 | 819.565 | 18.860 | 91.2.6.3 | 61.2.1.02 | 18.0.0.00 | 1.5.6.21 | 2.5 | 8.7 |
| 地頭分村 | 822.680 | 569.897 | | 75.4.1.26 | 39.1.7.14 | 35.0.0.00 | 1.6.1.02 | 4.1 | 4.6 |
| 山北村 | 504.629 | 433.818 | 12.873 | 41.5.5.24 | 33.1.5.20 | 25.0.0.00 | 0.8.2.27 | 2.5 | 3.3 |
| 早戸村 | 516.720 | 357.468 | 38.980 | 49.5.3.9 | 25.7.3.25 | 19.0.0.00 | 2.6.7.16 | 10.4 | 14.1 |
| 赤坂村 | 942.630 | 739.724 | 58.653 | 80.7.0.11 | 56.0.5.21 | 38.0.0.00 | 4.2.0.21 | 7.5 | 11.1 |
| 神村 | 1850.100 | 1381.642 | 91.610 | 160.7.7.02 | 103.5.1.23 | 77.6.4.00 | 6.3.3.15 | 6.1 | 8.2 |
| 今津村 | 934.023 | 710.280 | 6.595 | 80.4.9.04 | 51.1.4.04 | 29.5.0.00 | 0.4.6.06 | 1.0 | 1.6 |
| 本郷村 | 1052.599 | 676.708 | 30.033 | 89.8.0.05 | 47.0.1.21 | 28.2.0.00 | 2.0.6.05 | 4.4 | 7.3 |
| 東村 | 904.153 | 663.418 | 33.779 | 85.1.7.24 | 50.4.5.29 | 35.3.0.00 | 2.5.1.15 | 5.0 | 7.1 |
| 西村 | 731.379 | 515.059 | 27.584 | 65.9.3.13 | 38.0.1.24 | 15.2.0.00 | 1.7.1.24 | 4.5 | 11.3 |
| 高須村 | 1095.492 | 753.932 | | 111.7.5.12 | 64.4.5.11 | 34.0.0.00 | | | |
| 柳津村 | 385.426 | 215.674 | 21.088 | 44.2.0.24 | 21.5.4.00 | 8.0.0.00 | 1.9.4.16 | 9.0 | 24.3 |
| 藁江村 | 563.055 | 429.779 | 47.640 | 46.6.6.16 | 30.6.4.08 | 18.0.0.00 | 2.9.0.18 | 9.5 | 16.1 |
| 金見村 | 733.732 | 531.778 | | 73.5.6.01 | 43.3.0.24 | 21.5.0.00 | | | |
| 藤江村 | 609.199 | 287.156 | 43.914 | 67.3.0.08 | 20.8.4.02 | 10.2.0.00 | 2.9.3.25 | 14.1 | 28.8 |
| 浦崎村 | 854.160 | 447.542 | 15.660 | 102.3.4.03 | 39.3.4.06 | 21.6.4.06 | 1.0.2.00 | 2.6 | 4.7 |
| 外常石村 | 147.621 | 43.996 | 16.816 | 18.9.6.07 | 3.1.5.07 | 0.3.5.00 | 1.2.1.27 | 38.7 | ///// |
| 内常石村 | 220.899 | 82.715 | 16.117 | 20.7.4.15 | 4.5.0.13 | 0.9.0.00 | 0.8.4.17 | 18.8 | 94.0 |
| 能登原村 | 309.679 | 111.195 | 32.040 | 30.5.7.02 | 7.5.3.15 | 3.5.1.00 | 2.1.5.00 | 28.5 | 61.3 |
| 草深村 | 828.346 | 556.642 | 56.127 | 75.5.3.24 | 40.9.3.05 | 4.7.0.00 | 2.9.1.14 | 7.1 | 62.0 |
| 下山南村 | 478.816 | 244.456 | 41.651 | 38.5.1.16 | 12.9.8.09 | 4.5.0.00 | 2.2.5.18 | 17.4 | 50.1 |
| 中山南村 | 526.325 | 339.152 | 35.649 | 41.5.9.19 | 19.6.9.08 | 13.5.0.00 | 2.2.3.00 | 11.3 | 16.5 |
| 上山南村 | 547.385 | 377.864 | 43.602 | 43.4.6.04 | 23.1.0.15 | 17.3.1.06 | 2.5.6.01 | 11.1 | 14.8 |
| 上山田村 | 527.263 | 360.643 | 9.704 | 49,5.0.19 | 24.8.0.10 | 14.9.0.10 | 0.8.3.04 | 3.4 | 5.6 |
| 中山田村 | 636.697 | 443.423 | 31.327 | 57.3.6.03 | 31.1.2.10 | 19.3.0.00 | 2.0.2.21 | 6.5 | 10.5 |
| 下山田村 | 396.860 | 280.248 | 30.307 | 40.1.7.21 | 24.8.2.23 | 18.6.0.00 | 3.2.5.02 | 13.1 | 17.5 |

出所)(1)・(2)・(4)～(6)欄は「備後郡村誌」(府中市『府中市史史料編Ⅳ地誌編』昭和61年 所収)によって作成。(3)・(7)欄は「備陽六郡志」内篇巻十三(得能正通編『備後叢書第1巻』復刻版　歴史図書社 昭和45年)366～8頁によって作成。

注1)(8)＝(7)÷(5)×100、(9)＝(7)÷(6)×100

注2)空欄は出所史料に記載がないか、あるいはそのために計算不能であることを示す。

注3)/// 欄は、計算上、二毛作田に対する藺田面積比率が100%を超えていることを示す。

りても買人なし。依て葦田の少き道理明白なり。[11]（下略）

藩府による商用表の流通に対する運上銀の賦課、仲介町方問屋・在方問屋の価格支配が沼隈郡農民の畳表の生産意欲を阻喪させ、その原材料たる藺草の栽培面積を狭める結果をもたらしているというのである。この「西薇事情」の言説が真実の一面を突いていることは否定できない。しかし、沼隈郡における藺草の栽培面積の狭さは、むしろ郡村農民が極端な藺草の作付けの特化を避け、意識的に複合的な田方裏作経営を選択した結果生じた事象であったとみるべきではなかろうか。

徳川期、畳の需要は一般庶民の使用拡大に支えられ着実に増加した。しかし、都市に比べ農村における畳の普及はきわめて緩慢であり、中下層農民家族にまで畳の利用が浸透するには幕末・明治期を待たねばならなかった。[12]徳川期における畳表の需要量は決して無限大であったわけではなく、備後表の名声は流通量よりもむしろその品質の高さと稀少性に支えられていた。次節でみるように、藺草の栽培と畳表の製織は、これに従事する農民に労働の多投、高度な技術と注意力の集中を要求した。藩府による献上表・御用表制度における厳格な畳表の品質管理は商用表とその原材料の藺草の品質保持にも少なからざる効果をもたらし、沼隈郡の農民はこれに対応して、藺草栽培を複合的な田方経営の一環として位置付け、品質を重視する小規模な作付けを選択したのである。その意味で、「多く作りても、左様に賣れざれば、程能賣れる程づゝ作る」という現地農民の発言は必ずしも無知蒙昧の説として斥けることはできないであろう。

## （二）　藺草の栽培法

徳川期における沼隈郡諸村の藺作法に関してこれまで枚挙にいとまがないほど論考が積み重ねられてきた。[13]本稿では、これまで先行研究において採り上げられることがなかった地方書「郡中町方明細記」の関連記事の分析を通して、近世沼隈郡における藺草栽培法の概観を窺うことにしよう。

表4―3は地方書「郡中町方明細記」所載記事「藺田作様之覚」に記された藺草栽培法を纏めたものである。同項の末尾には「宝暦年中ニ江戸江中参候写也」(14)と記されており、おそらく地方役人ないし村役人の上申を基に作成された覚書であろう。一八世紀半ば頃の沼隈郡における藺作法が知られ、その内容はきわめて貴重である。藺苗の植え付けに先立って行なわれた九月（旧暦、以下同様）の藺田への肥草の投入作業から、翌年六月の収穫を経て、八月の苗田への水肥の投入作業に至るまで、同覚書の記事を基に藺草の栽培に要する諸作業を農事暦として表示した。

表4―3からも知られるように、宝暦期にはまだ藺苗の苗床育苗は行なわれておらず、刈り取り後の古株をそのまま発芽させるか、一番刈りを行なわず、そのまま放置して本田に移植する方法が採られていた。集約農法を藺草栽培の特質として強調することが研究者の半ば常套句になっているが、それにしても作業の多様さと複雑さに驚かされる。肥料の多投が必要な他に、水旱の調節、収穫後の乾燥の手間など、藺苗の植え付けから収穫、さらに織り立てに至るまで、実に多くの労働力が投入されている。しかも、それらの労働には繊細な注意力が求められる。施肥についてみれば、草肥・藤草・下肥と並んで、干鰯《ほしか》が多投されていたことが知られるが(15)、いずれの施肥についても投入量が詳細に記されている。水入れの水深を示すなど、他の作業に関する記述も実に細かい。一八世紀中葉、沼隈郡では相当高度な藺草栽培技術が成立し、勘や推量に頼る技術水準を超え、数理に基づく農法の確立がみられたのである。

三月に、水に浸して打った煙草の茎を藺田に肥料として入れると述べられている点も興味深い。福山藩における煙草の主要生産地は芦田郡など北部山間地帯を中心に、沼隈郡山南地方（上中下山南・浦崎・内外常石・藤江・藁江・草深・能登原村）も重要な生産地域の一角を占めていた。菅茶山「福山志料」にも「煙草　三原ヲ上トシ山

| | | | |
|---|---|---|---|
| 5月 | | 追肥 | ○発育が悪いときは、10日程ずつ間を置いて3・4度も施肥を行なう。<br>○発育の具合によって干鰯を増加する。状況に応じた肥加減が必要。<br>○日中を避け、晩方に施肥を行ない、施肥後は水をふりかけ濯ぐ。いずれも痛みを避けるためである。<br>○藺草刈り上げの14･5日前以後は追肥を停止する。 |
| 6月 | 夏土用中 | 藺草刈り上げ | ○土用中の天気の良い日、藺草を刈り上げる。<br>○朝晩陰のある間に刈り、日中には刈らない。 |
| | | 苗田への水入れ | ○藺苗を取る田は、藺草の刈り取り後、秋彼岸まで夜だけ水を入れ、昼は水を落とす。 |
| | | 泥染め・干し立て | ○晴天の日を選び、泥土を水に溶かし、これに刈り上げた藺草を浸した上、3日間程干す。<br>○昼間だけ干し、陰れば、家中に取り込む。雨天に遭えばたとえ濡れなくても色が悪くなり、雨に当たれば全く役に立たなくなる。 |
| | | 寝かす | ○干し立てを終えた藺草を藁・菰などに包み、2階に上げ、20日程寝かせる。 |
| 7月 | | 表の織り立て | ○上・中・下何段にも藺草を選び分けた上で、織り立てる。 |
| 8月 | 秋彼岸 | 苗田への水肥の投入 | ○水で薄めた下肥を土用前･土用中に3度投入する。<br>○発育が悪い場合は、4度投入し、下肥に干鰯の粉を入れる。 |

出所)「藺草作様之覚」(「郡中町方明細記」所載)〔『府中市史資料編㈼近世上』昭和60年〕229～31頁によって作成。

南コレニ次グ。ソノ外諸村ニコレアリ。[16]」とあり、山南煙草（製品としての刻み煙草）の良品ぶりを記している。福山藩においては、煙草は主に畑作され、田煙草は少なかった。夏煙草は夏の土用（六月初旬）明け頃に一番葉、続いて二番葉を穫り、秋煙草は中元（七月一五日）前後までに一番葉・二番葉の収穫を終えた[17]。煙草葉の摘み取り後、刈り取った茎を保管しておき、翌年それを藺田の踏み肥として用いたのであろう。

一〇月、藺苗を「五之目」に植え付けると述べられていることにも注目したい。「藺田作様之覚」には、「壱株ツヽ間ヲ三四寸程ツヽ明ケ、五之目に植申候[18]」と記されている。「五之目」とは サイコロの五の目、つまり⁙のような形を指すのであろう。宝暦期、藺苗の

**表 4–3　福山藩沼隈郡における藺草栽培法(宝暦年間)**

| 月<br>(旧暦) | 時期 | 作業 | 内容・補足 |
|---|---|---|---|
| 9月 | 秋土用前 | 肥草(踏み肥し)の投入・打ち返し | ○稲の刈り上げ跡に、踏み肥しとして、肥草(細かな芝または草類)を入れ、打ち返して腐らせる。 |
| | 秋土用後 | 肥草の打ち返し | ○再び肥草を打ち返す。 |
| 10月 | | 肥草の踏み入れ<br>藺苗の植え付け | ○肥草を踏み入れ、よく均す。<br>○刈り取り後の古株を発芽させたものを1株ずつに分けて植え付ける。<br>○1株(20～24・5筋)ずつ、間を3～4寸程ずつ空けてサイコロの5の目状に植え付ける。<br>○沼田・新田にも植え付けるが、藺色は良くない。<br>○ 本畑にも土地によっては田になれば植え付けることがある。 |
| 11月<br>12月<br>1月<br>2月 | | 水入れの維持 | ○この期間、一切肥料は施さない。<br>○春土用中まで、藺田の水が切れないように注意する(水位は深さ1寸くらい)。 |
| 3月 | 春土用末 | 水落とし | ○刈り上げまで藺田の水を落とす。ただし、5・6日～10日に1度水を入れ、少し湿りがあるようにしておく。 |
| | | 「多葉粉」の茎打ち | ○「多葉粉」の茎12・3貫目程を水3石4・5斗～4石に浸し、1・2日間の間を置き、晴天の日を選んで、4・5度打つ。 |
| | | 一番肥 | ○水肥1荷に干鰯の粉1升程入れて施す。1反につき干鰯3斗7・8升程。 |
| | | 「多葉粉」茎の投入 | ○煙草の茎を140～50荷程2度入れる。<br>○以後、藤草入れ直前まで施肥は行なわない。 |
| | 春土用明けから約20日後 | 水肥 | ○水肥を1反につき140・50荷程施す。 |
| | | 干鰯投入 | ○その1・2日後、干鰯の粉を1反につき2石4・5斗～3石程ずつ、灰に混ぜてふる。 |
| | | 藤草投入 | ○干鰯投入直後に藤草を入れる。<br>○藤の葛の春葉を2寸程に伐り、1反につき、1荷13・4貫目を50荷から54・5荷程入れる。<br>○葉にかかって痛まないように藺草の脇に入れる。<br>○十分水を落としてから藤草を入れるように注意する。 |
| 4月 | | 水入れ | ○藤草投入6・7日後に水を入れ、溜めておく。 |
| | | 水肥 | ○藤草投入後14・5日後、水肥に干鰯の粉1荷に1升ずつほどを混ぜ、1反につき140·50荷入れる。<br>○水肥を入れるときは水を落とし、2・3日後に水を入れる。ただし、雨天には水を入れない。以後も同様。<br>○ふつうこれ以後施肥をやめる。 |

植え付けは未だもっぱら乱雑植えであり、正条植えは行なわれていなかった。沼隈郡において、藺草の正条植えが広く普及するのは大正期以降のことである。(19)

## 第二節　福山藩藺田徴租法の基本構造

### (一)　福山藩藺田徴租法への接近

続いて、福山藩における藺田徴租法の考察に移ることにしよう。藺草栽培地域であった沼隈郡諸村には、免定・年貢勘定目録・年貢納目録等、同藩の年貢諸役徴収に関連する史料が多数伝存する。しかし、これらの史料から福山藩における藺田徴租法の実態を窺うことはむずかしい。これらの諸帳には、年々の年貢減免量(引高)の記載はみられるものの、それらは「用捨引」等として他の引高と一括して記載されているために、藺田そのものの貢租賦課事情を探ることはできないからである。また、後に述べるように、藺田内見帳は村方内見の実情を探る上で不可欠な史料であるが、現在のところ、その所在は知られていない。こうした研究素材の乏しさがこれまで福山藩藺田徴租法の研究を遅らせる原因を生み出してきたのである。

では、福山藩藺田徴租法の構造を考察するためには、どのような方法が可能か。地方書「郷中覚帳」の「藺田見分之事」には、阿部氏治世期、福山藩における藺田徴租諸仕法について、相当踏み込んだ内容の解説が記されている。本章では、「郷中覚帳」所載「藺田見分之事」の内容を分析し、阿部氏時代を中心に、福山藩における藺田徴租法の構造の解明を試みたい。「郷中覚帳」「藺田見分之事」の分析は次節以下に譲ることにし、本節では、その予備的考察として、阿部氏福山藩における徴租法の根幹をなした土免制と藺田徴租法との関連を探り、福山藩藺田徴租法のアウトラインを考察することにしよう。

## （二）　土免制下における藺田徴租法

すでに第二章で触れた通り、福山藩においては、水野氏・松平氏時代には徴租法として検見制が採用されていたが、阿部氏入封の三年後、正徳三年（一七一三）に土免制に変更され、それ以後、免率は固定された。土免制の採用以後、田方米作の場合、本高（村高）から例年定例の諸引高を差し引いた毛付高（有高）に毎年同率の免を課す方式がとられ、凶作年度に限って、農民の願い出に応じて検見が実施され、その結果に応じて引高を追加する年貢減免措置が講じられた。第三章でみたように、このような年貢徴収方式は、稲作と同じく表作である綿作にも適用された。それゆえ、例年通りの年貢負担に耐えうる木綿の収穫が続くかぎり、年々の収穫状況の変動が直接年貢負担量に影響することはなく、著しい不作に見舞われ、村方が年貢減免を願い出た時に限って、木綿検見・木綿見分・抜綿改め等の役人見分が実施され、算定された引高を控除した租米の負担が行なわれた。

では、藺田の場合、土免制の下で、どのような徴租法がとられていたのか。ここでは、沼隈郡藺草栽培村落二六カ村のうちの一村、草深村の「宝永八年（一七一一）差出帳」の記事によってそのアウトラインを探ってみよう。「草深村差出帳」は水野氏ないし松平氏時代の藺田徴租法について次のように記している。すなわち、

一　藺田毛見ハ六月土用前庄屋・組頭・釣頭差寄内見被仰付、藺草之位上中下、又ハ下々、捨迄相究、上ゟ下迄ハ有高、下々ハ代米壱反ニ付、八斗五升、捨りハ代米なし、右下々・捨り之分跡植等内見一処ニ帳面相調、秋晩田御毛見之時分帳面差上申候後ハ其年柄（ニ）応シ内見ニ何割与御引被下候[20]

すでに前節でみたように、藺草は裏作作物であり、収穫期は五月末から六月初旬（旧暦）とやや遅く、ふつうその「跡植」には晩稲が作付けされた。藺田の貢租賦課量は、裏作の藺草と表作の「跡植」晩稲の収穫状況を併せ

て考慮し決定された。それゆえ、藺草の場合、米作や綿作の場合とは異なり、豊凶の如何にかかわりなく、毎年六月に村役人による藺田内見が実施された。村内のすべての藺田について、作況・作柄を調査し、上・中・下・下々・捨てりの五段階のランク付け（段取りと称した）を行なったのである、この内見とその後実施される藩役人による藺田見分を経て、上藺・中藺・下藺に位づけられた藺田は、それぞれの藺田の斗代・石高に相当する収穫があったものとみなされた。「上ゟ下迄ハ有高」とはこのことを指している。それゆえ、上藺から下藺までに位づけられた藺田は、もしその後「跡植」の晩稲に不作が生じたとしても、一切年貢減免措置はとられなかった。

村方の内見と役人見分の結果、下々藺とされた藺田は、この草深村の場合、一反に付き有米にして八斗五升の収穫があったものとみなされた。下々藺の代米量は村落によって異なっていたが、この点については後述する。一方、捨てり藺田は皆損、無収穫とみなされた。したがって、「跡植」晩稲の検見の際、下々藺田であった水田は、晩稲の見米にこの反当たり八斗五升の代米分を差し加えた米量、捨てり藺田であった水田は、晩稲検見の見米がそのまま年貢減免措置が講じられるか否かを判断する基準となった。このような水野氏あるいは松平氏時代の藺田徴租仕法は阿倍氏時代にそのまま引き継がれた。

隣藩の広島藩御調《みつぎ》郡一四カ村でも畳表の製織が行なわれ、尾道表の名で沼隈郡産の畳表に次ぐ高い世評を得ていたが、その原材料としての藺草の栽培に対してまったく貢租負担は求められなかった(21)。これと比較すれば、藺田年貢を組み込んだ福山藩の徴租法の方がはるかに周到・緻密なものであったことは明らかである。

# 第三節　蘭田内見・蘭田見分・晩稲検見の運用構造

## （一）　蘭田内見

阿部氏福山藩における蘭田徴租法の構造をさらに掘り下げて考察するために、「郷中覚帳」所載「蘭田見分之事」の分析を中心に、蘭田年貢量を決定する上で、重要な役割を果たしていた蘭田内見・蘭田見分・晩稲検見の実務内容を具体的に検討してみたい。

例年六月土用前、藩役人による蘭田見分に先立って、村役人によって蘭田内見が実施された。蘭田内見において、蘭田の段取り、すなわち、上・中・下・下々・捨てり蘭のランク付けは何を基準にして行なわれたのだろうか。

蘭田の段取りにおいて最も重視されたのは蘭草の収穫量であった。蘭草の品質にも一定の考慮が払われたが、蘭草の収穫量は品質の良い上蘭ほど多く、中・下・下々蘭と品質が下がるにつれて減少したので、単位面積当たりどれほどの収穫量が得られたかが蘭田段取りの重要な要件となった。

では、沼隈郡蘭草栽培諸村における蘭草の収量はどの程度であったのか。宝暦三年（一七五三）「畳表由緒書」は、蘭草の反当たり収穫束数について、

一　蘭草一反歩ニ付六貫目束にして三十五六把も御座候事(22)

と記しており、「郷中覚帳」は、

一　上出来蘭反ニ五十束、但五尺縄掛目壱束ニ付五貫目ゟ六貫目迄、中出来四十束、下三拾束出来掛目右同

断[23]
という年代不詳の数値を挙げている。藺田から刈り取られた藺草は泥染めされ、三日間程度干し立てられた後、五尺の結び縄で束にされる。「郷中覚帳」に記されている重量基準は「掛け目五・六貫目」と曖昧だが、「上・中・下出来藺」の平均束数を計算すると四〇束となって「畳表由緒書」の数値とそれほどの差はない。他に、寛政九年（一七九七）今津村の反当たり約四〇束（下・下々藺）、文久三年（一八六三）本郷村の反当たり四二束余（下・下々藺）等のデータが知られている。[24]

村方が実施する藺田内見において、単位面積当たりどれほどの収穫束数を段取りの基準とするかについて、水野氏時代以来、おおよその目安が定められていた。すなわち、

一　村々ゟ出候帳面束数ハ壱畝者上藺干立五束、中四束、下三束、下々弐束、是ハ水野御代ゟ之大旨積り也[25]

藺田の段位は、一畝につき、干藺にして、上藺五束、中藺四束、下藺三束、下々藺二束、つまり一束下りを基準とした。一反当たりを基準とする斗代に準じて述べれば、上藺五〇束、中藺四〇束、下藺三〇束、下々藺二〇束ということになる。しかし、この段位ごとの収穫束数の基準は、あくまでも「大旨積り」、つまり一応のガイドラインにすぎない。藺田内見は収穫直前の作況をみて実施される。藺田内見の段取りは、水野氏時代から蓄積・継承されてきた村々における経験と基準を基に、昨年度の収穫実績と現況を比較勘案し、相当の斟酌を加えて実施された。

## （二）　藺田見分

阿部氏福山藩における藺田見分仕法の根幹は、正徳五年（一七一五）に確立した。基本的に、水野氏・松平氏時代の仕法を踏襲するものであったと思われるが、詳細は不明である。同年、高須村で畳奉行以下、藩役人による

藺田見分が実施され、諸規定が決定された。以後、それらが沼隈郡藺草栽培諸村において実施される藺田見分の定法となった。すなわち、

一　正徳五未七月、高須村藺田見分有之。御畳奉行藤田忠四郎、御勘定人川越寄右衛門、市川勘右衛門、国友忠右衛門、在目付壱人(26)

藺田見分のために村方に赴いた藩役人は、藺田の作況を見定め、それ以前に村方が提出していた「藺田内見帳」の監査を行なった。稲作検見の場合、阿部藩政開始当初は別として、村方が提出した検見下改帳の記載事実を確認するために、実際に歩刈りを実施することはほとんど行なわれなかった(27)。凶作時にのみ実施される稲作検見においてさえ、このような状況であったから、藺田見分の場合も同様に、一定面積の藺草を刈り取らせ、実際に収穫束数を確認するなどの踏み込んだ査定は行なわれなかったとみて差し支えないであろう。儀礼化していたとはいえ、この藺田見分が終了するまで、村方は藺草の刈り入れに着手できなかった。

「郷中覚帳」には、藺田見分に臨むとき、地域によって一歩当たりの藺草の植え付け株数が異なっていることに注意を促す次のような記事が載せられている。すなわち、

見分仕様

一　藺壱歩ニ百弐拾四株　　山田・山南・常石辺也

一　同八拾九株　　西村・東村辺也

一　同百拾株　　外村々(28)

沼隈半島東南部の村々に比べ、西・東村など半島対岸の村々の反当たり植え付け株数は相当少なかったことが知られる。

図4―2は、藺草栽培村落二六カ村について、村別に全水田面積中に占める斗代一石五斗以上の水田面積の比

率を算出し、高率を占める村順に示したものである。これをみると、上・中・下山南村、内・外常石村は上位グループ、西・東村は下位グループに属しており、下山田村を例外とすれば、それらは上記「郷中覚帳」に記された村々のグルーピングと概ね合致している。斗代は必ずしも現実の土地生産力そのものを表示するものではないが、少なくとも図4―2から相対的な村落間の藺田の肥沃度の差異は読み取れよう。藺草栽培諸村では、村ごとに藺田の肥沃度に応じて、良好な生育をはかり、品質を保持するために単位面積当たりの植え付け株数の調整が行なわれていたのである。

しかし、肥沃な藺田が多数を占める村落は、もともと藺草の品質が良く、反当たり収穫量も多かった。藺田の地味が乏しい村々は、反別植え付け株数を削減し、藺草の品質の向上にいかに努めても、収穫量・品質ともに劣位の状況は動かしがたかった。山南・山田などの南部の村々では上藺、今津・西・神村など北部の村々では中以下の藺草が多数を占める状況がみられたのである(29)。

では、藺草の品質は何を基準に計測されたのか。「郷中覚帳」はこの点について次のように述べている。すなわち、

一　上藺長三尺五六寸
一　中三尺三四寸
一　下三尺
一　下々弐尺六七寸位
右之通藺立すら〳〵と細く色合あめ色成ヲ極上トス、黒ミ有之ハあしゝ、長四尺有之候而も藺太キハ上中ニ成ズ、引通又ハ浮藺ニ成由、右之通積を以見分上中下段取極可申事(30)

藺草の品質は長さ、太さ、色によって識別された。上藺の基準を超える長さであっても、太い藺草の段位は低

**図 4–2　沼隈郡藺草栽培 26 カ村における斗代 1.5 石以上の水田面積の比率**(宝永 8 年)

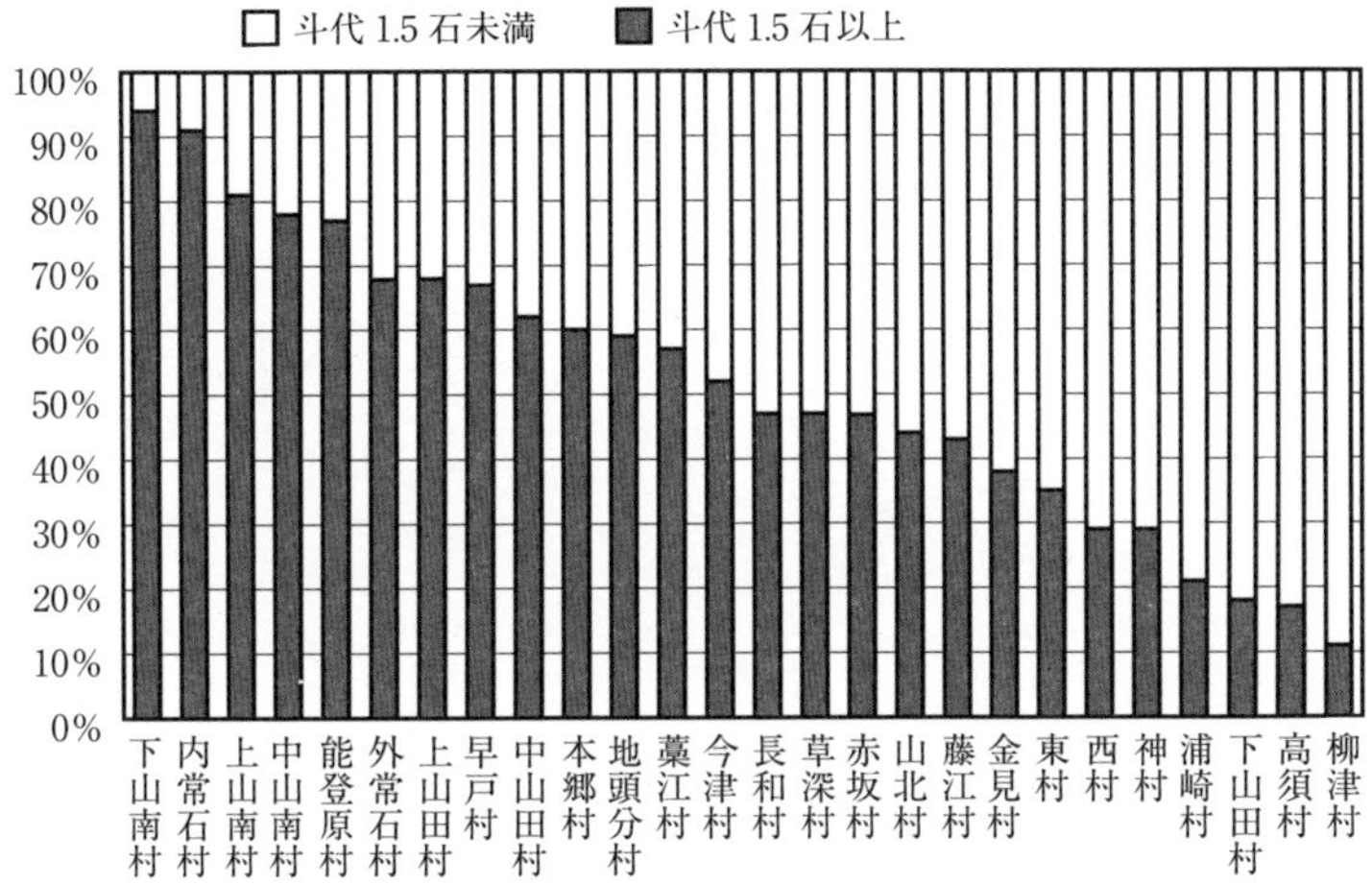


出所)「備後郡村誌」(『府中市史史料編Ⅳ地誌編』昭和 61 年 所収)によって作成。

く、色は飴色を良品とした。藺田見分においては、収穫量に加えて、このような藺草の品質基準をも勘案し、内見帳に記された藺草の段位の可否を判断した。

藺田見分に赴く藩役人は、村ごとの藺田の実情、田畝の現況を考慮した上で、村方内見による段取りが適正か否かを判断する姿勢が求められた。すなわち、

一　生藺干立候而大旨五束位ニ成、壱束五尺結縄ニ〆掛目六貫目積りヲ見而畝歩ハ壱畝ニ上藺六・七束トモ相極可申、尤畝詰り候ハヾ矢張五・六束ニ可窮事[31]

掛け目六貫目の束にして、一畝当たり六・七束程度を上藺のおおよその基準とし、その藺田が「畝詰り」、つまり、検地帳記載の畝数より実際の面積が狭い場合は、五・六束程度でも上藺とせよと述べられている。藺田見分には実施役人の裁量の余地がかなり残されていたと言えよう。

むろん、このことは藺田見分が粗略に実施されたことを意味するわけではない。

一　毛見帳算用随分入念相違無之様可仕候、若相違

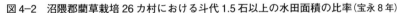

於有之ハ庄屋組頭越度ニ可申付候、尤毛見役人入念算用詮義可仕候(32)

と述べられているように、藺田見分においては、作況見分を踏まえ、村方が提出した「毛見帳」＝「内見帳」の「算用」を徹底的に確認し、もし同帳に誤記・誤算が見られるときは、村役人は厳しく糾弾された。

## (三)　晩稲検見

すでに述べたように、下々藺・捨てり藺に段取りされた藺田には「跡植」晩稲の検見が実施された。裏作として藺草の作付けを行ない、藺田内見・藺田見分を経て、下々藺・捨てり藺となった藺田は、「跡植」晩稲の作況の如何にかかわりなく検見が実施された。

それゆえ、沼隈郡藺草栽培村落二六カ村においては、晩田検見はとりわけ重要な意味を持っていた。裏作の藺草が不作となり、下々藺・捨てり藺となる不運に見舞われた農民たちは「跡植」晩田検見によってどれほど引高が認められるかに強い関心を寄せざるを得なかった一方、領主側もまた藺田の「跡植」晩田検見に慎重に臨まざるを得なかった。「跡植」晩田検見は、裏作の藺田が下々藺・捨てり藺であったことを前提に実施される。捨てり藺はもとより、下々藺からも良質な畳表の製織は不可能である。このため、献上表・御用表の原材料としての役割を果たせないばかりか、商用表として織り出してもその価値は低く、大した運上銀の収入も期待できない。領主側からみれば、きわめて厳重な姿勢で「跡植」晩田検見に臨み、極力引高を押さえ、貢租収入の縮小を回避するように努めることは当然の措置であった。

# 第四節　藺田年貢の賦課構造

## （一）　半高の法

すでに述べたように、阿部氏福山藩においては、正徳五年（一七一五）に、藺田見分仕法が確立し、藺田に対する徴租法が定着した。仕法の淵源は水野氏時代に遡ると思われるが、詳細を明らかにすることはできない。藺田内見・藺田検見・晩稲検見の結果を踏まえ、藺田の年貢量はどのような原理に基づいて決定されたのか。すでに第二節でそのアウトラインを述べたが、福山藩における藺田年貢の賦課構造を年貢減免仕法を中心にさらに詳細に考察しよう。

まず、「郷中覚帳」の次の記事に注目しよう。すなわち、

一　藺田之儀上・中・下藺田分ハ半高定之生高ニ可極事(33)

ここに言う「半高」とは何か。土免制下の福山藩においては、凶作年度に年貢減免措置を講じる場合、田方は「丸高」・「丸引」、畑方は「半高」を引高の算出基準とする定法（半高の法）があったことについて、すでに第三章で触れた。田方の年貢減免量（引高）は、斗代そのものから検見によって知られた有米を控除して算出されたが、畑方の引高は、まず斗代を半減し、そこから検見有米を控除して算出する方式が定法とされていた。(34)しかし、この定法には例外があった。田方綿作（田木綿）は、阿部藩政初期こそ、「丸高」・「丸引」とされていたが、享保期頃から、畑木綿と同様に「半高」が引高の基準となっていた。(35)

## (二)　上・中・下藺田の減免仕法

上記の「郷中覚帳」の記事から、正徳五年(一七一五)以後、上・中・下藺田は「半高定之生高」が年貢減免仕法の定法となったことが知られる。以後、藺田の引高の基準は半高とされ、上・中・下藺にランク付けされた藺田は、「生高」、つまり、第二節で掲げた「草深村差出帳」の言う「有高」に見合う収穫高があったものとみなされることになった。このことは、上・中・下藺に段取りされた藺田は、「跡植」晩稲の収穫を待たず、藺田内見の段階で、すでに当該田地の斗代・石高を満たす収穫を得たとみなされたことを意味する、それゆえに、先の「草深村差出帳」の考察でもみたとおり、上・中・下藺田の「跡植」晩稲がどれほどの凶作に見舞われようと、検見は実施されなかったのである。

## (三)　下々藺・捨てり藺田の減免仕法

次に、下々藺・捨てり藺の年貢減免仕法について考察しよう。

まず、第二節でみた草深村とは別の二カ村の「宝永八年差出帳」の関連記事を示そう。いずれも水野氏・松平氏時代の仕法を説明している。すなわち、

一　藺田御毛見ハ六月土用前ニ村役人立合内見仕、上中下、又ハ捨りと五段ニ相究、上藺ゟ下藺迄ハ有高、下々藺ハ代米八斗五升、捨り藺は代米なし、御検見ニハ御役人様方御出不被成候、村役人内検帳相調申候、下々・捨り藺ハ其秋跡植等内見仕、帳面差出申候(36)(下山南村)

一　藺田御検見ハ六月土用前ニ村役人立合内見仕り、藺草之位、上中下、又ハ下々捨り迄五段ニ相究、上藺ゟ下藺迄ハ有高、下々藺ハ代米壱反ニ付七斗、捨り藺は代米なし、此御検見ニハ御役人様方御出不被成、

村役人内見帳面差上ケ申候、尤秋跡植等迄内見仕帳面差上ケ申候、其年柄相応ニ御引可被下候[37]（能登原村）

二カ村の「差出帳」とも「上藺ゟ下藺迄ハ有高」と記しており、これまでの考察結果を裏付ける内容となっている。注目すべきは、下々藺の代米について、下山南村の一反当たり八斗五升に対して、能登原村は七斗と記している点である。先にみた草深村の代米は八斗五升であったことも併せて確認しておこう。

「郷中覚帳」は、沼隈郡藺草栽培村落二六カ村における下々藺の代米について、次のように説明している。阿倍氏時代に至っても仕法はそのまま踏襲され、村ごとの下々藺の代米量も変更されなかったことは明らかである。すなわち、

一　下々藺山南三ケ村、内常石・草深村、五ケ村之分者、代米八斗五升ニ相極、其外之村々ハ代米七斗ニ相極候間、跡植之稲ニ毛見入、藺代米稲毛之見米差かへ、其上ニ不足有之候者引可遣事[38]

下々藺田の代米は、上山南・中山南・下山南・内常石・草深の五カ村では反当たり八斗五升、他の藺草栽培村落二一カ村では七斗と定められていたことが知られる。藺田見分で下々藺田に段取りされた水田は「跡植」の晩稲の検見を受けることができた。村ごとに定められた下々藺の代米分を検見の結果知られた見米に差し加えて有米量を算出し、検地帳記載の石高と比較し、なお不足が生じている場合に限って、不足高を引高として認める措置が取られた。もし「跡植」晩稲検見の結果がどの村も同じであるとすれば、当然、下々藺の代米量が多い村ほど引高の恩典を受ける可能性は少なくなる。等しく下々藺田に段取りされていても村ごとの実質収穫量は異なる。他村に比べ高い収穫量が得られるこれら五カ村は代米の増加を余儀なくされたのである。

捨てり藺田の場合も同様に「跡植」の晩稲に検見が実施された。すなわち、

一　捨り藺ハ跡植之稲作毛見可遣事[39]

捨てり藺は皆損とみなされたから、代米は差し加えられず、晩稲検見の結果のみによって年貢減免の可否、年

貢減免量が決定された。当然、捨てり藺田は下々藺田よりも年貢減免の可能性は高かった。しかし、このことは裏作の藺草が皆損となっても、そのこと自体なんら年貢の減免に結び付かないことを意味する。表作晩稲のみで当該田地の斗代・石高を満たす収穫が得られるものとみなされたのである。それは裏作・藺草の場合も同様であった。上・中・下藺田は、すでにその田地の斗代、石高に見合う収穫を得たものとみる措置が取られた。このような仕法こそが「半高の法」なのであり、「郷中覚帳」が、藺田は「半高定」である、と述べる含意はこの点にあった。具体的な年貢負担量の算出事例を注記に示しておこう。(40)

### (四)　藺苗田・通し藺田の減免仕法

藺苗田の年貢減免量、引高はどのようにして決定されたのだろうか。藺田見分の結果、上・中・下藺にランク付けされた藺田、あるいは捨てり藺となった藺田から藺苗を得た場合、それぞれ次のような仕法が適用された。すなわち、

一　藺苗者畝歩にして上中下共其田之本高相窮、壱反ニ付壱斗ツ、引可遣事

一　捨り藺之藺苗ハ、たとへ上藺苗ニ相見候共令了簡、少々ツ、不足可遣(41)

表4—3でみたように、藺苗は、ふつう、六月の藺草の刈り取り後、古株をそのまま発芽させるか、一番刈りを行なわずに放置して得る方法が採られた。藺苗の植え付けは一〇月以降に行なわれるから、時期的にみて、藺苗田には「跡植」として晩稲を作付けすることはできない。年貢負担時、この晩稲の作付けを見送らざるを得ない損失を補償する措置が取られた。

上・中・下藺田を藺苗田にした場合、面積一反につき、一斗の引高が認められた。ただし、引高は「有高」ではなく「本高」を基準に行なわれ、その田地に付随する例年定例の諸引高は認められなかった。すでにみたよう

に、藺田検見の結果、上・中・下藺田に位づけられた藺田は、裏作藺草の収穫段階で、それぞれの田地の斗代・石高に相当する収穫があったものとみなす定法があった。しかし、藺苗田となった田地で表作を行なうことは不可能であり、育苗期間中、そこから何らの収穫物も得られない。この仕法には、このような作付事情に対する配慮が込められているのであろう。

一方、捨てり藺を発芽させ、藺苗を得た場合、たとえ苗の出来が良くても、その藺苗田に若干の引高を認める程度に止められた。藺草の品質を保持するために、捨てり藺から藺苗を得ることを規制するための措置であると言えよう。下々藺田を藺苗田とした場合については記載がないが、おそらくこれら二様の仕法に準ずる引高が認められたのであろう。

藺苗を移植せず、刈り取り後、放置した藺株を連年生育させることも行なわれ、これを「通し藺」と称した。この「通し藺」の引高については、次のような定法があった。すなわち、

一　とをし藺又ハ跡修理跡植不仕分有高ニ可仕候、若仕付水無之跡植不仕分ハ令吟味不足可遣事(42)

「跡修理」の意味は不明。「通し藺」となっている藺田、もしくは収穫後「跡植」を行なわず放置されている藺田は、引高を認めず、「有高」、つまり例年定例の諸引高を控除するに止められた。ただし、水利事情が悪いために「跡植」が行なわれていない場合は、吟味の上、若干の引高を考慮すると述べられている。

## 第五節　織村の設定構造

### （一）藺田帳提出仕法

最後に、これまで分析を進めてきた福山藩における藺田年貢の賦課構造との関連に焦点を絞って、同藩が献上表・御用表買い上げのために採用した藺田帳提出仕法と織村制度の成立事情を考察することにしよう。

領主側にとって、藺田見分の意義は何よりもまず藺田年貢を確保するために、藺草の収穫量を算定することにあった。すでにみたように、藺田内見・藺田見分を経て、上・中・下藺にランク付けされた藺田は、「跡植」晩稲がどれほど不作になっても引高の対象とはならなかった。下々藺・捨てり藺に段取りされた藺田だけが「跡植」晩稲の収穫状況に基づいて引高が認められた。したがって、藺田見分において、年貢徴収上重要であったのは、上・中・下藺田の区別よりも、下々藺・捨てり藺田の段取りを認めるか否かを厳密に査定することであった。

むろん藺田見分は、それとともに、献上表・御用表を村々に割り付けるために、年々良質な藺草の収穫がどの程度見込めるか諸村の作況を探る役割もある程度果たしていた。しかし、これまでの考察によって明らかなように、藺田内見を経て藺田見分によって確定する藺田の段取りは、収穫直前の作況調査によるものであり、一定度品質にも考慮が払われたとはいえ、主に藺草の収穫量に基づくものであった。藺田見分はあくまでも藺田年貢量を決定するために行なわれる郡方所務であった。

福山藩の献上表は徳川幕府への忠誠と幕閣への誠心を証するために継続された。御用表もこれに準じるものであったから、品質を維持し、規定の数量を確保するために、藩府は細心の注意を払わねばならなかった。商用表もまた、世評を高め、さらに多量に領外に売り広めることができれば、運上銀の徴収額の増加、財政収入の増大が期待できる。[43] 領主側は村々における年々の藺草の品質ごとの収穫実績を直接把握する必要に迫られた。

藩府は村々において収穫された藺草の品質を探り、段位ごとの正確な収量データを得るために、年々村方に藺田帳の提出を求めた。例えば、文久四年(一八六四)における沼隈郡柳津村の藺田帳は次のように記されている。すなわち、

覚

反別　二町四反十六歩

一　藺　八百九束半

内

三百五十三束半　中藺

四百十四束　下藺

四十二束　下々藺

反別　二反九歩　亥年より増

藺　百七十二束　亥年より減

右之通藺田畝束増減高書上候処相違無御座候、以上

子八月　与頭　右一郎

庄屋　又三郎

草深村御畳表御役所[44]

八月付で藺田帳の提出が行なわれている。すでに表4―3でみたように、徳川期、沼隈郡諸村においては、ふ

つう六月から藺草の収穫が行なわれ、七月には畳表の製織が開始されていた。八月ともなれば、すでに藺草の収穫は完了しており、村内の藺草の品質と収穫量を詳細に把握できたはずである。この柳津村の場合、良質の藺草の収穫はみられず、段位は上藺を欠き、中藺以下となっている。

「備後国畳表藺農業之図」〈天明二年(一七八二)〉の詞書には、「六月土用に入を節として藺を刈とり、女の業にてこれをそろへ、藺の上中下をわかつなり、晴天にこれを干す」[45](下略)と記されている。藺草は収穫後直ちに長さ・太さ・色に応じて選り分けられた後、泥染め・干し立てに回された。村役人たちは、村内全体の藺草の作付反別と収穫実績を上・中・下・下々の段位ごとに藺田帳に書き上げ、畳表役所に提出した。領主側は、藺田帳によって、毎年、村別の藺草の品質と収穫量を正確に把握できたのである。

## (二)　織村の設定

しかし、藺田帳に記載される藺草の段取りは村ごとの評価によるものであった。第三節でみたように、藺草の段取りには、長さ・太さ・色による一応の基準が定められてはいたが、村落ごとの相対的な評価が混入することは避けられないことであった。あたかも検地によって決定される田畑の斗代(石盛)に似て、等しく上・中・下・下々藺といっても、土壌や風土によって、村落間で段位ごとの藺草の品質に微妙な差異がみられたのである。

とはいえ、藺草の品質は製品である畳表の品質に必ずしも直結しているわけではない。いかに良質の藺草を用いても、製織技術が劣れば、高品質の畳表の産出は望めない。領主側は統一的な藺草の品質評価基準を得ることに拘泥することよりもむしろ、製品段階で、一元的に畳表の品質管理を行なう方法を選択した。すなわち、藩府は沼隈郡において藺草を栽培し、畳表の製織を行なっていた二六カ村に加え、他郡の若干の村落を織村に指定し、畳表の種別ごとに、書院表織村・長間表織村・上表織村・中表織村・下表織村・下々表織村に区分した。そして、例えば下表織村においては、たとえ上藺・中藺を用いても、織り出した畳表はすべて下表となり、また下々表織村においては、上・中・下藺を用いても、下々表の評価しか与えない方法を採ったのである。「郷中覚帳」はこの点について、「下表織村　此分中藺ニ而も下表ニ成」「下々表織村　此分上中下ニ而も下々表ニ成ル」(46)などと記している。

表4—4・5は、それぞれ二つの時期における沼隈郡二六カ村の織村のランク、また、畳表製織機数と献上表の上納数をみたものである。表4—4(2)欄の内容は「郷中覚帳」によるが、同一項目の記事が広田守訓「郡中諸見分覚書」〈文化六年(一八〇九)〉にも載せられている(47)。注目すべきは、表4—4の二つの時期における織村のランクに相当の変化がみられることである。また、同表の注記に記したように、沼隈郡二六カ村の他に、下表織村として芦田郡出口村、下々表織村として分郡平村・田尻村・水呑村・佐波村が挙げられている。すでに述べたように、福山藩において、藺草の栽培は当初は広範な地域で行なわれていたが、次第に沼隈郡諸村だけに限定されていった。文化元年(一八〇四)成稿の『西備名区』も、次のように述べている。すなわち、

> 畳表　当郡(沼隈郡・筆者注)の名産なり。古は芦田郡、品治郡にも出せしか、今は此両郡は藺を産せす。(中略)当郡の内にても山北、長和、早戸を上品とす。書院表をは山南、草深より製し出せとも、此邨の藺を以てすとなん。新庄(本郷村・筆者注)次之。当郡の内にても今の分ケ郡に属られし村々は産せす(48)。

山南三カ村・草深村では、書院表の原材料として、品質の良い山北・長和・早戸村産の藺草を買い求めて用いる場合があるという記事は注目される。上記の芦田郡・分郡の村々では、沼隈郡諸村から藺草を買い求め、畳表の製織だけを行なっていたのであろう。

藩府はさらに織村のランク上位の村々を献上表織村に指定した。表4—5(1)・(2)欄はそれぞれ宝永八年(一七一一)と文化一三年(一八一六)における村ごとの献上表割賦の状況をみたものである。作成史料として用い

**表 4–4　福山藩における備後表の織村の区分**

| 村名 | (1)元文 3 年(1738) | (2)年代不詳　文化 6 年(1809)以前 |
|---|---|---|
| 能登原村 | 上表以下 | 上表 |
| 草深村 | 上書院表以下 | 書院表・長間表・上表 |
| 内常石村 | 上書院表以下 | 書院表・上表 |
| 外常石村 | 上書院表以下 | 書院表・上表 |
| 浦崎村 | 長間表以下 | 書院表・上表 |
| 上山田村 | 中表以下 | 中表 |
| 中山田村 | 中表以下？ | |
| 下山田村 | 中表以下？ | 下表 |
| 下山南村 | 上書院表以下 | 書院表・長間表・上表・中表 |
| 中山南村 | 上書院表以下 | 書院表・上表・中表 |
| 上山南村 | 中表以下 | 上表 |
| 藤江村 | 長間表以下 | 書院表・上表 |
| 金見村 | 長間表以下 | 上表 |
| 長和村 | 下表以下 | 下表 |
| 早戸村 | 下表以下 | 下表 |
| 藁江村 | 長間表以下 | |
| 地頭分村 | 下表以下 | 下表 |
| 山北村 | 下表以下 | |
| 柳津村 | 中表以下 | 中表 |
| 赤坂村 | 下表以下 | 下表 |
| 神村 | 中表以下 | 下表 |
| 今津村 | 下表以下 | 下表 |
| 本郷村 | 下表以下 | 下表 |
| 東村 | 下表以下 | 下表 |
| 西村 | 下表以下 | 下表 |
| 高須村 | 下表以下 | 下表 |

出所）(1)村田露月編『山南村誌』〈山南村誌刊行会　昭和 33 年〉150 ～ 51 頁による。
(2)「郷中覚帳」〈福山城博物館附属鏡櫓文書館鶴賓文庫所蔵〉による。

注 1）同一の記事が、「十一　藺田見分之事」広田守訓「郡中諸見分覚書」〈文化 6 年(1809)〉(同文書館所蔵中井家文庫)に所載されているが、村名に若干異同がある。誤記とみて「郷中覚帳」の記事に従った。

注 2）(2)には、他に下表織村として芦田郡出口村、下々表織村として分郡平村・田尻村・水呑村・佐波村が挙げられている。

た「備後郡村誌」の記事が粗略なために(1)欄は多数の不明点を残す内容となっているが、少なくとも宝永八年から文化一三年の間に、高須村は献上表織村から外されたこと、村によっては割賦を受ける献上表の種別にかなりの変化がみられたことが読み取れよう。

領主側は畳表織村をランク付けし、これに基づいて上位村落を献上表織村に指定した。御用表は割賦の対象をさらに下位のランクの村々に広げる方法で調達した。織村制度を構築することによって、各村の持つ製織技術力を統一的に評価し、製品段階で一元的な品質管理をはかろうとしたのである[49]。しかし、いかに高い製織技術力を持つ村であっても、原材料の品質の差異を技術力によってすべて吸収できるわけではない、先にもみたように、良質の藺草を産出する山南三カ村・草深村でさえも、最高級の献上表たる書院表を織り出す際には、さらに上質の原材料を山北・長和・早戸村に求めなければならない場合があった。領主側は織村の設定によって統一的な畳表の品質管理を行なうことに成功したが、畳表製織農民の側は献上表・御用表の生産をめぐって、藩府の規定に対応すべく追加的な負担を強いられることになったのである[50]。

ところで、これまで織村を設定した藩府の狙いは、村ごとの技術の秘伝性を強制することによって他村への技術の伝播を阻止し、村落間の技術力の差異を固定するためであったと言われてきた[51]。その証左として、先にも取り上げた本多利明「西薇事情」の次の一節がしばしば引かれてきた。すなわち、

上品の出るは、上山南村・中山南村・下山南村、此三ケ村を最上の場所とせり。故に君の制度にも、此三ケ村出生の婦女の分は、他村へ嫁事ならぬ掟なり。如何なる譯なれば、表を織るは、女の業とせり[52]。（下略）

献上表の製織は男子のみが行なうことになっていたが、この点は措くことにしよう。藩府が規制したのは織村男女の他領と領内他郡への婚姻であって、山南三カ村女子の郡内他村への通婚を禁じる触書・達しの類はいかなる時代においても見当たらない[53]。この「西薇事情」の言説は単なる風聞に過ぎない。織村・献上村が設定された

| | | (単位　機) | | (2)献上表上納数・織機数 文化13年(1816)(単位　枚・機) | | | | |
|---|---|---|---|---|---|---|---|---|
| とぼ表機 | 御座前掛表機 | 御配表機 | 織機総数 | 書院表 | 長間表 | 浮藺御座 | 継表 | 織機総数 |
| 5 | | | 35 | 51 | 81 | | | 50 |
| 1 | 1 | | 27 | 46 | 98 | 46 | 15 | 80 |
| | | | 40 | 15 | 38 | 5 | 56 | 66 |
| | | | 33 | 20 | 43 | | | 73 |
| | | | 40 | 26 | 31 | | | 33 |
| 5 | | | 26 | | 32 | | | 78 |
| 9 | | | 58 | 20 | 51 | | | 184 |
| 30 | | | 58 | 12 | 21 | | | 141 |
| 3 | | 6 | 52 | 20 | 75 | 9 | 52 | 76 |
| 25 | | | 51 | 71 | 90 | | | 138 |
| 17 | | | 65 | 36 | 69 | | | 記載なし |
| 3 | | | 73 | 41 | 77 | | | 248 |
| 3 | | | 53 | 20 | 76 | | | 108 |
| | 45 | | 74 | | | | | 74 |
| 42 | | | 68 | | 9 | | | 143 |
| 26 | | | 59 | 10 | 84 | | | 150 |
| 19 | | | 63 | | | | | 63 |
| 3 | | | 18 | 5 | | | | 39 |
| 36 | | | 92 | 26 | 39 | | | 189 |
| 20 | | | 91 | | | | | 220 |
| 40 | | | 124 | | 47 | | | 292 |
| | | | 51 | | | | | 0 |
| ○ | | | 120 | | 15 | | | 116 |
| | | | 62 | | | | | 171 |
| | | | 45 | | | | | 96 |
| 5 | | | 18 | | | | | 0 |

載がない。

注)(1)欄の○は、明らかに該当事項のあることは知られるが、詳細不明、×は該当事項がないことを示す。

**表 4–5　福山藩における畳表機数・献上表上納数**

| 村名 | (1)献上表の種別と機数　　宝永8年(1711) | | | | | | | |
|---|---|---|---|---|---|---|---|---|
| | 献上表の種別 | 書院表機 | 長間表機 | 上表機 | 中表機 | 下表機 | 下々表機 | 浮蘭御座機 |
| 能登原村 | 書院・長間 | | | | 5 | 10 | 15 | |
| 草深村 | 書院・長間・浮蘭御座 | 7 | 8 | 2 | 4 | 4 | | |
| 内常石村 | 書院・長間・浮蘭御座 | 7 | 14 | | | | 18 | 1 |
| 外常石村 | 書院・長間 | 7 | 13 | | | | 13 | |
| 浦崎村 | 書院・長間 | | 1 | 5 | 8 | 10 | 16 | |
| 上山田村 | 長間 | | | | 4 | 9 | 8 | |
| 中山田村 | 書院・長間 | | | | 12 | 21 | 16 | |
| 下山田村 | ○ | | | | 3 | 7 | 18 | |
| 下山南村 | 書院・長間・浮蘭御座 | 13 | 29 | | | | | 1 |
| 中山南村 | ○ | 1 | 3 | | 5 | 5 | 12 | |
| 上山南村 | 書院・長間 | | | 3 | 7 | 17 | 21 | |
| 藤江村 | 書院・長間 | | 5 | 13 | 15 | 20 | 17 | |
| 金見村 | 書院・長間 | | 2 | 3 | 15 | 15 | 15 | |
| 長和村 | × | | | | | 16 | 13 | |
| 早戸村 | 長間 | | | | | 11 | 15 | |
| 藁江村 | 書院・長間 | | | 3 | 5 | 10 | 15 | |
| 地頭分村 | × | | | | | 18 | 26 | |
| 山北村 | 書院表3枚 | | | | | 9 | 6 | |
| 柳津村 | 記載なし | | | | 13 | 18 | 25 | |
| 赤坂村 | × | | | | | 40 | 31 | |
| 神村 | 長間 | | | | 5 | 38 | 41 | |
| 今津村 | × | | | | | ○ | ○ | |
| 本郷村 | 長間 | | | | | | ○ | |
| 東村 | × | | | | | 62 | | |
| 西村 | × | | | | | ○ | ○ | |
| 高須村 | ○ | | | | | 7 | 6 | |

出所)『備後郡村誌』(『府中市史史料編Ⅳ地誌編』昭和61年 所収)によって作成。ただし、(2)欄の柳津村の書院表・長間表の献上枚数は『福山市史中巻』577頁、第39表によるもので、『備後郡村誌』には記

ことによって、沼隈郡畳表製織村落は重い負担を背負わされたが、反面、高位のランクの織村であること、献上村であることは畳表製織村々の威信を支える根拠となった。時期によって織村のランク、賦課される献上表の種類に変動がみられたことは、先に表4―4・5でみたとおりである。ランクの高い織村は格付けの下降を恐れ、ランクの低い織村は上昇を期待して、製織技術の保持あるいは向上に鎬《しのぎ》を削ったのである。「西藏事情」が述べる風説はこのような沼隈郡織村間の葛藤を背景に生み出されたものであると言えよう。阿部氏福山藩において展開をみた織村制度は織村間の技術的競争を引き出し、またこの競争に支えられて機能したのである。

## おわりに

これまでの考察の結果得られた諸点を整理し、本章を結びたい。

徳川期、福山藩沼隈郡においては、藺草の栽培とこれを原材料とする畳表の製織工業の活発な展開がみられた。同郡において、藺草の栽培と畳表の製織は分かちがたく結び付いており、両者は郡内農民の農家経営を支える重要な役割を果たしていた。沼隈郡産の畳表は備後表・福山表の名称で全国的な声望を得ていたにもかかわらず、藺草の作付けの特化はみられず、沼隈郡における藺草の栽培は複合的な田方経営の一環として実施されていた。これは藺草の栽培とそれに続く畳表製織作業が労働の多投と緻密な技術の投入を要するためであり、領主側による畳表の厳しい品質管理政策と相俟って、沼隈郡産畳表の品質の維持・向上をもたらす方向に作用した。

阿部氏福山藩において、藺田に対する年貢徴収は、水田綿作の場合と同様に、半高の法を適用し実施された。しかし、不作年度に限って検見見分を実施する米作・綿作とは異なり、藺田の場合は、豊凶にかかわりなく毎年六月に村方内見・役人見分を実施し、上・中・下・下々・捨てりの五段階による藺田の段取りが行なわれた。上・

中・下藺田はすでにその水田の石高を満たす収穫が得られたものとみなされ、「跡植」晩稲の収穫のいかんにかかわらず、例年通りの年貢負担を求められた。下々・捨てり藺田に限って「跡植」晩稲検見が実施された。下々藺田は、この晩稲検見によって知られた見米に上山南・中山南・下山南・内常石・草深の五カ村は反当たり八斗五升、他の藺草栽培村落二一カ村は七斗の代米を差し加えて有米を算出し、その田地の石高に対して不足があれば、その分を引高として控除し、課税対象石高を決定した。捨てり藺田は、皆損であったとみなされ、「跡植」晩稲検見の見米がそのまま引高を認めるか否かの基準となった。このように、「跡植」晩稲の収穫量にかかわりなく、水田裏作の藺草だけで、平年並みの作柄(上・中・下藺田)ならば、その水田の石高を満たす収益が得られるものとみなす仕法こそが半高の法であった。

福山藩における藺田徴租法は、表作稲作と裏作藺作の両面における作況を考慮し、貢租吸収量を決定する周到なシステムに支えられ機能していた。同じく藺草の特産地域を有していた隣藩の広島藩において、藺草の栽培に対する貢租徴収システムが存在しなかったことと比較すれば、福山藩の徴租法はきわめて緻密なものであった。福山藩における藺田年貢は沼隈郡の藺草栽培農民に追加的な貢租負担を背負わせたが、反面、このような年貢徴収形態は藺草の栽培と畳表の製織が郡村農民に持続的に相当高い収益をもたらしていたからこそ存続が可能であった。

藺田内見・藺田見分を通して実施された藺田の段取りは、主として藺草の収穫量に基づいて行なわれ、確定した藺田の段位は、もっぱら藺田年貢の徴収量、より具体的に言えば、引高の可否と多寡を決定するためにのみ機能した。年々一定数の献上表・御用表を確保するために、藩府はこれとは別に藺草と畳表の品質を統一的に掌握する仕法を構築する必要に迫られた。村方に藺田帳の提出を求めて年々収穫される藺草の品質を確認し、畳表織村のランク付けを実施し、上位の織村を献上表織村に指定して畳表の一元的な品質管理を行なったのはこのためである。公認織村・献上表織村制度の下、沼隈郡を中心とする福山領内の畳表製織農民は厳しい義務と責任を負うことになったが、領主側が構築したこの厳格な品質管理体制は、一方で、製織技術をめぐる織村間の激しい競争を喚起し、福山産備後表の品質の維持と向上に少なからざる効果をもたらした。

本章の考察を通して、これまでほとんど知られていなかった福山藩における藺田徴租法の構造を明らかにすることができた。しかし、まだ多数の課題が残されている。他の藺草生産地域、すなわち、近江・備前・備中・肥前などの諸国では、いかなる藺田徴租法が行なわれていたのか。筆者は不明にしてそれらの研究例を知らない。また、対象を福山藩に限っても、稗作・麦作、煙草作に対する年貢徴収法など、考究すべき課題が多々残されている。それらの福山藩の課題については、改めて次章で考察しよう。

本章では、福山藩における藺田年貢の賦課構造に関連して、織村制度の成立事情を考察したに止まり、福山藩備後表の生産・流通構造、藩府による保護・統制策の展開構造について、ほとんど触れられなかった。これらの諸部面に関する先行研究は相当量に上るが、その大半は一九七〇年代以前の研究成果によるものである。新史料の発掘、既存史料の再読・再考を通した新たな視角からの分析を期したい。

**注**

(1)早くから近世農民の兼業・出稼ぎ労働の重要性を指摘した論考として、トマス・C・スミス「前工業化期日本の農家副業─長州藩上関宰判の事例を中心として─」(元稿昭和四五年)(同氏著・大島真理夫訳『日本社会史における伝統と創造─工業化の内在的諸要因』ミネルヴァ書房 平成七年に収録)がある。その他の近世農業の多様性を論じた論考については、本書第三章注(1)を参照。

(2)言うまでもなく、アメリカの歴史家・フランクリン・F・メンデルスによって提示された概念で、近年、日本経済史の分野でも広く用いられるようになった。proto-industry ないし proto-industrialization の Proto とは、『原初的』、あるいは、『原基的』を意味し、工場制工業が中核となった産業革命以降の工業化に先行する農村地域における工業化を指す。(その詳細については、斉藤修『プロト工業化の時代―西欧と日本の比較史―』日本評論社 昭和六〇年、同氏『比較史の遠近法』NTT出版 平成九年、特に第二章「工業化以前の工業化」を参照。また、メンデルス、デーヨン等、プロト工業に関する欧米歴史家の主要論考を収めた翻訳論文集として、篠塚信義・石塚昭雄・安本稔『西欧近代と農村工業』北海道大学図書刊行会 平成三年がある。筆者のような西洋経済史に不案内な読者にとって、同書巻末の篠塚信義氏による諸論文の解説はきわめて有益である。

(3)徳川期における換金作物のうち綿作、また麦作に対する徴租法に関する主要な研究成果については、本書第三章注(5)を参照。

(4)正保二年(一六四五)刊行〈序文では寛永一五年(一六三八)成立〉の俳諧方式書・松江重頼『毛吹草』巻四の名産誌には、畳表の特産地として、近江(奥嶋表)・備後・肥前(佐賀畳表)が挙げられている(新村出校閲・竹内若校訂『毛吹草』岩波文庫 昭和一八年 一七一・一八〇・一八五頁)。正徳三年(一七一三)刊行の寺島良安『和漢三才図絵』巻三十二・「家飾具」畳席の項には、「表席は備後より出るものを上となし、備中備前は之れに次ぎ、江州は又之れに次ぐ。(江州に亦抜群の上席あり。)丹波は卑と雖へども性剛く靭なり。」と記されている(『日本庶民生活資料集成第二八巻 和漢三才図絵(一)』三一書房 昭和五五年 四八一頁)。

(5)主要な論考と史料集を挙げる。沼隈郡役所『沼隈郡誌』先憂会 大正一二年 二三六~四四・二五七~八頁、村田露月編『山南村誌』山南村誌刊行会 昭和三三年 一一八~二八・一三五~一六一頁、谷口澄夫・柴田一「備後表」(地方史研究協議会編『日本産業史大系七―中国四国地方編―』東京大学出版会 昭和三五年)、昼田栄編『広島県農業発達史第二巻』広島県信用農業協同組合連合会 昭和三七年 五六九~八五七頁(「藺草編」)、福山市史編纂会編『福山市史中巻』昭和四三年 二二~三・二二一~二七・五七五~九四頁、広島県『広島県史近世1』昭和五六年 五八九~六〇二頁、『同近世2』昭和五九年 二七四~八三頁、「備後国畳表藺農業之図」(天明二年)(『江戸科学古典叢書一八巻』恒和出版 昭和五四年)、特に同書巻末の樋口秀雄氏による解説を参照、広島県立歴史博物館『備後表―畳の歴史を探る―』・『同文書資料集』平成二年。

(6)「郷中覚帳」(福山城博物館附属鏡櫓文書館鶴賓文庫所蔵、慶応元年書写本)。地方書「郷中覚帳」の詳細については本書序章を参照。
(7)谷口澄夫・柴田一 前掲「備後表」一一四頁。
(8)前掲『福山市史中巻』四三九頁。
(9)宮原直倁「備陽六郡志」内篇巻七〈得能正通編『備後叢書第一巻』復刻版 歴史図書社 昭和四五年〉二〇四頁。
(10)例えば、前掲『福山市史中巻』五九四頁、昼田栄編 前掲『広島県農業発達史第二巻』六〇二頁。
(11)本多利明「西薇事情」(寛政七年)(滝本誠一編『日本経済大典第二〇巻』啓明社 昭和五年 所収)二九一〜二頁。
(12)小泉和子氏の研究によれば、伝存する家財目録からみたとき、一八世紀半ばから一九世紀初頭、信濃・出羽・土佐国においては、中下層農家の敷物はもっぱらござ・筵だけて、畳の利用例はまったくみられなかった。これに対して、同時期、江戸本石・浅草・本芝・下谷などの都市中下層住民の家材道具には多少なりとも畳が含まれ、裏長屋住人にも畳を使用する者がみられた〈小泉和子「暮らしの道具」(『岩波講座日本通史第一二巻・近世3』岩波書店 平成五年所収)三四一〜五四頁〉。柳田國男が「廊下・勝手以外は、ことごとく畳を敷くべきものと思うようになったのは明治である。」と断言したように、徳川期、都市部を除いて、まだ庶民の畳の使用は限られていたと言えよう(柳田國男『明治大正史世相篇』講談社学術文庫 平成五年 一二二頁)。
(13)注(5)に挙げたいずれの論考も徳川期沼隈郡の藺作法に言及しているが、内容は大同小異である。農書の関連記事の分析については、特に、昼田栄編 前掲『広島県農業発達史第2巻』が詳しい(六〇四〜二〇頁)。他に、地元藺草栽培農家の聞き取り調査を基に、現代の藺作法を論じた『沼隈町史民俗編』沼隈町教育委員会 平成一四年は、沼隈郡における藺草栽培技術の発展過程を探る上で有益である。
(14)「郡中町方明細記」〈(福山市芦田町福田・宮崎家所蔵)府中市『府中市史史料編Ⅱ近世編上』昭和六三年 所収〉二三一頁。地方書「郡中町方明細記」の詳細については本書序章を参照。
(15)宝暦三年(一七五三)の「畳表由緒書」と天保一四年(一八四三)の「藺草作法」の記事を比較し、この約一〇〇年間に干鰯の多投が相当進行したとみる見解があるが(谷口澄夫・柴田一 前掲「備後表」一一五〜六頁)、単に「畳表由緒書」はすでに行なわれていた干鰯の投入に触れていないに過ぎない。沼隈郡諸村の藺草栽培においては、相当初期から干鰯の多投がみられたと思われる。すでに元禄一〇年(一六九七)の宮崎安貞『農業全書』巻之六第九「藺」でも、「糞たらざれば色あしく、さきかれて上面(表)にハならず。鰯などを頻りに多く入るべし。」と、藺草栽培における干鰯の投入の重要性が強調されている(土屋喬雄校訂『農業全書』岩波文庫 昭和一一年 二三八〜九頁)。

(16)菅茶山「福山志料」(文化六年)(『福山志料下巻』福山志料発行事務所 明治四三年)巻之二十七・二頁。

(17)「郷中覚帳」二二一「諸作物出来高大旨幷蒔時種積」、宮崎安貞「農業全書」巻之六第八「烟草」(土屋喬雄校訂 前掲『農業全書』)特に二三三・二三六頁。

(18)「郡中町方明細記」(前掲『府中市史史料編Ⅱ近世史料編上』)二二九頁。

(19)村田露月編 前掲『山南村誌』一二〇頁。

(20)「沼隈郡草深村差出帳」(宝永八年)〈沼隈郡能登原寺岡恒氏所蔵「寺岡家文書」〉。

(21)広島浅野藩においては、田方裏作を対象とする貢租賦課はまったく行なわれなかった。ただし、畑作の比重が高かった沼田郡の一部村落では麦・菜種・麻に対する見分が実施され、代銀納による貢租の納入が実施されていた(拙著『広島藩地方書の研究』英伝社 平成一一年 一二五〜六頁)。なお、広島藩においても、慶安三年(一六五〇)以降、徴租法として土免制が採用されていたが、その仕法は福山藩とは相当異なるものであった。詳細については、同上書 一九〜八二頁を参照。

(22)「畳表由緒書」(宝暦三年)前掲〈『沼隈郡誌』所収〉二三六頁。

(23)「郷中覚帳」一一「藺田見分之事」。

(24)前掲『福山市史中巻』二一五頁。

(25)「郷中覚帳」一一「藺田見分之事」。

(26)同右。

(27)本書第二章第三節(一)参照。

(28)「郷中覚帳」一一「藺田見分之事」。

(29)前掲『福山市史中巻』二一五〜六頁。
(30)「郷中覚帳」一一「繭田見分之事」。
(31)同右。
(32)同右。
(33)同右。
(34)その原理を事例を挙げて説明する。
　例えば、免率五つのある村で、斗代一石六斗、面積二反の水田に不作が生じ、検見の結果、反当たり八斗の有米しかなかったとしよう。この田地の例年の定例引高は二升であったとする。この時、この水田にいくらの年貢負担が求められるか。まずこの田地の石高（一・六×二＝三・二石）から定例引高二升を控除する（三・二−〇・〇二＝三・一八石）。次に斗代と検見有米の差分は一・六−〇・八＝八斗、面積は二反であるから、この年に限り、〇・八×二＝一石六斗の引高が認められる。したがってこの水田の課税対象となる石高は、三・一八−一・六＝一石五斗八升となる。これに免率〇・五を乗じ、一・五八×〇・五＝七斗九升の年貢負担が求められる。

　これに対して、畑作の場合、同じ村落で、例えば、斗代一石、面積二反、定例引高一升の綿畑に、検見の結果、四斗の収穫（綿高）しかなかった時、斗代一石の「半高」＝五斗から四斗を差し引いた一斗が反当たりの引高となった。この綿畑の年貢負担量は、定例引高・「半高」の引高を控除して、二−〇・〇一−〇・二＝一・七九石、これに免率〇・五を乗じ、八斗九升五合となる。
(35)本書第三章第一節(四)を参照。
(36)前掲「沼隈郡下山南村差出帳」(宝永八年)。
(37)「沼隈郡能登原村差出帳」(宝永八年)〈沼隈郡能登原寺岡恒氏所蔵「寺岡家文書」〉。
(38)「郷中覚帳」一一「繭田見分之事」。
(39)同右。
(40)事例を挙げて繭田徴租法の原理を説明する。

例えば、上山南村(免率六つ六歩)で、斗代一石六斗、面積二反、定例引高二升の藺田があったとする。藺田見分の結果、この藺田の段取りが上・中・下藺田に決定されたとき、「跡植」晩稲の収穫いかんにかかわりなく、この藺田に対して、定例引高控除後の石高(一・六×二—〇・〇二＝三・一八石)に免率を乗じて得られた石高(三・一八×〇・六六＝二・〇九八八)、二石九升八合八勺の年貢負担が求められた。

では、下々藺に段取りされ、「跡植」晩稲の有米が反当たり八斗しかなかった場合はどうなるか。上山南村の下々藺田の代米量は反当たり八斗五升であるから、藺田と晩稲の総有米量は、八＋八・五＝一石六斗五升となり、斗代一石六斗を超えるので(これを出来越と称した)、引高は認められない。引高が認められるためには、「跡植」晩稲の有米は反当たり七斗五升未満でなければならないのである。「跡植」晩稲の有米が同じく八斗で、捨てり藺であった場合は、まったく代米は差し加えられないから、斗代と有米の差分は八斗、面積は二反であるから、引高は一・六石、課税対象石高は、三・一八—一・六＝一石五斗八升、年貢負担量は、一・五八×〇・六六＝一石四升二合八勺となる。

(41)「郷中覚帳」一一「藺田見分之事」。
(42)同右。
(43)本書では、福山藩における献上表・御用表・商用表に対する領主の保護・統制政策、また流通構造の変遷については直接触れない。これらの諸点については、差し当たり、前掲『福山市史中巻』二二一～七・五七五～九〇頁、前掲『広島県史近世1』五九七・六〇一頁、『同近世2』二七四～八三頁等を参照。
(44)村田露月編著『柳津村誌』柳津郷土研究会 昭和三三年 所載史料 三一一頁。
(45)前掲「備後国畳表藺農業之図」(天明二年)(『江戸科学古典叢書第一八巻』)三二一～三頁。
畳表を製織する農家では、畳表の織り立て前に、上・中・下・下々藺、各所定の長さの割竹を縦に立てた藺束の端に挟み、それぞれ割竹の長さを超える藺草を順次抜き取っていく方法でさらに藺草を選別した。
(46)「郷中覚帳」一一「藺田見分之事」。
(47)同右、広田守訓「郡中諸見分覚書」一一「藺田見分之事」(文化六年)(福山城博物館附属鏡櫓文書館所蔵中井家文庫)(広島県『広島県史近世資料編Ⅱ』昭和五一年 所収)一〇五四頁。

(48)馬屋原重帯「西備名区」巻十二(文化元年)(得能正通編『備後叢書第三巻』復刻版 歴史図書社 昭和四五年 所収)四二五頁。

(49)福島正則時代以来踏襲された「二十五疵の事」をはじめ、「九箇条之定」等、福山藩における献上表・御用表調達に際する検査規格、改役による検収制度については、村田露月編 前掲『柳津村誌』一三八〜四六頁が特に詳しい。

(50)沼隈郡外諸村を含む領内村落間の藺草の流通事情については、前掲『福山市史中巻』二一六〜七頁にわずかに言及がみられる程度で、ほとんど知られていない。プロト工業としての近世福山藩における畳表製織工業の構造をより深く解明するためには、今後、この点を究明する必要がある。

(51)例えば、谷口澄夫・柴田一 前掲「備後表」一一九〜一二〇頁、昼田栄編 前掲『広島県農業発達史第二巻』五九二〜三頁。

(52)本多利明「西薇事情」(前掲『日本経済大典第二〇巻』)二九二頁。

(53)阿部藩政初期の正徳元年(一七一一)、郡奉行から沼隈郡在中に通達された畳表製織に関する八カ条の条目中、関連する一項を示そう。以後、同条目は沼隈郡の織村を統制する基礎となった。すなわち、

一　表織の村男女下人に至る迄御他領の縁組は勿論、当分の日用たりとも曾て不可遣之、若し背之旨ものあらは其者は勿論其一類中可為落度、自然逐電の者於有之は早速郡方会所へ相達、尤彼者可相尋事、附、表織の百姓共方へ他領より奉公人に差越、機織ならはせ可行取手だて有之由相聞候間、随分と吟味し左様の者は不可抱事

(前掲『沼隈郡誌』所載史料 二三八〜九頁)

ここで禁じられているのは、あくまでも福山藩畳表製織者の他領への縁組と逃亡、吟味を命じているのは、他領から来た奉公人である。藩府が禁じたのは、福山領内から他領への畳表製織技術の漏洩であって、沼隈郡村落間の技術移転ではなかった。水野氏時代の貞享元年(一六八四)に、すでに同一内容の条目が発令されていた〈覚(西中条・妹尾家文書)(広島県『広島県史近世資料編Ⅴ』昭和五四年 史料番号三九号 四二一〜三頁)〉。

しかし、沼隈郡諸村間の婚姻に規制措置はみられなかったものの、沼隈郡内村々と他郡村々間の婚姻を規制する何らかの慣行があったことは否定できない。文政元年(一八一八)、安那郡下御領村に宛てられた郡方役人からの三項目

の達しの中に次の一項が含まれている。すなわち、

一　前ニ御座候沼隈郡村々ゟ養子嫁取り引受候分、是迄表職人無之段願書指出候来り候処、当年ゟハ願書不及段被仰出候

他郡村々に沼隈郡から養子・嫁を迎えるに際して、表職人でない証明を必要としたことになるが、なぜ文政元年に至ってこの慣行は廃止されたのか、「前ニ御座候」というが、いつからこの慣行は開始されたのか、明らかではない。おそらくこの慣行は領主側・領民の双方が福山藩における備後表の重要性を意識する姿勢が強まるにつれていつの頃か成立し、意味なく存続していたのであろう。文政期に至り、その現状を糺す措置が取られたと思われる。

（付記）

本章の論考の基礎をなす初出論文「福山藩における藺田徴租法」の作成に当たり、史資料の収集に際して、沼隈郡誌編纂事務局の上田靖士氏、福山城博物館の園尾裕氏、井上節子氏（いずれも当時）に多大なご支援をいただいた。また、「寺岡家文書」所蔵者の寺岡恒氏には史料の利用を快諾していただいた。ここに記し、深謝の意を表したい。

# 第五章　福山藩における麦作・稗作徴租法

## はじめに

本章においては、徳川期の農民による多様な作付作物に対する貢租負担構造を探る試みとして、第三・四章で行なった木綿・藺草徴租法の分析に引き続き、阿部氏治世期、備後福山藩における麦作・稗作に対する貢租徴収仕法を考察する。麦は福山藩諸村における水田裏作作物の中心を占めていただけでなく、畑方作物としても広く植栽され、領民の重要な食糧源であった。一方、稗も福山領内で田方・畑方両面に作付けされ、日常食の一翼を担い、救荒作物として特に重要な役割を果たした、本章においても、地方書「郷中覚帳」・「郡中町方明細記」(1)両書に記された関連記事の分析を通して、これまでほとんど研究の蓄積がみられなかった阿部氏福山藩における麦作・稗作徴租システムの解明をめざすことにしよう。

## 第一節　福山藩における麦作の展開事情

### (一)　麦の作付面積

一八世紀初頭の時点で、福山藩ではどの程度の麦作の展開がみられたのだろうか。すでに第一章に掲げた表1—1a～cから郡別の水田面積・二毛作田面積・二毛作率の欄を抽出し、改めて表5—1として掲げよう。水田面積は元禄一二年(一六九九)の備前検地に基づく宝永八年(一七一一)の「村々差出帳」の数値、また、二毛作田面積は明和三年(一七六六)の数値であるので一定のタイムラグがある。むろん、二毛作田のすべてに麦作が行な

**表 5–1　水田面積（宝永８年）・二毛作田面積（明和３年）**

| 郡　名 | (1)水田面積<br>町、反。畝、歩、厘、毛 | (2)二毛作田面積<br>町、反。畝、歩、厘、毛 | (3)二毛作率<br>(%) |
|---|---|---|---|
| 分　郡 | 676、8、4、23、0、0 | 260、6、6. 05、0、0 | 38.511 |
| ★ | 665、8、4、29、0、0 | 260、6、6、05、0、0 | 39.147 |
| 深津郡 | 858、7、0、07、3、3 | 577、6、2、00、0、0 | 67.267 |
| 安那郡 | 1041、9、9、15、5、0 | 617、1、4、00、0、0 | 59.227 |
| ★★ | 814、2、7、22、5、0 | 508、4、6、00、0、0 | 62.444 |
| 沼隈郡 | 930、0、7、18、0、0 | 536、5、1、22、0、0 | 57.685 |
| ★★★ | 924、3、8、09、0、0 | 532、2、5、22、0、0 | 57.580 |
| 品治郡 | 743、4、2、24、0、0 | 335、7、9、28、0、0 | 45.169 |
| 芦田郡 | 869、8、1、01、0、0 | 556、5、5、06、0、0 | 63.985 |
| ★★★★ | 856、9、0、16、0、0 | 547、4、8、06、0、0 | 63.891 |
| 全６郡 | 5120、8、5、28、8、3 | 2884、2、9、01、0、0 | 56.324 |
| ★★★★★ | 4863、5、3、29、8、3 | 2762、2、8、01、0、0 | 56.796 |

出所）本書第１章表 1-1a ～ c
注１）★鞆町・島嶼部（走島・田島・横島・百島の４カ村）を除いた数値。
★★川南・川北２カ村（神辺宿）を除いた数値。
★★★町場の形成がみられた松永村を除いた数値。
★★★★同じく府中市村を除いた数値。
★★★★★上記のすべての町場・島嶼部を除いた数値。

われていたわけではない。沼隈郡では田方裏作として藺草が、他郡においても、菜種・蔬菜など多様な水田裏作がみられたはずである。畑麦も相当作付けされていた可能性を考慮する必要がある。

安永八年（一七七九）頃に成立したと推定される地方書「郡中町方明細記」には、享保元年（一七一六）における福山藩六郡の裏作麦の作付面積が次のように記されている。すなわち、

覚

一　郡中田方裏毛麦壱反ニ付弐升ツヽ村々郷蔵へ納置、在中御借物其外痛百姓抔有之節、御借物ニ被成候筈ニ而右之通被仰付候、右之麦当年ハ御上ゟ銀子ニ而三拾貫目拝借被仰付候、当暮元銀ニ而上納相済候筈也、尤麦ハ当麦毛ゟ相納候様、享保元申三月十五日御郡奉行中庄屋組頭共へ被申渡候、右銀子三拾貫目拝借被仰付候趣意ハ当春諸色高にて郡中ニ而も飢人等有之候間拝借被遊候、尤飢扶持之心ニ而ハ無之、裏毛麦当年ゟ上納之訳兼両様を

以被仰付候

享保元申三月十六日

右委細書付左之通

一　畝三百四拾五丁六反七畝廿五歩　　分　郡

一　同弐百弐拾丁六反九畝弐十七歩　　沼隈郡

一　同三百四拾七丁八反壱畝歩　　品治郡

一　同五百三拾七丁三反弐畝十九歩　　芦田郡

一　同四百三丁三畝九歩　　安那郡

一　同四百五拾四丁七反八畝弐歩　　深津郡

合弐千三百九丁三反弐畝弐歩

此麦四百六拾壱石八斗六升六合壱勺

右之通相納候事

同年四月十九日(2)

「痛百姓」・「飢人」の救済などに充てる「御借物」(領主側からみれば「御貸物」)の基銀にするという名目で、享保元年(一七一六)以降、「郡中田方裏毛麦壱反ニ付弐升ツヽ」の上納が郡奉行から庄屋・組頭に申し渡された。領主側は、同年、早速銀三〇〇貫分の借り入れ(貸し出し)を実施するという。「飢扶持之心ニ而ハ無之」、つまり飢人に施与するのではなく貸与するものであると明記している(3)。

同「覚」末尾には、各郡の裏作麦の作付面積が列挙され、総作付面積と総納入量が「合弐千三百九丁三反弐畝弐歩、此麦四百六拾壱石八斗六升六合壱勺」と記されている。正確には六郡の総作付面積は二三〇九町三反二畝二二歩、総納入量は四六一石八斗六升五合四勺六才六弗となるが、大差はない。

「覚」の冒頭では、課税は「郡中田方裏毛麦壱反ニ付弐升ツヽ」と記されているので、列記されている反別は畑麦の作付面積を含まない「田方裏毛麦」だけの数値と解すべきであろう。この享保元年(一七一六)の各郡の田方麦作付面積と表5—1の明和三年(一七六六)における各郡の二毛作田の面積を見比べてみると、分・品治両郡は前者が後者を上回っている。明和三年の二毛作田面積には麦作以外の裏作面積が含まれるので、単純には比較できないが、この二郡では五〇年間のうちに田方麦作の後退が生じ、分郡では少なくとも八五町歩以上の田麦の作付面積の減少がみられたことになる。福山領内六郡のうちで、水田中に占める二毛作田率が五〇%を下回っているのは分・品治両郡だけである。

残る深津・安那・沼隈・芦田四郡では、この五〇年間にそれぞれかなりの水田裏作麦の作付面積の増加がみられたと考えられる。特に沼隈郡の田方麦作面積は少なくとも二倍以上増加している。一八世紀、福山領内においては、多様な作物作付けによる複合的な田方裏作経営が展開されたのであり、表5—1の二毛作田面積には麦以外の田方裏作作物の作付面積が相当含まれている可能性を考慮すべきである。しかし、すでに前章でみたように、全国でも名だたる藺草の特産地域であった沼隈郡でさえ、二毛作田に占める藺草の作付面積はそれほど高い比重を占めていなかった。寛保二年(一七四二)の沼隈郡の総藺田面積は不明の二カ村を除いて五一町七畝一七歩にすぎなかったのである[4]。同時期における福山領内の田方裏作の中心作物はやはり麦であったとみるべきであろう。

個別的な農家の麦作事情をみよう。図5—1は文化六年(一八〇九)における分郡市村の豪農土屋家の手作田畑の作付配分をみたものである。同家は寛政五年(一七九三)に九町一反、文久三年(一八六三)には二三町一反余の田畑を所有し、そのうち三~四町歩を常時手作りしていた[5]。この文化六年の土屋家手作地の裏作総面積は二町六反七畝一七歩、そのうち水田面積に対する麦(大麦)の作付率は四四・八%、小麦は一一・三%であり、畑は大麦

**図 5‒1　豪農・土屋家における手作耕地の作付配分　　文化６年**

(1) 表作

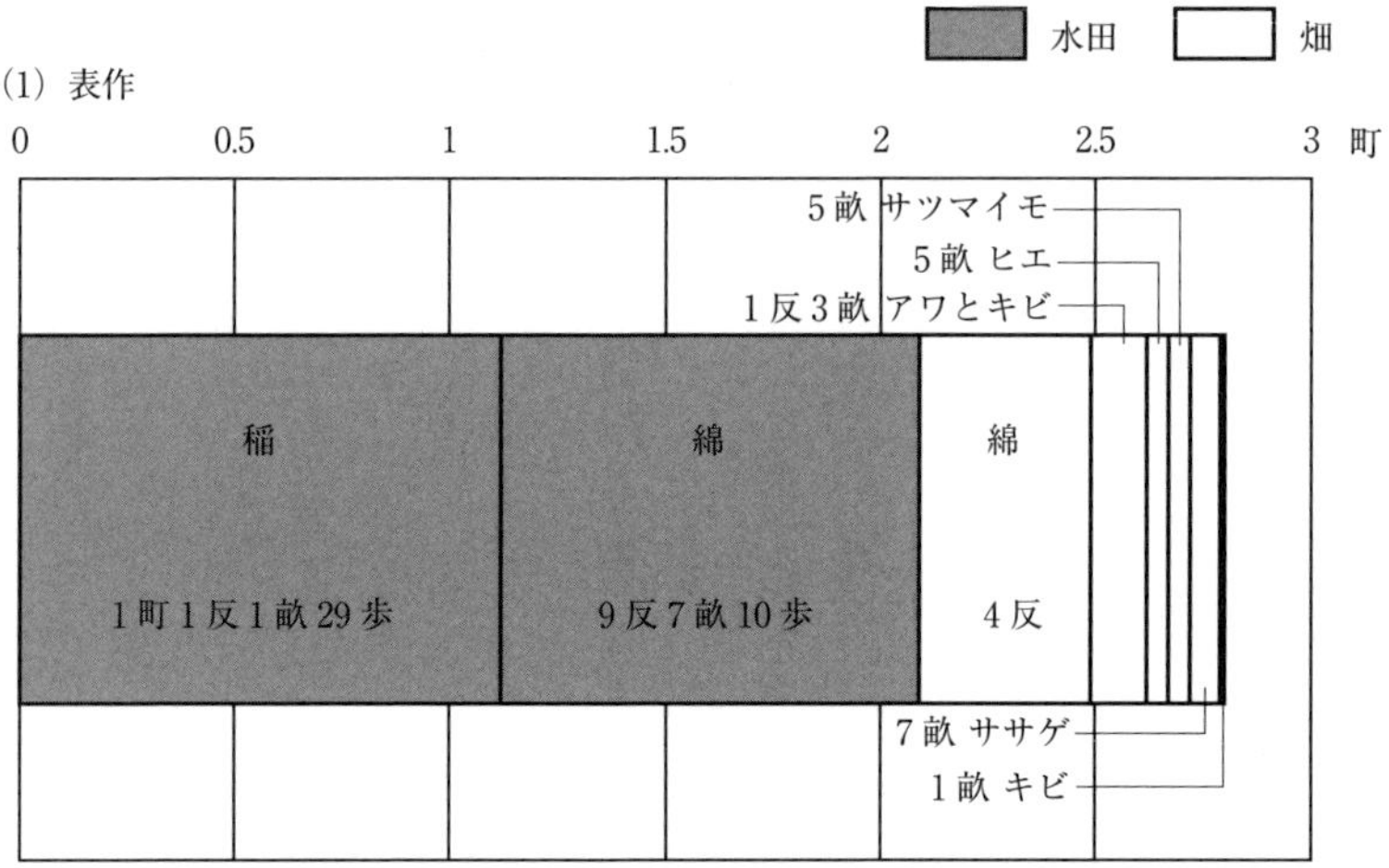


総作付面積　2 町 8 反 9 歩

(2) 裏作

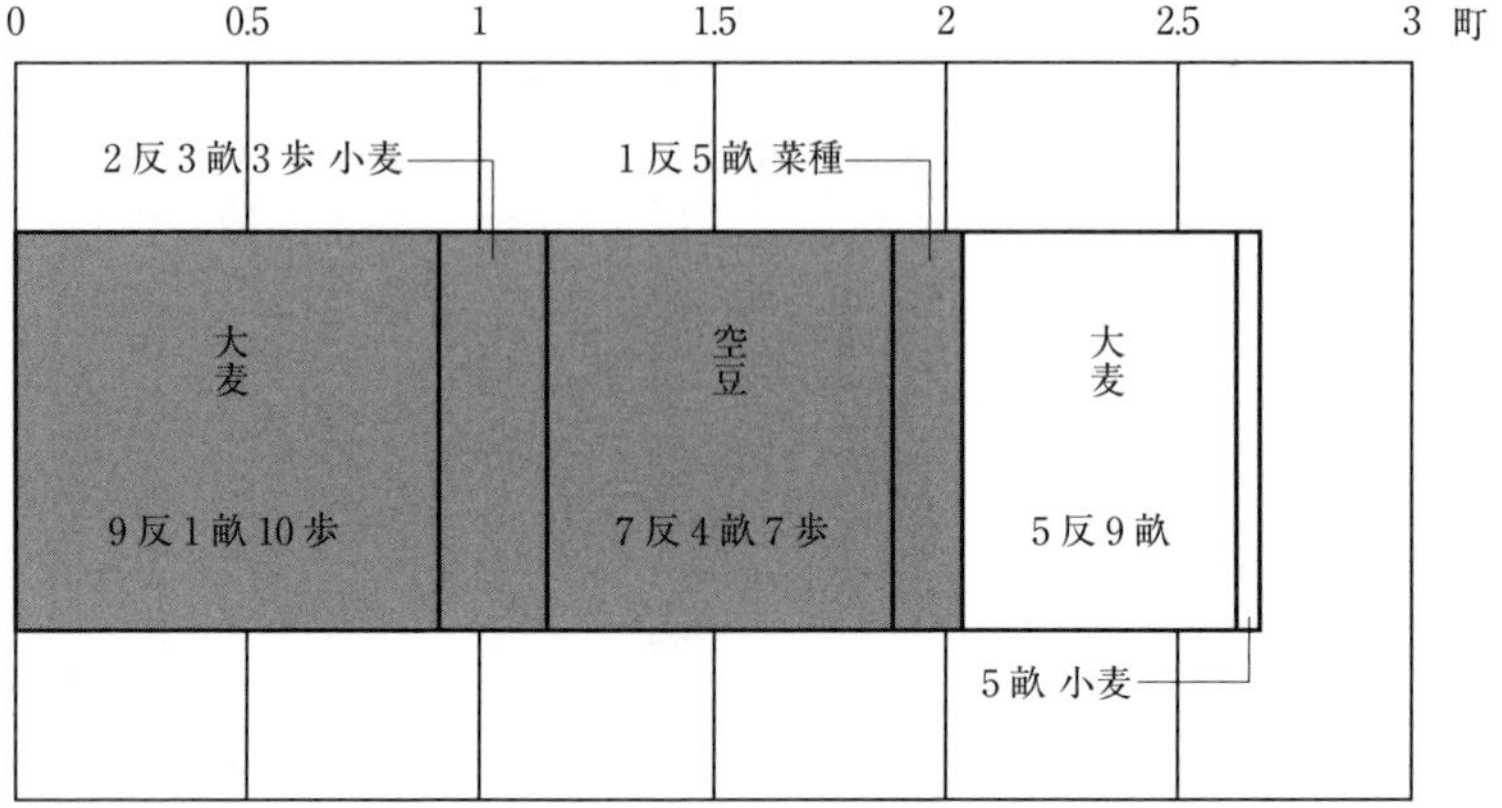


総作付面積　2 町 6 反 7 畝 17 歩

出所）岡光夫『封建制下の小農経済』法政大学出版局 昭和 51 年 128 ～ 31 頁によって作成。
注）　表畑作の「アワとキビ」1 反 3 畝の個別の作付面積は判別できない。

九二・二%、小麦七・八%とすべて麦の作付けで占められていた。田畑全体に対する大麦の作付率は五六・一%、小麦は一〇・五%、麦全体の作付率は六六・六%に達していた。一九世紀初頭、土屋家の手作地裏作では、田畑ともに麦作が重要な位置を占めていたのである。このような豪農手作の場合に限らず、福山藩の農村全般において、一八世紀以降、田方・畑方ともに裏作に麦作を重視する同様な傾向がみられたことは、図5―2に示した安永・天明期の芦田郡町村における裏作作付比率からも窺える。

## （二）麦の作付事情

では、福山領内ではどのような品種の麦が作付けされていたのだろうか。地方書「郷中覚帳」・「郡中諸見分覚書」・「郡中町方明細記」には、先の土屋家の事例でみた「大麦・小麦」の他に「白麦」の名称がみえる。これらの三つの地方書にはそれらの麦を含む諸作物の播種・収穫事情が「諸作物出来高幷蒔時種積り」等の項目を立てて記されているので、その要点を表5―2として掲げておこう。「郡中町方明細記」に誤記が目立つことを除いて、その内容にほとんど異同はみられない。本書の序章で触れたとおり、この項目の記事は明和四年(一七六七)頃に成立したみられる祖本「郷中覚帳」によるものであろう。表5―2の内容は、一八世紀中後期福山藩の農業生産水準を示すものと解して大過はないはずである。

ところで、享保一八年(一七三三)に成立した広島藩の地方書「芸州政基」(6)には、すでに広島領内において、裏作として麦作が盛んに行なわれ、大麦・小麦・白麦などが作付けされ、浦辺島方では、「一年麦」と称する一月蒔き付け、四月取り入れの麦作が実施されていたことが記されている。(7)他に『農業全書』は「広島はだか」を挙げており、(8)これらの品種は福山領内でも広く作付けされていたと思われる。しかし、一方で「芸州政基」は、

麦も数品アリテ就中大小麦又ハ小麦・白麦など取実も多ク至極宜候へ共、肥ツチカイ多ク入候物故ケ様之

**図 5–2　芦田郡町村における裏作作付比率（田方・畑方とも）**

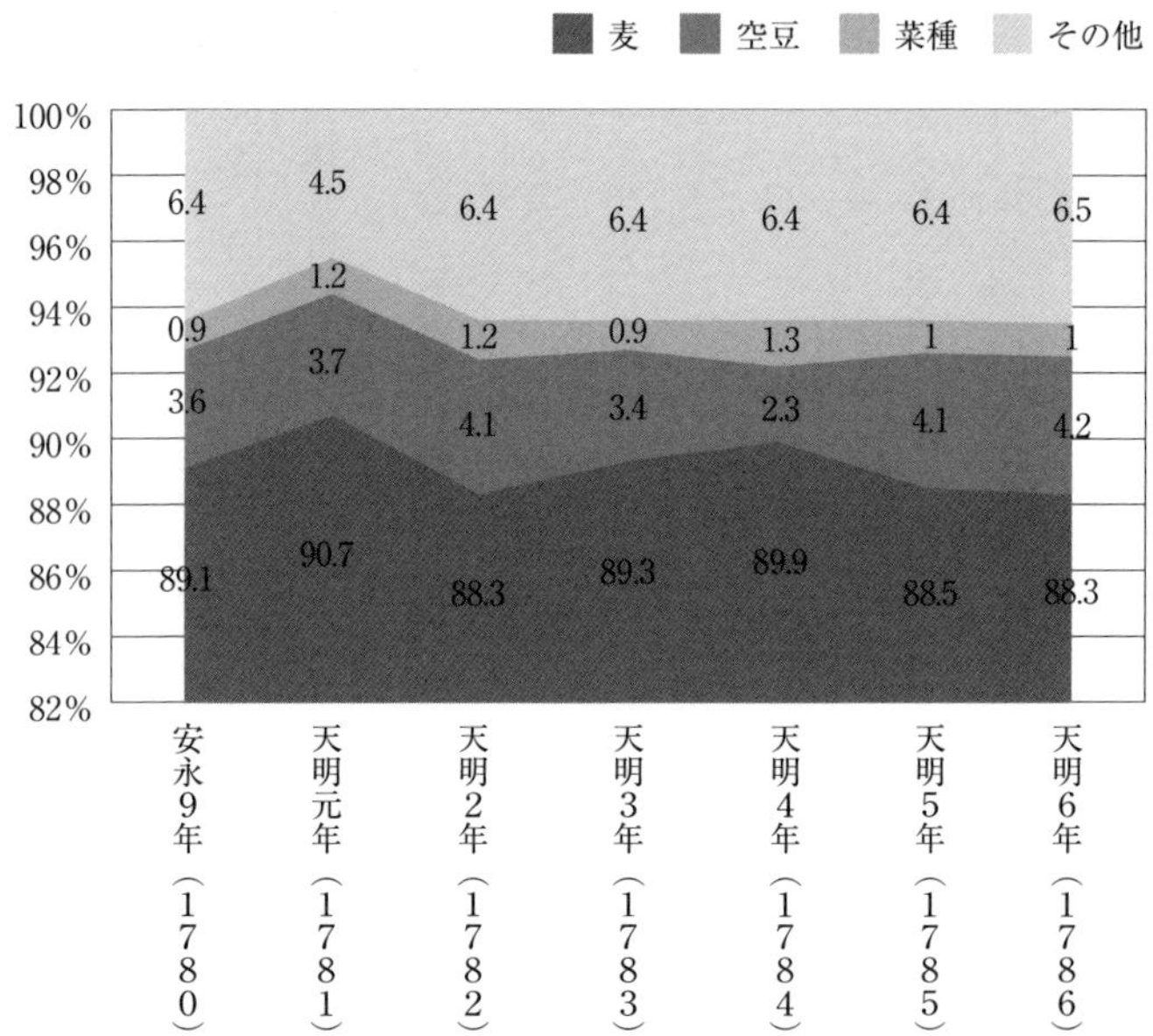


出所）有元正雄「地主制形成期の諸問題―備後南部を中心として―」（同氏編『近世瀬戸内農村の研究』溪水社 昭和 63 年）431 頁表 17 によって作成。

麦作ル農人ハ少ク多ハ大麦ヲ作ル、大麦ハこやし手入共少シて出来よき物也[9]

と、広島領内では比較的肥料の多投や耕土の手間を必要としない大麦を中心に麦作が展開されていると述べている。先の土屋家の事例でも明らかなように、大麦の作付けが好まれる事情は、広島藩と同様に、福山藩全般においても変わらなかったであろう。

また同書は、麦作の米作に及ぼす効用について、

麦ハ農人之食物ニ第一之物也、其上麦作いたし候へハ土地も肥て、其あと地稲作之出来格別よろしきによって、たとひ麦之出来不宜種麦ほとも得取不申とても麦作いたすを勝手とする[10]

と述べている。麦作後、その跡地の稲作が良好となる理由は、裏作に麦作が採用されることによって、湿田の乾田化がはかられ

**表 5-2　福山藩における農作物の播種・収穫状況（18 世紀後期）**

| 作物 | 反当たり播種量（移植株数） | 反当たり収穫量 | 播種時期（旧暦）<br>記載のあるものについては、移植期・収穫期を記す |
|---|---|---|---|
| 早・中稲 | 6 升～1 斗 | 1.5～3 石 | 3 月上旬（播種）・5 月中旬（田植え）・8 月中旬（収穫） |
| 晩稲 | | | 3 月上旬（播種）・5 月中旬（田植え）・10 月中旬（収穫） |
| 白麦 | 5～6 升 | 2.5 石 | 10 月上旬（播種）・4 月下旬（収穫） |
| 大麦 | 8 升 | 3～4.5 石 | 10 月上旬（播種）・4 月下旬（収穫） |
| 小麦 | | 2～3 石 | 8 月下旬（播種）・4 月下旬（収穫） |
| 畑稗 | | 5～8 石 | 3 月上旬（播種）・4 月末～5 月（移植） |
| 田稗 | | 2～4 石 | 4 月中旬（播種）・5 月末～6 月（田植え）・8～9 月（収穫） |
| 夏大豆 | 3 升 | 2 石 | 3 月下旬（播種） |
| 秋豆 | | 3 石 | 5 月上旬（播種） |
| 蕎麦 | 5～6 升 | 2 石 | 7 月上旬～下旬（播種） |
| 蚕豆 | | 4～5 石 | 彼岸（8 月）（播種） |
| 夏粟 | | 3 石 | 3 月下旬～4 月上旬（播種） |
| 秋粟 | | 2 石 | 5 月上旬（播種） |
| くまご | | 1.3 石 | 7 月上旬～下旬（播種） |
| 黍 | | 2～5 石 | 3 月中旬（播種） |
| 木綿 | | 50～60 貫目 | 3 月春の土用（播種）・9 月秋土用（収穫） |
| 唐黍 | | 3～5 石 | 2 月下旬（播種）・麦の色づく頃（移植） |
| 苅豆 | | 80～90 貫目 | 4 月下旬（播種） |
| 菜種 | | 1 石 | 8 月「二百十日」前後（播種）・10～11 月（移植） |
| 秋たばこ | 3～4 斤 | 350 斤（上出来） | 3 月上旬（播種）・4 月（移植） |
| 西瓜 | （450 株） | 900 個 | 2 月彼岸（移植）・7 月下旬まで（収穫） |
| 真桑瓜 | （1500 株） | 9000 個 | 2 月彼岸（移植）・7 月下旬まで（収穫） |

出所）「郷中覚帳」十四「稗田之事」・廿一「諸作物出来高大旨幷蒔時種積」（福山城博物館附属鏡櫓文書館鶴賓文庫所蔵慶応元年書写本）、「諸作物出来之覚」・「諸作物出来高幷蒔時種積り」〈「郡中町方明細記」（『府中市史史料編Ⅱ近世上』所収）229・246～50 頁〉。

るためである。湿田を乾田化すると急速に米収が増大することは古くから知られていた。「稲は地力でとり、麦は肥料でとる」と言われるように、稲はその養分の三分の二を土や灌漑水からの養分である地力窒素に求め、三分の一を肥料からの養分に求めて成育する。麦はその逆であり、地力窒素の供給を高めるためには乾田化が必要となる(11)。「芸州政基」は、麦作が必然的に湿田の乾田化をもたらし、その結果、稲の収量が高まる点を説いたのである。

なお、湿田の乾田化の方法について、同書は、

晩田地水気多キ所なと

も溝を掘り土を高クかき揚て、色々手術ヲ以地ヲ乾かして麦を蒔付也(12)

と述べている。この点に関連して、宝暦六年（一七五六）板行の地方書、加美永蔵著「農制随筆」は、寛文期、広島藩沼田郡に田地の水抜きを行なう巧者が現れ、同地における湿田の乾田化が著しく進行した事実に触れている(13)。岡光夫氏は、この寛文期における乾田化の記録は徳川期最古の事例であると述べられ、おそらく田の縁に水路を掘って水を抜く単なる明渠《めいきょ》排水ではなく、地底に水が通るようにして排水する暗渠排水によるものであるとの推測を示されている(14)。このような技術は福山藩にも伝えられ、従来麦作が不可能であった湿田の乾田化を促し、同藩における稲麦二毛作を大いに拡大させたことは想像するに難くない(15)。

## 第二節　福山藩における麦作徴租法

### （一）　福山藩徴租法の基本原理──半高の法──

まず、本章の考察を円滑に進めるために、本書のこれまでの考察によって明らかになった阿部氏治世期福山藩における徴租法の要点を整理しておこう。福山藩では、徴租法として、水野氏・松平氏時代には検見制が採られていたが、阿部氏時代に至り、正徳三年（一七一三）に土免制に変更され、以後、免率は固定された。土免制採用以後、村々の年貢量は固定され、田方米作の場合、本高（村高）から例年定例の諸引高を差し引いた毛付高（有高）に同率の免を課す方式が年々継続されたが、凶作年度に限って、農民の願い出に応じて検見が実施され、その結果に応じて引高を追加する年貢減免措置が講じられた。

福山藩では、土免制採用当初、凶作年度に年貢減免措置を講じる場合、田方は「丸高」・「丸引」、畑方は「半高」

を引高の算出基準とする定法＝「半高の法」が機能していた。田方の年貢減免量（引高）は、斗代そのものから検見によって知られた有米を控除して算出されたが、畑方の引高は、まず斗代を半減し、そこから検見有米（作付作物収穫量の米への換算値）を控除して算出する方式が定法とされていたのである。

しかし、この「田方は丸高・丸引」の基本原則は次第に崩れていく。例えば、田方綿作（田木綿）の場合、稲作と同様に、著しい不作が生じ、綿作農民が年貢減免を願い出た年に限って、木綿検見・木綿見分・抜綿改め等の役人見分が実施され、算定された引高分の控除が行なわれ、年貢負担量の軽減が認められていた。しかし、田木綿の引高の算出基準が「丸高」とされていたのは土免制採用当初に限られ、享保期頃には、畑木綿と同様に「半高」を引高の算出基準とする方式に移行していた。

藺田への半高の法の適用は、すでに水野氏時代から行なわれていたとみられる。阿部氏時代に至って、藺田に対する徴租仕法が確立したのは、土免制採用の二年後、正徳五年（一七一五）のことであった。藺田の貢租賦課量は裏作の藺草と表作の晩稲の収穫状況を併せて考慮し決定された。藺草の場合、米作や綿作の場合とは異なり、豊凶にかかわりなく、毎年六月（旧暦・以下同様）に村役人による藺田内見、藩役人による藺田見分が実施され、すべての藺田について、上・中・下・下々・捨てりの五段階のランク付け（段取り）が行なわれた。段取りの結果、上藺・中藺・下藺に位づけられた藺田は、その後表作の晩稲に不作が生じたとしても、一切年貢減免措置はとられなかった。一方、下々藺・捨てり藺に段取りされた藺田は、表作の晩稲の作況に関わりなく検見を受けることができた。下々藺田の代米は村ごとに定められており、その代米分を表作晩稲の検見の結果知られた見米に差し加えて有米量を算出し、検地帳記載の石高と比較し、なお不足が生じている場合に限って、不足高を引高として認める措置が取られた。また、捨てり藺田の藺草は皆損、無収穫とみなされ、晩稲検見の見米がそのまま年貢減免措置が講じられるか否かを判断する基準となった。

なぜ田木綿に対して半高を引高の算出基準とする方式が導入されたのか。「郷中覚帳」・「郡中町方明細記」は綿田に半高の法が適用された理由をそれぞれ次のように述べている。すなわち、

一　半高ニメ検見致候訳ハ、稲方同前之丸高之筈ニ候得者、田ニ綿仕付候地合ニ付、麦毛も取候ニ付畑方同前之事、尤大麦反ニ弐石ゟ弐石五六斗ハ取候由、此米壱石弐三斗也(16)　（「郷中覚帳」）

一　田木綿見分之儀、田方ハ丸引候得者木綿作り候迚も丸引ニ可申付候事ニ候得共、田ニ畑物ヲ百姓勝手ニ而仕付候、勿論木綿仕付候程之田地ハ麦毛有之候ニ付、旁趣意を以畑方同前ニ引方遣候事と享保三年覚帳有之なり(17)　（「郡中町方明細記」）

「郷中覚帳」は田木綿検見、「郡中町方明細記」は田木綿見分の場合について述べている。木綿検見と木綿見分の差異について簡単に述べれば、前者は願い出のあった村落の全綿作地を対象とする藩役人の査定、後者は願い出を行なった村内の特定の農民の綿作地のみを対象とする査定を意味する。土免制採用当初は一定の村落で木綿検見も行なわれたが、早期のうちに済し崩しの形で領内の全村落で木綿見分しか実施されなくなった。

両地方書ともに、大半の綿田で裏作として麦作が行なわれている現状を指摘し、麦の収益は斗代の半高に相当するから、あらかじめこの分を年貢減免の対象から外す措置が取られたと述べている。「郷中覚帳」は、領内における大麦の反当たり収量は二石から二石五・六斗あり、これを米に換算すれば一石二・三斗程度に相当すると述べて、麦作の収益性の高さを強調している。次節で改めて述べるように、阿部氏福山藩においては、基本的に、どのような不作が生じようとも田方麦作に対する年貢減免を認めないことが定法とされていた。領主側は、領内に水田裏作として麦作が相当普及し、領民に食糧の確保と家計の安定がもたらされている現状を察知していたのであり、麦作の普及によって農民の担税力は強化されており、田方綿作に対する半高の法の適用措置に十分耐えうるという確信があったのである。

一方「郡中町方明細記」は「田ニ畑物ヲ百姓勝手ニ而仕付候」と記し、麦作もさることながら、綿作の高収益性そのものに半高の法が適用された直接の理由を求めている。領主側は田方綿作の単位面積当たりの利益は稲作よりも遙かに高く、田方綿作農民の年貢負担のリスクは、引高の算出基準を半高とした時、ようやく米作農民に並ぶとみていたのである。

さて、田方裏作に麦、表作に稲を作付けした農民と、同じく田方裏作に麦、表作に綿を作付けした農民を想定しよう。両者共に裏作麦の年貢減免は認められないが、前者の表作の稲に不作が生じた場合、「丸高・丸引」を基準とする年貢減免措置が講じられる。しかし、後者の綿は、半高を引高の基準とする年貢減免措置が取られるのである。

藺田の場合はどうか。領主側は、表作の田木綿には及ばないものの、裏作の藺草に対して、田方麦に比べて遙かに高い収益性を認めていた。そのことは、上・中・下藺田に段取りされた藺田は、表作の晩稲の作況に関係なく、一切年貢減免措置が講じられなかったことに表われている。これは、上・中・下藺に段取りされた藺田は、表作の晩稲の収穫を待たず、裏作の藺草のみで、すでに当該田地の斗代・石高を満たす収穫を得たとみなされていたことを意味する。これとは逆に、無収穫とみなされた捨り藺田は、晩稲検見の見米がそのまま年貢減免措置が講じられるか否かを判断する基準となった。これは皆損となった捨り藺田であっても、表作の晩稲のみで当該田地の斗代・石高を満たす収穫が得られる可能性があるとみなされていたことを示している。田方綿作に導入されたのは文字通りの半高の法であったが、藺田に適用された年貢減免仕法は綿作農民に次ぐ重い年貢負担を藺作農民に課すものであった。

一八世紀以降、藺草は沼隈郡二六カ村で栽培されたが、藺草の収穫期は五月末から六月初旬と遅かったために、その表作はほぼ晩稲に限られていた。一方、田方綿作は領内六郡で広く展開され、その裏作として菜種・蔬菜など多様な作物が作付けされたが、やはり麦が裏作作物の大半を占めていたとみられる。領主側は、同様に二毛作が行なわれていても、綿・麦の組み合わせによる二毛作が農民にもたらす利得は、稲・藺草による二毛作の利得より相当上回るとみていたのである。阿部氏福山藩府は、田方に「半高の法」を定着させることによって、水野・松平前領主時代を通して福山領内に着実に進行していた稲麦二毛作拡大の成果はもとより、プロト工業に直結した綿・藺草という商品作物普及の成果も貢租収入として確実に吸収するシステムを構築することに成功したのである。

## （二）　麦作の年貢減免仕法

阿部氏福山藩においては、一種の付加税として、村方に年々一定量の「麦定割（大割）」の負担を課していた。この「麦定割（大割）」の村・郡ごとの負担量は阿部氏入封時の設定以後まったく変更されなかった（表5―3参照）。言うまでもなく、本章で考察を進めるのは、このような付加税ではなく、麦作に対する物成米・本年貢の減免仕法である。(18)

すでに触れた通り、阿部氏福山藩において、麦作に対する年貢減免仕法は、原則として畑麦に限って適用され、田麦に対する年貢減免措置は講じられなかった。畑方麦に不作が生じた場合に限って、農民の願い出により、藩役人の見分が実施され、相当の被害が生じているときは一定の引高が認められた。田方麦作に年貢減免仕法が適用されなかったのは、表作の米作によって当該田地の斗代を満たす収穫が得られるとみなされていたためである。地方書「郷中覚帳」・「郡中町方明細記」に所載された関連記事の分析を通して、阿部氏福山藩において実施された畑方麦作に対する年貢減免措置の実態を探ることにしよう。

「郡中町方明細記」には、年貢減免に先立つ畑作麦の藩役人による「検見」の実施方法について、次のような

一項が載せられている。すなわち、

一　水入畑者麦ニ而半高生し、其外何ニ而も植付候作物之検見、定之代米ニ直し、麦毛ハ御代官其外見付帳面を以悉く令検見、見付物不残米ニ直し指引仕、不足之分可引遣事

附　右之畑為勝手こなし畑ニ仕置、作物仕付不申、秋毛引之断申出候共、曽而引遣し申間敷事[19]

ここでは、麦に限らず、畑作物全体について、水害を受けた場合の引高の算出法に関する基本原理が述べられ

**表 5–3　福山藩 6 郡の麦大割(定割)負担量　阿部氏治世期**

| 郡名 | 麦大割負担量(石) | 負担が免除されていた村々 |
|---|---|---|
| 分郡 | 886.276 | 走島村・川口村・多治米村 |
| 深津郡 | 352.298 | 手城村 |
| 安那郡 | 170.292 | |
| 沼隈郡 | 508.940 | 松永村 |
| 品治郡 | 199.770 | 向永谷村・雨木村・新山村 |
| 芦田郡 | 380.420 | 荒谷村・上山村・河面村・久佐村・阿字村・木之山村・行縢村・桑木村・藤尾村 |
| 全 6 郡 | 2467.996 | |

出所)「福山藩領村々畝高幷定り物控帳」(寛政元年)(『府中市史史料編Ⅱ近世編上』所収　138 ～ 9 頁)。負担免除の村名は「備陽六郡志」内篇巻十二「六郡麦」((得能正通編『備後叢書第 1 巻』復刻版 歴史図書社 昭和 45 年)342 ～ 5 頁)による。

注)全 6 郡の負担総量は、計算上 2497.996 石となる。6 郡の負担量のうちのいずれか、あるいは合計値に誤記がある。「備陽六郡志」「六郡麦」の項にも、郡により数値の記入漏れがあるなど不備がある。

**表 5–4　阿部氏福山藩の代米定(升替定法)**

| 種別 | 基準 | 代米 |
|---|---|---|
| 大豆 | 1 石 | 7 斗 |
| 麦(大麦) | 1 石 | 5 斗 |
| 小麦 | 1 石 | 6 斗 |
| 稗 | 1 石 | 2 斗 |
| 小豆 | 1 石 | 8 斗 |
| 大角豆 | 1 石 | 8 斗 |
| 空豆 | 1 石 | 6 斗 |
| 蕎麦 | 1 石 | 3 斗 3 升 3 合 3 勺(米の 3 分の 1) |
| 粟 | 1 石 | 3 斗 3 升 3 合 3 勺(米の 3 分の 1) |
| 黍 | 1 石 | 6 斗 |
| 菜種 | 1 石 | 8 斗 |
| 胡麻 | 1 石 | 1 石 2 斗 |
| 煙草 | 1 斤 | 6 合 |
| 実綿 | 1 貫目 | 7 升 5 合 |
| 山田白麦 | 1 石 | 7 斗 |
| 珍々麦 | 1 石 | 9 斗 |

出所)「郷中覚帳」十五「当国古来ゟ升替定法」(福山城博物館附属鏡櫓文書館鶴賓文庫所蔵)、「諸色代米定」「郡中町方明細記」(『府中市史史料編Ⅱ近世史料編上』)222 頁。

注)山田白麦の代米は寛政 6 年(1794)9 月 16 日決定。同じく珍々麦は明和元年(1764)から実施。

表 5–5　福山藩 6 郡の畑石高・面積(宝永 8 年)

| 郡名 | (2)畑石高<br>(石) | (6)畑面積<br>町、反。畝、歩、厘、毛 |
|---|---|---|
| 分　郡<br>★ | 7243.802<br>6565.171 | 1005、6、7、11、0、0<br>888、3、8、03、0、0 |
| 深津郡 | 4774.457 | 581、3、5、14、6、7 |
| 安那郡<br>★★ | 3599.718<br>2853.652 | 477、3、9、14、0、0<br>391、0、2、25、0、0 |
| 沼隈郡<br>★★★ | 5729.833<br>5473.199 | 826、4、2、14、0、0<br>788、1、4、08、0、0 |
| 品治郡 | 3717.453 | 535、2、7、02、0、0 |
| 芦田郡<br>★★★★ | 5865.556<br>5570.531 | 864、8、7、05、0、0<br>843、8、4、11、0、0 |
| 全 6 郡<br>★★★★★ | 30930.819<br>28954.463 | 4290、9、9、00、6、7<br>4066、9、0、01、6、7 |

出所)本書表 1―1a ～ c による。
注) ★鞆町・島嶼部(走島・田島・横島・百島の 4 カ村)を除いた数値。
★★川南・川北 2 カ村(神辺宿)を除いた数値。
★★★町場の形成がみられた松永村を除いた数値。
★★★★同じく府中市村を除いた数値。
★★★★★上記のすべての町場・島嶼部を除いた数値。

ている。「水入畑」、つまり水害を受けた畑は、その表作ないし裏作分で斗代半高分の収益を得たものとみなし、当該畑の斗代を半減した数値(半高)を引高の算出基準とする。畑作物の検見を実施し、その結果を「定之代米」に換算し、先の半高からこの換算値を控除し、引高を算出する。麦そのものが水害を受け検見が行なわれる場合は、代官自ら村方が作成した「見付帳(下改帳)」によって検見を実施し、「見付物」を残らず米に換算し、引高の算出に当たると述べられている。当然、裏作分は斗代の半高に相当するとみなされ、半高が引高の算出基準となる。ここに言う「定之代米」とは、福山藩府が規定した穀類など一定量の主要農作物の米量への換算値で、「代米定」、あるいは「升替定法」と称し、主として税務に用いられた。参考までに主要な農作物の代米定を表5―4として、また、福山藩六郡の畑石高・面積を表5―5として掲げておこう。

ところで、この記事の出所は阿部藩政初期の正徳二年(一七一二)の書付によっている。ここでは役人の不作麦の査定を「検見」と称しているが、やがてこの語は用いられなくなり、もっぱら「見分」と記されるようになる。すでに本書第三章で詳述し、本節(一)でも触れたように、綿作の年貢減免に要する藩役人の査定が木綿検見から木綿見分へと移行するのにともなって、年貢減免の対象は、願い出のあった村落の全綿作地から村内の特定の農民の綿作地のみに狭められた。畑麦の不作時における年貢減免措置も、これと同様に、藩役人による査定実務の簡略化と減免対象の縮小が進行していくのである。

上記の「郡中町方明細記」の記事によれば、少なくとも阿部時代初期には、畑麦の引高は、藩役人の見分（検見）によって一反当たりの有麦量を査定し、これを「代米定」に基づいて米量に換算し、半高からこの換算値を差し引くことによって算出されていたと考えられる。このことは、村方の「下見帳」作成時に、有麦量の米量への換算値が斗代の半高に達しないことさえ確認されれば、一定限度を超える不作時には藩役人の見分を受け、なんらかの年貢減免が認められていたことを意味する。(20) しかしやがて、畑方麦における年貢減免の対象は、相当限定されるようになる。それは、藩役人の見分において、収穫可能な有麦量の査定よりも、被害を受け廃棄せざるを得ない麦量（「捨り」）を確認する作業が重視されるようになったことに明瞭に表われている。

「郷中覚帳」は雹《ひょう》による麦の被害の見分方法について次のように述べている。安永四年（一七七五）五月に品治郡服部永谷村に雹が降った際の、「捨り」麦高の算出方法が記されている。

　　　れんしゃく痛ミ麦見様之事
　　　　　但ひやう之事也

一　麦之時分ハ地江落候麦ヲ見合、壱反ニ付何斗捨り与可究、歩定壱歩之内ニ而壱合・弐合・三合ト見合、壱合捨りハ壱反ニ三斗捨り、弐合ハ六斗、三合ハ九斗捨り与相究ル、稲毛ニ而も右之心得也

一　麦見様壱歩ニ五合与見候ハ、縦令ハ壱うね長六尺ニ壱合ト見、五うね有之ニ付壱坪ニ五合、壱反ニ壱石五斗也

一　安永四年五月十一日八ツ時頃服部永谷村れんしゃくふル(21)

先述のとおり、福山藩では、原理的には、田麦の年貢減免措置は講じられなかったから、述べられているのは

畑麦の被害に限っての見分法である。雹の被害を受けたとき、藩役人の見分は、原則として、廃棄を余儀なくされた麦の量、「捨り」麦量を確認する方法によって行なわれた。雹によってどれだけ麦が地面に落ちたかを見分するのである。一歩当たり何合の「捨り」麦があるか（歩定）を知ることによって、一反当たりの「捨り」麦の量を算出する。もし一歩当たり一合の「捨り」麦があれば、一反では、一×三〇〇＝三〇〇合＝三斗の「捨り」麦となる。同様に二合なら六斗、三合なら九斗の「捨り」麦となる。

二項めには、単位面積ごとの落ち麦量の換算例が示されている。福山藩の土地丈量基準は一歩＝六尺平方である。したがって、もし一歩当たりに落ち麦が五合あるとすれば、長さ六尺の畝《うね》が五つある畑では、一畝当たり一合の落ち麦があることになる。このとき、一反の「捨り」麦量は、五×三〇〇＝一五〇〇合＝一石五斗となると言うのである。

この記事には、一反当たりの「捨り」麦量からいかにして「引高」を算出するかについては記されていない。この「捨り」麦が大麦で、一反当たりの「捨り」量が九斗であるとすれば、その代米は、表5―4から知られるとおり、一石＝五斗であるから四斗五升となる。畑は半高の法が機能するから、これがそのまま一反当たりの「引高」となるはずはない。おそらくさらにそれを半減した二斗二升五合が引高とされたのではないかと推測される。

畑麦にさらに深刻な被害が生じ、皆損状態になったとき、どのような年貢減免措置が取られたか。延享二年（一七四五）春、分郡坂田・中津原・下岩成・森脇・郷分・山手・佐波・神島・木之庄・草戸村、深津郡宇山・千田村、品治郡坊寺・大橋・戸手村、さらに安那郡川南・川北村の計一七カ村に及ぶ広範囲の村々で麦に洪水による被害が生じた。この時の年貢減免に至る経緯は次のように記されている。

一　当春水出ニ付左之村々麦作取り不申候由ニ而、御郡方迄書付指出候由ニ而帳面参り候処、田畑麦作大痛・中痛・皆捨りト有之候、右之内田方ニハ引方無之、畑方皆捨り之分斗左之積を以引方遺候

高壱石之内壱斗五升引
一　半高之三歩引
外田方麦大痛・皆捨之分引方なし
延享二丑年(22)(村名省略)

田麦・畑麦の両方に「大痛」・「中痛」・「皆捨り」が生じたが、年貢減免措置は畑方の「皆捨り」分のみに適用されたと記されている点に留意すべきである。先に、畑方麦における年貢減免に要する藩役人の見分が、収穫可能な有麦量の査定よりも、被害を受け廃棄せざるを得ない麦量(「捨り」)を確認する作業にシフトしていた事例に触れたが、これと相前後して、皆損(「皆捨り」)の訴えがあった場合、それより軽い被害の畑麦の年貢減免を一切認めない傾向が強まっていくのである。

この記事では、単位面積当たりの畑方「皆捨り」麦量は明らかではないが、年貢減免量は、「皆捨り」の対象となった畑の高一石につき一斗五升引きとされた。これは「半高之三歩引」、つまり、「皆捨り」畑高の半高の三割引きに相当する。例示の通り、「皆捨り」畑高が一石なら半高は五斗、その三割は一斗五升となる。末尾に、どれほどの被害を受けても、定法通り、田方麦には「引方」が認められなかった事実が改めて記されている。

この延享二年(一七四五)に実施された「半高之三歩引」という年貢減免率は、皆損となった畑方麦の年貢減免率の一定の基準となっていたとみられる。寛延元年(一七四八)五月、分郡田尻村で、麦に「穂てり」という病気がつき、不熟が生じたため、村方から見付帳(下見帳)が提出され、藩役人の見分を求める願い出があった。その時、次のような処置が取られている。すなわち、

一　田尻村当麦作穂てりト申病付、不熟有之帳面仕立見分相願候処、痛麦願筋御取上無之事故帳面御郡方江指戻ス、尤皆捨り麦作半高ニ〆三石九斗壱升壱合有之由見分相願候処、見分ハ不被仰付候、此皆捨り高之

分ハ、去ル丑年之通り半高之三歩引当暮御引被下候由、辰五月十三日相移ル、村ニ出候願書扣置也
寛延元辰年五月(23)

この事例においても、「痛麦」の年貢減免願いは認められず、「皆捨り」分のみが年貢減免の対象とされている。村方が提出した下見帳は受理されなかったが、同帳に記載されていた「皆捨り麦作半高ニメ三石九斗壱升壱合」分については年貢減免が認められた。このとき藩役人による見分さえ行なわれず、先の延享二年の先例に倣って、「皆捨り」畑高の「半高之三歩引」の年貢減免措置が実施されたのである。

## (三)　用捨引・拝借米の実施

しかし、畑方麦の年貢減免の対象は、いついかなる場合においても「捨り」あるいは「皆捨り」分のみに限定されていたわけではない。藩役人・郡方役所の判断によって「痛み麦」に対して一定の年貢減免措置が講じられる場合もあった。

「郷中覚帳」によれば、元文四年(一七三九)、芦田郡六カ村に「氷打」の被害が生じ、年貢減免が実施された。すなわち、

高六百拾三石六斗之内三分二之分
一　麦四百九石六升
此銀拾七貫百拾匁五分
但、壱石ニ付四拾弐匁積　下麦直段
右之通御極被成候様申達候処、御郡方存寄トハ銀高余程致相違候付、難相済候旨ニ付、左之通相究ル
一　文銀弐拾貫目

氷打　　芦田郡六ケ村
右御郡方ニ而者草高ニ割候由、手代荒木忠右衛門申候
元文四未歳　　見分木村惣助(24)

これとは別に「郡中町方明細記」には、「延保(享)四卯年芦田郡六ケ村へ氷降り、麦痛候ニ付代銀積り御引方被下候一件有之」という記事がある。(25)「郷中覚帳」の元文四年(一七三九)か、「郡中町方明細記」の延享四年(一七四七)か、いずれかに年代の誤記があり、同一事件を記している可能性がある。いずれにしても雹による「痛み麦」に対して年貢減免が実施された事実が知られる。このとき見分に当たった藩役人・木村惣助は、おそらく六カ村の総麦作畑高の三分の二を「痛み麦」高とし、一石当たり四二匁としてその代銀一七貫一一〇匁五分を算出し、これを控除額としようとしたのであろう。しかし、郡方役所から異議があり、草高を基準に「痛み麦」高が算出し直され、結局文銀二〇貫目の「引方」で落着したと述べられている。言うまでもなく、「文銀」とは、元文元年(一七三六)鋳造・発行の元文銀(真文銀)を指している。この文銀二〇貫目がどのような方法で六カ村の農民に割り付けられ、年貢控除が実施されたか、明らかにできない。

藩役人の判断によって「痛み麦」に一定の年貢減免措置が講じられた事例をもう一例挙げる。すなわち、

一　藤尾村当巳六月氷打ニ而畑方痛麦有之願出候付、斉藤勘右衛門作場廻り之心ニ而参り致見分、痛之趣相達候所、左之通遣候様相移ル
一　米捨石　　当巳畑方別段用捨引
寛政(延)二巳歳(26)

寛延二年(一七四九)六月、芦田郡藤尾村で「氷打」＝雹の被害によって「畑方痛麦」が生じ、村方から年貢減免の願い出があった。藩役人・斉藤勘右衛門は「作場廻り」の心づもりで廻村見分し、被害状況を郡方役所に報

告した。その結果、米一〇石を同年の畑方用捨引とすることになった、と述べられている。

文中の「作場廻り」とは、例年ほぼ六月頃に実施されていた代官下役による廻村実務を指す。阿部藩政初期には比較的厳格に励行されていたが、次第に行なわれなくなった。村々に予め廻村の日程と村順を通知し、廻村時に村全体の作物別の作付面積を記載した「作物附」を提出させた。村々を巡回して、「作物附」を参照しつつ収穫前の稲・綿・蕎麦・大根など諸作物の作柄を視察し、村ごとに上・中・下・下々のランク付けを行なって記録し、年貢収納の際の参考資料とした。このとき同時に、すでに願い出が提出されている村では、「新屋敷改」・「抜綿改」・「鍬下改」などの諸改めについて、予備的な視察が実施された。(27)「作場廻り」は、年貢完納を期して実施された藩役人による村々に対する農事の督励実務ともいうべきものであった。

この藤尾村で実施された年貢減免措置の対象となったのは、「捨り」麦に限らず、文字通り「畑方痛麦」全体であった。「畑方別段用捨引」米一〇石は、見分によって「捨り」分を計量し、「半高の法」・「代米定」に基づいて引高を算出する正規の仕法によって算出されたものでも、「半高之三歩引」、すなわち「皆捨り」畑高の半高の三割引きの慣行に基づいて決定をみたものでもなかった。代官をはじめ郡方役所役人たちの状況判断によって免除量が決定されたのである。そのことは「別段」用捨引と特記されていることから明らかである。

先述の通り、阿部氏福山藩において、畑方麦の年貢減免の対象は次第に「捨り」のみに限定されるようになった。「皆捨り」の場合も十分な藩役人の見分を経て引高を算出し、年貢減免量を決定するのではなく、あらかじめ定められた、あるいは半ば慣行化した減免率に基づいて年貢減免を実施する傾向が強まった。しかし、その反面、年貢減免の対象・減免量の決定に際して、郡方役人の判断・裁量に委ねられる余地も相当残されていた。福山領内の農民にとって、畑方麦の年貢減免の対象が「捨り」に絞られていったことは、畑方麦作経営のリスクの増加を意味する以外のなにものでもなかったが、担当藩役人の理解さえ得られれば、願い出方次第で、畑方「痛み麦」全般に対してかなりの年貢減免の恩典を引き出す可能性は残されていたのである。

それだけではない。田方麦の不作そのものに対して年貢減免は認められなかったが、それに稲・綿などの田方作物、あるいは煙草などの畑方作物を加え、複数の作物の収穫不振や凶作の現状を訴え、認められれば、村方は用捨引の恩典や拝借米の貸与を受けることができた。次に示すのは寛政一二年（一八〇〇）、芦田郡町村の庄屋・組頭・釣頭等村役人たちから代官に宛てられた年貢減免と拝借米の貸与を求める嘆願書である。本文全文を掲げよう。

乍恐以書付奉願上候御事

一　当村之儀者近年打続御百姓困窮仕罷在候処、当年之儀者麦作疾付ニ相成、隣村一統と申ス内、当村之儀者格別之大疾ニ而、村中平均四半方皆無ニ相成り、四歩方者半作、弐歩方程宜敷分漸々七歩位之作ニ而御座候、麦作平均三歩位之儀ニ而御座候故、御百姓共夫食一向無御座難儀至極仕罷在候処、猶又当年初夏ゟ打続雨天ニ付、六月下旬ニ木綿作虫付キ相成り、是以隣村一統之儀ニ候得共、当村之儀者深地故歟隣村ニ勝レ殊之外大虫ニ御座候所、少々相残り申す玉ハ、七月十五日已後打続長雨ニ付、悉腐皆無同前之所余程出来仕、壱反ニ付吹綿弐三貫目吹ゟ八九貫目吹迄ニ御座候、木綿作不熟と申儀も是迄年々御座候得共、当年之儀成ル不熟者無御座候、誠ニ五拾年七拾年ニも不逢年不作ニ而御座候、麦作木綿作両様不熟仕御百姓共難渋仕罷在候、且又稲作之儀者格段之不熟者不仕候得共、是も打続雨天ニ付、秋落仕、殊之外取実無御座候而、御百姓共必至と行付、当御勘定合之処至而無覚束、恐入罷在候、何卒御上様格別之御憐憫ヲ以、御用捨七拾石御拝借米八拾石被為仰付被下度【　欠損　】御上様当時節柄ニ、ケ様之御儀を御願奉申上候儀者、至而奉恐入候得共、誠ニ前文奉申上候通、五拾年百年ニも無御座凶年御座候故、無拠恐不顧奉願上候、何卒御上様格別之御慈悲ヲ以、御救被成下度、偏ニ奉願上候、乍恐右願之通被為仰付被下候ハヽ、御百姓

共一同難有仕合ニ可奉存候、以上

（村役人六名署名略）

申九月

御代官様(28)

町村にとって、この年、寛政一二年は「五拾年百年ニも無御座凶年」であったと訴えて、用捨引七〇石の実施と拝借米一〇石の貸与を嘆願している。病害による麦の不作、長雨による綿の虫付・腐蝕、同じく多雨による「秋落」にともなう稲の「取実」の減少、連続して生じたこれら諸作物の不作の窮状を縷々述べて、領主側から年貢減免と拝借米貸与の支援を引き出そうとしている。麦だけでなく、年間にわたる綿・米を含む同村の作付作物全体の作柄の悪さが年貢減免と拝借米の支援を求める論拠に据えられており、本来年貢減免の対象とならない田方麦作の不作もその理由のなかに含まれていると理解すべきであろう。

町村の村役人たちは、文化四年（一八〇七）にも煙草と稲の不作を訴えて、「用捨米五拾石拝借米三拾石被為仰付被下度」との嘆願書を提出している。(29)これらの嘆願が領主側に満額認められたとは思えない。しかし、文政六年（一八二三）の同村の免定には、「当未用捨引」一二石の記事があり、(30)同時期に芦田郡の他村においても年貢減免と拝借米の貸与が実施された証左をいくつか確認できる。(31)町村だけでなく、福山藩領内諸村において、年々、年貢減免と拝借米の貸与をめぐって村方と領主側の攻防・駆け引きが繰り返されていたのである。

用捨引の存在は領主側にとって厳しい重荷であった。すでに本書の序章や第二章でも触れたように、もともと阿部氏が福山藩政の開始に当たって、水野氏・松平氏時代から継承、あるいは新たに設定せざるを得なかった諸引高の総量は実に一万九一一石、領内総石高一〇万石の一割以上に及んでいた。(32)天候不順・災害・病虫害にともなう不作、あるいは村落の疲弊によって領内の多数の村落で年々多量の用捨引を認めざるを得ない現実は、阿部氏福山藩の徴租制を脅かす重い障害となっていた。

一方、拝借米は無利子であったため、村民の貢租負担の困難や村落財政の窮迫を一時的に切り抜けるために、村方はともすれば拝借米の貸与に頼りがちになる傾向がみられた。郡方役人側も直接貢租収入の縮減に繋がる用捨引に比べ、比較的容易に拝借米の貸付を許容したので、多数の村々で拝借米の累積が生じ、救済措置として実施された拝借米の貸与はかえって村落経済を圧迫する結果をもたらした。

このような用捨引と拝借米をめぐる領主側と農民側の対抗関係は、一八世紀後半に起こった二つの百姓一揆に端的に表現されている。明和七年(一七七〇)に発生した百姓一揆の際、農民達は拝借米の返済期間の延長を求める一五年賦返済願いを要求項目に掲げ、「人足御貸扶持」を除いてこれが認められている(33)。天明六・七年(一七八六・七)の百姓一揆では、農民たちが用捨引三〇〇〇石を要求したのに対して、領主側はこれを拒否している(34)。

その後、福山藩寛政改革の実施に際して、寛政二年(一七九〇)、藩府が極貧「難渋村」の発生に配慮し、指定した貧窮村々の拝借米銀の願い出を許可し、例年定例分・随時許可分を含め領内で年間約一〇〇〇石に上っていた「用捨引」を廃止し、この分を鞆津に貸し付け、その元利を積み立ててこれを「難渋村」の救済に充てる「被下米」設置の構想を打ち出したことについては、すでに序章第三節(二)で触れた。この構想の実施の有無は明らかではないが、領主側の意に反して、その後も用捨引が根絶されなかったことは、本章注記(31)に記した天保九年(一八三八)の芦田郡目崎村の事例で明らかである。

## 第三節　徳川期日本における稗作の展開事情

今でこそ稗は稲作農民に忌み嫌われる雑草に成り果てているが、少なくとも明治時代末期までは、れっきとした農作物であった[35]。福山藩における稗作の展開事情と徴租法を考察するに先立って、まず本節では、徳川期日本における稗作の実状に簡単に触れておくことにしよう。

徳川期、稗は全国で広く栽培されていた。例えば「農業全書」巻之二「五穀之類」の稗の項の冒頭部分は次のように記されている。

ひゑに、水陸の二種あり。是尤いやしき穀といへども、六穀の内にて下賤をやしなひ、上穀の不足を助け、飢饉を救ひ、又牛馬を飼ひ、殊に水旱にもさのみ損毛せず。田稗ハ下き沢などの稲のよからぬ所に作るべし。畑びゑは山谷のさがしく、他の作り物は出来ざる所にやきうちなどして多く作れば、利を得る物なり。但山に作る時はあらく、毛のあるを作るべし。鹿鳥の犯さぬ物なり。又年なみあしく、稲の苗をさして後相続きて旱し、苗悉く枯たる時か、又五月洪水にて苗流れ、或は水底になりて腐りたる時も、稗はでくる物なれば、水損ある所はかねてたねを蓄へをき、又は苗をもうへ置、うへつぎて此難をのがるべし。又干潟をひらき、穀田となさんとすれども、初の間は潮水もれ来りて苗かれうせ、稲は盛長せず、毎々手をむなしくする所がらにしゐて稲を作り、妄に費を益べからす。先此稗の苗を長くして種ゆれば、大かたは潮気にも痛まずしてよく栄へ、其功をなす者也。其後に稲を作るへし[36]。（下略）

稗には田稗と畑稗の二種がある、下等な穀物だが、五穀（稲・麦・豆・粟・黍）に次ぎ、六穀の内に入る、庶民を養い、上級の穀類の不足を補い、飢饉を救い、また、牛馬の飼料となる、と述べられている。

著者が稗の効用として強調するのは、稗の育てやすさ、頑健さ、多収穫性である。田稗は低湿地に、畑稗は山谷の焼き畑に栽培しても生育が良好で、多収穫を上げられるという。潮気を多く含む干潟の干拓地における稲作に先立つパイオニアとしての稗の役割の重要性が指摘されている点は見逃せない。

また、田植え後、日照りによる苗の枯死、水害による苗の流失・腐敗が生じた際、緊急策として、稗を植え次ぐことによって、損失を食い止める効用が説かれている点は重要である。

菊池勇夫氏の研究を参考に、東北地方における稗田の石盛についてみてみよう。盛岡藩においては検地による水田の等級に、上田・中田・下田・下々田の田位とは別に、稗田もしくは上稗田・中稗田・下稗田・下々稗田のランクがあった。米穀生産地域で、稗田の比重が比較的小さかった北上川流域には、上田の斗代が最高一石三斗の村が多く、稗田には一律に上中下のない「稗田」のランクが付けられていた。これに対して稗田が大きな存在意義を持っていた北上山地・奥羽山脈の山村地帯、現青森県東半部の村々では、稗田に上稗田・中稗田・下稗田・下々稗田の四等級が付けられていた。稗田の斗代についてみると、一律「稗田」地域では、下々田並みか、下々田を上回っているケース(稗田七斗・下々田六斗・下田八斗)がみられたが、四等級の地域では、「上稗田」の斗代は下々田と下田の間(七斗ないし八斗)、下田(五斗ないし六斗)、もしくは下田と中田の間(九斗)に相当し、中稗田(五斗ないし六斗)・下稗田(五斗ないし六斗)・下々稗田(六斗)はそれぞれの村の下々田の斗代に相当した。このように石盛において、稗田を一律に下々田扱いにせず独立させ、四等級に分けたことは、稗田の生産力を正確に把握しようとした盛岡藩の姿勢を示すものであった(37)。

八戸藩では検地帳に上・中・下稗田、秋田藩でも稗田の田位が設けられていた。また、弘前藩では稗田の田位こそなかったものの、天明四年(一七八四)における田方の作付状況は、総面積二万七七六五町八反二畝一六歩のうち、稲一万一八七三町二反五畝二五歩、稗二〇一九町二反二三歩、大豆六七町八反八畝五歩、荒地(不仕付)一万三八〇五町七反七畝二三歩であり、荒地を除けば稗の作付率は実に一四・五%を占めていた。種籾の確保が難しい飢饉の翌年であった事情を考慮しても、この数値はこの地域における稗田の存在意義の大きさを示す証左に他ならない(38)。

東北地方では田稗も稲と同様に田植えが行なわれていた。八戸藩九戸郡軽米《かるまい》村では、八十八夜の七・八日後に

**図 5–3　畑に稗苗を植える家族**

出所）土屋又三郎「農業図絵」（享保 2 年）「五月・畠稗植」（山田龍雄・飯沼二郎・岡光夫編『農業図絵—日本農書全集第 26 巻—』農山漁村文化協会 昭和 58 年）100 頁より転載。

苗代に播種し、半夏生《はんげしょう》(梅雨明けの日、夏至から数えて一一日目)の前頃に七寸位に成長した苗を取り、四・五本を一株として移植した。一〇〇苅り分の稗苗は畑苗代五〇坪に稗三升蒔きを基準とした。また、盛岡藩では、稗の品種がきわめて多く、わせ稗二九種、なかて稗二九種、おくて稗四六種、総計一〇四種に及んでいた(39)。

畑稗の植栽事情については、宝永四年(一七〇七)、土屋又三郎著『耕稼春秋』の記事をみよう。同書には全耕地が畑地である加賀国石川郡泉野村における畑稗の栽培法が記されている。播種・移植・収穫・脱穀にのみ焦点を絞り、作業の要点を述べよう。

まず、春三月の土用に、畑の土を細かく砕き、幅三尺程度の畝を立て、稗苗の種を蒔く。五月の雨期に、この苗を一掴みずつ抜き取って束ね、菜種・大麦の跡に移植する。移植する畑に一尺二・三寸幅の畝を作る。その畝の両脇に一株に三・四本の苗を六・七寸の間隔を空けて二列にして植える。八月の日和の良い日に、鎌で根本から刈り取り、それを穂首から切り落とし、晴れた日に筵に干す。乾いた穂は畚《もっこ》の棒で打って脱穀し、荒籠で篩い、箕《み》で風選する。稗の収量は一〇〇歩当たり平均一石程度であるという(40)。

土屋又三郎は享保二年(一七一七)に『耕稼春秋』巻一の「耕稼年中行事」を極彩色の絵図で描いた『農業図絵』を完成した。図5―3として示したのは、その「五月・畠稗植」の絵図である。肌脱ぎになった少年と老人が畝を作っている。おそらく二人は孫と祖父で、籠に入れた稗の苗を運んでいる少年はその兄弟だろう。右側の畑では、彼らの父母が稗苗の移植に余念がない。著者の土屋又三郎は金沢藩の十村役を務める豪農であったので、『農業図絵』は土屋家の手作規模六〇石程度の経営規模をモデルにして描かれていると言われる(41)。しかし、この「畠稗植」の絵図は、家族総出で畑稗の移植作業に励む小農家族労働の一齣《こま》とみるべきではなかろうか(42)。

## 第四節　福山藩における稗作の展開事情

### (一)　田稗・畑稗の作付事情

徳川期、福山藩領内において広く稗作が行なわれていたことは、すでに掲げた表5―2によって明らかである。「郷中覚帳」・「郡中町方明細記」のいずれの地方書にも、田稗・畑稗の播種・移植時期が記されている。また、表5―4の代米定(升替定法)に他の作物と並んで稗がリストアップされていることは稗作が福山藩の徴租法に組み込まれていたことを示している。

福山領内諸村では、主として畑稗が植栽された。凶作年度を別にすれば、年々水田に田稗を作付けする村の数は限られていた。先述のとおり『農業全書』は畑稗の焼畑栽培の有効性に触れていたが、福山領内では畑稗はもっぱら常畑に植栽された。すでに前節で、東北地方では田稗が、加賀国では畑稗がそれぞれ苗代から田・畑に移植されていたことに触れたが、福山藩においても田稗・畑稗ともに苗の移植による栽培法がとられていたことが表5―2によって知られる。

福山藩全体における年々の稗の作付面積・収穫量を知るデータは全く得られない。福山藩域における個別的な農家の稗作事情も豪農土屋家の事例が知られるにすぎない。すでに図5―1として文化六年(一八〇九)における同家の手作田畑の作付配分を示したが、改めて同図をみると、同年における同家の表作総面積は二町八反九歩、畑面積七反一畝のうち稗の作付面積は五畝を占めていたことが知られる。畑における稗の作付率は七・〇四%、田畑全体に対する稗の作付率は一・七%であったことになる。きわめて狭小な作付面積であるが、豪農土屋家の手作経営において、稗は畑作作物として少なくとも粟・黍・甘藷・ササゲなどと同程度の重みを持っていたと言えよう。表5―6は福山藩に近接する天領安那郡箱田村の豪農・細川家の「米銀出入帳」によってみた万延二年（一八六一）における同家の表・裏両毛の収穫量である。稗を含め各作物の作付面積は不明であるが、稗は「向畑上」と称する畑に作付けされ、[43]四斗五升の収穫量があった。これは小麦・豆類・唐黍の収穫量を超え、蕎麦をも凌ぐ数値である。これらの二家に限らず、徳川期の備後地域諸村においては、経営規模にかかわりなく、例年各農家で一定面積の畑稗の作付けが継続されていたのであろう。

　次に福山藩における田稗の作付事情を探ろう。「郷中覚帳」・「郡中町方明細記」両書に田稗の植栽に関連する次のような同

**表 5–6　豪農細川家における作物収穫量　万延2年(1861)**

| 作物 | | 作付地 | 収穫量 |
|---|---|---|---|
| 新四国(粳米) | | 田 | 4石7斗5升 |
| 糯米 | | 田 | 2石 |
| 麦 | | 田 | 14俵1斗7升 |
| 小麦 | | 田 | 4斗1升 |
| 綿 | | 田 | 61貫510匁 |
| 大角豆 | | 不明 | 2升4合 |
| ※からつ | | 一部畑　残り不明 | 4斗6升 |
| 小豆 | | 不明 | 3斗5合 |
| 唐黍(もろこし) | | 畑 | 2斗 |
| 蕎麦 | | 不明 | 4斗 |
| 粟 | | 不明 | 2斗7升 |
| 八月豆 | | 畑 | 2斗 |
| ※志まさや豆 | | 不明 | 1斗5升 |
| 稗 | | 畑 | 4斗5升 |
| ※あおねぶ | | 不明 | 7升 |
| 黒豆 | | 不明 | 2升8合 |
| 隠元豆 | | 不明 | 1升 |
| 豌豆 | | 不明 | 8升 |
| 胡麻 | 黒胡麻 | 一部畑　残り不明 | 3升 |
| | 白胡麻 | | 4升 |
| | まぜり | | 1升 |
| 秋小豆 | | 不明 | 3升 |

出所）藤井正夫『備後福山社会経済史－瀬戸内型貨幣商品経済の成立・その発展と停滞－』児島書店 昭和49年109～11頁によって作成。
注）作物名のうち※は不明。識者の教示を乞いたい。

一の記事がある。すなわち、

一　浦崎村・草深村稗田壱反ニ上出来四石、中出来三石位、但弐斗替ニして米六斗ニ成、稗田ハ砂下田五斗代ニ候へ共、中出来ニして斗代ニ壱斗余ル[44]

沼隈郡浦崎村・草深村では例年稗田が維持されていたことが知られる。両村の田稗の収穫量は、おおよそ一反当たり上出来で四石、中出来で三石ぐらいであるという。但し書きの内容については、次節で改めて検討しよう。

また、「郷中覚帳」「諸作物出来高大旨幷蒔時種積」の項には、

一　畑稗壱反ニ五石ゟ八石迄、但三月上旬苗ふせ、四月末ゟ五月迄ニ植ル

一　田稗壱反ニ弐石ゟ四石迄、但四月中旬なへふせ、五月末ゟ六月迄ニ植ル[45]

と記されており、平仄が合っている。

ところで、なぜ浦崎村・草深村の二村では例年田稗の植栽が行なわれたのだろうか。これを説明する記事が『備陽六郡志』内篇巻七、草深村の項に記されている。すなわち、

一　當村磯新涯之内、湧潮にて悪所御座候、是者稲有付不申、稗作付、庄屋・役人、夏方内見仕、帳面は秋晩田御検見之節差上候得ハ御引被下候、前々より御検見被仰付候[46]

周知の通り、『備陽六郡志』内篇巻三から巻八は宝永八年の「村々差出帳」を元に纏められており、上記の記事は水野・松平氏治世期の事情を述べていると解するべきである。後段に記されている稗作の徴租法については後述するので、ここでは触れない。同項には、磯新涯について次のような記事も載せられている。

畝高三拾四丁四反六畝弐拾壱歩
高三百拾弐石六斗七升三合　磯新涯
高五石五斗　磯新涯引[47]

『備後郡村誌』の草深村の項の冒頭には、朱書きで、「当村之沖新涯寛文八申年出来、延宝二寅年高潮ニ而堤切、同年築止」[48]と記されている。寛文八年（一六六八）に造成をみた草深村の磯新涯は、延宝二年（一六七四）に高潮の被害で堤が決壊し、再修を余儀なくされたのである。阿部氏時代以後も磯新涯では潮気を含む田地の状況に改善がみられず、田稗の植栽を継続せざるを得なかったのであろう。

一方、浦崎村の場合も事情は同様であった。同村には、寛永年間（一六二四〜四三）に起工、磯新涯と同じく寛文八年に竣工をみた浦崎新涯があった。田方二七町歩余の面積、二〇六石九斗一升の石高であったが、備前検地で二五七石三斗六升三合に改められた[49]。『備後郡村誌』の浦崎村の項の冒頭にも草深村と同じく「当村之沖新涯寛文八申年出来、延宝二寅年高潮ニ而堤切、同年築止」[50]と朱書きされている。一七世紀は「大開発の時代」といわれるが、福山藩においてもそれは同様であった。しかし、開発以後の新田・新涯が自然災害に苦しめられるケースは多く、まして干拓地に本田畑並みの地味・地力を涵養することは至難の業であった。すでにみた通り、『農業全書』は、潮気を多く含む干潟干拓地における稲作の定着に先行するパイオニアとして稗の役割の重要性を指摘していた。沼隈郡草深・浦崎の二カ村では、干拓地新涯の耕地の改善が困難であったために、その地の稲作を断念し、土壌の涵養に期待を繋ぎつつ永く稗作が維持されたのである。

### （二）　稗作に対する領主と農民の姿勢

既述の通り、福山領内においてはもっぱら畑稗が恒常的に作付けされていた。本田に田稗を常作することを公認されていた村落は沼隈郡草深・浦崎の二カ村に限られていたが、他村で本田への稗の作付けがまったくみられなかったわけではなかった。「郷中覚帳」に、この点に触れた次のような記事がある。すなわち、

一　稲苗底一毛荒ニ成候節、外ニ苗之余計も無之、稗苗植付見分願候事有之[51]（下略）

なんらかの事情で、苗代の稲苗が壊滅状態となり、余分の稲苗がないとき、稗苗で田植えを済ませ、その後見分を願い出ることがあると記されている。

しかし、稲苗の不足時における緊急の対応策とはいえ、農民たちは必ずしも本田への稗の植え付けを歓迎していたわけではなかった。そのことは万延元年（一八六〇）における分郡世話役年番庄屋から同郡九カ村の庄屋に宛てられた廻達によく示されている。すなわち、

以廻状得御意候、然者此程雨天続数日水入ニ相成候田方ニ而者稲苗水腐いたし、跡植附等用意いたし居候もの共者指支者有之間敷候得共、用意無之、万一其儘一毛荒等ニ相成候而者、其もの難渋者勿論、対御上様奉恐入候儀与奉存候、然ル処籾種俄ニ芽立候教へ左之通ニ御座候ニ付、各様方ニ而与得御承知被成、野合御見廻り一毛荒等相成候様成儀、御見受被成候得者、能呑込候様御申聞、尚また籾種等貯無御座もの者、御役方様へ御申出被成候様御取計可被成候

籾種水ニしたし筵ニ入、成丈ケ温成土間ニ置、其上尚又筵弐三枚掛置候得者早ク芽立候由、尤少シ芽出掛ケ候者、其籾ヲ直ニ田方江実植ニいたし候得者、早ク生立候由、右之通御承知可被成候、以上

五月十六日

世話役年番

彦太郎(52)

（宛書省略）

この年、万延元年は田植え前の時期に雨天が続いた。このため苗代の稲苗が水没して腐り、苗が不足して田植えに支障をきたす多数の農民が現れる懸念があった。一毛荒の多発を恐れたこの世話役年番庄屋は、村々の庄屋たちに、廻村時に種籾の促成栽培術を伝授するように申し送っているが、稗苗の移植については一切触れていない。少し芽が出た籾を直蒔きすれば成長が早いと述べられている一節に一毛荒を恐れつつ、なおも稲作に拘泥す

るこの庄屋の切実な心情がよく表れている。村役人たちの目から見て、本田に稗苗を植え付けることは村方にとって決して得策ではなく、稗苗の植栽はあくまでも最終手段として受け止められていたのである。

阿部氏福山藩は、米麦や稗を含む雑穀の流通に対して一貫した姿勢を示した。領内米の他所売りは年貢納入や領内の食糧需要に支障をきたさない限り届け出さえ行なえば認められており、何らかの理由で領内米に不足が生じると直ちに津留めが実施され、他国への移出を禁じる措置が取られた。麦や稗を含む雑穀もこれに連動する同様の流通政策がとられたと言えよう。流通政策に関する限り、藩政の終焉に至るまで福山藩の米麦・雑穀に対する基本姿勢に変化はみられなかった(53)。

一方、領内農民の行なう稗作、特に田稗の生産に対して、阿部氏福山藩府が基本的にどのような方針で臨んでいたかは明らかではない。しかし、幕末期に至ると、領主側は少なくとも畑稗の作付けを歓迎する姿勢を示した。まず、嘉永五年(一八五二)の分郡世話役年番庄屋から同郡庄屋中に宛てられた順達書に次のような記事がある。すなわち、

沼隈郡於山波村稗百石計作立候処、売口不自由ニ付他所積出之儀御歎奉申上候処、万一御領分中ニ而好之者茂可有之哉ニ思召候、依而私共ゟ及御通達村々ニ而好之者有之哉有無之儀御尋申上、来ル廿四日迄ニ相達候様被仰聞候、尤右稗御城下江積廻し、壱石ニ付代銀弐拾弐匁之由、左様御承知下方取紮好之者茂御座候(ハヾ)村方員数者勿論入用無御座共有無之儀、右日限無間違可被申聞候(54)(下略)

ペリーの浦賀来航は翌嘉永六年(一八五三)のことである。その前年のこの年、開国後の激烈な物価騰貴はまだ生じていなかったが、文政元年(一八一八)に始まる幕府の貨幣改鋳がもたらしたいわゆる「幕末インフレーション」はすでに顕在化していた(55)。福山領内でも穀類の価格高騰にともなう領民の食糧不足が深刻化し、藩府は天保四年(一八三三)以来、「下方夫食融通」を理由に米・雑穀の他所売り禁止策を継続していた(56)。嘉永元年(一八四八)

には「麦作不熟之趣」のため「小麦を始メ都而雑穀類」の他所売り禁止を再確認し[57]、また嘉永三年には「琉球芋」を他所売り禁止品目に加えている[58]。上記の庄屋順達書は、同時期におけるこのような一連の藩府による米穀・雑穀流通統制策との関連で読み解く必要がある。

沼隈郡山波村では稗を作付けし、一〇〇石程の収穫を得たが、売れ行きが悪かったために他所売りの免除を願い出た。これに対して、役所は禁令の免除は認めず、庄屋を介して領内村々で購入希望者を調査するように命じたのである。希望者の有無にかかわりなく日限までに報告を求めているところに、領主側の領内での稗の売り捌きに寄せる期待の大きさが窺える。山波村農民が禁令にもかかわらず領主側に正面から他所売りの許可を求めることができたのは、領民の食糧安定策の一環としてなんらかの稗作を奨励する藩府ないし郡役所の施策が講じられ、これに対応して山波村で稗の作付けが行なわれたためであろう。しかし、このような食糧難の世相にもかかわらず、生産された約一〇〇石の稗は容易に領内で需要者を見出せなかったのである[59]。

山波村で収穫をみた稗が田稗であったか、畑稗であったかは不明である。山波村は、田方六町三反七畝二三歩・田高六六石八斗四升一合、畑方三三町二反一畝一一歩・畑高一四三石八斗三升九合の畑方村落であったから[60]、畑稗であったかもしれない。しかし、維新直前の慶応三年(一八六七)には、藩府の稗作奨励策はついに本田への稗の植栽を含むものに変化するのである。先と同じく分郡世話役年番庄屋から同郡庄屋中に宛てられた同年の順達書には、次のように記されている。すなわち、

夫食之貯ニ村々稗精々植附候様御沙汰御座候ニ付、村役人始一同厚申合候様取計可被成候[61](下略)

この措置は、幕末期の激しい物価騰貴と食糧事情の悪化を前に、福山藩府が展開してきた一連の食糧増産策の到達点であった。これに先立つ慶応元年、藩府は田方の木綿・菜種の植栽を縮小し、米穀等の増産を促す次のような通達を行なっている。

（前略）御郡中村々之内、方角ニ寄近来田方江綿作幷菜種等多分植附候ものも有之由、当節柄ニ付右両作共成丈ケ植附相減、米穀之類植附可申筈之処、土地ニ寄綿受宜敷場所者眼前之利潤而已相考、凶年飢饉之弁薄キ様被存歎ケ敷事ニ候、殊ニ田綿之儀者先年被仰出候御主意茂有之事故、以後田綿幷菜種とも精々植附相減、都而食用之品重而為植附候様可取計之旨御沙汰御座候間、難有御趣意之段小面一同へ厚御申渡被成、以来穀類植附相増候様御取計可被成候(62)（下略）

藩府は領民に田方綿作・菜種作を放棄し、「米穀之類」作付けに転換するよう迫っているが、田方稗作もそのなかに含まれていると考えるべきであろう。藩府が食糧増産策を唱導しているにもかかわらず、農民たちは「眼前之利潤」を求めて「凶年飢饉之弁《わきまえ》」もなく、田方の綿作・菜種作を断念しようとしないと述べられている。領主側にとって「凶年飢饉之弁」のない行為にみえても、農民たちにとっては、相対的により高い利益を生み出す作物を作付けることこそが「凶年飢饉之弁」のある合理的な行為として意識されていたのである。

米作よりも綿作を、麦作よりも菜種作を選択した農民たちが売れ行きが危ぶまれる稗の増産に積極的であるはずはない。先にみた通り、万延元年（一八六〇）、長雨のために稲苗が壊滅状態に陥った際でさえ、分郡世話役年番庄屋は、稗苗の移植ではなく、稲苗の促成栽培によって窮状を打開するように庄屋中に順達書を廻した。福山藩においては、藩政終末期、ついに稗作そのものを奨励する施策がとられるに至ったが、福山領内の農民たちは、田稗の作付けを極力回避しつつ、日常の食糧として、また「凶年飢饉之弁」として必要な稗は畑稗で確保するきわめて合理的な姿勢で稗作を展開したのである。

## 第五節　福山藩における稗作徴租法

### （一）沼隈郡草深村・浦崎村における稗田の徴租法

前節で触れた通り、阿部氏福山藩諸村においては、主として畑稗が作付けされた。当然のことながら畑稗を植栽した畑地に対しても当該畑地の斗代と年貢率に見合う貢租負担が求められたが、代銀納の場合を別にすれば、他の畑作物と同じく米納による貢租負担が行なわれた。第二節で考察したように、畑方麦に不作が生じた場合、願い出によって、藩役人の見分が実施され、相当の被害が生じているときは一定の引高が認められたが、畑稗の不作にともなう年貢減免措置に触れた史料や地方書の記事は見出せない。原理的には、代米定（升替定法）にリストアップされているすべての畑作物の不作時には検見見分を経て年貢減免措置が講じられて然るべきであるが、綿と煙草を除いて他にそのような事例は知られていない[63]。稗は強靱な生育力を具え、安定した生産量を確保することが可能であり、稗自体が他の作物の不作に備えた救荒作物としての性格を有していたから、畑稗に万一不作が生じても年貢減免措置が講じられることはなかったのではなかろうか。

田稗については、前節の考察を通して次の諸点が明らかになった。幕末に藩府が稗作奨励策を展開した時期を除けば、福山領内農村では次の二つのケースに限って本田に稗が作付けされた。第一に、沼隈郡草深村・浦崎村の新涯では、耕地の改善が困難であったために、本田となった後も干拓地に田稗の常作が公認されていた。第二に、他の村落においても、長雨の被害等で稲苗が腐り、代わりの稲苗の入手が不可能な場合、危急の措置として本田に稗が植栽される場合があった。本項では、前者のケース、沼隈郡草深村・浦崎村における稗田に対する貢租徴収法を探ることにしよう。

まず、草深村における田稗の植栽事情に触れた『備陽六郡志』巻七の記事を再度掲げる。すなわち、

一　當村磯新涯之内、湧潮にて悪所御座候、是者稲有付不申、稗作付、庄屋・役人、夏方内見仕、帳面は秋晩田御検見之節差上候得ハ御引被下候、前々より御検見被仰付候[64]

後段に述べられているのは水野・松平氏時代における稗田の徴租法であるが、藺田を抱えている草深村と浦崎村の場合、新涯稗田の年貢量の決定仕法は阿部氏時代以後も基本的にこれと変わらなかったであろう。夏に村役人が稗田の内見を実施し、その結果を晩田の検見を実施するために村にやってきた藩役人に見せれば、一定の引高が付与されると記されている。新涯の造成後、鍬下年季が過ぎて斗代が付けられて以後も、稗作を維持せざるを得なかったために、斗代に見合う収穫量が得られないとみなされ、年々引高が認められたのである。草深村・浦崎村は共に藺草の栽培が行なわれていた沼隈郡二六カ村の一角を占める村落であったために、下々藺・捨てり藺に段取りされた藺田の表作晩稲検見が実施された。むろん、地味が劣る新涯では裏作として藺草の植栽を行なうのは無理であっただろう。両村の新涯稗田では、稗の収穫量が「代米定」(升替定法)の石高に換算して斗代に満たない分、年々引高による年貢減免措置が講じられたのであろう。

すでに前節に掲げたとおり、「郷中覚帳」・「郡中町方明細記」両書には、草深・浦崎両村の稗田に関する次のような記事が載せられていた。

一　浦崎村・草深村稗田壱反ニ上出来四石、中出来三石位、但弐斗替ニして米六斗ニ成、稗田ハ砂下田五斗代ニ候へ共、中出来ニして斗代ニ壱斗余ル[65]

改めて表5―4の「代米定」(升替定法)をみると、稗は一石当たり二斗代えとされていた。述べられているとおり、浦崎・草深両村で「中出来」の稗三石は米六斗に相当することになる。「稗田ハ砂下田五斗代」であるから、「中

出来」の稗は米量にして斗代を一斗上回ると記されているが、現実の砂下田の斗代は、浦崎村は五斗であったが、草深村は七斗であった(66)。したがって、草深村では「上出来」の収穫を上げない限り、稗作によって斗代を満たすことはできない。記事の筆者が稗田の斗代と一反当たりの稗の収穫量との比較に拘る含意は、年々村役人が提出する下見帳を睨んで郡方役人が実施する引高決定の実務を念頭に置いてのことであった。

## (二)　災害にともなう本田への移植稗の徴租法

次に、長雨によって腐蝕が生じた稲苗の代用として本田に植栽された稗に対する徴租法を考察しよう。「郷中覚帳」に次のような関連記事が所載されている。すなわち、

一　水出ニ而稲苗腐り、無拠稗植付置候ハヽ、稲与見て致検見候、改様壱反之田壱石五斗代之時、右稗壱反ニ三石出来与目入致候ハヽ、弐斗替として米六斗也、残九斗不足立遣、尤右稗反ニ何程出来与見極候事、初心之内成かたし(67)

水害によって稲苗が腐り、余儀なく水田に稗を植え付けたとき、当該農民は検見見分を願い出ることができた。藩役人は水田の稗を稲と見て検見を実施する。文中の「目入」とは、検見に赴いた藩役人が検見田の収穫量を査定する際、目分量で検見田一歩当たりの収穫量の見込みを立てる作業を指している。土免制下の福山藩では、検見が実施される場合、本来は歩刈(平均的な収穫が見込める区域を一歩＝一坪選択し、その稲を実際に刈り取って籾量を計量する)を行ない、合毛(公式の検見田の一歩当たりの籾量)を決定し、その結果をもとに年貢減免措置を講じるか否かが決定される手順を踏むことになっていた。しかし、現実には歩刈が行なわれることはほとんどなく、村方の下改めと藩役人の目入が一致し、村方がそれを受け入れたときは下見帳記載の数値がそのまま採用された。これらのことはすでに本書第二章第三節で詳細に考察した。

この記事によって、水田に移植された稗に検見が実施される場合も「目入」のみで藩役人の見分が済まされるのが普通であったことが知られる、事例として示されている演算の過程を追跡すれば、斗代一石五斗の水田で稗の収穫量が一反当たり三石あると見込まれるとき、稗は二斗替えであるから、代米高は三×〇・二＝米六斗となる。斗代に不足するのは九斗であるから、これを引高として付与するというのである。(68) 末尾には、検見に臨んだ時、目入によって稗の一反当たりの収穫高を見極めるのは初心者の役人には困難であると記されており、「郷中覚帳」の地方書としての面目がよく示されている。

同様に苗代の稲苗が全滅し、稗苗を移植した農民が稗の収穫期に至って一毛荒の申請を行なったとき、郡方役人はいかに対処すべきか、「郷中覚帳」はこの点について次のように述べている。すなわち、

一　稲苗底一毛荒ニ成候節、外ニ苗之余計も無之、稗苗植付見分願候事有之、尤其村ニ稲検見請候得者、其節一緒ニ検見有之事ニ候得共、外ニ検見ハ無御座候間、一毛荒ニ見分被下度与申時、仮令ハ壱反之田壱石五斗代之場所ニ稗弐石出来与目入候ハヽ、米ニ直し弐斗かへニして四斗也、右斗代壱歩ニ米五合ニ当ル、然レハ弐畝弐拾歩之生ニして残七畝拾歩一毛荒与積候事(69)

本書におけるこれまでの考察の通り、旱損・水損が多発する耕地環境の下、阿部氏福山藩においては、稲・綿・畑麦など主要な農作物が皆損に及んだ場合、一毛荒（皆捨り）という貢租の「丸引」を認める独特の制度を維持せざるを得なかった。しかし、郡方所務の現場では、村方から一毛荒の申請があったとき、極力これを回避する措置が取られた。この記事においても、その村で他に稲検見を受ける者がいる場合は、一緒にその稗も検見を行なえばよいと記されている。しかし、その村で他に検見を受ける者がなく、当該農民が一毛荒見分の実施を強く願い出、これを受け入れざるを得ないとき、いかに対処するか、この記事の眼目はこの一点にある。

一毛荒の申請が受理されても、その田地に賦課されるすべての年貢が無条件に免除されるわけではなかった。

たとえわずかでも一毛荒の対象となっている田地から収穫の可能性を見出し、その田地の斗代との相関から「生畝」を取り、「残り畝」のみを一毛荒の対象とする措置が取られ、これを寄せ取り法と称した。これもすでに第二章第四節で触れたとおりである。

上記「郷中覚帳」の記事に述べられている演算過程を追跡しよう。例えば、目入の結果、斗代一石五斗の水田に稗の収穫が二石あると見込まれるとき、稗は二斗替えであるから、代米石高は四斗となる。つまり斗代の一五分の四の収穫が得られたことになる。斗代のうち収穫分は四、無収穫分は一一の比率となる。この比率を、前者を「生畝」、後者を「残り畝」としてこの田地一反に配分する。「生畝」は、三〇〇歩の一五分の四、三〇〇×一五分の四＝八〇歩＝二畝二〇歩、「残り畝」は七畝一〇歩となる。この「残り畝」のみを一毛荒の取り扱いとするのである。[70]「郷中覚帳」の言う「右斗代壱歩ニ米五合ニ当ル」とは、三〇〇歩＝一反であるから、この水田の斗代一石五斗は、一五〇〇合÷三〇〇＝五合、つまり面積一歩当たり高にして米五合であることを言おうとしている。一方、収穫を得た稗二石の代米石高四斗は、四〇〇合÷三〇〇＝三分の四合、つまり一歩当たり高にして米三分の四合である。両者の比率は五合：三分の四合＝一五：四となる。したがって「生畝」は四、「残り畝」は一五－四＝一一の比率になるというのである。

## おわりに

これまでの考察の結果得られた諸点を整理し、本章を結びたい。

阿部氏治世期福山藩における徴租法は、土免制の下、半高の法を基軸に、田方・畑方の区別、作付作物の種類に対応して綿密に組み立てられており、原理的には、麦作・稗作に対する年貢徴収仕法もその枠組みの中に位置づけられていた。

田方麦は、表作米作の収穫によってすでに斗代が満たされているとみなされていたため、不作が生じても、基本的に年貢減免措置は取られなかった。これに対して、畑方麦は不作時に年貢減免が認められたが、他の畑作物と同様に半高の法が適用されていたために、よほどの損毛が生じない限り、減免の実現は困難であった。しかも、畑方麦の検見見分は次第に簡略化され、「捨り」麦のみを計量して引高を算出したり、「皆捨り」の場合は「半高の三歩引」というような一定率の引高を認める方法が慣習的に採られるようになった。

領主側は、麦の不作に起因する年貢減免要求に対しては、既定の仕法に沿いつつ、極力減免量を縮小しようとする姿勢を示したが、一八世紀後半以降になると、田方・畑方、表作・裏作両面に及ぶ複数の作物の不作を訴える村方の年貢減免要求に対して、比較的柔軟に対応するようになった。領内における極貧「難渋村」の発生・拡散という現実が領主側にこのような姿勢をとらせたのであり、領民の要求に応え、あえて藩財政収入の縮減に直結する用捨引を黙認し、郡務の煩雑化をもたらす拝借米の貸与を重ねざるを得なかった。

福山藩における稗作は畑稗を中心に展開され、他の畑作物と同様に基本的に米納による貢租負担が行なわれた。田稗の常作が認められていた村落は、阿部藩政当初から、塩抜きが困難な新涯を抱えていた沼隈郡草深村・浦崎村の二カ村に限られていた。両村の新涯稗田の田位は「砂下田」と低かったが、稗作では斗代に見合う収穫量を得ることが困難であるとみなされ、年々藩役人による稗田下見帳の見分を経て、引高が付与された。

福山領内の村々で田稗が植栽されるいま一つのケースは、長雨による水没によって稲苗が腐蝕・全滅し、やむなく稗が本田に移植された場合であった。禍害に遭遇した農民は検見を願い出ることが可能であり、稗の反当たり収穫量を「代米定」(升替定法)によって米量に換算し、それが斗代に満たない場合、引高が付与された、この農民が移植稗の不作に苦しみ、一毛荒の願い出を提出した場合、領主側は「寄せ取り法」を駆使して、これに対応した。「寄せ取り法」は、本来、皆損となった田方稲を対象とする一毛荒見分において、年貢の丸引きを回避するために案出された仕法であった。領主側は、やむなく移植した稗が皆損同然となった場合においても、稲の場合と同様に、ほとんど収穫のない稗田から僅かでも収穫の可能性のある稗を見出し、これを貢租収入に結びつける姿勢を崩さなかったのである。

福山藩の領民は、豪農から一般小農に至るまで、畑稗の作付けを堅持しつつ、水田における稗作を回避する姿勢を示した。災害によって稲苗が不足した場合においても、稲苗の促成栽培を優先し、最終手段として稗苗の移植を決断した。幕末期の物価騰貴と食糧事情の悪化にともなって、福山藩府は、田方の木綿・菜種の植栽を縮小し、米穀等の増産を促す施策を推進し、維新直前にはついに稗作の奨励策を展開するに至ったが、領民がこれに積極的に対応した事実は知られていない。福山藩の農民たちは、日常的食糧の供給源、また備荒作物としての役割を畑稗に担わせ、田方においては稗作を避け、稲作あるいは綿作に固執する姿勢を示したのである。

## 注

(1)「郷中覚帳」(福山城博物館附属鏡櫓文書館鶴賓文庫所蔵、慶応元年書写本)、「郡中町方明細記」〈(福山市芦田町福田・宮崎家所蔵)府中市『府中市史史料編Ⅱ近世編上』昭和六三年 所収〉。両地方書の詳細については本書序章を参照。

(2)「覚」「郡中町方明細記」(前掲『府中市史史料編Ⅱ近世史料編上』所収)二四一～五頁。

(3)なお、この「郡中田方裏毛麦壱反ニ付弐升ツヽ」の上納は享保三年(一七一八)に廃止された。享保二年秋に発生した百姓一揆において、「裏毛麦」の上納廃止は一揆農民の要求項目の一つに掲げられ、藩府は、翌享保三年一月、農民の要求を受け入れ、「一　一毛麦之儀先日被仰渡候通り弥願之通り御免之事」と、上納を免除せざるを得ない事態に追い込まれた〈「覚」(享保三年)(広島県『広島県史近世資料編Ⅴ』昭和五四年 所収 史料番号一五六号)一六六頁〉。

(4)宮原直倁「備陽六郡志」内篇巻十三「藺田畝高」(得能正通編『備後叢書第一巻』復刻版 歴史図書社 昭和四五年所収)三六六～八頁。

(5)有薗正一郎「芦田川下流域における近世木綿作の地域的性格」(立命館大学地理学教室『芦田川流域の空間組織』立命館大学人文学会 昭和五六年)七〇頁。
(6)広島藩の地方書「芸州政基」の詳細については、拙著『広島藩地方書の研究』英伝社 平成一一年 第二章「地方書「芸州政基」の論理構造」を参照。
(7)「芸州政基」—麦毛見分之事—(広島県『広島県史近世資料編Ⅱ』昭和五一年所収)七八一頁。
(8)土屋喬雄校訂・宮崎安貞『農業全書』巻之二第三「麦」岩波文庫 昭和二一年 九七頁。
(9)「芸州政基」—麦毛見分之事—(前掲『広島県史近世資料編Ⅱ』)七八一頁。
(10)同右。
(11)岡光夫「耕作改良と乾田牛馬耕—明治農法の前提—」(『農業・農産加工—講座・日本技術の社会史第一巻—』日本評論社 昭和五八年)一〇八頁、岡光夫・飯沼二郎・堀尾尚志編『稲作の技術と理論』平凡社 平成二年 一一九〜一二〇頁。
(12)「芸州政基」—麦毛見分之事—(前掲『広島県史近世資料編Ⅱ』)七八一頁。
(13)加美永蔵「農制随筆」巻之下—麦地開作之事—宝暦六年板行 内閣文庫所蔵。地方書「農制随筆」の詳細については、拙著 前掲『広島藩地方書の研究』第三章「加美永蔵著「農制随筆」にみる宝暦期広島藩農政の動向—近世地方書における継承と成熟—」を参照。
(14)岡光夫・飯沼二郎・堀尾尚志編 前掲『稲作の技術と理論』一二〇〜一頁。
(15)阿部藩政開始以後、領内農民による麦作の展開に対して、領主側が基本的にどのような姿勢で臨んでいたかを明示した史料・地方書の記事は見出していない。敢えて挙げれば、『備陽六郡志』外志に、天和二年(一六八二)に、三次牢人河原勘左衛門が三原で村役人に書き送ったとされる「郷村役人心得」が所載され、その中に麦作に触れた次のような一項がある。この心得の記述年代は水野氏時代であり、明らかに広島藩の郡政を念頭に置いて記されたものである。郡方所務に精通していた編者の宮原直倁〈安永五年(一七七六)没〉は、阿部氏福山藩の村役人の心得として有用であると考え、『備陽六郡志』に収めたのであろう。
一、麦蒔候事ハ八月末より九月中、十月の始までも能候、こやしは年内に二度ほど、中打も二度ほど能候、むきは百姓の上々の食物にて候、然者麦蒔候節、日和能候者収納并差當る夫役等をも被差延、麦の仕付取上専に仕らせたき事に候、百姓ハ食物さへ相應にたくはへ候得ハ、耕作の節時を不失、心まめに精を盡すものにて候、食とほしき時ハ耕耘る事疎にして不熟するなり、貧民を救ふ事薄して扶助を加へさる時は日々力おとろへ、田畠の作毛微少になり、常の半作にも成ものに候、然ハ上の御損あけて計かたし、

〈宮原直倁「備陽六郡志」備陽六郡外志「百姓心得等―郷村役人心得―」（前掲『備後叢書第二巻』）一八一頁〉

農民の食糧としての麦の重要性を強調し、麦の播種の時期には、夫役の徴発を控えるべきであるとまで述べている。年々麦作が順調に行なわれ、食糧が確保されれば、農民たちは稲作に励み、持続的に貢租の完納を達成できる、このような理路で、領主側は領内における麦作の展開を歓迎していたのである。

(16)「郷中覚帳」二「綿検見」（福山城博物館附属鏡櫓文書館鶴賓文庫所蔵）。
(17)「無題」「郡中町方明細記」（前掲『府中市史史料編Ⅱ近世史料編上』所収）二三二頁。
(18)阿部氏治世期の福山藩においては貢租負担として、物成の他に、「三品割り」と称して物成高に対して二％の口米、村高に対して一・五％の夫米、さらに村ごとに一定の小物成米が課された。この他に、小林年貢・藪年貢・寺役・職人役目銀などの一定の役銀の負担が求められ、これらは「御免状前」と総称されていた。さらにこの「御免状前」に加えて、村方は年頭御礼銀・八朔御礼銀・御代官帳紙代・御蔵帳紙代・大割銀・大豆定割などと並んで「麦定割」を年々負担した（前掲『福山市史中巻』四八二・四八九〜九〇頁）。
(19)「先々代河上谷右衛門検見之節左之書付を以被相尋候由、高次村（ママ）ら正徳二辰八月相認出之」「郡中町方明細記」（前掲『府中市史史料編Ⅱ近世史料編上』所収）二二二頁。
(20)畑方麦の検見（見分）による年貢負担量の算出原理を事例を挙げてもう少し詳しく説明する。
例えば、免率五つ（五〇％）のある村で、斗代一石、面積二反、定例引高一升の大麦の畑に不作が生じ、役人の検見（見分）の結果、反当たり六斗の収穫（有麦量）しかなかった時、この麦畑にいくらの年貢負担が求められるか。まず。この畑の石高（一×二＝二石）から定例引高を控除する（二―〇・〇一＝一・九九石）。次に大麦の代米は一石＝五斗（表5―4参照）であるから、有麦量を代米量に換算すれば、〇・六×〇・五＝三斗となる。斗代一石の半高＝五斗から三

斗を差し引いた二斗が反当たりの引高、面積は二反であるからこの年に限り、〇・二×二＝四斗の引高が認められる。したがって、この麦畑の課税対象となる石高は一・九九－〇・四＝一石五斗九升となる。これに年貢率〇・五を乗じて、一・五九×〇・五＝七斗九升五合の年貢負担が必要となる。

(21)「郷中覚帳」一二一「れんしゃく痛ミ麦見様之事」。

(22)「郷中覚帳」一二六「氷打麦見分之事」。

(23)同右。

(24)同右。

(25)「無題」「郡中町方明細記」（前掲『府中市史史料編Ⅱ近世史料編上』所収）二四五頁。

(26)「郷中覚帳」一二六「氷打麦見分之事」。

(27)「郷中覚帳」一三三「作場廻之事」。

(28)「乍恐以書付奉願上候御事」（寛政一二年）（前掲『府中市史史料編Ⅱ近世史料編上』所収）六五三頁。

(29)「乍恐以書付奉願上候御事」（文化四年）（同右）六五四～五頁。

(30)「未歳免定之事・町村」（文政六年）（同右）六〇六頁。

(31)例えば、天明八年（一七八八）、芦田郡行縢（むかばき）村の「年貢米銀仕切勘定帳」をみると、安永八年（一七七九）に一一〇石、同九年と天明元年（一七八一）には四七石ずつ、別に同元年から六年まで三四石ずつ、年々拝借米の貸与を受けており、天明八年の年賦償還米は総計五三石一斗五升に達している。また、用捨引については、「六拾八石子之年ゟ酉ノ年迄実拾ケ年之間御用捨、九石　当未之御用捨米、拾壱石　当未之別段御用捨引」と記され、貢租米と返済米の総計三四六石五斗三升一合から、これらの用捨引分八八石を控除し、二五八石五斗三升一合の納辻を計上している〈「未御年貢米銀仕切御勘定帳・行縢村」（天明八年）（同右）六二七頁〉。

また、天保九年（一八三八）、芦田郡目崎村は七石の用捨引の恩典を受け、先に天保七年に五カ年賦償還の約定で貸与を受けていた五石の拝借米のうち一石を返済している〈「年貢勘定諸帳面扣・目崎村」（天保九年）（同右）六三〇頁〉。

(32)本書第二章図2―1参照。

(33)「明和七年寅九月日六郡村々願箇条申渡覚」(前掲『広島県史近世資料編Ⅴ』所収 史料番号二三一号)二四三頁。

(34)「乍恐書附を以奉願上候御事」(天明六年)(同右 史料番号三五二号)三一六頁、「今般被仰出候趣」(天明七年)(同右 史料番号三五六号)三二一頁。

(35)柳田國男は、大正九年(一九二〇)の初秋、東北旅行の折、岩手県九戸郡野田村で谷あい一帯に稗田が広がる光景を目にした。昭和一四年(一九三九)、この体験を語りの糸口にして稗植栽の効用を綴り、「麦類ことに裸麦の進出、玉蜀黍その他の新種の食用作物の増加が、少なくとも西部日本では稗を忘れさせた。」と述べている〈「稗の未来」(『柳田國男全集一七』ちくま文庫 平成二年)五七六頁〉。

稗は現代においても特定の地域で伝統的栽培が僅かながら継続されている。農学的知見に比重を置くが、その実態に触れた論考に、堀内孝次「飛騨高山におけるヒエの伝統的栽培と食事」大野康雄・藪野友三郎「岩手県北上におけるヒエの栽培と食事」(山口裕文編『ヒエという植物』全国農村教育協会 平成一三年)、堀内孝次「飛騨の雑穀栽培と雑穀文化」(山口裕文・河瀬眞琴編著『雑穀の自然史—その起源と文化を求めて—』北海道大学図書刊行会 平成一五年)がある。また、岩手県東部北上山地畑作地帯における稗・麦・大豆の二年三毛作について、徳川期の盛岡藩時代から昭和後期の消滅までの実情を綴った、畠山剛『新版・縄文人の末裔 ヒエと木の実の生活史』彩流社 平成九年(特に第二章)が興味深い。他に、主として近現代における岩手県北部と下北半島の畑稗の作付事情を述べた、高橋九一『稗と麻の哀史』翠楊社 昭和五八年がある。増田昭子『粟と稗の食文化』三弥井書店 平成二年は、畑作地帯であった東京都西多摩郡檜原村の農民の日記「牛五郎日記」の解析を通して。明治期における畑稗の輪作周期(麦→稗→麦→里芋→麦→稗)を論じ、徳川期の作付事情にも触れている。

(36)土屋喬雄校訂・宮崎安貞『農業全書』巻之二第九「稗」岩波文庫 昭和二一年 一一一〜二頁。

(37)菊池勇夫「赤米と田稗—近世北奥羽の水田事情—」(宮城学院女子大学文化学会『宮城学院女子大学研究論文集』七七号 平成五年)九〜一〇頁(同氏『東北から考える近世史—環境・災害・食料、そして東北史像』清文堂出版 平成二四年に再収)。

(38)同右 一六頁。

(39)同右　一七～八頁。
(40)土屋又三郎『耕稼春秋』巻三之上「田畠蒔植物の類・稗」(宝永四年)(山田龍雄・飯沼二郎・岡光夫・守田志郎編『耕稼春秋―日本農書全集第四巻―』農山漁村文化協会 昭和五五年 所収)八二～三頁。
(41)清水隆久「『農業図絵』解説・同解題」(山田龍雄・飯沼二郎・岡光夫編『農業図絵―日本農書全集第二六巻―』同協会 昭和五八年 所収)二三〇～一・二九九～三〇〇頁。
(42)徳川期、九州・四国・中国地域でも盛んに焼畑が行なわれ、粟・黍・蕎麦などと並んで稗が植え付けられた。柳田國男の『後狩詞記』で知られる宮崎県東臼杵郡椎葉村においては、焼畑には夏に火入れする「夏ヤボ」と、秋に木を伐って春に火入れをする「秋ヤボ」の二種類があった。「夏ヤボ」では、蕎麦(一年目)→稗・粟(二年目)→小豆(三年目)→大豆(四年目)→休閑地として元の森に戻すサイクル、「秋ヤボ」では、稗(一年目)→粟(二年目)→小豆(三年目)→大豆(四年目)→休閑地のサイクルで作付けが行なわれたが、徳川期以来、昭和三〇年代まで、後者が一般的であった。椎葉村は、元和五年(一六一九)に幕領、明暦二年(一六五六)に人吉藩預り所となり、幕府の享保改革にともない全山御林化、延享三年(一七四六)に高入れが実施され、石代納による貢租負担を求められたが、その後も生業の多様性を失わなかった〈武井弘一「山方の百姓」(前掲『大地を拓く人びと―身分的周縁と近世社会1』)一七～四四頁〉。
(43)藤井正夫『備後福山社会経済史―瀬戸内型貨幣商品経済の成立・その発展と停滞―』児島書店 昭和四九年 一一〇頁。
(44)「郷中覚帳」一四「稗田之事」、「浦崎村・草深村稗田之事」「郡中町方明細記」(前掲『府中市史史料編Ⅱ近世史料編上』所収)二二六頁。
(45)「郷中覚帳」廿一「諸作物出来高大旨幷蒔時種積」
(46)宮原直倁「備陽六郡志」内篇巻七「沼隈郡草深村」(前掲『備後叢書第一巻』所収)一八七頁。
(47)同右。
(48)「備後郡村誌」(府中市『府中市史史料編Ⅳ地誌編』昭和五一年 所収)二九〇頁。
(49)沼隈郡役所『沼隈郡誌』先憂会 大正一二年 九〇頁。

(50)「備後郡村誌」(前掲『府中市史史料編Ⅳ地誌編』所収)二七六頁。
(51)「郷中覚帳」八「田畑一毛荒改」。
(52)「無題」(山手・三谷家「御用状控帳」安政七年)〈前掲『広島県史近世資料編Ⅴ』所収 史料番号一〇五二号〉九八九～九〇頁。
(53)前掲『福山市史中巻』六八九～九〇頁、広島県『広島県史近世2』昭和五九年 五八六～七頁。
(54)「尚々刻限付ヲ以早々御順達可被下候」(山手・三谷家「御用状控帳」嘉永三年)〈前掲『広島県史近世資料編Ⅴ』所収 史料番号九三九号〉八四八～九頁。
(55)「幕末インフレーション」と開国後の価格革命の物価史上における意義については、宮本又郎「物価とマクロ経済の変動」(新保博・斎藤修編『近代成長の胎動―日本経済史2―』岩波書店 平成元年)を参照。
(56)「一　米雑穀共他所出之儀、昨年已来指留候者、畢竟下方夫食融通之ため被仰付候儀ニ而、一同難有可存之処、兎角心得違之もの有之、締り附兼不埒之事ニ候」〈「覚」下御領・横山家「御用状留書帳」(天保五年)(前掲『広島県史近世資料編Ⅴ』所収 史料番号七三一号)六九〇頁〉。

福山領内の穀物価格(天保8年)

| | 米1石 | 麦1石 | 稗1石 |
|---|---|---|---|
| 1月 | 160匁 | 110匁 | 45匁 |
| 2月末 | 180匁 | 140匁 | 52～3匁 |
| 4月 | 180匁 | 170匁 | 53匁 |

出所)「石岡家歳々記録帳」(府中市『府中市史史料編Ⅲ近世下』昭和63年所収)586・9頁によって作成。

(57)「無題」(山手・三谷家「御用状控帳」弘化五年)〈同右 史料番号八八〇号〉八〇一頁。
(58)「無題」(同右 嘉永三年)〈同右 史料番号九〇八号〉八二四～五頁。
(59)飢饉渦中の価格であるが、参考までに、天保八年(一八三七)の福山領内における米・麦・稗の市中価格を上表に示す。主穀に対する稗の相対価格が知られる。
(60)「備後郡村誌」(前掲『府中市史史料編Ⅳ地誌編』所収)二五六頁。
(61)「無題」(山手・三谷家「御用状控帳」慶応三年)〈前掲『広島県史近世資料編Ⅴ』所収 史料番号八八〇号〉八〇一頁。
(62)「尚々此廻状留村々ゟ詰所へ御返し可被下候」同右(同年)(同右 史料番号一一四六号)一〇七五頁。
(63)煙草は畑煙草・田煙草ともに不作が生じた際、年貢減免を求めて検見を願い出ることができた。

一　畑たばこ壱歩ニ拾五本植、但壱本ニ葉拾弐(三)枚附ル、壱反ニ四千五百本位、但拾本ニ而壱斤有、葉数百三拾弐枚位、上出来ト云ハ壱反ニ四(百)斤又ハ三(百)斤共云、此代米壱斤ニ付米六合替之積、先々御代之法也

一　田多葉こ壱歩ニ九本位植候、但壱本ニ葉九枚附ル、壱反ニ弐千七百本位、但七・八本ニ而壱斤有。葉数六拾枚位、上出来ト云ハ壱反ニ四(百)斤程、代米升かへ右同断、尤田たばこハ殊外大葉ニ出来申候、但、田たばこハ葉ふり別而見事ニ候へ共火付あしく・・・【以下、記述なし】

(「郷中覚帳」十「多葉粉見分之事」)

畑煙草は一歩に一五本植え、一本に葉が一三枚ほどで、一反では一五×三〇〇＝四五〇〇本、煙草木一〇本で煙草葉一斤が収穫でき、その葉数は一三二枚ほど、田煙草は一歩に九本ほど植え、一本に葉が九枚ぐらいで、一反では九×三〇〇＝二七〇〇本、煙草木七・八本で煙草葉一斤が収穫できると述べられている。田煙草は大振りの葉が育つが、火付きが悪く、世評が低かったことも知られる。

単純に計算すれば、反当たりの収穫量は、畑煙草は、四五〇〇÷一〇＝四五〇斤、田煙草は、二七〇〇÷七・五＝三六〇斤程度ということになる。表5―2に示したように、「郷中覚帳」は、別項では「秋たばこ」の収穫量は上出来で三五〇斤と記している。代米は煙草葉一斤につき米六合であるから、反当たり三五〇斤の収穫量であるとすれば、その代米は、三五〇×〇・〇〇六＝米二石一斗となる。不作で収穫が半減した場合、その代米は一石五升である。いわゆる備前検地による阿部氏福山藩の斗代は、田方は最高の二石から最低の三斗まで、畑方は最高の一石七斗から最低の一斗までであった(前掲『福山市史中巻』四二九頁)。田煙草は稲作を行なわない比較的斗代の低い田地に作付けされたであろうし、畑煙草は半高の法が適用されるから、年貢の減免が認められるためには、煙草の代米高が斗代を半減した数値を下回っていなければならない。領主側は商品作物としての煙草の価値をきわめて高く評価しており、よほどの不作でない限り、煙草の不作によって年貢減免の適用を受けることは困難であったのである。

(64)宮原直倁「備陽六郡志」内篇巻七「沼隈郡草深村」(前掲『備後叢書第1巻』所収)一八七頁。

(65)「郷中覚帳」一四「稗田之事」、「浦崎村・草深村稗田之事」「郡中町方明細記」(前掲『府中市史史料編Ⅱ近世史料編上』所収)二二六頁。

(66)沼隈郡浦崎・草深両村の田方の斗代について簡単に触れたい。いわゆる福山藩備前(元禄)検地においては、各郡の村々を村柄によって上々村から下々村までの五等級に区分し、石盛が実施された。このとき、草深村の村柄は第一ランクの「上々地」、浦崎村は第二ランクの「上地」に位置づけられており、領主側は両村を村勢・土地生産力において優位を占める村落として高く評価していた。田方の田位をみると、両村ともに上々・上・中・下・下々の五段階、砂田は本来三段階であったが、草深村は砂下田・砂下々田、浦崎村は砂田・砂下田の二段階となっていた。石盛を列挙すれば、草深村は、二石・一石九斗・一石七斗・一石五斗・一石三斗、砂田は七斗・四斗、浦崎村は、一石七斗・一石六斗・一石四斗・一石一斗・九斗、砂田は七斗・五斗となっていた。福山藩六郡において、斗代が四斗以下の多数の砂田を抱える村落は草深・浦崎村以外にも多数存在した。〈前掲『福山市史中巻』四二九～三五頁、「備後郡村誌」〈前掲『府中市史史料編Ⅳ地誌編』所収〉二七六・二九〇頁〉。

草深・浦崎両村で田稗が常作されていたのは、土地生産力の劣る田地を多数抱えていたためではなく、たまたま村内に地味の涵養が困難な干拓地を擁していたためにすぎなかった。

(67)「郷中覚帳」一「人別作平均稲検見之事」。

(68)この事例に若干の補足を加えて、水田に移植された稗に検見が実施される場合の年貢負担量の算出原理を説明する。例えば、この村の免率は五つ(五〇%)、稗を移植した水田面積は二反、この水田の例年の定例引高は二升であったとする。本文の事例の通り、この水田の斗代は一石五斗、稗の収穫量が反当たり三石であるとすれば、この水田にいくらの年貢負担が求められるか。まず、この水田の石高(一・五×二＝三石)から定例引高二升を控除する(三－〇・〇二＝二・九八石)。次に、稗の反当たり収穫量三石に稗の代米高二斗を乗じて代米高は三×〇・二＝米六斗となる。斗代と代米高の差分は一・五－〇・六＝九斗、面積は二反であるから、この年に限り、一石八斗の引高が認められる。したがって、この水田の課税対象となる石高は、二・九八－一・八＝一石一斗八升となる。これに免率〇・五を乗じ、一・一八×〇・五＝五斗九升の年貢負担となる。

(69)「郷中覚帳」八「田畑一毛荒改」。

(70)やむなく水田に移植した稗の収穫量が少なく、一毛荒の申請が行なわれ、これが受理された時の年貢負担量の算出原理を説明する。注記(68)の場合と同じ条件、すなわち、この村の免率は五つ、稗の移植水田面積は二反、この水田の定例引高は二升、水田の斗代は一石五斗とする。一毛荒申請田に目入れが行なわれ、稗の収穫量は注(68)の場合より一石減って二石と査定されたとする。この時いくらの年貢負担が求められるか。まず、一毛荒の場合、例年の定例引高は認められない。稗の反当たり収穫量は二石であるから代米高は二×〇・二＝米四斗である。斗代と代米高の差分は一・五−〇・四＝一石一斗、面積は二反であるから、二石二斗の引高となる。したがって、この水田の課税対象となる石高は三−二・二＝八斗である。これに免率〇・五を乗じ、〇・八×〇・五＝四斗の年貢負担となる。

寄せ取り法では、水田二反を皆損面積(一一)と斗代を満たす収穫面積(四)の比率に分け、課税対象石高を水田の石高(三石)の一五分の四と考え(三×一五分の四＝八斗)、それに免率〇・五を乗じて、年貢負担量四斗を算出する。寄せ取り法は、年貢負担量の演算方法というよりも、ほとんど収穫が見られない水田からあえて課税対象を見出そうとする領主側の願望を論理化、あるいは数理化したものと解するべきであろう。

# 第六章　福山藩における屋敷地徴租法

# はじめに

本章では、阿部氏治世期を中心に、福山藩における村方の屋敷地に対する徴租法について考察を試みる。周知の通り、太閤検地以来、基本的に近世領主の貢租賦課の対象は、田・畑・屋敷地とされた。近世百姓の耕地所有に対して領主が賦課する徴租法の展開構造については、幕領・私領を問わず、これまで膨大な研究成果が蓄積されてきたが、村方の屋敷地所有とこれに対する貢租徴収の動向については、ほとんど関心が払われてこなかった。しかし、近年、神谷智氏によるきわめて優れた論考が現われた。同氏の論考は、近世農民の土地所有権の実態を探る観点から、領主側による「四壁除（四壁引）」や新屋敷に対する対応の変化を中心に、徳川期農民の屋敷地所有の動向を論じた貴重な先駆的研究成果である。(1) 近世村方の屋敷地所有と貢租徴収を核とする領主支配の動向を探る研究は今ようやく緒に就いたばかりの状態にあると言えよう。

筆者はもともと地方書「郷中覚帳」(2)五「新屋敷斗代違竿入改様之事」の所載記事によって福山藩における村方の屋敷地徴租仕法に対する関心を喚起された。本章では、他に地方書「郡中町方明細記」(3)をはじめ、元禄検地条目、屋敷地・家作に関連する触書、阿部氏時代における「新屋敷縄帳」、水野氏時代における「新屋敷出目高帳」・「新屋敷改帳」などの諸史料の解析を試みる。それらの分析を通して、阿部氏治世期を中心に、一七世紀末から一九世紀初期に至る福山藩村方における屋敷地所有の動向とこれに対する貢租徴収仕法の運用構造、また、藩府による家作統制の方向性を探ることが本章の主要な課題である。

# 第一節　元禄検地における屋敷地

## （一）　検地の実施原理

阿部氏治世福山藩の徴租法において屋敷地がいかに位置づけられていたかを探る出発点として、まずその基本原理としての役割を果たした福山藩備前（元禄）検地における屋敷地の取り扱い原理を検討しよう。水野氏の断絶後、元禄一二年（一六九九）五月末から九月末まで、岡山藩によって代行実施され、翌一三年に検地高の確定をみたいわゆる備前検地（元禄検地）については、本書でも度々触れてきた。同検地において、一般農民の屋敷高の算出はどのような原則に基づいて実施されたのだろうか。

元禄一二年一月、幕府から検地条目が岡山藩に下付された。この検地条目は旧水野氏領の検地のために新たに作成されたのではなく、いわゆる幕府の「元禄検地」(4)における検地条目二七カ条とほぼ同文のものが用いられた(5)。それらのうち、田・畑・屋敷地の丈量と石盛の基本原理を記した四つの条項を抽出して掲げ、その内容を考察しよう。

一　間竿之儀六尺壱間之積弐間竿たるへし、但壱間ニ壱歩宛加来候条、長壱丈弐尺弐歩竿を以可打、勿論壱反歩者三百坪たるへき事（第三条）

一　此度検地之儀半間迄ニ而尺寸打ニ及へからす、雖然田畑竪横之広狭ニ随、或者平均間等いたし候所ハ尺迄者用、歩詰之勘定ニ入之、竪横之間数水帳ニ書付候ニ者半間迄記之、野帳ニ者見積之間積り之儀致断書、案内之者幷地主ニ右之旨可申渡事

附、歩詰之儀四厘余迄ハ捨之、五厘ゟ壱歩ニ可入之事（第四条）

一　田畑位附之儀大方上中下三段ニ候、此度者吟味之上地面取分能所ハ上々田、又者所ニゟ蘭田・麻田等有之者、一段立之石盛者上ゟ壱斗高ニ茂相究、悪地有之所者下々田或ハ山田・砂田・谷田段々立之、下ニ壱斗或ハ弐斗・三斗茂相考石盛を下ケ可相極、畑之儀上々畑・麻畑・茶畑・下々畑・山畑・焼畑・砂畑、其外ニ茂所ニゟ見計段々立之、石盛地面ニ応可有了簡、屋鋪者古来上畑並ニ候間、石盛上畑可為同事、石盛大方段之間弐ツ下り候得共、土地ニより弐ツ下りニ限間鋪候間、地面相応可有詮儀、但、位附之儀其村之案内申し付候百姓ニ為致誓紙候以後、田畑共ニ古検之位ニ不構壱弐附之位、所ニゟ壱ゟ十五六迄段々為附立帳面取之、検地役人之見分与引合遂吟味、上中下位可相極事

附、百姓居屋鋪囲之儀、四方ニ而壱間通り可除之、英外者竹木有無不構竿可入之、但、間口五六間迄之小屋敷又者軒並之隣屋鋪境垣一重之所等者、四方一間通不及除見計其屋敷之相応ニ可除之。且又古検之外新屋敷或者地所悪鋪候共居屋鋪者其所之可為上畑並、若新規ニ屋敷願候者有之者、吟味之上右之心得を以屋鋪ニ可打渡、勿論畑ニ不致置早速屋敷ニ仕立候様ニ手形可申付事（第六条）

一　田畑石盛位附之儀、其所之取ケ五ヶ年平均書記可相窺事[6]（第八条）

まず第三条では、従来福山藩で用いられてきた一間＝六尺五寸竿を廃し、天領と同様に一間＝六尺、これに一歩の砂摺を加える旨が述べられている。むろん、三〇〇歩（坪）＝一反とする。これらのことについては、すでに本書でもしばしば触れてきた。

第四条では、面積の計測は半間を単位として行ない、検地帳に縦横の間数を半間まで記せと述べられている。一歩以下の面積は四捨五入して算出するように命じている。言うまでもなく、この丈量方法は屋敷地にも適用される。

第六・八条は、主として石盛に関する条項である。第六条では屋敷地の丈量と石盛について詳細に述べられているが、まず、田畑の石盛だけに焦点を絞ってその内容を検討しよう。

石盛はその村の年貢五カ年の平均を参考に（第八条）、「上中下」の三段階とするのが基本であるが、この度は、実情に応じて細かく段位を設定すると述べている。田の場合、「地面取分能所」は「上々田」とし、藺田・麻田なども従来の「上田」より一斗高い石盛を付け、「悪地」は「下々田」とし、「山田」・「砂田」・「谷田」も「下田」よりも一斗、場合によっては二～三斗下りに石盛を下げる。同様に、畑についても、優等地は「上々畑」・「麻畑」・「茶畑」として区別し、劣等地は「下々畑」・「山畑」・「焼畑」・「砂畑」など実情に応じて石盛を行なうように指示している。石盛は従来の二斗下りによらず、古検（太閤検地あるいは福島正則による慶長六年度検地）の段位にもとらわれず、耕地の現況に応じてあらかじめ百姓に一五・六段階の段位による帳付けをさせ、それを検地役人の見分と照合して、「上中下」（現実には上々から下々まで）の段位を決定すると述べられている。

さて、屋敷地の石盛は古来より「上畑並」であり、この度もその原則に従うように通達している。付則として、「百姓居屋鋪」の丈量について触れ、屋敷地は四方一間を除いて竿入れを行なうが、それ以外はたとえ竹木などがあっても容赦なく計測を実施せよと命じている。ただし、間口五～六間までの小屋敷や密集した住宅の場合は、四方一間を除地とする原則に従う必要はなく、その屋敷相応の除地を行なえばよいと記している。屋敷地の石盛は、古検以来の屋敷地であれ、新屋敷であれ、またその「地所」がいかなる「悪鋪」土地でもすべて「上畑並」とせよと達している。新たに屋敷を構えたい者がいるならば、吟味した上で、屋敷地として検地を行ない、直ちに屋敷の建設にかかるように手形を下付する旨が付記されている。

## （二）　四壁引

検地に際して、屋敷地の四方一間を除地とする仕法は、「四壁引《しへきびき》」あるいは「四方引」と称し、徳川期、幕領・私領ともに広く行なわれた(7)。徳川幕府の検地条目における「四壁引」の初出は、延宝五年（一六七七）で、「百姓居屋敷囲之四壁ハ可除之、但大藪・大林ニ仕立候分者、検地之内ニ可入之」と記されている(8)。

佐藤常雄氏は、「四壁林」とは、近世において村落および屋敷の周囲にめぐらした立木を指し、垣内・合壁・屋敷林・屋久根・坪根・屋敷廻り木などとも呼ばれたと説明され、燃料・草肥・建築用材の供給源としての役割のほかに、防火・土砂除け・潮除け・雪害防止効果を期待して、近世初期の小農民の自立過程において、幕府・諸藩が「四壁林」の積極的な育成奨励策を採った点を強調されている(9)。検地における「四壁引」に、屋敷林の涵養を奨励する小農保護策としての意味が込められていたことは明らかであろう。

この「四壁引」について、『地方凡例録』は次のように記している。

一（前略）屋敷ハ四方を壱間充四壁引に除くの定法なれども、僅かの小屋敷などにて、四方を壱間充引てハ、屋敷畝歩なきやうに成、或ハ町立たる屋敷、隣家垣根境等ハ、壱間充引くことハ成がたければ、是等ハ見計ひを以て除き、またハ藪林ある屋敷ハ、藪林をも除きて縄を入る、若し大藪林のある屋敷ハ見計ひて藪銭・林銭等を申付ることもあり(10)、（下略）

「四壁引」は、屋敷地の検地の定法であるが、小屋敷や密集住宅の丈量に際しては、「見計ひ」によって弾力的に除地を行なうべきであると述べられている。それは、小屋敷地の「四方を壱間充引てハ、屋敷畝歩なきやうに成」る、つまり、すべての屋敷地に「四壁引」の定法を適用すると除地に不公平が生じるからである。

神谷智氏は、「四壁引」の展開過程を次のように総括されている。すなわち、近世初期、「四壁引」にはその方法について明確な規定はみられなかったが、元禄期ごろから屋敷地の大小により「一間引」と「見計引」を併用することが行なわれるようになった。すでに元禄期、計算によって一律に「四壁引」の面積を決める場合もみられたが、時代が降ると、ついに一定の割合で一律に「四壁引」を実施するようになり、「四壁引」は形骸化するに至った。[11] 神谷氏のこの見解に従えば、幕府の元禄検地の検地条目を転用して成立した福山藩備前検地の検地条目に記された「四壁引」の実施要領は文字通り「一間引」と「見計引」を併用する元禄期の「四壁引」の特質を直接体現していることになる。

しかし、徳川期における「四壁引」の実施の実態は一律に論じにくい。東日本と西日本で、屋敷地や「四壁林」・「屋敷林」の規模にかなりの地域差がみられたからである。貧富の差による相違は別にして、東日本に比べて西日本の農家の屋敷は相対的に規模が小さく、屋敷林も狭かったのである。[12] 西日本に位置する福山藩において実施された備前検地においては、「四壁引」の定法たる「一間引」よりもむしろ、例外規定であった「見計引」の方がはるかに適用範囲は広かったと言えよう。

## （三）　屋敷地の石盛

ところで、先に掲げた備前検地（元禄検地）の検地条目第六条には、「屋鋪者古来上畑並ニ候間、石盛上畑可為同事」と記されていた。「古来」とはいつを指すのだろうか。初めて屋敷地の石盛について触れた検地条目が発令されたのは、太閤検地において、文禄三年（一五九四）のことであった。[13] 同年のいわゆる「伊勢国検地条目」には、「一　屋敷方壱石弐斗たるべき事[14]」と、屋敷地の石盛を「上畑並」とする規定が盛り込まれ、それ以後、徳川検地においても基本的に屋敷地の斗代を「上畑並」とする仕法が踏襲された。

芸備地域の事情をみると、まず、福島正則による慶長六年（一六〇一）の総検地においては、六尺五寸の間竿を用い、田畑の位付けを一五等級とした以外は、おおむね太閤検地の基準に沿って検地が実施されたと言われる。福山藩域諸村の検地帳が伝存していないため、同地域の屋敷地の石盛がどの等級に位置づけられたかは明らかではない(15)。その後、水野氏時代に至って、正保期から天和二年（一六八二）に渡って実施された地詰では、在方の屋敷地の石盛は一石六斗から二石の上々田並であったことが知られている(16)。内検であるとはいえ、在方の屋敷地の石盛は田畑の石盛に比べて相当高かったのである。元禄検地が実施される以前の福山藩においては、「百姓居屋鋪」の石盛を「上畑並」とする原則は定着していなかったと言えよう。

しかし、このような事情は必ずしも福山藩だけに限らなかった。「地方凡例録」は、同書が記された一八世紀末期においてもなお、屋敷地の石盛を上畑並とする定法が必ずしも現実には貫徹していなかった事実について、次のように述べている。

一　屋敷の石盛ハ多分上畑並なれども、畑に構ハざる屋敷ハ、十の盛に極たる処もあり、又ハ中田の位に付け、上畑よりハ壱箇も弐箇も高く附たる処もあり、箇様の村ハ今更上畑並に引下べき筋にもなけれバ、古検の盛に習ひて之を定むべし、然し新屋敷などにて当時検地あらバ、上畑並たるべし(17)、（下略）

屋敷地の石盛は大方上畑並に付けられているが、畑の石盛とは無関係に「十の盛」＝一石が付けられている所や、上畑より二・三斗上の中田並の所もある。上畑以上の石盛の村は今さら斗代を下げる必要はなく、「古検」、この場合は以前の検地の石盛のままとし、新屋敷として検地を行なう際には上畑並とするべきであると述べている。

ともあれ、福山藩備前検地においては、検地条目の指示通り、屋敷地の石盛は上畑並とされ、上は芦田郡府中市・出口村ほか六カ村の一石七斗から、下は沼隈郡走島村ほか一七カ村の七斗までの石盛が付けられた(18)。福山藩においては、「百姓居屋鋪」の石盛を「上畑並」とする原則はむしろ元禄検地以後定着したと言えよう。

# 第二節　新屋敷

## （一）水野氏治世福山藩における新屋敷

水野氏治世末期の元禄六年（一六九三）から同一一年に作成された「新屋敷出目高帳」と「新屋敷改帳」が合わせて七通伝存している。[19]福山藩においては、正保二年（一六四五）から天和二年（一六八二）まで、寛文期を中心に領内で相当徹底した地詰が実施され、その成果は以後の水野氏の地方支配の基準とされた。これらの「新屋敷出目高帳」ないし「新屋敷改帳」はいずれも、この水野氏の地詰以後に新たに成立した新屋敷について、一筆ごとに、屋敷地となった結果、実施された石盛の変更によって従来の土地との間に生じた分米の差異を記した帳簿である。名称は異なるものの、両帳の記載内容に大きな差異はみられない。

表6―1は伝存する七通の「出目高帳」・「改帳」に記載された新屋敷の登録内容を整理して示したものである。村々の位置は本書第一章に掲げた地図1―1を参照されたい。それらの「出目高帳」・「改帳」のうち四通の記載内容を示そう。冒頭の番号は表6―1の整理番号に対応している。

(1)　まはり三畝廿四歩之内
　中下畠九歩壱升三合之所　屋敷九歩四升八合ニ成ル間
屋敷　　　三升五合　　　　　　　　七左衛門下人
　　　　　　　　　　　　　　　　与左兵衛
元禄六年酉十月十七日　　木村惣助

（「沼隈郡能登原村新屋敷出目高帳」）

(5)

廻り三畝廿壱歩内下畠九歩壱升壱合之所　屋敷九歩四升八合ニ成
屋敷　三升七合　卯門下人
六介
屋敷前本壱畝三歩内
中畠六歩壱升所、　屋敷六歩三升弐合ニ成
屋敷　弐升弐合　七郎右衛門下人
惣十郎
廻り壱畝弐拾七歩内
上下畠六歩壱升弐合所　屋敷六歩三升弐合ニ成
屋敷　弐升　吉之助下人
六蔵
高合七升九合
家数三軒　下人
元禄九年子十一月日　木村惣助
（「沼隈郡長和村新屋敷改帳」）

(6)

まはり四畝之内
上上畠六歩高壱升五合之所　屋敷六歩高三升弐合ニ成間

屋敷　壱升七合　吉次郎下人
　甚九郎
まはり四畝九歩之内
上畠六歩高壱升四合之所　屋敷六歩高三升弐合ニ成間
屋敷　壱升八合　茂左衛門下人
　杢兵衛
合三升五合
家数弐軒　下人

元禄十年丑二月　木村惣助

（「品治郡万能倉村新屋敷改帳」）

(7)

上下畠六歩高壱升三合、　屋敷六歩高三升弐合ニ成間
屋敷　壱升九合出目高　下人
　半三郎
上田拾弐歩高五升五合、　屋鋪拾弐歩高六升四合ニ成間
同　九合　同高　間脇
　八右衛門
上畠九歩高弐升六合　屋敷九歩高四升八合ニ成間
同　弐升弐合　同高　同
　治兵衛

上畠弐拾七歩高七升七合　屋敷弐拾七歩高壱斗四升四合ニ成間
同　六升七合　同高　同
治兵衛
都合壱斗壱升七合
元禄十一年寅七月日　木村惣助
（「沼隈郡戸手村新屋敷出目高帳」[20]）

| 旧畠等級・分米・石盛 | 屋敷分米・石盛 | 出目 |
|---|---|---|
| 中下畠・1升3合・0.433石 | 4升8合・1.6石 | 3升5合 |
| 上下畠・3升8合・0.633石 | 9升6合・1.6石 | 5升8合 |
| 上上畠・3升4合・0.845石 | 6升4合・1.6石 | 3升 |
| 上畠・4升・0.8石 | 8升・1.6石 | 4升 |
| 下畠・1升1合・0.367石 | 4升8合・1.6石 | 3升7合 |
| 中畠・1升・0.5石 | 3升2合・1.6石 | 2升2合 |
| 上下畠・1升2合・0.6石 | 3升2合・1.6石 | 2升 |
| 上上畠・1升5合・0.75石 | 3升2合・1.6石 | 1升7合 |
| 上畠・1升4合・0.7石 | 3升2合・1.6石 | 1升8合 |
| 上下畠・1升3合・0.65石 | 3升2合・1.6石 | 1升9合 |
| 上田・5升5合・1.375石 | 6升4合・1.6石 | 9合 |
| 上畠・2升6合・0.87石 | 4升8合・1.6石 | 2升2合 |
| 上畠・7升7合・0.856石 | 1斗4升4合・1.6石 | 6升7合 |

表6―1と対照しつつ上記の新屋敷改帳・出目帳の記載事例の内容を検討しよう。例えば(1)では、中下畠三畝二四歩のうち九歩が屋敷地として認定されている。中下畠九歩の分米は一升三合であると記されているから、能登原村の中下畠の石盛は、〇・〇一三÷九×三〇〇＝約四斗三升三合である。屋敷地として認定後の分米は四升八合であるから、石盛は同様に、一石六斗ということになる。言うまでもなく、中下畠九歩と新屋敷九歩の分米の差異「出目」は三升五合である。以下、(2)～(7)の新屋敷改帳・出目帳においても同様の演算が行なわれている。

七通の新屋敷改帳・出目帳に記載された一三筆の屋敷地の石盛はすべて一石六斗となる。表6―1(7)の沼隈郡戸手村の上田の石盛は一石三斗七升五合であるから、そ

**表 6–1　福山藩における新屋敷改帳・出目帳の登録内容（水野氏治世期）**

| | 年月（1693 ～ 98） | 郡村名 | 名請人の肩書・名前 | 面積 |
|---|---|---|---|---|
| (1) | 元禄 6 年 10 月 | 沼隈郡能登原村 | 七左衛門下人・与次兵衛 | 9 歩 |
| (2) | 元禄 7 年 9 月 | 品治郡宮内村 | 間脇・久右衛門 | 18 歩 |
| (3) | 元禄 8 年 10 月 | 沼隈郡上山南村 | 下人・市左衛門 | 12 歩 |
| (4) | 同年 11 月 | 沼隈郡藁江村 | 間脇・忠兵衛 | 15 歩 |
| (5) | 同年同月 | 沼隈郡長和村 | 卯門下人・六介 | 9 歩 |
| | | | 七郎右衛門下人・惣十郎 | 6 歩 |
| | | | 吉之助下人・六蔵 | 6 歩 |
| (6) | 元禄 10 年 2 月 | 品治郡万能倉村 | 吉次郎下人・甚九郎 | 6 歩 |
| | | | 茂左衛門下人・杢兵衛 | 6 歩 |
| (7) | 元禄 11 年 7 月 | 沼隈郡戸手村 | 下人・半三郎 | 6 歩 |
| | | | 間脇・八右衛門 | 12 歩 |
| | | | 間脇・治兵衛 | 9 歩 |
| | | | 間脇・治兵衛 | 27 歩 |

出所）「沼隈郡能登原村新屋敷出目高帳」（元禄 6 年）、「品治郡宮内村新屋敷改帳」（同 7 年）、「沼隈郡上山南村屋敷改帳」・「沼隈郡藁江村新屋敷出目高帳」（同 8 年）、「沼隈郡長和村新屋敷改帳」（同 9 年）、「品治郡万能倉村新屋敷改帳」（同 10 年）、「沼隈郡戸手村新屋敷出目高帳」（同 11 年）〈広島大学蔵・デジタル郷土図書館・中国五県土地租税資料文庫による〉。

れをさらに上回る高い石盛が付されていたことが知られる。既述の通り、正保期から天和期に渡って実施された水野氏の地詰においては、村々の屋敷地に一石六斗から二石の上々田並の高い石盛が付された。地詰以後の新屋敷の石盛においても上々田並が採用されたが、一石六斗の石盛に止められ、村々に一律に課されたのである。

表6―1を一瞥して明らかなように、すべての新屋敷の名請人には「間脇」あるいは「下人」の肩書きが付けられている。間脇とは分家・別家、下人とは名子等の従属農民を指す。水野氏の地詰においては、多数の間脇・下人が屋敷地の名請けを認められたが、屋敷請けした間脇・下人たちは、一軒前の経営体として認められたものの、村々の百姓株は固定されたままであり、本百姓への昇格は認められなかったと言われる[21]。

原田誠司氏は、福山領内一二カ村の寛文一一年（一六七一）「抨地詰帳」（同氏によれば、実際には正保四年（一六四七）の調査によるものであるという）を分析され、同帳にあらわれる無屋敷登録人は、（1）他村に居住する入作百姓、（2）家長の血縁家族成員（親・息子・兄弟など)、(3)隷属農民(譜代下人・被官、間脇などの族団協業体の一員を含む)、(4)定着後間もない他村からの入百姓で構成されていることを明らかにされた。そのうち最も高い比重を占めていたのは(2)の類型に属する者たちであり、(1)、(4)がこれに次ぎ、(3)に属する者の比率は小さかったという。[22] 同氏は、これに続く芦田郡一九カ村の「元禄検地水帳」を用いた一七世紀最末期における無屋敷登録人の動向を探る分析においても、無屋敷登録人は(4)を除く(1)から(3)までの類型に属する者たちで構成されており、水野氏の地詰帳の場合と同様に、そのうち(3)は少なく、(2)の類型の者たちが中心を占めていたという考察結果を示されている。[23] これは、一七世紀中葉、福山藩領においては地主手作経営の解体が相当進行しており、すでに広範に小農経営の確立がみられたことを示しているが、一方、残存する従属農民の自立はその後半世紀を経ても容易に進行しなかったことをも示唆している。

正保・寛文期を中心とする地詰以後も、福山領内において、残存する間脇・下人たちの屋敷請けは進行した。屋敷請けを認められた結果、以前は田ないし畑の石盛が付けられていた間脇・下人たちの居住地には新屋敷の石盛一石六斗が付けられた。間脇・下人たちにとって、これは相当高い代償であったが、自らの家居を新屋敷として登録されたことは本家や主家から彼らが独立を果たす大きな一歩となったであろう。伝存する元禄期の「新屋敷出目高帳」・「同改帳」にみる限り、水野氏治世期において「新屋敷」とは、新たに名請けを容認された間脇・下人層の屋敷地を意味すると言えよう。

## (二)　阿部氏治世福山藩における新屋敷の仕法

享保六・七年(一七二一・二二)、徳川幕府は享保改革の一環として、原則として新屋敷の新設、あるいは新たな家作を禁止する触書を諸国に発令した。関連する条項の一部を抜粋して掲げる。すなわち、

一　村中百姓有来家作之外、猥ニ家作仕間敷候、無拠子細有之は、御代官之差図たるへき事
（享保六年・第五条）

一　惣而田畑野方林藪等を開候而新屋敷ニ仕候儀停止之事
但、（中略）新田畑其外前々より家無之場所へ家作致し、又は出茶屋等作るへからす候、若子細有之か、新家作之儀願出候はゝ御代官差図請へき候(24)
（同年・第一五条）

一　諸国在々百姓、有来家居之外ニ自今新規ニ家作致すへからす、一家之内ニ子孫兄弟多く、或ハ病身之者有之候而、同居難成子細有之ものハ、一屋敷之内ニ小屋を作り、或ハ差懸ケに致す儀ハ格別たるへき事(25)
（享保七年・第一条）

享保六年には主として天領村々に、翌年には私領を含む全国農村に令達されたこの禁止令以後、それまで比較的自由であった徳川期農村における新屋敷の新設は大きく制限されるに至ったと言われる(26)。ところが、福山藩においては、享保期はもとより、それ以後においても新屋敷の新設を制限する措置はほとんど取られなかった。村方に対する家作統制令の展開事情については第四節で触れるので措くことにし、ここでは、村方の新屋敷に対する阿部氏治世期福山藩府の対応仕法を考察しよう。

備前検地以後、福山藩においては、新たに家作が行なわれ、屋敷地として認定された土地を新屋敷と称した。福山領内農民が未だ屋敷地として認定されていない土地に新たに屋敷を建てようとするとき、どのような手続きが必要であったのであろうか。

新屋敷の取り扱いについて直接触れた阿部氏治世初期の史料は今のところ見出せない。文政一三年（一八三〇）七月、領内諸村に発令された「家作願」の励行を厳しく促す触書がようやく我々の関心に応えてくれる。その内容を検討するために、まず、同触書の全文を掲げよう。すなわち、

文政十三寅年被仰出候御触状

在中ニ而新規家作いたし候儀、向後法之通家敷分上畑之斗代被仰付候間、新屋敷願在之節者村役人共其所之畝歩位等相改、相違無之様いたし可相達、尤見分指出可申候、田方幷上々畑江新家立申儀、向後可為無用候、然共無拠訳合有之者願之依品可被仰付候段、享保五子年二月被仰出候処、近来不相願家作致居もの共も有之趣相聞、当人者勿論庄屋役人共迄不埒之事ニ候、急度可及糺ニ茂有之処、近来之心得違ニ茂無之候得者、先此度者以御憐愍不及其沙汰候、併斗代違其儘被指置候筋無之候間、銘々持高名寄帳・地並帳・水帳引合相調、斗代違不請分者左之振合ニ相認メ帳面指出可申候分、上畑ゟ位下之分者是又同様書加へ可指出候

字何拾番何兵衛受　願主

本中畑何反歩之内　誰

弐間梁□

一　新屋敷弐拾壱歩　桁行六間

四方三尺下家付

高五升六合　八斗代

出目高壱升四合　上畑壱石代之積

一　持山藪幷野山野地之場所へ新発屋鋪幷新業(ママ)いたし、前条之通心得違之ものも有之趣相聞、不埒之至ニ候、是亦同様相心得別段帳面可指出候

一　屋敷請水帳付之分居家年来取崩居候分、尚又家作いたし候ハヽ、其節以書付可相達候、尤建替之儀ハ不及届候、右之通小面之もの共江得与為申聞、庄屋役人共厳重ニ取調当月中ニ無滞帳面可指出候、已後心得違之者於有之者、当人者勿論庄屋役人共迄急度可申付候

右之通被仰出候間、此段令承知小面不洩様可申聞候、已上

七月三日　　杉原与左衛門(27)

まず、新屋敷の斗代は上畑並となることが明示されている。村民が新屋敷を建設するに当たっては、庄屋に「家作願(新屋敷願)」を提出しなければならない。これを受け、庄屋は畝数等の調査を行ない、その見分書を領主側に提出することになっていた。

阿部氏福山藩において、本来「新屋敷」とは、「此新屋敷与申候ハ、田畑ニ而無御座場所江家作仕候を見分之上、取米被仰付候儀ニ御座候(28)」ということであり、建前上、耕地に家作を行なうことは禁じられていた。しかし、この触書で禁止されているのは、田方と上々畑への家作であり、しかも、願い出により、やむを得ない場合はそれも認められると述べられている。すでに享保五年(一七二〇)にこれらのことが通達されたが、近年は家作願いの提出が励行されていないと記されているが、この触書については不明である。

家作願いの提出が疎かにされている現状は、当人・庄屋共々「不埒之事」として糾弾されるべきであるが、これは近来に始まったことではないので、この度は「御憐愍《ごれんびん》」をもって「沙汰」に及ばずということにする。しかし、それは「斗代違」をそのまま容赦するということではないと追記されている。この「斗代違」については、続いて載せられている新屋敷見分書の雛形の分析と併せ、次項(三)で詳細に検討しよう。

後段の二項では、まず、藪・山林・野原などに新たに家作を行なう場合、必ず家作願いを提出するように義務づけている。続いて、すでに検地帳に屋敷地として登録されているが、長らく廃墟になっていた土地に家作を行なう場合は家作願いの提出が必要であり、単なる建て替えを行なう場合は不必要である旨が述べられている。

要するに、文政一三年の触書において求められているのは、家作願い(新屋敷願い)の提出の励行であって、家作の禁止ではない。阿部氏治世期の福山藩においては、すでに初期から基本的に農民の新屋敷の建設、家作を認

める姿勢が示されていた。そのことは、阿部氏が福山藩に入封直後の正徳元年（一七一一）に郡奉行の名で領内村々役人宛に発令した、いわゆる「郡方三十五カ条の条目」に次のような新屋敷の取り扱いに関連する条項が含まれていることからも知られる。すなわち、

一　自林たりといふとも竹木類無断して伐申間鋪候、若猥伐採もの於有之ハ急度可申付事

附、家作修履等仕候節ハ以書付相願可申候、吟味之上可任願事（一八条）

一　田畑永代売之儀ハ兼而公儀御法度故不及申、縦借物之質物ニ入候共永代之事仕へからす、且又家屋敷幷家財等売候ハて不叶子細有之は、其段詳相達可伺差図、尤売券状之儀可入念事

附、家作之事如元修履ハ不及相伺、若於崩取者可受差図事（二六条）[29]

第一八条では、竹木類の無断伐採を禁止している。竹木類の無断伐採が禁じられている自林とは屋敷藪林のことではなく、百姓持藪を指している。[30]付則では、家作や修理を行なう際、書付をもって願い出れば、吟味の上、持藪から竹木の伐り出しを許可すると述べている。建築資材としての竹木の利用を認める内容であり、間接的ながら、新たな家居の建設を容認する姿勢が表現されていると言えよう。

第二六条本文では、屋敷地と家財の売却について触れている。まず、田畑永代売りは公儀の御法度であり、質地とする場合でも永代に及ぶことはあってはならないと述べ、耕地の売買を厳禁している。しかし、家屋敷と家財の売却は認めている。家屋敷や家財を売り払わねばならないときは、その理由を詳しく述べ、指図を仰がねばならず、その際、売券状は入念に作成しなければならない旨を通達している。付則として、元通りに家屋を修復するときは、伺いを出す必要はないが、旧居を解体し家作するときは、指図を仰がねばならない旨が記されている。先にみた文政一三年の触書とほとんど変わらない内容の条項がすでにここに盛られていることが知られる。

さて、庄屋からの新屋敷見分書を受理した後、藩役人による検地が実施された。地方書「郷中覚帳」は、新屋

敷に対して実施される検地について、次のように記している。

一　家不建以前地取計有之所、改請可申与心得違申候儀も有之候、左様之節ハ家建候後ニ達可出与為申聞、改申間敷事

新屋敷、但新発やしき

一　野山或者御藪跡抔之類江屋敷建候事、竿入之儀斗代違之通、時之見計也、尤何間ニ何間半与限り何尺何寸ハ付ケ不申、家建候得者悪所たりとも上畑ニ極御法也

あざ

一　新屋敷弐拾四歩　四間・六間　何村　誰

右之通此度相改候、以上

何

何月何日　何某判

何村庄屋

右之通書付庄屋江指遣す、尤新発屋敷ハ別段高反別書付郡奉行中江指出ス、訳ハ御高相増候付、前々ゟ出し来り候事(31)

第一項によって、藩役人による新屋敷の検地は、屋敷の建設以前には行なわれず、建設後、村役人の願い出を受けて実施されたことが知られる。それゆえ、新屋敷建設以前の見分書の提出は禁止されていた。新屋敷建設以前に検地を実施した場合、その後、何らかの事情で新屋敷の建設を見送らねばならない事態も起こりうる。領主側は、見分書の提出時期を新屋敷の建設後に限定することによって、トラブルを防ぎ、郡方所務が煩雑となる事態を回避しようとしたのである。

家作願いにもなんらかの提出時期の制限が行なわれていたかどうかは明らかではない。すでにみた通り、福山藩備前検地の検地条目では、畑などに新屋敷の建築を望む者がいれば、「上畑並」に石盛されることを前提に、建設以前に家作願いを提出することを積極的に認める姿勢が示されていた。そこには、農民に家作を急がせ、早期のうちに「上畑並」の石盛を付し「出目」の確保を促そうとする検地条目作成者たる幕府役人の期待が込められていた。しかし、これを受け止めた福山藩においては、「出目」の可能性を広げる方向よりもむしろ、発生した「出目」を確実に捕捉する方向が選択された。家作願いは、文字通り言えば、これから家作を実施する許可を求める願い出であるから、新屋敷見分書と同様な措置は取れない。村民・庄屋間で願い出の授受に慎重な姿勢が求められていたと思われる。

第二項では、「新発屋敷」、つまり、それまで除地となっていた野原や藪跡などを切り拓き、新たに屋敷を設けた土地に対する検地の実施方法について述べられている。竿入れに当たっては、たとえ「悪所」でも「上畑」の石盛を付し、元の土地の状況に応じて「斗代違」に留意するよう求めている。検地帳には縦・横の間数を半間まで記し、何尺何寸まで記す必要はないと述べているが、これは、すでに前節で考察した備前検地の検地条目第四条の内容に対応する仕法である。検地実施後、庄屋には例示されているような書付が渡され、「新発屋敷」の検地に限り、郡奉行にもその高反別が報告された。「新発屋敷」は比較的大きな「出目」が獲得できたため、郡方所務の成果として受け止められていたのである。

### (三)　斗代違・四壁引に対する対応

前項(二)に全文を掲げた「文政十三寅年被仰出候御触状」は、その前段末尾で、家作願い・新屋敷見分書の提出が等閑に付されてきた現状は宥免《ゆうめん》するが、「斗代違」はこのまま放置できないと述べ、それぞれ名寄帳・地並帳・

検地帳を照合し、「斗代違」がある場合は、それを帳面に記して提出するように命じていた。また、「郷中覚帳」も「新発屋敷」の検地に当たっては、「斗代違」に留意するよう求めていた。

「斗代違」とは何か。「備後郡村誌」はこれを次のように説明している。

（前略）斗代違与申候ハ、畑之内江新家作仕候得者砂畑・下畑・中畑ニ而茂上畑之年貢上納仕候儀ニ御座候[32]（下略）

先述の通り、阿部氏福山藩では、屋敷地の石盛は「上畑並」とするのが定法であった。「斗代違」とは、屋敷地となる以前の斗代と上畑扱いとなって以後の斗代の差異を指し、その結果生じる分米の差異を「出目」と称した。

少なくとも文政一三年に触書が発令された時点では、領主側は必ずしも新屋敷の建築を禁じようとはしていなかった。制禁されているのは、「田方幷上々畑江新家立申儀」であるにすぎなかった。これは、屋敷地として上畑の石盛が付された結果、従来よりも石盛が下がる事態を回避するための措置であったが、それすらも、「然共無拠訳合有之者願之依品可被仰付候」と、事情によっては容認される場合もあった。藪・野山・野地への新規の屋敷建設についてもこれを禁じたのではなく、村民が家作願いを出さずに勝手に家作を行ない、庄屋も代官所への見分書の提出を怠っている心得違いを戒めたのである。むしろ領主側が期待していたのは、村方における新屋敷の建築の現状を的確に把握し、これに洩れなく上畑の斗代を付して、「出目」を稼ぎ、貢租納入量の増大をはかることであった[33]。

ところで、新屋敷の検地に際して、従来、屋敷地に認められていた「四壁引」はどのように処理されていたのだろうか。「文政十三寅年被仰出候御触状」に載せられている新屋敷見分書の雛形を再度掲げ、それを確認しよう。すなわち、

字何拾番何兵衛受　　　　願主

本中畑何反歩之内　　　　　誰

弐間梁□

一　新屋敷弐拾壱歩　桁行六間

四方三尺下家付

高五升六合　八斗代

出目高壱升四合　上畑壱石代之積(34)

藩役人による新屋敷の検地は、庄屋が提出した新屋敷見分書に基づいて実施された。担当役人は現地に赴き、見分書の内容を確認し、新屋敷縄帳（検地帳）に帳付けした。ほとんどの場合、見分書の数値がそのまま新屋敷縄帳に転記された。

右記の雛形に記されている屋敷高・出目高の演算過程について若干説明しよう。それまで中畑であった土地に、梁（縦）二間・桁（横）六間、建坪一二歩（坪）の家を建てた場合が想定されている。この屋敷地の坪数を見分書ないし検地帳にいかに記すべきか。「四方三尺下家付」の文言に留意すべきである。梁二間・桁六間に加え、縦・横ともに三尺×二＝六尺＝一間分が追加されている。したがって、この屋敷地は縦三間、横七間となり、面積は二一歩となる。この村の中畑の斗代が八斗であるとすれば、それまで分米は、〇・八×三〇〇分の二一（一〇〇分の七）＝〇・〇五六＝五升六合であったが、屋敷地となったので、斗代は上畑並の一石となり、分米は一×一〇〇分の七＝〇・〇七＝七升となる。両者の差異、つまり「出目」は一升四合となるというのである。

同様に、地方書「郷中覚帳」は、藩役人の実務を指導する視角から、新屋敷の検地に際する畝数改めの仕法について次のように述べている。

一　弐間梁・四間半之新屋敷家下九坪也、竿入候節裏廻り得与見合、雪隠幷前ニ干物場ヲ少々見込大旨三間

ニ六間位ニ成、且裏ハ切岸、表者往来、両脇者外地主抔と申場所も有之、左様之場所者余計不成、但、畝歩相極候上ニ而書付庄屋江指遣[35]

検地に当たって、梁二間・桁四間半の新屋敷は、「家下」＝建坪九坪ではなく、それぞれ一間・一間半を加え、三間×六間の畝数とせよと記している。周囲に道路や断崖がある場合、隣接地の所有者が異なる場合の配慮を求めているものの、新屋敷の竿入れにおいては、梁と桁の長さにどの程度の間数を差し加えて屋敷地の面積を割り出すかが、藩役人の重要な留意点となっていたことが知られる。

阿部氏治世福山藩においては、新しい家居の建設は比較的伸びやかに容認されていた。しかし、新屋敷として認定された土地に対して「四壁引」はまったく適用されていなかった。「四壁引」は、元禄検地において屋敷地として登録された本屋敷に残存する特権であるにすぎなかったのである。

## 第三節　阿部氏治世福山藩における新屋敷の実態

### （一）　新屋敷縄帳の概要

現在、合わせて五七通の阿部氏治世期における新屋敷検地帳が伝存している。[36]それらには、例えば「沼隈郡上山田村新屋敷縄帳」のように、いずれも郡・町村名の後に「新屋敷縄帳」の標題が付されている。新屋敷縄帳の作成年代は享保一六年(一七三一)九月、宝暦一〇年(一七六〇)九月、安永三年(一七七四)五月、寛政六年(一七九四)八月、文化一二年(一八一五)五月の五期に渡っている。各期に伝存する縄帳の冊数は享保一六年一一冊、宝暦一〇年一一冊、安永三年七冊、寛政六年一五冊、文化一二年一三冊である。これらのうち「享保十六年沼隈郡鞆町新屋敷縄帳」は、町場である鞆町の現状を反映して、「上々」から「下々」まで相当高い屋敷地の石盛が付されるなど、諸村の新屋敷縄帳とはまったく趣を異にする記載内容となっている。本章では、福山藩の村方における屋敷地を考察の対象とするので、この「鞆町新屋敷縄帳」を除外して分析を進める。

散逸してしまった縄帳がある可能性を考慮すべきであるが、伝存する新屋敷縄帳をみる限り、新屋敷の検地は年々実施されるのではなく、一定の時期に纏めて実施されていたことが知られる。そのことは、享保一二年を例外として、新屋敷の検地に各回それぞれ一二名ないし一四名の藩役人を充て、二組に分かれて検地を実施させていたことからも明らかである。(37) 新屋敷の検地は、相応の人数の藩役人を派遣し、一時期に一括して実施されたのである。

これらの阿部氏治世期に作成された新屋敷縄帳には、先の水野氏治世期の「新屋敷出目高帳」や「新屋敷改帳」にみられた「間脇」あるいは「下人」に類する名請人の肩書きはいっさい付されていない。阿部氏時代に至り、「新屋敷」は文字通り、新しい屋敷を意味するものになったのである。

若干の「新屋敷縄帳」の記載内容を示そう。冒頭に記した番号は次項(二)に掲げる表6―2の整理番号に対応している。

（4）一　屋鋪壱畝歩　六間・五間　権四郎
一　屋鋪三歩　一間半・弐間　好蔵
屋鋪反別合壱畝三歩
分米九升九合　但壱反ニ付九斗盛
木村惣助　他六名

享保一六年九月「沼隈郡藤江村新屋敷縄帳」

(16)一　屋鋪拾六歩　四間・四間　平三郎
一　屋鋪拾弐歩　四間・三間　定治郎
一　屋鋪六歩　　三間・弐間　六兵衛
一　屋鋪弐拾歩　五間・四間　与兵衛
屋鋪反別合壱畝弐拾四歩
分米壱斗五升三合　但壱反ニ付八斗五升盛
小川才助　他五名

宝暦一〇年九月「分郡横島村新屋敷縄帳」

(28)一　屋鋪弐拾七歩　　六間・四間半　惣兵衛
一　屋鋪壱畝拾四歩　八間・五間半　又五郎
屋鋪反別合弐畝拾壱歩
分米弐斗三升七合　但壱反ニ付壱石盛
斉藤源助 他五名

安永三年五月「芦田郡下有地村新屋敷縄帳」

(33)一　屋鋪弐畝四歩　八間・八間　惣左衛門
一　屋鋪拾三歩　五間・弐間半　孫八
一　屋鋪拾六歩　四間・四間　政左衛門
屋鋪反別合三畝三歩
分米弐斗七升九合　但壱反ニ付九斗盛

寛政六年八月「沼隈郡本郷村新屋敷縄帳」

上田与平治　他七名

(56)一　屋鋪拾歩　七間・壱間半　料助

一　屋鋪六歩　四間・壱間半　久米八

屋鋪反別合拾六歩

分米五升三合　但壱反ニ付壱石盛

文化一二年五月「品治部向永谷村新屋敷縄帳(38)」

此名力蔵　他六名

右記の「新屋敷縄帳」の記載事例のうち、(4)の享保一六年九月「沼隈郡藤江村新屋敷縄帳」の記載内容を検討しよう。新屋敷の名請人は権四郎と好蔵の二名である。新屋敷として登録された土地の面積は、前者は六×五＝三〇歩＝一畝、後者は一・五×二＝三歩であった。二人の新屋敷の総反別は一畝三歩となる。この藤江村の上畑の石盛は九斗である。これは一歩につき、三合の斗代を意味する、したがって、両者の新屋敷の石高は、三三×三＝九九合＝九升九合となる。他の四つの新屋敷縄帳の事例においても同様の演算が行なわれている。

## (二)　新屋敷縄帳の分析

「享保十六年沼隈郡鞆町新屋敷縄帳」を除く全五六通の新屋敷縄帳の記載内容を整理し、表6―2として示そう。五期に渡る検地を通して、新たに新屋敷として登録された筆数は総計一〇五筆である。それらの新屋敷のうち、最大の面積を占めるのは同表(33)1の沼隈郡本郷村「惣左衛門」の新屋敷二畝四歩、また、最小の面積の新屋敷は同表(4)1の同郡藤江村「好蔵」の新屋敷三歩である。いずれもその具体的な記載内容をすでに前項(一)で新屋敷縄帳の記載事例として示している。全一〇五筆の新屋敷の平均面積は一九・五三歩、約二〇歩であり、島嶼部に位置する分郡走島、同郡横島の計五筆を除外しても平均面積は一九・八二歩でほとんど変わらない。このような新屋敷縄帳から知られる諸数値は、阿部氏治世期福山藩における新屋敷のどのような現状を物語っているのであろうか。

それらの諸数値の意味を探るために、阿部氏治世初期の福山藩六郡における屋敷地の石高・面積等の実状をみてみよう。先に本書第一章に掲げた表1―1a～cから屋敷地に関わる諸項目を抽出し、改めて表6―3として示す。各欄の数値はいずれも元禄一二年(一六九九)の備前検地によるものであり、すべて宝永八年の「村々差出帳」所載の数値である。参考までに表1―1a～bによって、福山藩六郡における土地利用状況をグラフ化し、図6―1として示そう。

表6―3をみよう。平均屋敷所有面積では、安那・深津の二郡が上位、次いで、品治・分・沼隈・芦田四郡が下位グループに属している。しかし、分郡は、鞆町と島嶼部の走島・田島・横島・百島の四カ村を除くと、深津郡を上回る平均面積となる。狭隘な屋敷地が集中する都市部の鞆町の数値が除外されたためである。屋敷持高平均も安那・深津・分・品治・沼隈・芦田郡の順位であり、分・品治郡が逆転している以外、まったく変わらない。平野部に位置する安那・深津両郡においては、一七世紀初頭、すでに直系家族を基盤とする小農経営が定着していたが、山間部に位置する芦田・沼隈両郡では、未だ間脇・下人等による族縁的協業・隷属農民労働を基盤とする地主手作経営が残存していた。現実には広大な屋敷地を所有する相当数の手作地主が存在していたにもかかわらず、多数の隷属身分の家族が存在しているために、芦田・沼隈両郡全体の平均屋敷面積は狭められているのである。福山藩六郡にみられるこれらの事情は、屋敷地だけに限らず、耕地を含む村民の土地所有全体に共通する現象であったことは、本書のこれまでの考察を顧みれば明らかである。

| | | | | | | | | |
|---|---|---|---|---|---|---|---|---|
| (26) | | 芦田郡　中須村 | 〃 | 26 | 6.5 | 4 | 8.7 | 1 |
| (27) | | 目崎村 | 〃 | 27 | 9 | 3 | 9.0 | 1 |
| (28) | 1 | 下有地村 | 〃 | 27 | 6 | 4.5 | 9.0 | 1 |
| | 2 | | | 44 | 8 | 5.5 | 14.7 | |
| (29) | | 沼隈郡　西村 | 寛政６年８月 | 35 | 7 | 5 | 10.5 | 0.9 |
| (30) | | 中山南村 | 〃 | 20 | 5 | 4 | 6.7 | 1 |
| (31) | | 草深村 | 〃 | 33 | 6 | 5.5 | 11.0 | 1 |
| (32) | 1 | 浦崎村 | 〃 | 27 | 6 | 4.5 | 8.1 | 0.9 |
| | 2 | | | 20 | 4.5 | 4.5 | 6.0 | |
| | 3 | | | 30 | 6 | 5 | 9.0 | |
| | 4 | | | 18 | 4.5 | 4 | 5.4 | |
| | 5 | | | 20 | 5 | 4 | 6.0 | |
| | 6 | | | 19 | 5.5 | 3.5 | 5.7 | |
| | 7 | | | 35 | 7 | 5 | 10.5 | |
| (33) | 1 | 本郷村 | 〃 | 64 | 8 | 8 | 19.2 | 0.9 |
| | 2 | | | 13 | 5 | 2.5 | 3.9 | |
| | 3 | | | 16 | 4 | 4 | 4.8 | |
| (34) | 1 | 金見村 | 〃 | 35 | 7 | 5 | 10.5 | 0.9 |
| | 2 | | | 37 | 10.5 | 3.5 | 11.1 | |
| (35) | 1 | 藤江村 | 〃 | 32 | 8 | 4 | 9.6 | 0.9 |
| | 2 | | | 36 | 8 | 4.5 | 10.8 | |
| | 3 | | | 21 | 6 | 3.5 | 6.3 | |
| | 4 | | | 18 | 6 | 3 | 5.4 | |
| | 5 | | | 15 | 5 | 3 | 4.5 | |
| | 6 | | | 20 | 5 | 4 | 6.0 | |
| | 7 | | | 12 | 4 | 3 | 3.6 | |
| | 8 | | | 15 | 5 | 3 | 4.5 | |
| | 9 | | | 16 | 4 | 4 | 4.8 | |
| | 10 | | | 9 | 3 | 3 | 2.7 | |
| | 11 | | | 10 | 4 | 2.5 | 3.0 | |
| | 12 | | | 15 | 5 | 3 | 4.5 | |
| | 13 | | | 35 | 7 | 5 | 10.5 | |
| (36) | | 分郡　山手村 | 〃 | 14 | 4 | 3.5 | 4.7 | 1 |
| (37) | 1 | 多治米村 | 〃 | 9 | 3.5 | 2.5 | 3.0 | 1 |
| | 2 | | | 15 | 5 | 3 | 5.0 | |
| (38) | 1 | 後地村 | 〃 | 10 | 5 | 2 | 3.7 | 1.1 |
| | 2 | | | 8 | 4 | 2 | 2.9 | |
| | 3 | | | 12 | 6 | 2 | 4.4 | |
| | 4 | | | 10 | 4 | 2.5 | 3.7 | |
| | 5 | | | 10 | 4 | 2.5 | 3.7 | |

## 表 6–2　阿部氏治世福山藩における新屋敷縄張の内容

| 番号 | | 郡村名 | 年代 | 面積（歩） | 縦（間） | 横（間） | 分米（升） | 石盛（石） |
|---|---|---|---|---|---|---|---|---|
| (1) | | 沼隈郡　上山田村 | 享保 16 年 9 月 | 20 | 5 | 4 | 6.0 | 0.9 |
| (2) | | 赤坂村 | 〃 | 15 | 5 | 3 | 4.5 | 0.9 |
| (3) | | 柳津村 | 〃 | 42 | 7 | 6 | 12.6 | 0.9 |
| (4) | 1 | 藤江村 | 〃 | 30 | 6 | 5 | 9.0 | 0.9 |
| | 2 | | | 3 | 1.5 | 2 | 0.9 | |
| (5) | 1 | 分郡　後地村 | 〃 | 9 | 3 | 3 | 3.3 | 1.1 |
| | 2 | | | 12 | 4 | 3 | 4.4 | |
| (6) | | 深津郡引野沼田村 | 〃 | 12 | 4 | 3 | 3.6 | 0.9 |
| (7) | | 吉田村 | 〃 | 30 | 6 | 5 | 11.0 | 1.1 |
| (8) | | 芦田郡　行藤村 | 〃 | 21 | 7 | 3 | 6.3 | 0.9 |
| (9) | | 福田村 | 〃 | 10 | 4 | 2.5 | 3.3 | 1 |
| (10) | | 品治部　向永谷村 | 〃 | 33 | 6 | 5.5 | 11.0 | 1 |
| (11) | 1 | 沼隈郡　下山田村 | 宝暦 10 年 9 月 | 9 | 3 | 3 | 2.7 | 0.9 |
| | 2 | | | 9 | 3.5 | 2.5 | 2.7 | |
| | 3 | | | 27 | 6 | 4.5 | 8.1 | |
| | 4 | | | 20 | 5 | 4 | 6.0 | |
| (12) | 1 | 金見村 | 〃 | 14 | 4.5 | 3 | 4.2 | 0.9 |
| | 2 | | | 15 | 5 | 3 | 4.5 | |
| (13) | | 分郡　上岩成村 | 〃 | 10 | 5 | 2 | 3.3 | 1 |
| (14) | 1 | 後地村 | 〃 | 18 | 6 | 3 | 6.6 | 1.1 |
| | 2 | | | 9 | 4.5 | 2 | 3.3 | |
| (15) | | 走島村 | 〃 | 15 | 5 | 3 | 3.5 | 0.7 |
| (16) | 1 | 横島村 | 〃 | 16 | 4 | 4 | 4.5 | 0.85 |
| | 2 | | | 12 | 4 | 3 | 3.4 | |
| | 3 | | | 6 | 3 | 2 | 1.7 | |
| | 4 | | | 20 | 5 | 4 | 5.7 | |
| (17) | | 深津郡引野沼田村 | 〃 | 9 | 3 | 3 | 2.7 | 0.9 |
| (18) | | 大門村 | 〃 | 10 | 4 | 2.5 | 3.3 | 1 |
| (19) | | 安那郡　上御領村 | 〃 | 23 | 6.5 | 3.5 | 7.7 | 1 |
| (20) | | 芦田郡　中須村 | 〃 | 20 | 5 | 4 | 6.7 | 1 |
| (21) | 1 | 品治郡　向永谷村 | 〃 | 55 | 11 | 5 | 18.3 | 1 |
| | 2 | | | 24 | 8 | 3 | 8.0 | |
| (22) | 1 | 沼隈郡　下山田村 | 安永 3 年 5 月 | 24 | 6 | 4 | 7.2 | 0.9 |
| | 2 | | | 48 | 8 | 6 | 14.4 | |
| | 3 | | | 27 | 5.5 | 5 | 8.1 | |
| (23) | | 神村 | 〃 | 11 | 4.5 | 2.5 | 3.3 | 0.9 |
| (24) | | 中山南村 | 〃 | 18 | 6 | 3 | 6.0 | 1 |
| (25) | | 深津郡　市村 | 〃 | 10 | 4 | 2.5 | 3.7 | 1.1 |

| | | | | | | | | | |
|---|---|---|---|---|---|---|---|---|---|
| (39) | | 芦田郡 | 荒谷村 | 〃 | 26 | 7.5 | 3.5 | 7.4 | 0.85 |
| (40) | | | 上有地村 | 〃 | 48 | 8 | 6 | 16.0 | 1 |
| (41) | 1 | | 福田村 | 〃 | 26 | 6.5 | 4 | 8.7 | 1 |
| | 2 | | | | 52 | 9.5 | 5.5 | 17.3 | |
| (42) | | | 相方村 | 〃 | 18 | 6 | 3 | 6.0 | 1 |
| (43) | | 品治郡 | 倉光村 | 〃 | 22 | 5.5 | 4 | 7.3 | 1 |
| (44) | | 沼隈郡 | 本郷村 | 文化 12 年 5 月 | 25 | 5 | 5 | 7.5 | 0.9 |
| (45) | 1 | | 藤江村 | 〃 | 14 | 4.5 | 3 | 4.2 | 0.9 |
| | 2 | | | | 12 | 4 | 3 | 3.6 | |
| | 3 | | | | 12 | 4 | 3 | 3.6 | |
| | 4 | | | | 12 | 4 | 3 | 3.6 | |
| | 5 | | | | 9 | 4.5 | 2 | 2.7 | |
| (46) | | | 早戸村 | 〃 | 15 | 5 | 3 | 4.0 | 0.8 |
| (47) | | | 柳津村 | 〃 | 4 | 2 | 2 | 1.2 | 0.9 |
| (48) | | | 神村 | 〃 | 28 | 7 | 4 | 8.4 | 0.9 |
| (49) | 1 | | 原村 | 〃 | 6 | 3 | 2 | 2.2 | 1.1 |
| | 2 | | | | 21 | 6 | 3.5 | 7.7 | |
| (50) | | | 多治米村 | 〃 | 10 | 4 | 2.5 | 3.0 | 0.9 |
| (51) | | 安那郡 | 中野村 | 〃 | 8 | 4 | 2 | 2.7 | 1 |
| (52) | | 芦田郡 | 荒谷村 | 〃 | 9 | 4.5 | 2 | 2.6 | 0.85 |
| (53) | 1 | 本治郡 | 倉光村 | 〃 | 15 | 6 | 2.5 | 5.0 | 1 |
| | 2 | | | | 12 | 4 | 3 | 4.0 | |
| (54) | | | 中島村 | 〃 | 7 | 3.5 | 2 | 2.1 | 0.9 |
| (55) | 1 | | 近田村 | 〃 | 10 | 4 | 2.5 | 3.3 | 1 |
| | 2 | | | | 10 | 4 | 2.5 | 3.3 | |
| (56) | 1 | | 向永谷村 | 〃 | 10 | 7 | 1.5 | 3.3 | 1 |
| | 2 | | | | 6 | 4 | 1.5 | 2.0 | |
| 平均 | | | | | 19.53 | 5.30 | 3.47 | 6.17 | |
| 最大 | | | | | 64 | 11 | 8 | 19.2 | 1.1 |
| 最少 | | | | | 3 | 1.5 | 1.5 | 0.9 | 0.7 |

出所)下記の諸村の「新屋敷縄帳」による。沼隈郡上山田村・赤坂村・柳津村・藤江村・分郡後地村・深津郡引野沼田村・吉田村・芦田郡行縢村・福田村・品治部向永谷村(享保１６年)、沼隈郡下山田村・金見村・分郡上岩成村・後地村・走島村・横島村・深津郡引野沼田村・大門村・安那郡上御領村・芦田郡中須村・品治郡向永谷村(宝暦 10 年)、沼隈郡下山田村・神村・中山南村深津郡市村・芦田郡中須村・目崎村・下有地村(安永 3 年)、沼隈郡西村・中山南村・草深村・浦崎村・本郷村・金見村・藤江村・分郡山手村・多治米村・後地村・芦田郡荒谷村・上有地村福田村・相方村・品治郡倉光村(寛政 6 年)、沼隈郡本郷村・藤江村・早戸村・柳津村・神村・原村・多治米村・安那郡中野村・芦田郡荒谷村・品治郡倉光村・中島村・近田村・向永谷村(文化 12 年)〈広島大学蔵・デジタル郷土図書館・中国五県土地租税資料文庫による。〉

注)石盛は「縄帳」に記載された数値を記した。

**表 6–3　福山藩諸郡の屋敷地石高・面積**

| 郡　名 | (1)総石高(石) | (2)屋敷石高(石) | (3)総土地面積 町、反。畝、歩、厘、毛 | (4)屋敷面積 町、反。畝、歩、厘、毛 | (5)持高平均(石) 屋敷 | 全土地 |
|---|---|---|---|---|---|---|
| 分　郡 | 16410.096 | 791.547 | 1745、4、6、12、0、0 | 62、9、4、08、0、0 | 0.205 | 4.246 |
| ★ | 15352.041 | 522.861 | 1604、2、2、15、0、0 | 49、9、9、13、0、0 | 0.274 | 8.042 |
| 深津郡 | 16090.571 | 395.895 | 1477、5、9、27、0、0 | 37、5、4、05、0、0 | 0.227 | 9.232 |
| 安那郡 | 18236.024 | 436.698 | 1562、8、5、01、5、0 | 43、4、6、02、0、0 | 0.290 | 12.109 |
| ★★ | 14044.966 | 318.218 | 1237、5、7、18、5、0 | 32、2、7、01、0、0 | 0.263 | 11.627 |
| 沼隈郡 | 18663.036 | 450.715 | 1805、3、7、05、0、0 | 48、8、7、03、0、0 | 0.145 | 6.009 |
| ★★★ | 18348.363 | 434.549 | 1759、9、2、21、0、0 | 47、4、0. 04、0、0 | 0.149 | 6.301 |
| 品治郡 | 12675.470 | 307.559 | 1309、4、5、13、0、0 | 30、7、5. 17、0、0 | 0.196 | 8.079 |
| 芦田郡 | 17453.335 | 476.085 | 1781、6、4、15、0、0 | 46、9、6、09、0、0 | 0.140 | 5.145 |
| ★★★★ | 16914.063 | 412.986 | 1743、7、6、25、0、0 | 43、0、1、28、0、0 | 0.144 | 5.887 |
| 全 6 郡 | 99528.532 | 2858.499 | 9682、3、8、13、5、0 | 270、5、3、14、0、0 | 0.188 | 6.556 |
| ★★★★★ | 93425.474 | 2392.068 | 9171、4、2、09、5、0 | 240、9、8、08、0、0 | 0.196 | 7.649 |

| 郡　名 | (6)平均土地所有面積 町、反、畝、歩 | (7)平均屋敷所有面積 畝、歩 |
|---|---|---|
| 分　郡 | 4、5、05 | 1、19 |
| ★ | 8、4、01 | 2、17 |
| 深津郡 | 8、4、23 | 2、05 |
| 安那郡 | 1、0, 3, 23 | 2、27 |
| ★★ | 1、0、5、20 | 2、20 |
| 沼隈郡 | 5、8、04 | 1、17 |
| ★★★ | 6、0、13 | 1、19 |
| 品治郡 | 8、3、14 | 1、29 |
| 芦田郡 | 5、2、16 | 1、12 |
| ★★★★ | 6、0、21 | 1、15 |
| 全 6 郡 | 6、3、23 | 1、23 |
| ★★★★★ | 7、5、03 | 1、29 |

出所）本書第 1 章表 1 -1a ～ c による。
注 1）★鞆町・島嶼部(走島・田島・横島・百島の 4 カ村)を除いた数値。
★★川南・川北 2 カ村(神辺宿)を除いた数値。
★★★町場の形成がみられた松永村を除いた数値。
★★★★同じく府中市村を除いた数値。
★★★★★上記のすべての町場・島嶼部を除いた数値。

**図 6–1　福山藩 6 郡における土地利用状況　宝永 8 年(1711)**
**二毛作田面積は明和 3 年(1766)**

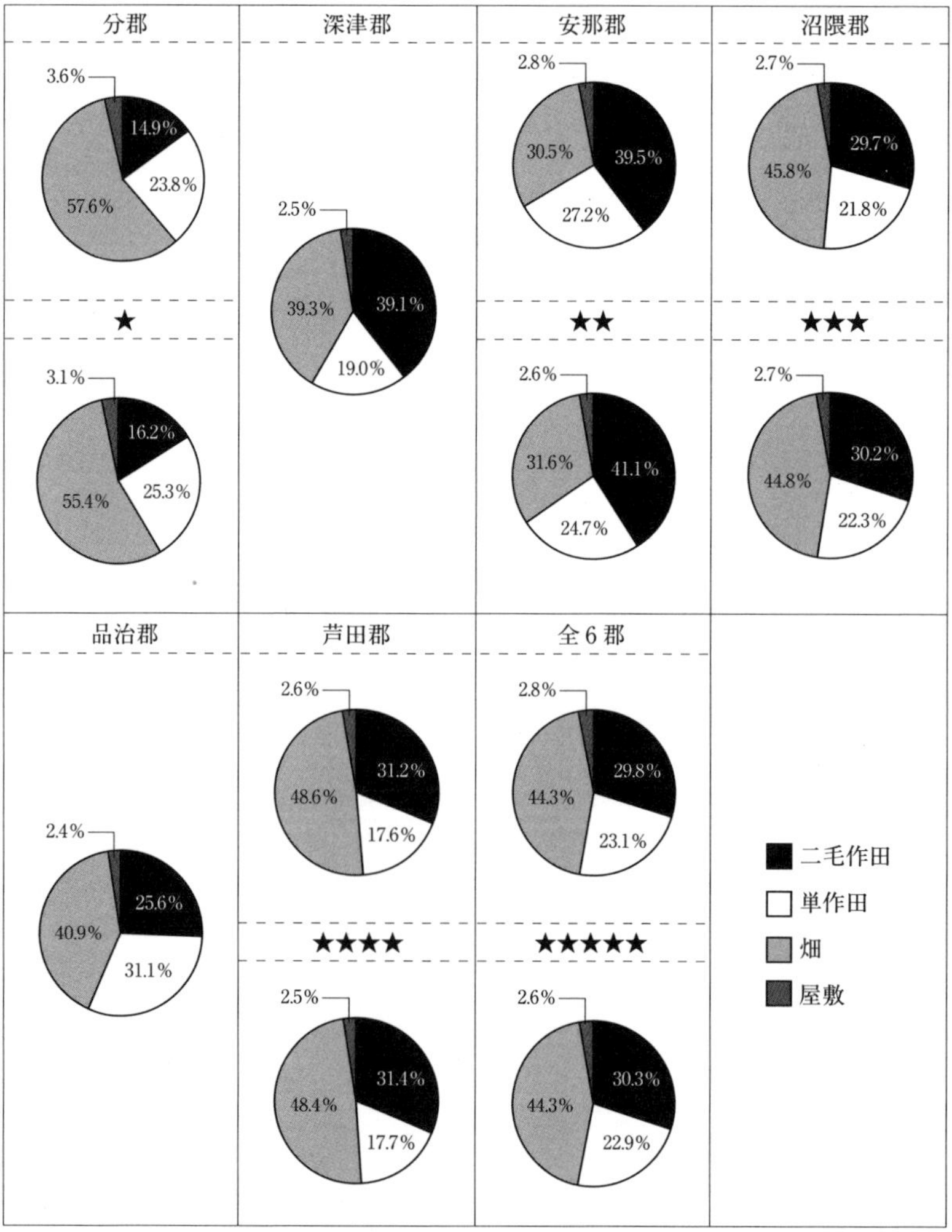


出所）本書第 1 章表 1-1a 〜 c による。
注）★鞆町・島嶼部（走島・田島・横島・百島の 4 カ村）を除いた数値。
★★川南・川北 2 カ村（神辺宿）を除いた数値。
★★★町場の形成がみられた松永村を除いた数値。
★★★★同じく府中市村を除いた数値。
★★★★★上記のすべての町場・島嶼部を除いた数値

ところで、同表に示したように、福山藩六郡全体の平均屋敷所有面積は一畝二三歩、都市部・島嶼部を除いた数値は一畝二九歩である。先にみたとおり、新屋敷縄帳全一〇五筆の平均面積は約二〇歩、島嶼部の走島・横島を除いてもその数値にほとんど変化がなかった。これは六郡全体の平均屋敷所有面積の半分にも満たないばかりか、この平均値を越える面積の新屋敷は、すでに触れた沼隈郡本郷村「惣左衛門」二畝四歩の一筆だけにすぎなかった。

このことは新屋敷名請人の大半が経済的に下位の階層の農民で占められていたことを意味する。既述のとおり、水野氏治世期における「新屋敷出目高帳」・「同改帳」では新屋敷名請人全員に間脇・下人の肩書きが付けられていたが、この阿部氏治世期における「新屋敷縄帳」の新屋敷名請人にはそのような肩書きはいっさい付されていなかった。また、表6―1と表6―2を比較して明らかなように、前者では最小六歩から最大二七歩までに過ぎなかった新屋敷の面積は、後者では、未だ狭小ではあるものの全体に拡大の傾向を示している。阿部氏治世期においてもなお、福山領内において、間脇・下人層は残存していたが、彼らは自立・解放を確実に達成していったであろう。地主手作経営の解体と小農経営の成立・分解の進展にともなって、新屋敷名請人の中心はそれまでの従属農民から小農家族における家長の兄弟、二・三男層に急速に移行していったのではなかろうか。

## 第四節　家作統制策の展開

### （一）天保一四年幕府統制令への対応

阿部氏治世福山藩において、農民の風俗統制にかかわる触書が度々発令された。また、藩主正右の治世末期の明和三年（一七六六）に、綱紀粛正政策の展開下、藩御用達商人・隅屋才治郎が身分不相応の家宅を造作したとして、押込の刑に処されたことはよく知られている。(39) しかし、阿部氏時代を通して、福山藩では、農民の家作については、それほど厳重な統制策は発令されなかった。例えば、寛政三年（一七九一）、福山藩府は領内の郡村に対し、風俗の粛正を厳しく求める全一六条に及ぶ申渡書を下付した。規制の対象は、衣服、装身具、飲食物、冠婚葬祭、他業への従事、趣味・遊芸、金銭、言葉遣い等々に及び、それぞれについて、微に入り細を穿つ制限範囲が述べられている。しかし、家作について述べた条項はみられず、触書の前文でわずかに座敷の造作に触れているにすぎない。すなわち、

近来百姓共本心を失ひ高上ニ成、座敷造作平生之行跡栄やふを好み、家具・手道具物すき上品を用ひ、妻子はての衣類・櫛・笄・日傘・はき物等、農家ニ用ひましき品を求、日頃無益之費有之、人毎ニ花美を専といたし、風俗を飾、耕作仕付肝要之時節をおろそかに致し、身の程をしらさるもの多く、幼稚ゟ其風儀を見習ひ、百性之根元をしらすして生立候を、農業ニ骨をおしミ掟を麁略ニ心得、毎事申付候諸法式忘却いたし、横道私曲を構身持不宜候得ハ、身上持崩し大切之貢をも怠り、終ニ者未進借銀かさミ分散のもの多、皆本心を失ふ故之事ニ候(40)　（下略）

ところが、天保一四年（一八四三）、幕府は、往来諸荷物の貫目改めの適正化、町人の着服規定、他国への漂流人の受取方などの諸規則と並んで、町在における家作の奢侈を厳しく禁止する通達を全国の天領と私領に発令した。この幕令のうち家作統制にかかわる通達の内容は次のとおりである。すなわち、

町中者勿論国々在町共家作之儀ニ付而者、先年ゟ度々相触置候処追々相緩ミ、なけし杉戸附書院入側附等ニ紛敷家作いたし、くしかたほりもの床ふちさんかまちを塗、金銀之唐紙等相用、門玄関様之もの取建、或者外見質素ニ而も、却而工手間等相掛り候茶席同様好事之普請も有之候趣相聞、奢侈僭上之儀不埒之至ニ候、

仮令先代ニ取建候家作ニ候共、此節早々造作相改、其外別荘も補理、格外手広不相応之家作茂有之由相聞候間、当六月を限り質素之家作ニ相改可申候、町人共之家作ニ而手広ニ候共、花麗奢侈ニ茂無之物好之儀も無之分者、取毀申付候ニ不及候、町家ニ不似合不相応之家作之分者不残為引直可申候、右限月を越等閑ニ捨置候もの茂有之候ハヽ、見分之者指遣吟味之上厳重之咎可申付候

一　百姓家ニ而余業茂いたし候もの者勿論、農家一通りニ而も身分不相応之家作花麗奢侈、又者身分不相応ニ者無之候共、物好之家作者自然耕作等怠慢之萌を生し、風俗頽敗之基ニも相成候間、農家並之通りニ家作相改可申候、農家之家作ニ而手広ニ候共、花麗ニ茂無之物好之義も無之分者取毀申付候ニ不及候、尤農家之家作ニ聊引違有之分ハ、追而普請修復等之節ニ古代之家作ニ引直シ可申候、且又百姓家不相応之家作ニ而引直可申付分、江戸町中幷国々在町ニ准シ、急速引直可申者勿論ニ候得共、専ら耕作之時節差向難義も可致候間、農事之隙明を考当十二月中迄ニ引直可申候、右限月を越等閑ニ相心得候者も有之候ハヽ、吟味之上厳重之咎可申付候、右之趣町々者町奉行、御料者其所之奉行・御代官、御預り所・私領者領主地頭幷寺社頭共得其意、其向々ニ而厳重ニ可被申付候、若等閑之取計も於有之者可為越度候

四　月

右之通可被相触候(41)

言うまでもなく、この幕令は、天保一二年(一八四一)から開始された老中・水野忠邦の主導による天保の改革に連動して発令されたものである。まず近年の町方における家作の動向に触れ、実例を挙げつつそれらの華美な家作は「奢侈僭上之儀」であり、「不埒之至」であると厳しく糾弾し、農家の家作についても、身分不相応な華麗・奢侈な家作を禁じている。しかし、農家として華美でさえなければ、たとえ面積が「手広」であっても、取り壊すには及ばないと述べ、禁制の対象はあくまでも「身分不相応之家作」であることを明示している。すでにみた

通り、享保の改革時に発令された禁令は原則として新たな家作そのものを厳禁していた。この度の幕令はそれとは明らかに趣を異にしており、時代とともに農村における経済生活が向上し、その風潮はもはや留めようのないものになっていたことを窺わせる。具体的な措置として、「農家並」から多少外れている家居については今後の普請で徐々に改善していくことを許すが、「百姓家不相応之家作」の場合は年内一二月中までに改築するように命じている。違反者は「吟味之上厳重之咎」を科すと述べ、農民を威嚇する言辞も忘れられていない。

この幕令を福山藩府はいかに受け止めたのだろうか。天保一五年（一八四四）における品治郡戸手村庄屋家の「永代記録」は、その後の経緯を次のように記している。

天保十五甲辰年二月二日大橋村庄屋与七郎殿宅ニ而集会之節御談
在中家居是迄之普請御制禁之家作ニ相当候者とも、巨細帳村々ゟ差出有之処、旧臘十一月家作改方之義此後修復之度々可相改、已後新規御制禁之家作決而不相成候段被仰出候ニ付、去卯年被仰出候付巨細帳指出候様、扣（ママ）(42)帳大切ニ取置、新規御制禁之普請いたし候もの有之者、早々指留其趣可申達候事
辰正月

幕府令発令の翌天保一五年二月二日、品治郡大橋村庄屋与七郎宅で実施された集会における藩役人の口達記録である。幕令に示された制禁に觝触する家作を行なっていた村方の者たちについて、村々から詳細な調書を提出させていたことが知られる。幕府が強く命じていた違反者の家居の改修・改築については、今後幾度か改修を重ねて達成することとし、以後は制禁の対象となるような家作を決して行なってはならない旨の通達が旧臘《きゅうろう》、昨年暮れ一一月に出されたという。集会で藩役人は、新規に制禁の普請を行なう者があれば、早急に差し止め、状況を知らせるように庄屋達に求めている。福山藩府は、「百姓家不相応之家作」に対して年内における改修・改築を求める幕令を柔軟に解釈し、すべての違反者を「農家之家作ニ聊引違有之分」に組み入れて修築期間の延長を

はかり、領内村方の違反者を穏便に誘導する姿勢を示したのである。

## （二）倹約奨励・防災対策としての家作統制

とはいえ、福山藩府は領内農民の家作のあり方について、まったく意を用いず、放任していたわけではない。藩府は、幕令に先立つ二年前、天保一二年（一八四一）に、次のような領内村民に家作の規制を促す触書を達していた。

天保十二丑年

一　農家不似合成物数寄之家普諸等致候者も有之由相聞へ、甚以心得違之事ニ候、右様之儀不相当ニ候、難有御主意之趣銘々能々相弁へ、成丈倹約を相守、いつとなく諸事相緩居候事共相改、在中質朴之風俗ニ復し候様可致候(43)

天保一二年付けとなっているこの触書は、過去に郡方に出された倹約令を集めた村役人の「控帳」に収録されており、「控帳」そのものは天保一四年四月に作成された。幕令は同年九月に発令されているので、その直接的な影響はないにしても、進行しつつある天保の改革の空気が藩府・郡方役人・村役人を刺激し、彼らの視線を、家作を含め、領内村方の風俗に向けさせたことは疑いを容れない。しかし、触書で述べられている家作の規制の内容は幕令にみられたような具体性に欠けており、全体に抽象的である。幕令では農民の華美な家作は「奢侈僭上之儀」であるゆえに禁制されたのに対して、福山藩の触書では、「農家不似合」の「家普諸」はもっぱら「倹約」を守る観点から戒められている。阿部氏治世福山藩においては、全時代を通して、農民の家作に対する規制は比較的緩やかなまま推移したと言えよう。

しかし、災害に結びつくような農民の家作に対しては、藩府は強い規制措置を講じている。天保一五年

（一八四四）一〇月、郡方役人から分郡木之庄村に宛てられた下達は、次のように記されている。すなわち、

覚

村々川除土手上江家作いたし候義願出、故障無之ニおゐてハ是迄承済候得共、以来御樋方御普請所ニ不限、都而川上堤之上江家作等いたし候義不相成候、尤只今迄在来之分先ツ其儘ニ為差置候得共、場所柄ニ寄自然為取払候義も可有之、此段兼々相心得可罷在候、土手ハ勿論根足等迄家敷廻り芝付之場所ほりうがつ類決而致間敷候、尤是迄之家作及大破建替修復等いたし候節者、外家敷へ建替可申候

右之通被仰出候間、此段令承知小面不洩様可申談候、以上

十月三日　　正木藤右衛門

木之庄ゟ水呑迄

右村々庄屋(44)

それまで支障のない限り願い出に応じて許可してきた川除（堤防）土手上における家作を全面的に禁止している。既存の堤防土手上の家居はそのまま存続を認めるが、場所によっては取り壊しを命じる場合もあると述べている。今後土手はもちろん、土手の根まで屋敷廻りの芝を掘り取ることを禁じ、川除土手上に建てられた既存の家居が倒壊し、再建・修復を行なう場合は、必ず他の場所に建て替えるように命じている。

福山藩においては、天保一一年（一八四〇）五月末に始まる長雨によって、領内各地に大洪水が発生し、堤防決壊一三九〇カ所、崩家三五八戸、流家三九〇戸、損家二四〇戸、死者八二人に加え、損毛高二九二〇石に及ぶ大きな被害を受けた(45)。藩府は同年六月に水難村々に医師を派遣して怪我人・病人の治療に当たらせる措置を取るとともに(46)、八月には、諸村に出水時の障害となる堤防土手の囲い・立木・藪の除去を命じ(47)、さらに一〇月には、郡方普請を推進するために、従来は六郡寄せ人足普請と一郡寄せ人足普請に区分して実施していた郡方普請人足割

を郡総割に一本化することを申し渡している。(48)

なぜそれまで藩府は領民の川除土手上への家作をほとんど放任してきたのだろうか。その理由は貢租収入の増加にあった。土手上への住居の建設を認めれば、それまでの無主地は高付地となり、しかも屋敷地となって上畑並の高い石盛を付けることができる。むろん、実際に川除の上に建てられていた住居の数は限られており、そこから得られる貢租は微々たるものであったであろう。貢租収入が得られるという大義名分が治水上の弊害を顧みないこのような放漫な郡方所務を持続させていたのである。しかし、四年前の水害の苦い経験によって、郡方役人たちは諸河川の水防の重要性を学び、川除普請の推進に努めることになった。彼らは、川除の機能の十全な発揮を期して、屋敷地から得られる貢租収入を捨て、川除土手上の家作を禁止する途を選択したのである。

## おわりに

これまでの考察によって得られた諸点を整理し、本章を結びたい。

阿部氏治世福山藩における村方屋敷地の徴租法を決定づけたのは、元禄一二年（一六九九）、岡山藩によって代行実施されたいわゆる福山藩備前検地であった。福島正則による慶長検地のその後福山藩域となった地域における屋敷地の石盛は明らかではないが、続く水野氏時代には、内検とは言え、寛文期を中心に実施された地詰において、村々の屋敷地に上々田並の一・六石から二石の石盛が付けられた。屋敷地に上畑並の石盛を付した備前検地は、福山藩における村方の屋敷地の石盛を太閤検地の水準に押し戻す役割を果たしたのである。また、備前検地においては、村方の屋敷地の丈量に際して、原則として屋敷地の四方一間を除地とする四壁引が実施された。

福山藩においては、新たに屋敷地として認定された宅地ないし家居を新屋敷と称した。伝存する元禄中期の「新屋敷出目高帳」と「新屋敷改帳」に記載されたすべての新屋敷の名請人には間脇・下人の肩書きが付されており、水野氏治世下の福山藩において、新屋敷は、新たに屋敷請けを認められた間脇・下人層の家居を指していたと考えられる。新屋敷には正保から天和期に渡る地詰と同様に上々田並みの石盛が付けられたが、領内一律一石六斗の石盛に止められた。屋敷請けによって自立の道を踏み出した分家・従属農民たちは相当の貢租負担に堪えねばならなかったのである。

阿部氏福山藩における新屋敷は、文字通り、屋敷地以外の土地に家作が行なわれ、新たに屋敷地として認定された家居ないし宅地を意味した。新屋敷建設の認可を得るために村民はまず家作願いを庄屋に提出し、これを受けて庄屋は建設地の畝数を改め、新屋敷見分書を作成し、それを郡方役所に提出した。藩役人による新屋敷の検地は新屋敷の建設後に実施された。伝存する阿部氏時代の新屋敷縄帳の作成年代からみて、新屋敷の検地は一定の年次に領内一斉に実施されたと推測される。

新屋敷の検地に際して、担当役人には斗代違に対する留意が強く求められた。斗代違とは屋敷地となる以前の斗代と屋敷地となり上畑扱いとなって以後の斗代の差異を言い、その結果生じる分米の差異を「出目」と称した。野原・藪跡などそれまで除地となっていた土地が新屋敷となる場合、これを特に新発屋敷と呼んだ。新発屋敷は出目が大きいので、検地後、郡奉行に高反別を報告する慣例となっていた。備前検地において実施されていた四壁引は、阿部氏時代の新屋敷の検地において、まったく考慮されていなかった。

阿部氏治世下の福山藩において作成された「新屋敷縄帳」においては、水野氏時代後期に作成された「新屋敷出目高帳」・「新屋敷改帳」とは異なり、名請人に間脇・下人等の従属農民の地位を示す肩書きはまったく付されていなかった。しかし、「新屋敷縄帳」に登録されている新屋敷の平均面積はきわめて狭く、備前検地における福山藩全六郡の平均面積を遙かに下回っていた。阿部氏治世下の福山藩において、新屋敷の名請人となった者たちのなかに、地主手作経営の解体にともなって独立を果たした間脇・下人層がまだ含まれていた可能性は否定できないが、名請人の大半は小農家族の家長の兄弟・次三男層によって占められていたであろう。

阿部氏福山藩における村民の家作に対する統制は比較的緩やかであった。農村生活の細々とした部面に厳しい規制を課す風俗統制令がしばしば発令されていたにもかかわらず、家作の規制に関連する条項は少なく、その内容もきわめて抽象的であった。天保の改革に連動して発令された幕府の家作統制令に対しても、領内農民の違反者を穏便に取り扱う措置を講じている。また、出目を期待して、川除土手上への家作を認める放漫な郡方所務が行なわれていたが、水害の苦い教訓によって、貢租収入に結びつくことで容認されていたこの施策は変更を余儀なくされた。

本章では、これまで十分な検討が行なわれていなかった阿部氏治世期福山藩における屋敷地徴租法に関する考察を試みた。徳川期農村の家居・屋敷は農民にとって農業経営の拠点であるとともに、彼らの村内における地位・身分の指標でもあった。さらに考究すべき諸点が多々残されている。後考を期したい。

## 注

(1)神谷智「近世百姓の屋敷地について」(同氏『近世における百姓の土地所有—中世から近代への展開』校倉書房 平成一二年 第三章に収録)を参照。神谷氏の研究を咀嚼・補足する形で近世農民の屋敷地に触れた論考として、大塚英二「百姓の土地所有」(渡辺尚志・五味文彦編『土地所有史—新体系日本史3—』山川出版社 平成一四年所収 Ⅲ近世第二章)がある。他に、古くは近世信濃・河内・備中国諸村における農民家屋の面積・間取りなどのデータを集積した大石慎三郎「近世初期における農民家屋について」(同氏『近世村落の構造と家制度—増補版』御茶の水書房 昭和五一年 第一二章)、宮澤智士「近世民家の地域的特色」(永原慶二・山口啓二編『建築—講座日本技術の社会史第七巻』日本評論社 昭和五八年)、玉井哲男「近世における住居と社会」(『日本の社会史第八巻 生活感覚と社会』岩波書店 昭

和六二年 第Ⅲ章）などの近世農民の住居・屋敷に関する論考がある。大石氏が提示されたデータを別にすれば、どの論考も本稿とは関心領域を異にするが、近世農民家屋の地域的特質など、いずれも多数の注視すべき考察内容を含む優れた研究成果である。

（2）「郷中覚帳」（福山城博物館附属鏡櫓文書館鶴賓文庫所蔵、慶応元年書写本）。地方書「郷中覚帳」の詳細については本書序章を参照。

（3）「郡中町方明細記」〈（福山市芦田町福田・宮崎家所蔵）府中市『府中市史史料編Ⅱ近世編上』昭和六三年所収〉二三一頁。地方書「郡中町方明細記」の詳細については本書序章を参照。

（4）元禄七年（一六九四）、幕府は飛騨国の天領への編入後、検地を実施し、検地条目二七カ条を制定した。その検地条目は、同八～一〇年における関東天領の総検地にも用いられた。すでに早く、北島正元氏は、元禄検地の検地条目の内容を総括して、それまでの粗放な検地基準を廃し、現地の実情に即した精密な丈量を要請し、従来の生産力の地域差を無視した農民負担の不公平を是正することに主眼を置くものであると述べられた。今もなお尊重されるべき至当な評価であると思われる（北島正元『江戸幕府の権力構造』岩波書店 昭和三九年 五二七頁）。

（5）福山藩備前検地において岡山藩に下された検地条目も飛騨国検地条目と同じく二七カ条からなっており、内容もほとんど同一である。わずかに相違がみられるのは次の四条である。まず第七・八条では、それぞれ詳細に記されていた畑方の引高、あるいは田畑の石盛に要する心得や役務内容が省略され、「其段書付記可相窺事」、あるいは「其所之取ケ五ヶ年平均書記可相窺事」と述べられている。第一三条では、高入を前提に検地帳に書き入れることとされていた見取場について、「吟味之上重而可相窺事」と記されている。また第一八条では、古検地帳に記載されていない堤・用水の水路は、新検地帳に記載する必要はないとの変更が加えられている。岡山藩の代行による検地であるという現実を踏まえ、検地役人の現場での即断を避け、検地後の協議に基づいて慎重に検地を遂行させようとする幕府の姿勢を読み取ることができる。

（6）「覚」（岡山大学・池田家文庫 元禄一二年）〈広島県『広島県史近世資料編Ⅴ』昭和四八年 所収 史料番号一〇二号〉一〇九～一一〇頁。

(7)神谷智「近世百姓の屋敷地について」(前掲『近世における百姓の土地所有—中世から近代への展開』)特に一二一〜三一頁。
(8)神崎彰利『検地—縄と竿の支配—』教育社 昭和五八年 七四頁、同氏「四壁引」(遠藤元男編『日本社会経済史用語辞典』朝倉書房 昭和四七年)二四六頁。
(9)佐藤常雄「四壁林」(『国史大辞典第七巻』吉川弘文館 昭和六一年)七四頁。
(10)大石久敬『地方凡例録』巻之二上(大石慎三郎校訂『地方凡例録上巻』近藤出版社 昭和四四年)七三頁。
(11)神谷智 前掲書 一二〇頁。
(12)民俗学者の福田アジオ氏は、東日本と西日本の屋敷地のあり方の差異を「隠された家」と「裸の家」と表現されている。東日本では農家の屋敷地には前栽畑・祠・墓などが設けられ、屋敷地は屋敷林や生垣で囲い隠されていることが多く、屋敷内で生活を完結させようとする傾向が強いのに対して、近畿地方など西日本の農家は開放的であり、他人との間に垣根を作らないことを理想としており、屋敷地には建物が密集し、空き地は少ないと述べられている〈福田アジオ「屋敷と家」(塚本学編『村の生活文化—日本の近世8—』中央公論社 平成四年)四五〜八頁、同氏『番と衆—日本社会の東と西—』吉川弘文館 平成九年 四五〜八九頁〉。もちろん、西日本においても出雲平野の散居村などのように相当規模の屋敷林を備えた農村地域がある。福田氏の所説は大局的な視角による東西二分論として理解されるべきであろう。屋敷林に関する民俗学的論考として他に、岩崎真幸「屋敷林の諸問題—福島県相馬地方の事例を通して—」(『歴史と民俗—神奈川大学日本常民文化研究所論集6』平凡社 平成二年)がある。相馬藩をはじめ、現福島県下所在諸藩の屋敷林関連法令が多数収録されており、興味深い。
(13)神崎彰利 前掲『検地—縄と竿の支配—』六五頁。
(14)北島正元編『土地制度氏Ⅱ—体系日本史叢書7』山川出版社 昭和五〇年 四八頁所載史料。
(15)広島県『広島県史近世Ⅰ』昭和五六年 七八〜九・二八一〜三頁。
　その後、広島藩領となった佐伯郡上伏谷村(伏谷上村)の慶長六年度の検地帳をみると、屋敷地の石盛は一石五斗となっており、同村の上田の石盛と同等である。上畑の石盛は七斗にすぎず、福島検地では屋敷地に相当高い石盛が付けられていたことを窺わせる〈「安芸国佐西郡伏谷上村御検地帳」慶長六年）（廿日市町『廿日市町史資料編Ⅱ』昭和五〇年 所収）七四九～六八頁〉。
(16)前掲『広島県史近世Ⅰ』二八九頁。
(17)大石久敬『地方凡例録』巻之二上（大石慎三郎校訂 前掲『地方凡例録上巻』九一～二頁。
(18)前掲『福山市史中巻』四二九頁。
(19)広島大学蔵。沼隈郡能登原村（元禄六年）、品治郡宮内村（同七年）、沼隈郡上山南村・同郡藁江村（同八年）、同郡長和村（同九年）、品治郡万能倉村（同一〇年）、同郡戸手村（同一一年）の計七通。このうち、上山南村分のみ標題は「屋敷改帳」となっており、「新屋敷」の表記がない。しかし、書式・内容は他の「新屋敷改帳」とまったく変わらない（デジタル郷土図書館・中国五県土地租税資料文庫による）
(20)以上、広島大学蔵「元禄六年沼隈郡能登原村新屋敷出目高帳」・「元禄九年沼隈郡長和村新屋敷改帳」・「元禄十年品治郡万能倉村新屋敷改帳」・「元禄十一年沼隈郡戸手村新屋敷出目高帳」による。（同右）。
(21)前掲『福山市史中巻』一四一～六頁。
(22)原田誠司「近世初期検地帳と無屋敷登録人」（有元正雄先生退官記念論集刊行会編『近世近代の社会と民衆』清文堂出版 平成五年 所収）特に四一～九頁。
(23)同氏「検地帳における屋敷持と無屋敷登録人―一七世紀末期備後国芦田郡を中心にして―」（兵庫教育大学『研究紀要』第三二巻）平成二〇年　特に五～七頁。
(24)「平日村方へ申渡可置書付」（享保六年）（児玉幸多編『近世農政史料集1・江戸幕府法令上』吉川弘文館 昭和四一年所収 史料番号一六一号）一五〇・一五二頁。
(25)「百姓新規家作幷新規商売停止其外之儀御書付覚」（享保七年）（同右 史料番号一八〇号）一六五頁。
(26)神谷智 前掲書 一三七頁、大塚英二 前掲書 二九五頁。
(27)「文政十三年寅年被仰出候触状」（戸手・信岡家「村要用記録」（文政一三年）〈広島県『広島県史近世資料編Ⅴ』昭和五四年 所収 史料番号七一二号〉六七三頁。

(28)「備後郡村誌」(文政元年)宮内庁書陵部所蔵(府中市『府中市史史料編Ⅳ地誌編』昭和六一年所収)二頁。
(29)「従郡奉行所在中江之条目」(下御領・横山家「御条目写し」正徳元年)〈前掲『広島県史近世資料編Ⅴ』所収 史料番号一三三号〉一三九〜四〇頁。
(30)福山藩においては、農民の個別利用を認める民有林として、薪炭類の採取源となる小林、また竹藪として利用を認められた百姓持藪があった。農民は強い利用上の規制を受けるとともに、それぞれに山年貢・藪年貢が賦課された。
(31)「郷中覚帳」五「新屋敷斗代違竿入改様之事」。
(32)「備後郡村誌」(文政元年)(前掲『府中市史史料編Ⅳ地誌編』所収)二頁。
(33)それゆえ、郡方役人たちは、農民から屋敷地を畑に戻す申請が出る事態を懸念した。斗代違はおろか、当該地から得られる貢租収入そのものが減少するからである。地方書「郡中町方明細記」には次のような記事が載せられている。

一 居屋敷を悉畑ニ仕候屋敷跡斗代之儀慥成ル古法相知れ不申候間、何レ而(ママ)も古法ニ従ひ被仰付可然と存候、享保五亥年日記有り　〈「郡中町方明細記」(前掲『府中市史史料編Ⅱ近世史料編上』所収)二四四〜五頁〉。

屋敷地をすべて畑にした場合、屋敷跡の斗代はどうなるか、確かな古法はわからないが、いずれにしても古法にしたがうべきであると記し、結論を先送りにしている。
(34)戸手・信岡家(「村要用記録」文政一三年)〈前掲『広島県史近世資料編Ⅴ』所収 史料番号七一二号〉六七三頁。
(35)「郷中覚帳」五「新屋敷縄帳」が伝存している。沼隈郡鞆町・上山田村・赤坂村・柳津村・藤江村・分郡後地村・深津郡引野沼田村・吉田村・芦田郡行縢村・福田村・品治部向永谷村(享保一六年)、沼隈郡下山田村・金見村・分郡上岩成村・後地村・走島村・横島村・深津郡引野沼田村・大門村・安那郡上御領村・芦田郡中須村・品治郡向永谷村(宝暦一〇年)、沼隈郡下山田村・神村・中山南村・深津郡市村・芦田郡中須村・目崎村・下有地村(安永三年)、沼隈郡西村・中山南村・草深村・浦崎村・本郷村・金見村・藤江村・分郡山手村・多治米村・後地村・芦田郡荒谷村・上有地村福田村・相方村・品治郡倉光村(寛政六年)、沼隈郡本郷村・藤江村・早戸村・柳津村・神村・原村・多治米村・安那郡中野村・芦田郡荒谷村・品治郡倉光村・中島村・近田村・向永谷村(文化一二年)〈広島大学蔵(デジタル郷土

図書館・中国五県土地租税資料文庫による)〉。

(37)新屋敷縄帳の署名者をみると、享保一六年は、すべての郡村の検地を木村惣助他六名が務めているが、宝暦一〇年には小川才介他五名、樋口彦右衛門他五名の二組に分かれて検地を行なっている。同様に、安永三年は堀内丈助他五名・斉藤源助他五名、寛政六年は上田与平治他七名・早間林八他七名、文化一二年は高嶋良助他六名・此名力蔵他六名の二グループがそれぞれ領内諸村の新屋敷の検地に従事している。

(38)「享保十六年沼隈郡藤江村新屋敷縄帳」・「宝暦十年分郡横島村新屋敷縄帳」・「安永三年芦田郡下有地村新屋敷縄帳」・「寛政六年沼隈郡本郷村新屋敷縄帳」・「文化十二年品治郡向永谷村新屋敷縄帳」〈広島大学蔵(デジタル郷土図書館・中国五県土地租税資料文庫による)〉。

(39)前掲『福山市史中巻』五三七頁。

(40)「無題」(東京・阿部家「諸向被仰出幷諸向書付類」寛政三年)〈前掲『広島県史近世資料編V』所収 史料番号四〇三号〉四二一〜三頁。

(41)「無題」(山手・三谷家「御用状願書控帳」天保一四年)〈同右 史料番号八三八号〉七七三〜四頁。

(42)「天保十五甲辰年二月二日大橋村庄屋与七郎殿宅ニ而集会之節御談」(戸手・信岡家「永代記録」天保一五年)〈同右 史料番号八五一号〉七八三〜四頁。

(43)「覚」(鶴賓文庫「御倹約御ケ条覚」天保一四年)〈同右 史料番号八二三号〉七五六〜七頁。

(44)「覚」(山手・三谷家「御用状願書控帳」天保一五年)〈同右 史料番号八五六号〉七八八〜九頁。

(45)前掲『福山市史中巻』九八八頁。

(46)「無題」(山手・三谷家「御用状写帳」天保一一年)〈同右 史料番号七五七号〉七〇六頁。

(47)同右〈同右 史料番号七六〇号〉七〇七頁。

(48)「覚」(戸手・信岡家「村要用記録」天保一一年)〈同右 史料番号七六二号〉七〇八〜九頁。

阿部氏福山藩において、河川・池溝の改修、浚渫、井堰・土手の修築等、治水・用水施設を維持するための諸作業は寄せ人足普請によって維持されていた。寄せ人足普請には工事の規模に応じて、「六郡寄せ人足普請」・「一郡寄せ人足普請」・「村寄せ人足普請」の三つの区別があった。その詳細については本書第七章第四節（一）を参照。

（付記）

平成二六年一一月現在、デジタル郷土図書館・中国五県土地租税資料文庫は閉鎖されている。

# 第七章　福山藩における耕地水害復旧支援策の展開構造

## ―起こし鍬下年季仕法の分析を中心に―

# はじめに

徳川期、幕領・諸藩において、新田開発奨励策として鍬下年季仕法が実施されていたことは広く知られており、これまで近世新田開発史研究において、その運用の実態は一定度解明されてきた。しかし一方、鍬下年季仕法は、水害を受けた耕地、あるいは、水害後放置され、荒地と化してしまった耕地の復旧支援策としての機能も果たしていた。鍬下年季仕法がもつこの耕地保全策としての側面がこれまで研究者の関心を引く対象でなかったことは、木村礎氏が鍬下年季を「新田開発の完成に必要な年季(期間)のこと。その年季中領主は検地をせず、年貢・諸役も取らず、開発者は作り取となる。(中略)鍬下年季が明けるとその新田は検地を受け、村高を付せられ、正規の年貢・諸役を徴収される。鍬下年季は新田開発策の一つと理解される。[1]」と定義されていることによく示されている。

適用範囲・制度に強弱がみられたにせよ、幕領・諸藩において実施された鍬下年季仕法は新田開発推進策・耕地保全策の二側面を持つものであったことはおそらく多数の新田開発史研究者にも知られていたはずである。しかし、管見の限りでは、これまでに新田開発推進策としての鍬下年季仕法への関心を越え出でて、耕地水害復旧策・荒地復興策としての鍬下年季仕法の範囲にまで考察を及ぼす試みはほとんどみられなかったと思われる。

歴史地理学の領野から近世新田開発史研究の深化に多大な足跡を残された菊池利夫氏が自著『新田開発』の増補改訂に際して回顧されているように、戦後における新田開発史研究の高揚は、敗戦にともなう経済復興のための農業開発、これに続く高度経済成長期における工業開発進展の気運をなにほどか体現するものであり、国土開発にともなう土地利用の変化と社会変動がもたらす諸問題を歴史研究を通して透視しようとするものであった。[2]

その意味で、戦後初期に新田開発史研究に取り組んだ人々が、もっぱら新田開発奨励策としての鍬下年季仕法に関心を集中させたのは無理からぬことであったが、それ以後においても、耕地水害復旧支援策・荒地復興策としての鍬下年季仕法の機能に注目する試みはみられなかったように思われる。

だが、今日、われわれの自然観・国土観は大きく変化した。地球規模に及ぶ環境破壊、無秩序な工業開発による国土の荒廃を前にして、工業開発はもとより農業開発においても環境の維持を重視し、開発よりも国土の保全を優先する意識が広く国民に分け持たれるようになった。また、相次ぐ大地震・火山噴火・大風水害の経験を経て、人々の自然災害への意識が高まった。とりわけ、平成二三年三月一一日に発生した東日本大震災・福島第一原子力発電所の事故は、自然の脅威を前に、人間がつくりだす科学技術・経済システムがいかに脆弱であるかを人々に知らしめ、国家・行政の危機管理のあり方が強く問われるようになった。近年、歴史・経済史研究の分野においても、環境史・災害史に強い関心が寄せられるようになっている[3]。

本章においては、阿部氏治世期を中心に、福山藩における起こし鍬下年季仕法の運用構造を考察する。福山藩においては、水害を受けた耕地の復旧を領民に行なわせ、その労力負担度に応じて、一定期間、貢租負担を免除する起こし鍬下年季仕法が実施されていた。河川の氾濫によって耕土の流失や砂入りが生じたとき、村方は鍬下願いを提出し、耕地の復旧に要する労力負担と引き替えに一定の鍬下年季が認められ、その期間、年貢負担が免除されたのである。この制度の眼目は官民双方が痛みを分け合う形で罹災した耕地の修復・保全をめざすところにあり、相当綿密な仕法を構築・維持し、これに準拠した制度の実施・運用が継続された[4]。

本章の中心課題は、福山藩における起こし鍬下年季仕法の制度的構造の解析をめざす試みを通して、これまでほとんど等閑に付されてきた観のある耕地保全策としての近世鍬下年季仕法の意義を問い直すことにある。近世飢饉史の泰斗・菊池勇夫氏は、ご自身の広範な研究成果を踏まえ、今後の飢饉史研究は、凶作・飢饉に打たれ強い仕組み、広くみれば、持続可能な再生産・循環の構造がいかに保たれているかに注目することが重要であると述べられた(5)。同氏の視角に倣い、本章においては、福山藩起こし鍬下年季仕法は、耕地水害修復システムとして、持続可能な再生産・循環の構造を生み出す上でどれほどの役割を果たし得たかという点に留意しつつ考察を進めたい。

本章においても地方書『郷中覚帳』を積極的に活用する。同書の地方算法書としての性格に留意し、鍬下年季の算出法等、郡方役人の実務内容に注目しつつ、福山藩における耕地水害復旧支援のための起こし鍬下年季仕法の運用構造を考察することにしよう。

## 第一節　天領における耕地保全策としての鍬下年季仕法の展開事情

### （一）耕地保全策としての鍬下年季仕法の意義

福山藩における起こし鍬下年季仕法に関する考察を進めるに先立って、その予備的考察として、本節および次節において、天領および諸藩における耕地保全策としての鍬下年季仕法の展開事情を鳥瞰しておきたい。

徳川期、幕領・諸藩において、荒地を耕地に復するに際して、一定の年季を限って貢租負担を猶予する鍬下年季仕法が実施されていたことは、『地方凡例録』・『算法地方大成』に、それぞれ次のように述べられていることから明らかである。すなわち、

又荒地改めの節、年季起返し等を願出れバ、吟味の上年季にも申付る。其ときハ、泥砂入の厚薄を試むべし、之ハ其地所を掘せて寸尺を当て、沙石の取除場遠近、人夫手間等をも考え合せ、場処に応じて、三年と

か五年とか鍬下を免すことなり、(6)

（『地方凡例録』）

一、荒地起しハ新田開発とハ事変り、有来りの田畑天災地変にて荒地に成りたるを起返す事ゆゑ、少しも外へ差さはりあることなし。随分百姓へ申聞せ、少しも余計に起返しに致す様に取計ふべし。尤も荒地の様子に随ひ弐ケ年三ケ年或ハ五ケ年ぐらゐの鍬下差免し起返し申付べし。(7)

（『算法地方大成』）

両著はともに、単なる新田開発とは異なる荒地の復旧支援策としての鍬下年季仕法の存在を明示している。しかし、両著が述べる鍬下年季仕法は、水害を受けた後、そのまま放置され、荒地と化した耕地の起こし返しを誘引する機能を果たすものであって、被災後、耕地の復旧を迅速に推進させる機能についてはまったく触れられていない。これは幕領・諸藩ともに、領主側がすでに荒地と化して年月を経た田地・畑地の起こし返し推進策としてこの鍬下年季仕法の活用をめざす場合が多かった事実を反映している。徳川期に実施された鍬下年季仕法は新田開発の推進と耕地の保全という二つの機能を果たしたが、鍬下年季仕法の後者の機能が水害復旧の迅速化のために活用された事例は少なく、福山藩のごとく、それが制度化され、継続的に実施されるケースはきわめて稀であった。天領・諸藩において、耕地保全策としての鍬下年季仕法は、ほとんど荒地の復旧策として実施・運用されたために、新田開発推進を目的とする鍬下年季仕法の補足的機能として位置づけられることとなり、近世鍬下年季仕法が持つ新田開発・耕地保全の二機能を相並ぶ重みで捉えることを困難にしてきたのだと言えよう。

## (二)　荒地復興策としての鍬下年季仕法の展開

幕領における耕地保全策としての鍬下年季仕法の展開事情を「牧民金鑑」上巻第九「荒地起返」収録の法令・通達書によってみてみよう。

享保六年(一七二一)、幕府は荒地復旧推進に対する基本姿勢を次のように通達した。すなわち、

一　永荒地引高之内、精を入候ハ、、立返可申事ニ候得共、其地主斗之力ニ而起返候事難斗候、年過候而も打捨置候処も有之由、ケ様之分者其村中申合、大小之百姓助合起立可申候、其村斗ニ而難成処者、遂吟味御普請可申付候、猶大造之品ニ候ハ、、帰府之節可相伺候、於然者其地之御年貢ニ三ケ年、或者四五ケ年も差免、年数過候ハ、、地所相応之御年貢申付候様、可被致候事(8)

享保改革における新田開発奨励策は荒地の再開発推進策をも包含するものであったことが知られる。土地保有者自身だけでなく、村中申し合わせによる永荒地の起こし返しを奨励し、実施に当たっては大規模な起こし返しは「普請」(9)の対象とし、一定年数の鍬下年季を付与することも検討すると述べられている。後にみるように、福山藩においては、「普請」と起こし鍬下年季の適用範囲に明確な区分が立てられており、起こし鍬下年季は村落共有地を含む農民の保有田畑に適用され、復旧作業は農民の自力、自普請を建前としていた。

享保一五年（一七三〇）には、すでに徴租法として検見制から転換をみていた定免制と永荒地の起こし返しをいかに結びつけて年貢の増徴をはかるか、その具体策が示された。すなわち、

一　定免村々之内、永荒場所起返候得者、少之義ニ而も、只今迄者取米金其年より取立、中御取箇江仕組入差出候得共、向後者百姓持高之内、縦高拾石所ニ而高壱石起返候得者、取米金其年より取立為仕可然候、高拾石所ニ而壱石より内ニ起返之分者、御代官御預所吟味いたし置、定免年季切替之節、高取共相増可然候、百姓小前之荒地所高拾石内ニ而起返之割合右同断

一　定年季内、川欠山崩荒地引方之儀も、百姓持壱人分持高拾石有之内、壱石荒地ニ成候ハ、、引方相立、壱石之内荒地之分引方不相立、定免之通取米金取立可致候(10)　（下略）

天領村々においては、それまで定免年季中に僅かでも永荒地の起こし返しが行なわれれば、その年から貢租負担を求めていたが、これ以後、起こし返しの高が持高に対して一割を超えない限り、定免の年季更新年度まで宥

免措置が維持されることになった。このように既存の永荒地に対する起こし返し誘引策を講じる一方、新規の荒地発生に対しては、容易に定免年季中の引高を認めない厳しい措置がとられている。定免年季中に新たに川欠・山崩れ・荒地が発生した場合、持高の一割以上の荒地が生じない限り、引高は認められず、定免がそのまま維持されたのである。

## （二）　耕地水害復旧支援策としての鍬下年季仕法の展開

むろん、天領村々においても水害によって川欠・山崩れ・石砂入りとなった耕地を直ちに起こし返そうとする農民に対して一定の鍬下年季を付与する措置はとられていた。しかし、しばしばそれら被災耕地の起こし返しは長期間放置され、永荒地となりがちであった。その事情を明和五年（一七六八）の天領各代官所宛の通達によって探ってみよう。

同通達は、近年、特に東海道筋・甲州・越後で川欠・石砂入り等による荒地の反別が増え、引高が激増していると述べ、同地域で比較的容易に復旧が可能な荒地でさえ起こし返しが進展しない理由は「畢竟吟味不行届故之儀」、つまり代官所役人の怠慢のためであると断じている。また、代官所の「吟味」に際して、永荒の場所と言い逃れ、新規の荒地の起こし返しを忌避する村方の対応ぶりにも触れ、手代に至るまで代官所役人は、廻村時に起こし返し可能な荒地の探索に努めるように達している。[11]

もちろん、村方の言いなりに無制限に永荒・永引きが認可されたわけではない。そこで農民たちは毎年、皆損＝一毛引の申請をし続けるか、それが不可能な場合は、いったん起こし返しを確約して一定年数の鍬下年季を獲得し、年季切れになると「年季中起返出来不申旨」を訴え、鍬下年季を更新する「継年季」を繰り返し、起こし返しの延引をはかる手段をとった。[12] このように天領村々において、耕地保全のための鍬下年季はしばしば年貢の宥免期間を引き延ばす手段として用いられ、新たに川欠・山崩れ・石砂入りとなった耕地の起こし返しは先送りされ、永荒所を増加させる結果を招いた。幕領農村においては、耕地保全のための鍬下年季は水害被災耕地の早期起こし返しにほとんど実効を上げられず、もっぱら永荒地の復旧を推進する手段として用いられたのである。

なお、天領村々において、荒地ないし水害罹災耕地の復旧を目的とする鍬下年季が実施される場合、原理的には、後にみる福山藩と同様に、鍬下年数は人足賃米支給量と年間年貢負担量との相関から割り出されたと思われる。しかし、福山藩のごとく鍬下年数を決定する明確な原則が存在していたかどうかは不明である。おそらく夫積もり・人足扶持米の算出法は[13]「普請」の場合に準じたのではないかと想像されるが、統一的な鍬下年数の決定法の存在の有無は明らかではない。後考を待ちたい。

### (四)　耕地保全策としての鍬下年季仕法展開の阻害要因

ところで、天領村々の農民はなぜ水害によって川欠・山崩れ・石砂入りとなった耕地の早期起こし返しを忌避しがちであったのだろうか。その理由の一端は幕府による起こし返し田畑に対する性急な本免復帰策の展開にあった。どれほど荒地の起こし返しが進捗しようとも、田畑本来の年貢率・年貢収納量を回復する成果が得られない限り、領主側にとっては何の意味もない。このため勘定奉行から起こし返し田畑の本免への復帰の迅速化を促す通達が在地の代官所宛に再三再四発令された。

例えば、安永三年(一七七四)、勘定奉行から各代官所に行なわれた申し渡しをみると、天領村々では、長らく放置されていた荒地がようやく起こし返され、耕地に復しても、貢租は容易に「本免」に復帰せず、その後地味が回復してもなお「下免」=低率免のまま推移しがちである、と述べられている。しかも、「関東筋畑方永取之場所、反取低き分起返候上者、本免通可取直処、是亦免直吟味無之候故、本免ニ不立返場所多有之趣」である。

つまり、「関東畑方永取」地域では、反永が低く見積もられている畑でさえ、起こし返しが完了した後も、従来の反永に復帰していない場所が多数存在すると記されている。同申し渡しは、このように現状を指摘した上、強力に吟味を進め、「本免」への免直りを実施するように執拗に代官所役人たちを督励している。(14)

しかし、このような幕府が遂行した本免復帰強化策は、水害によって石砂入りや川欠となった田畑の復旧はもとより、長く放置されていた永荒地を起こし返そうとする村方の意欲を著しく削ぐ結果をもたらした。先にみた明和五年の各代官所宛の通達で、幕府は、東海道筋・甲州・越後で荒地の反別、引高が激増している現状を指摘し、起こし返しが進展しない原因は代官所役人の怠慢のゆえであると叱責したが、在地の代官所役人たちは、村方に荒地・永荒地の起こし返しを促し、同時に既存の起こし返し田畑の本免への復帰を推進することの困難を意識せざるを得なかったであろう。本免復帰強化策に対する村方の反応を熟知していた彼らは幕府の度重なる通達にもかかわらず、「増免」・「免直り」を直ちに強行するわけにはいかなかったのである。

天領村々において荒地・永荒地の累積が進行したいま一つの原因は、村方の疲弊による多数の「退転《たいてん》潰《つぶれ》百《びゃく》姓《しょう》」の発生と奉公稼ぎによる村民の流出によって「手余り荒地」が多発したことにあった。このような村方人口の減少は、水害によって石砂入り・川欠となった罹災田畑を早期のうちに起こし返す能力と意欲を村方から奪い、ますます荒地の増加、永荒地の累積に拍車を掛ける結果をもたらした。

「手余り荒地」の防止策に触れた勘定奉行から天領代官所への通達は枚挙にいとまがない。例えば、宝暦一二年(一七六二)の申し渡しによれば、常陸国筑波郡天領の上郷・今鹿嶋・鬼ケ窪・弥平太村においては、困窮による「退転潰百姓」が相次ぎ、四カ村の手余り荒地の総石高は六二一石に達していた。同申し渡しは「此上打捨置候ハヽ、一村退転ニも可及躰」であると述べ、その対策として、退転百姓の手余り荒地を無高百姓に与え、以後七カ年間年貢を免除する見返りに、宥免期間中に起こし返しを行なうように命じている。(15)また、天明八年(一七八八)

の通達では、陸奥・常陸・下野・下総国の天領村々で「手余り荒地」が増加している現状を指摘した上、他国稼ぎに走りがちな無高農民を富農に雇用させ、あるいは代官所が直接雇用して、鍬下年季を与え、農具代・夫食を支給して、「手余り荒地」の復興・起こし返しに当たらせる施策を推進するよう督励している。(16)

このような幕府による手余り荒地解消策はほとんど実効を上げ得なかった。そのことは、これ以後においても、天領村々における「退転潰百姓」の発生とこれにともなう手余り荒地の増加の現状に触れた代官所宛の達しが度々発令されていることに明らかである。(17)天領村々における多数の村民の耕作放棄は、単に手余り荒れ地の増加を生み出したばかりでなく、水害を受けた耕地を早期のうちに復旧する活力をも村方から奪う結果をもたらしたのである。

## 第二節　諸藩における耕地保全策としての鍬下年季仕法の展開事情

### (一)　徳島藩の場合

諸藩における耕地水害・荒地復旧策としての鍬下年季仕法の展開事情はほとんど明らかにされていない。本節では、阿波国徳島藩・丹後国宮津藩の二例を取り上げ、考察を試みることにしよう。

すでに早く徳島藩の事例が岩崎伸一氏によって報告されている。(18)嘉永七年一一月五日(新暦一八五四・一二・二四)に発生した安政南海地震にともなう津波によって阿波国沿海部の村々では多数の田畑が潮入りとなる被害を受けた。同氏の研究は、このとき同国海部郡奥河内《おくがわうち》村の豪商・谷屋甚助が藩府に自己の保有地の鍬下願いを提出し受理された際の写しを用いて、同村が受けた津浪の被害状況を考究しようとするものである。「安政弐九月伺、嘉永七寅年十一月五日津浪、大地震ニ付、奥河内村田地大地震ニ付（ママ）潮入御鍬下石寄写帳　甚助持田分」[19]と題するこの鍬下願いの写しは、同村の地区（大字・小字）ごとに鍬下年季付与の対象となった田地（畑地はまったく含まれていない）の面積・石高・小作人を一筆ずつ書き上げたものである。その内容を纏め、表7―1として掲げておこう。

「写帳」の表題からも明らかなように、鍬下願いは被災の翌年、安政二年（一八五五）九月に提出されている。前年冬の罹災以後、復旧が叶わなかった田地の年貢宥免を願い出て受理されたのであり、表7―1から、麦田に課される間米の負担も免除されたことが知られる。付与された鍬下年季は半年・一年・二年・三年の四種で、すべて安政二年から年季が開始されている。半年の鍬下年季は安政二年における年貢負担が半減されることを意味しており、後にみるように、福山藩の起こし鍬下年季仕法においては、このような一年未満の鍬下年季の設定は行なわれなかった。同時期に、奥河内村で鍬下年季を願い出た者は谷屋甚助のみに止まるはずはない。他の土地保有者も鍬下年季を願い出、同村全体ではさらに多数の宥免措置が講じられたであろう[20]。

徳島藩における荒地復旧のための鍬下年季願い出の事例は、寛延四年（一七五一）一〇月、板野郡大坂村（長坂禎之助知行地）の「本地四反六畝廿七歩・高四石四升弐合之内、田三反弐畝廿四歩、此高三石四升四合弐勺」に対する「開戻願上覚」にみることができる。同田地は本来、同村の五人の百姓の保有地であったが、藩命により隣村吹田村の「用水溜床」とされた。しかし、寛保元年（一七四一）に出水で堤が切れ、荒地となったまま放置されていた。一〇年後、百姓達は「乍恐御慈悲之上御見分被為仰付、相応之鍬下被為下置開き戻り被為仰付被下候」様に願い出たのである[21]。知行地の事例であり、願い出の結果も不明であるが、徳島藩において、耕地保全策としての鍬下年季仕法は、先にみた水害の早期復旧と並んで、荒地復興の部面においても機能していたことが窺える。

同藩における水害復旧のための鍬下年季の実施事例として、他に、安政五年（一八五八）六月、海部郡塩深村で、

**表 7–1　安政南海津波（嘉永 7 年）における阿波国奥河内村谷屋甚助保有田地の鍬下年季実施状況**

| 地区 | 鍬下年季 | 筆数（筆） | 面積（町.反.畝.歩.厘） | 石高（石） | 減免年貢高（石） | 麦田高（石） | 減免麦田間米高（石） |
|---|---|---|---|---|---|---|---|
| 寺前傍示村分 | | | | | | | |
| 寺前 | 1 年 | 24 | 1.1.7.16.5 | 24.4540 | 9.9773 | 24.2740 | 0.8172 |
| 太左右衛門開 | 半年 | 9 | 0.5.8.03.0 | 6.5200 | 1.9506 | – | – |
| 弁才天 | 1 年 | 30 | 4.1.3.21.0 | 50.8440 | 14.0329 | – | – |
| 櫛が谷 | 1 年 | 3 | 0.9.6.12.0 | 7.7120 | 2.1285 | – | – |
| 外嵐 | 1 年 | 4 | 0.5.3.19.5 | 2.7480 | 0.3298 | – | – |
| かりや | 1 年 | 2 | 0.0.1.12.0 | 0.1400 | 0.0470 | – | – |
| 外ノ磯 | 1 年 | 2 | 0.4.1.03.0 | 3.2880 | 0.3946 | – | – |
| 弁才天 | 1 年 | 1 | 0.2.0.00.0 | 1.2000 | 0.5040 | – | – |
| 仮御検地分 | | | | | | | |
| 引き舟渡し上り | 3 年 | 1 | 0.1.8.07.0 | 0.3629 | 記載なし | 記載なし | 記載なし |
| 外嵐 | 1 年 | 2 | 0.0.3.21.0 | 0.0712 | 記載なし | 記載なし | 記載なし |
| 浦地分 | | | | | | | |
| 寺前 | 1 年 | 4 | 0.2.4.18.0 | 4.4620 | 2.0934 | 3.9260 | 0.13219 |
| | 2 年 | 3 | 0.0.4.06.0 | 0.6680 | | | |
| 下櫛が谷 | 1 年 | 2 | 0.0.6.00.0 | 0.3600 | 0.0993623 | – | – |
| 合計 | – | 87 | 8.5.8.19.0 | 102.8301 | 32.3746623（記載分） | 28.2000（記載分） | 0.94993（記載分） |

出所）「安政弐卯年九月伺　嘉永七寅年十一月五日津浪、大地震ニ付奥河内村田地大地震ニ付潮入御鍬下石寄写帳　甚助持田分」（東京大学地震研究所編『新収日本地震史料第 5 巻別巻 5 – 2』東京大学地震研究所　昭和 62 年）1854 ～ 61 頁によって作成。

注 1）地区名は、岩崎伸一「徳島県日和佐町における安政南海津波の痕跡跡―奥河内田地大地震ニ付潮入御鍬下石寄からの推定―」（歴史地震研究会編『歴史地震』第 7 号 平成 3 年 所収）65 頁の補正に従った。

注 2）「御鍬下石寄写帳」は、鍬下年季が半年の「太左右衛門開」の面積・石高をそれぞれ実際より半減して計上したと記している。

注 3）同「写帳」は、寺前傍示村分と仮御検地分の麦田間米高を含む総減免年貢高を 30 石 6 斗 1 升 6 合として計上している。したがって、「引き舟渡し上り」・「外嵐」総計 3 筆の麦田間米高を含む総減免年貢高は 0.4341 石となる。

川成となった「高六斗弐升壱合」の田地に同年から五年の鍬下年季が認可されているケースを挙げることができる[22]。

徳島藩における耕地保全策としての鍬下年季仕法の開始年代、また、鍬下年数の決定法など、同仕法の具体的な運用構造については、まったく不明とせざるを得ない。今後の研究課題としたい。

## (二)　宮津藩の場合

さて、耕地の保全、とりわけ水害を受けた耕地の早期復旧のために実施された鍬下年季仕法の展開構造を相当綿密に探りうる数少ない領国の一つとして丹後国宮津藩の事例を挙げることができる。既述のとおり、阿部氏は天和元年(一六八一)から元禄一〇年(一六九七)までの一六年間、宮津藩主であったが、この宮津藩における水害復旧支援のための鍬下年季仕法と福山藩の起こし鍬下年季仕法にはその成立について直接の関連はない。後述するように、福山藩においては、阿部氏の入封以前、水野氏時代にすでに起こし鍬下年季仕法が独自に成立し機能していた。

宮津藩においては、幕末期、藩主本庄(松平)宗秀〈治世：天保一一年(一八四〇)〜慶応二年(一八六六)〉によって、藩政改革が遂行されたが[23]、同時期の郡方記録「臨時留」には、同藩で展開された耕地水害復旧支援策の実施事情がかなり詳細に記されている。「臨時留」所載の関連記事によって、耕地水害の復旧支援を目的とする同藩の鍬下年季仕法の運用構造を探ることにしよう。

嘉永三年(一八五〇)、宮津藩は、九月二一・三日の二日間にわたる暴風雨のために未曾有の風水害に見舞われた[24]。この年、宮津領内では、気候不順が続き、虫付き・不熟の稲が多かったが。追い打ちを掛ける形で更なる被害を受けたのである。同年一〇月に作成された藩主への届書によれば、宮津領分および近江領分におけるこの暴風雨

**表 7–2　宮津藩における嘉永３年９月大風雨の農地・用水施設被害状況**

| 種別 | 被害 | 規模 | |
|---|---|---|---|
| | | 宮津領分 | 近江領分 |
| 田畑 | 海欠・川欠・川成・水堀・山崩・石砂入 | 3789 石 | 237.4 石（山崩・石砂入のみ） |
| | 風押 | 15490 石 | 2247.7 石 |
| | 水押 | 13983 石 | 897.9 石 |
| | 虫付 | 2840 石 | |
| | 計 | 36102 石　村数 128 カ村 | 3383 石　村数 20 カ村 |
| 用水施設 | 堤切口 | 430 カ所　延長 8297 間 | 11 カ所　延長 147 間 |
| | 井堰押流 | 288 カ所 | 14 カ所 |
| | 筧押流 | | 17 カ所 |
| | 埋樋欠崩 | | 46 カ所 |
| | 門樋押流 | | 4 カ所 |
| | 溜池欠崩 | | 2 カ所 |

出所)「臨時留」－「十一月十六日　御用番牧野備前守様御退出江左之御届書以御留守居被差出候」(嘉永３年)－(宮津市史編纂委員会編『宮津市史史料編第２巻』宮津市役所 平成 13 年 所収)667 ～ 8 頁によって作成。

注）本庄氏宮津藩の所領は、「丹後国村々版籍取調帳」(明治２年)によれば、丹後国では、与謝郡 81 カ村・竹野郡 22 カ村・加佐郡 10 カ村・中郡 7 カ村の計 120 カ村 6 万石、近江国は、栗太郡 1 カ村・野洲郡 2 カ村・蒲生郡 6 カ村・甲賀郡 11 カ村の計 20 カ村 1 万石、合わせて 7 万石であったという(宮津市史編纂委員会編『宮津市史通史編下巻』宮津市役所 平成 16 年 184 ～ 5 頁)。表中の宮津領分の総村数はこれに合致していない。

による耕地、および用水施設の被害状況は表7—2のとおりであった。

同年九月一六日、月番郡奉行は、村々に米一万俵を下し置く旨を通達し(25)、同月二一日には、地方帳元・郡方下役に対して、水害を受けた耕地の具体的な復旧策を指示している。その要点を記そう(26)。

従来、宮津藩では、五・六年までの年季ならば、農民に鍬下年季を与えて直ちに起こし返しを行なわせるが、これを超える年季を要する場合は、鍬下年季による即時の起こし返しをひとまず見送り、「荒地引」としてその地の貢租負担を免除し、後年の復旧を待つ方策がとられてきた。しかし、天保一一年(一八四〇)以降、たとえ八・九年の年季になっても、農民に鍬下年季を与え、早期のうちに起こし返しを推進することになった。ところが、今度の水害は「近来之大荒」であり、起こし返しに多年を要する被災耕地が多数を占めることが予測される。そこで、この度は基本的には天保一一年度の仕法替えを踏襲するものの、「損益」を十分考慮し、場合によっては、鍬下年季による起こし返しは、五・六年程度の年季を限度とし、これを超えるものについては、「荒地引」の措置を講じ、五年ほど後、改めを実施し、「起返料」を支給して「普請」による復旧を命じるケースも認めるべきであると言うのである。

この通達書中で、郡奉行は、「全体鍬下と申ハ荒地普請人足壱人一日米壱升ツ、之割ヲ以、御救可被下を、其地所御年貢ニ而償候丈ケ年季ニ而御引被下候事」と述べている。人足賃米量の差異は別として、宮津藩における耕地保全のための鍬下年季仕法は、後にみる福山藩と同じ原理で機能していたことが知られるが、福山藩と異なり、宮津藩の場合、大規模な被害を受けた耕地については、農民の保有地にも「普請」による起こし返しが行なわれたのである。

郡奉行は、長年季の鍬下年季による起こし返しの難点について、「十ケ年も鍬下無之而者償不相済程之難場所者、雇人足多分相掛ケ右賃米者地主相弁へ置、鍬下十ケ年斗りニ而償候得者、内実地主難渋者顕然」たることであると述べている。結果的に、鍬下年季による補償によって負担は相殺されるにせよ、長年季にわたる鍬下年季による起こし返しは、雇い人足に支払う賃米など一時に多額の費用を要するために、土地保有者に「難渋」を強いるというのである。次いで、天保一四年（一八四三）以来、村々で古荒の起こし返しが推進され、過半の復旧が完了した事実に触れ、「一旦之御入用ハ有之候得共、往々御為筋ニ可有御座」場合は、一時「荒地引」で処理し、後年「普請積りヲ以起返料被下置候」措置を取るケースがあってもやむを得ないと記している。

この嘉永三年度の水害復旧に際して、宮津藩において鍬下年季あるいは「普請」による起こし返しが現実にどれほどの規模で実施されたかは明らかではない。しかし、この時、どのような方針の下に、鍬下年季の付与と「普請」という二つの手段を用いて被災耕地の起こし返しが実施されたかは把握できる。「臨時留」は、先例として「荒地見分之大意被仰出書写」・「鍬下年数極之大概」（いずれも年代不詳）を掲げており、嘉永三年度における耕地水害の復旧措置はそれらの先例に記された実施要領を参照しつつ行なわれたことは疑いを容れない。成立年代は明らかではないが、幕末期、宮津藩においては、一定の原則の下に、鍬下年季の付与と「普請」という二つの手段を併用しつつ農民保有地に対する水害復旧支援策を推進する仕法が確立していたのである。

「荒地見分之大意被仰出書写」は「去丑五月村々水損、田畑荒地ニ成候分、寅ノ春再検分之上、起シ方定書」の副題を持つが、年代は特定できない。同「写」によれば、水害を受けた丑年の秋、役人見分を実施し、村々の荒地高を決定、吟味を経て、冬には「荒地起返料」として「手当米」が村々に支給された。翌寅年二月、役人による巡村再見分を実施、起こし返し地を特定して、荒地高からその高を控除し、予定通り起こし返しを励行するように、庄屋をはじめ村役人たちを督励している[27]。

同「写」に記された水害耕地の起こし返し実施要領の骨子は次のとおりである[28]。

(一)荒地のうち、土砂を五・六寸から八・九寸程度かぶった田畑は一年、一尺から二尺程度は二・三年、二尺一・二寸から三尺四・五寸は四・五年から六年ほどの鍬下年季をそれぞれ付与する。ただし、村方から年数請合証文を取る。

(二)上記の鍬下年数の範囲では起こし返しが不可能な「至而大蕪之場所」、あるいは貧村の被害地は、十分な吟味の上、荒高一〇〇石につき米二〜三〇俵程度の「荒地起返料」を支給するか、または「土普請」扱いにして人足扶持米を支給するか、場所に応じていずれかに決定する。

(三)次の原理に従って鍬下年数を算出する。すなわち、まず、土砂を他の場所に捨てる必要がある場合、土砂の捨て場までの距離に応じて「土普請六里歩行之法」によって総必要人夫数を割り出し、これに一人一日米一升の扶持米を支給するものとして総米高を算出する。その米高が当該荒地の年貢の何カ年分に相当するかを計算し、その概数を鍬下年数とする。百姓達が疑念を抱かぬように、この算出法を十分説明するとともに、場所によってその年数では保護が行き届きかねる場合は、上記の年数に一・二年の鍬下年季を加える措置を取る。

(四)村々百姓が出精して、既定の鍬下年数内で起こし返しを完了したときは、褒美として。年季明けの翌年丸一年を「作り取」とする恩典を与える。

(五)水害の事情によって、客土、土砂の搬出、田から畑、畑から田への転換など種々の労務を要するケースがあるが、藩役人は村々の見分に際して入念かつ公正な取り計らいを行なうべきである。

「鍬下年数極之大概」では、鍬下年数の算出原理が具体的に数値を挙げて説明されている。免率四つのある村で斗代一石三斗の上田一反歩に水害で土砂が堆積した場合、鍬下年数はいくらになるか、堆積した土砂の深さを様々に変えてその計算方法を説明している。ここでは、そのうち土砂の深さが一尺の場合を事例として挙げよう。

土砂深サ壱尺

一　上田壱反歩
　此土坪五拾坪
　此人足七拾五人
　此扶持米七斗五升
壱坪ニ付壱人半懸り
人足壱人ニ付壱升扶持

一　上田壱反歩
　分米壱石三斗
　此取米五斗弐升
免四ツ

右鍬下壱ケ年四分六(四)厘(29)

演算過程を説明する。まず、この上田一反歩に堆積した土砂の体積はいくらか。一間＝六尺、一反＝五間×六〇間＝三〇〇歩である。土砂の深さは一尺であるから、堆積土砂の体積は、六分の一間×三〇〇歩＝五〇間立方（土坪五〇坪）となる。土坪一坪を搬出するにつき、一・五人の人足が必要であるから、すべての土砂を搬出するのに必要な人足数は、土坪五〇坪×一・五人＝七五人となる。人足一人につき一升の扶持米が支給されると考えるから、必要な扶持米は、七五人×一升＝七斗五升となる。次に、この上田一反歩の年々の年貢負担量は、免率が四つであるから、一石三斗×〇・四＝五斗二升である。鍬下年数は、この上田を保有する農民が受け取れる人足扶持米が何年分の年貢負担量に相当するかを算出することによって知られるから、七斗五升÷五斗二升＝一年四分四厘となる。搬出すべき土砂の深さ、鍬下年季が付与される荒地の斗代・面積・免率が変わっても、同様の方法で鍬下年数を算出することができる。

　この鍬下年数の算出手順は、土砂を他の場所に捨てる必要がなく、その耕地内で処理できる場合に限られる。「鍬下年数極之大概」はこれに加えて、耕土が流失し、他から客土する場合、あるいは、堆積した土砂を他の場所に搬出する必要がある場合の必要人足数に触れ、「往来弐丁之所者三人懸り、三丁ハ五人懸り、四丁七人懸り之積ヲ以、鍬下年数ヲ極メ遣スべし」と述べている(30)。この運搬距離ごとの必要人足数は先の「荒地見分之大意被仰出書写」第(三)項に記されていた「土普請六里歩行之法」によって算出されたものである。同法は、人足一人が土砂を担って一日に歩行可能な距離を往復六里とする原則を指すと解し得るが、人足一人当たりの土砂の標準運搬量が記されていないので、算出原理を示すことは不可能である。「鍬下年数極之大概」の記述は、これに続く「乍然左様之難場所鍬下ニ申付候而者年数多く懸り、上之御為百姓之為ニも不宜候間、吟味之上別ニ起シ料被下之、鍬下年数多く不懸様ニ取斗可然ル也」という付言をもって締め括られている(31)。

幕末期の宮津藩における耕地水害復旧支援策の展開構造を総括しよう。同藩においては、鍬下年季の付与、あるいは「荒地起返料」ないし人足扶持米支給による「普請」という二つの仕法を併用しつつ、水害耕地の起こし返しが展開された。天保一一年(一八四〇)以後、鍬下年季付与による起こし返しが重視され、長年季の鍬下年季も認められるようになったが、宮津藩の郡方役人達は、鍬下年季の付与を五・六年程度までに止め、これを超える起こし返しについては、被災直後、あるいは五・六年後に「荒地起返料」、あるいは人足扶持米を村方に支給し、「普請」によって作業を処理する旧来の方法の有効性を強く意識していた。(32)このような地方役人達の発想は、復旧の効率性を追求するということよりもむしろ、鍬下年季の実施によって生じる年貢の宥免という損失と「普請」の実施によって生じる「荒地引」、「荒地起返料」ないし人足扶持米の支給という損失の差異を比較する姿勢から生み出されたものであることは明らかである。天保一一年以後、長年季の鍬下年季による起こし返しが推進されるに至った理由は、文政一揆(文政五年・一八二二)の苦い経験を踏まえ、藩主・宗秀によって強力に推進されていた一連の農村民心安定策に連動するものであっただろう。しかし、今や農民優遇策は後退し、藩財政との関連を意識した地方支配が強く求められるようになっていたのである。なお、鍬下年数は明確な原理に基づいて算出されたが、事情によって、算出された年数に一・二年の年季の追加を認め、また。鍬下年季内に起こし返しを完了した場合には一年間の年貢宥免の恩賞を与えるなど、一定の農民保護策を差し加える措置がとられていた。

宮津藩においては、耕地水害復旧策として、公費投入による起こし返しが重視された。その理由は先の郡奉行の通達書に記されているとおり、「一旦之御入用ハ有之候得共、往々御為筋ニ可有御座」という判断によるものであった。後にみる福山藩とは異なり、宮津藩の場合、耕地水害の復旧に際して、鍬下年季仕法とともに、財政的な見地から、「普請」による復旧が枢要な役割を果たしたのである。

## 第三節　福山藩の水害事情・治水事情

本題である福山藩起こし鍬下年季仕法に関する分析に移りたい。福山藩において、起こし鍬下年季仕法の制度化を促し、これを藩政の終焉に至るまで維持・存続させる原因をもたらしたのは同藩領内の耕地環境であった。すでに第一章で詳述した通り、福山領内を流れる多数の河川はいずれも小河川で、砂質の天井川であったため、灌漑面積が狭く、領内は間断なく旱魃に見舞われる一方、河岸諸村は多発する水害に苦しめられた。すでに触れたように、領主側は河川の氾濫による水害を農業経営の安定を脅かす最大の障害として捉えており、福山藩六郡のうち旱損地域として位置づけられる安那・深津・沼隈郡に比べ、水損地域たる芦田・品治・分郡には比較的低い石盛が付けられていた。

水害は諸河川河畔の農村、とりわけ水損地域たる分・品治・芦田郡農村の農業経営の安定性を著しく損ねるものであった。これも第一章で触れた通り、本多利明はその著『西薇事情』において、福山藩の水害事情について触れ、同藩では、頻発する洪水によって年々多数の田畑が砂入りとなり、修復に向け領民の多大な努力が払われているが、被災田畑の田位の低下は避けがたい現状であると述べていた。

実際に、徳川期、福山領内で、どれほどの頻度で水害の発生がみられたのだろうか。図7―1は徳川期におけるほぼ四半世紀ごとの水害発生件数の推移をみたものである。限られた範囲の史資料に基づく数値ではあるが、福山藩では相当高い頻度で水害が発生し、特に五・六月・八月(旧暦)の発生件数が多く、梅雨時の集中豪雨と台風による被害がその中心を占めていたことが少なくとも読み取れよう。

このような現状に対して、福山藩ではどのような治水対策がとられていたのだろうか。一般に、徳川期の治水

**図7–1　福山藩における水害の発生件数**

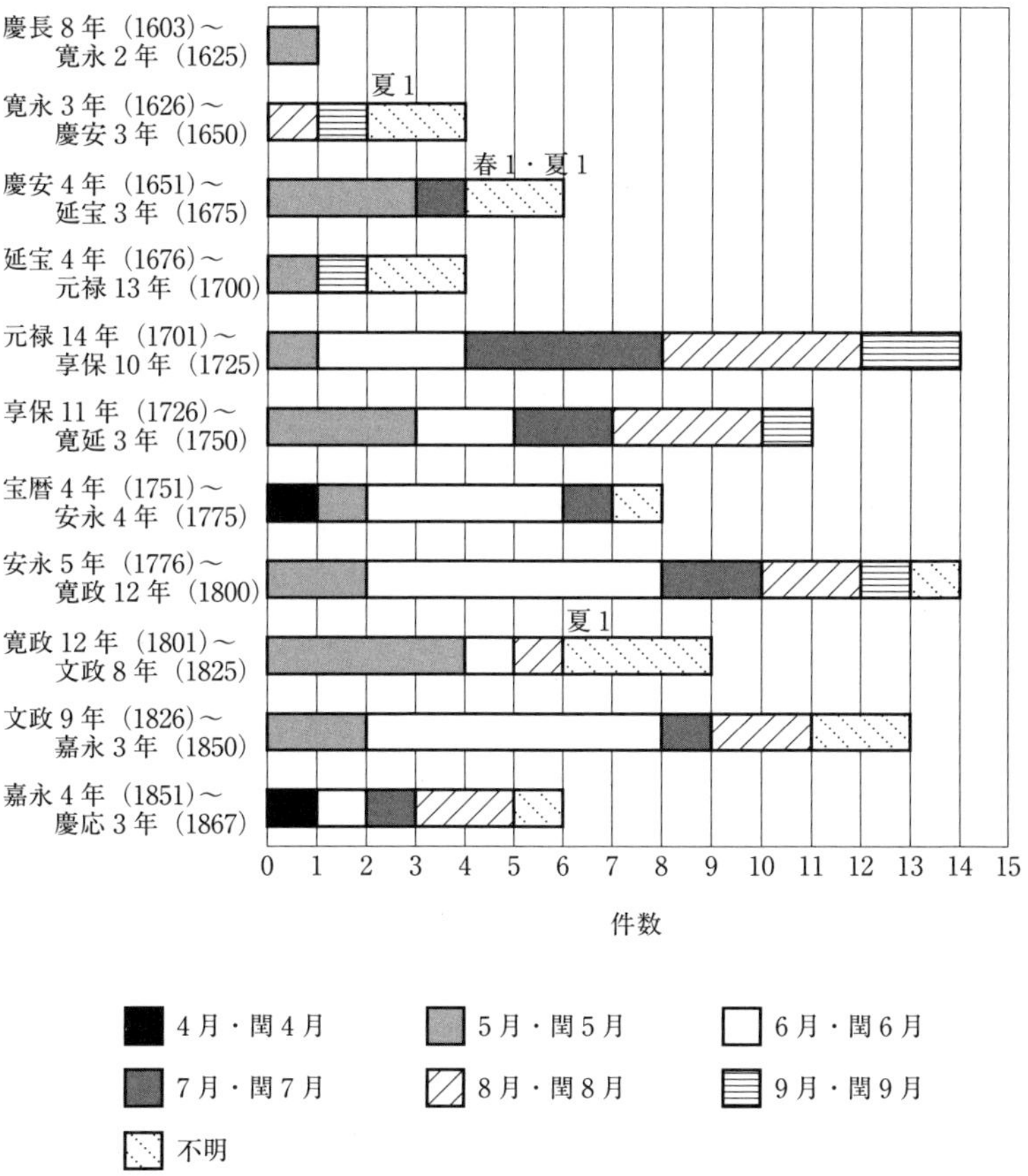


出所）「古志家旧記永代録」・「同続永代録」・「羽賀家年代記」・「石岡家歳々記録帳」〈（府中市『府中市史史料編近世編下』昭和63年）522～609頁〉、浜本鶴賓「芦田川変遷史」（同氏編『福山水害誌』福山水害誌刊行会 昭和9年 所収）257～69頁、芦田川改修史編集委員会編『芦田川改修史』昭和43年 570～1・575～81頁、福山市史編纂会編『福山市史中巻』昭和43年 985～93頁、広島県『広島県史近世1』昭和56年 897頁、『同近世2』昭和59年 900～1頁によって作成。

注1）発生月不明の水害のうち、季節が知られるものについては、発生の季節と件数をグラフ傍らに付した。

注2）「大水」・「出水」等、水害の発生を明示する記事のみをカウントし、「大雨」・「長雨」等は数に入れなかった。

注3）万延元年（1860）は「春以来出水たびたびあり」と記されているが、件数1（発生月不明）として処理した。

技術は、遊水地・流作場を設けて、ある程度以上の水量は水勢を弱め堤を超えて溢れさせ、耕地の流失を防ぐ方法（伊奈流・関東流）から、連続堤防を建設して、洪水時も堤防で限られた河川敷の中に流水を食い止める方法（紀州流）に推移・転換がみられたと言われる。(33) 福山藩の芦田川水系の治水政策においても、連続堤防を築いて洪水を制御する方向が追求された。

まず、水野藩政時代、元和・寛永期には、芦田川の瀬替えが実施され、野上堤防（千百間堤）が築かれ、芦田川本流は本庄村・野上村の西側に沿って草戸村に向かう現在の流路となった。また、上流では、府中から加茂川・高屋川合流地域まで芦田川は奔放に蛇行し、氾濫後はしばしば川筋を変えていたが、これを制御し、直線化するための護岸工事が進展した。郷分村以南に土手（水野土手）が築かれ、中津原村で直角に曲折するように大改修工事が行なわれた。天井川の進行を防止すべく芦田川の砂防・浚渫《しゅんせつ》もすでに実施されていた。阿部氏治世期に至って、芦田川水系の治水は、一郡寄せ人足普請、六郡寄せ人足普請（後述）によって堤・土手の強化・増築がはかられ、年々水害破損箇所の修築が行なわれた。また、毎年、「人足一万人割」による川筋の掘浚《ほりさら》えが制度化された。(34)

だが、福山藩の治水政策には後期治水技術体系への移行を完全に果たしきれない側面がみられた。福山城下町の水害を防ぐために、草戸堤は対岸の野上堤防よりあえて低く築かれたまま維持され、(35) また、芦田川彎曲部北岸の中津原村羽賀崎に砂土手を設け、増水時はこれを切って水勢を弱める方法がとられた。このような治水政策の欠陥を克服するためには、堤防全体の嵩上げをはかるなどいま一段高い治水技術の投入が必要であった（本書第一章地図1―2参照）。

しかし、技術的限界がみられたにせよ、堤・土手の管理、補修、浚渫など、芦田川水系の治水体制を構築し、これを永く維持させた点で、福山藩の治水政策は高く評価されるべきである。現に明治維新以後も芦田川水系の氾濫は止まず、同地域が洪水の被害から解放されたのは芦田川改修事業が一応の完成をみた昭和二九年

（一九五四）以降のことであった[36]。芦田川は現代の河川改修技術の投入によってようやく統御可能な河川となったのである。

## 第四節　福山藩起こし鍬下年季仕法の実施原理

### （一）　起こし鍬下年季仕法の制度的位置

阿部氏福山藩において、河川・池溝の改修、浚渫、井堰・土手の修築等、治水・用水施設を維持するための諸作業は寄せ人足普請によって維持されていた。寄せ人足普請には工事の規模に応じて、次の三つの区別があった。まず、「六郡寄せ人足普請」は、藩普請方の管轄下、必要人夫を全郡の村々に割賦して実施された。経費は藩費から支弁、労務提供者に支給される扶持米の経費は領内全村に大割銀を賦課し、捻出された。次に、「一郡寄せ人足普請」は、代官の管掌下、一郡内村々から人夫を調達、一郡割銀を徴収して扶持米に充て実施された。「村寄せ人足普請」は、村役人の差配の下、関係複数村落ないし一村内から費用・労務を調達して行なわれ、必要経費は村入用として計上された[37]。これら「寄せ人足普請」の扶持米は、年貢諸役とは別に設定された地方税たる大割銀・一郡割銀、また村入用の徴収額と「指し継ぎ」（差引勘定）を行なう方法で支給されたのである[38]。

これに対して、起こし鍬下年季仕法は水害を受けた耕地に適用され、復旧作業は農民の自力、自普請を建前とした。後にみるように、大規模水害の発生時には、寄せ人足普請を併用することもみられたが、その場合でも、適用範囲は、土手・堤など、一定の「公益性」・「公共性」をともなう施設の修復、ないしはその破損によって被害を受けた耕地の復旧に限られた[39]。農民個々の保有地の水損・砂入りの復旧作業は自己処理が原則であり、起こし鍬下年季仕法はその支援策として機能した。同仕法が適用された田畑は復旧に要する労役負担の代償として「起こし鍬下引」が実施され、鍬下年季の期間中、本年貢が免除された。

## （二）　川欠鍬下改め（鍬下見分）の実施要領

地方書「郷中覚帳」によって、阿部氏福山藩における起こし鍬下年季仕法の実施要領をみよう。

例年二月中旬、村方は「鍬下願帳」を提出する。村役人は、昨年水害を受け、起こし鍬下年季を必要とする田畑の地字・地番・名請人・田位・面積・石高を同帳に書き出し提出する。同月下旬、藩役人の現場見分が実施される。この役人見分を「川欠鍬下改め」、あるいは「鍬下見分」と称した。(40)

鍬下見分担当役人は極力寛容な姿勢で鍬下年季の設定を行なうよう求められた。すなわち、

一　鍬下之年数余り直切何分年数無少候へハ、御為ト計心得違候類も有之歟、積り無して無体ニ年季ちゞめ候へハ、却而再鍬下幾度も願ひ候也、可有心得事也(41)

宥免される年貢を惜しんで、無理に鍬下年季を短縮する行為を戒めている。後々、鍬下願いが幾度も再提出され、かえって以後安定的に年貢を確保できない結果を招くからである。鍬下年季の終了後、耕地の復旧が完了しなかった場合、村方は再度鍬下願いを提出し、鍬下年季の追加を求めることが認められており、これを「再鍬下」と称した。十分な期間を農民に与えて耕地の復旧を完全ならしめ、修復後における安定した貢租の確保を期したのである。

再鍬下見分においても、同様に、担当役人には寛大な姿勢が求められた。すなわち、

一　再鍬下之場所小松抔生立申とて　生地ニ極候儀、是亦心得違也、再鍬下ニ三度も受候へハ大木も可有之、御威光ヲ以無法ニ一旦押付候而も村役人帰腹せざる事故、重而願書指出、是非再鍬下ニ願候者也、ケ様之

類全鉢ヲ不知して端々ヲ聞損シ生マ兵法之類也、評ルニ不足(42)

積極的に耕地復旧に取り組まず、再鍬下願いの提出を再三繰り返す村方も少なからずみられた。それでもなお、担当役人が領主側の威光を振りかざして、強いて鍬下地を本免の土地に戻すような強硬な措置を取ることは慎むべきこととされた。

もちろん、不正に鍬下年季を勝ち取ろうとする行為は厳しく規制された。しかし、「再鍬下之田畑、たとへハ五年鍬下受候所、其年ゟ作仕付候而三四年程作り年明前年ゟ荒し置、又候鍬下受候事間々有之也」というような不正にも、「於場所庄屋ヲ呵、重而ケ様之事無之様申付へし。得与合点いたし候様申聞、其場切ニ致候得者科人も出来申間敷哉之事」と、あくまでも寛容な対応が求められた(43)。

領主側にとって、起こし鍬下年季仕法は年々多発する水害によって失われる貢租収入の回復をはかるための唯一の手段であった。この仕法を円滑に機能させるためには、耕地の復旧に取り組む農民の自発性と志気を引き出す必要があった。当然、耕地の復旧は農民にも農業経営の安定をもたらしたが、起こし鍬下年季仕法を介した耕地の修復に寄せる領主側の期待は彼らよりも遥かに大きいものであった。領主側は、貢租収入の安定化という切実な課題の達成に向けて、鍬下年季仕法の効用を最大限に引き出すべく、徹底した懐柔策をもって村方に臨んだのである。

### (三)　永川願いの阻止

水害によって田畑が川成・川欠となり、耕地への復旧が不可能と判断されるとき、村方は永川願いを提出した。鍬下願いと同様に、川欠鍬下改めにおける郡方役人の見分によって、その可否が決定されたが、領主側はこれを容易に認可せず、むしろ川成・川欠の解消ないし縮小をめざす方針がとられた。すなわち、

一　永川ヲ願候共決而致間敷事、別而初心之内者たとへ如何様之池川ニ成候共年季七八年付置可申、壱歩たり共御高減候者重キ事也、年季付置候得者後ニ而如何様ニも成り安キもの也、川欠与極候へ者其地死切候、且亦一旦永川ニ極候場年ヲ経候而起返し願出候者、前度川欠ニ究候者いかゞ心得候哉与得察度、申訳ハ有間敷候、此類ハ初心之検者也、又迚も御田地ニ不成場所与見切候而川欠ニ極候者、器骨也といふ族ハ片腹痛シ、不可信用事也、起返し品々有之、不有来新土手抔宜出来水入之難無之川欠之場所、今度起返し度与願出候ハ別段之事也、何分川欠ニ極置候事可遠慮事肝要也(44)

永川・川成は洪水によって河川の流路が変わり、田畑が川になってしまった場合、川欠は、川になるほどではないが、田畑が川内に崩れ込む状態になった場合を言う。いったん永川引を認めてしまうと、その土地から永久に貢租を吸収する可能性が失われる。これを回避すべく、永川願いの対象地には一定年数の鍬下年季を付けておき、事態の推移を見守る方針がとられた。

　領主側には新たな永川引の公認を拒まねばならない理由があった。宝永七年（一七一〇）に福山に入封した阿部氏は、貢租制を展開するに当たって、水野氏・松平氏時代から継続されてきた諸引高を継承するとともに、新たに多数の引高を設定する必要に迫られた。それらの引高の大半は川成・川欠など水害による田畑の荒廃に起因するものであり、引高の総量は実に一万九一一一石、領内総石高一〇万石の一割以上に及んでいた。これらのことは、すでに第二章第一節ほか、本書の各所で触れた通りである。蛇足とは思われるが、その状況を改めて図7―2として示しておこう。

　阿部氏はこれらの石高を年々貢租賦課の対象から外さざるを得なかったのであり、この村々における定例引高は阿部氏福山藩の徴租制に纏《まと》わり付く厳しい障害となった。これに加え、新たに永川引を公認することは容認しがたいことであった。砂入り・耕土の流失など比較的復旧が容易なケースとは異なり、技術的支援を含め、多額

**図 7–2　福山藩阿部氏時代初期における引高**

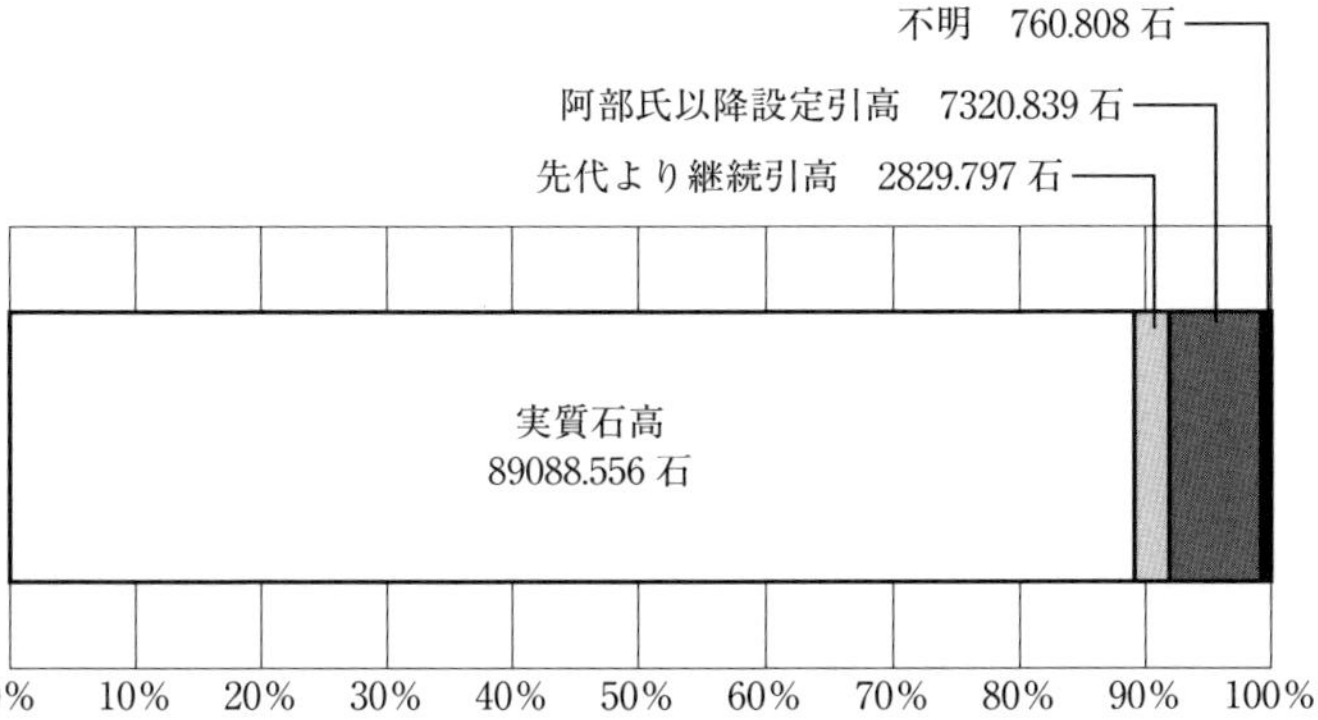


出所）宮原直倁『備陽六郡志』内篇巻十二「惣寄並差引」（宝永 5 年頃）〈得能正通編『備後叢書第 1 巻』復刻版　歴史図書社 昭和 45 年 329 ～ 30 頁〉によって作成。
注）総引高の数値に誤りがみられるので、実質石高は修正値を表示した。

の財政支出を投入しない限り、現実的に川成・川欠の再耕地化をはかることは不可能である。領主側は、ひとまず川成・川欠引の呼称を与えて短期間の起こし鍬下引を認め、絶えず更新を繰り返すことによって永川引の公認を先送りし、なおも農民の起こし返しに期待するきわめて消極的な方法を選択せざるを得なかったのである。

それゆえ、川欠鍬下改めの際、川成・川欠の区域を厳しく特定する方針がとられた。すなわち、

一　川欠・山崩改之儀残畝有之分ハ其残畝江竿ヲ入欠数相極可申、尤本畝有余有之候共兎角夫ニハ不構、残畝有前之通可仕事

一　丸欠・丸崩者水帳を以欠不申田畑を見当ニいたし、縄続あざ等見合可改、尤欠之儀証文取上あざ持主之名相改、新欠相極可申候、新古之訳紛敷場所可有之間可致吟味事[45]

「本畝」、つまり被害を受け、貢租の賦課が不可能になった所域ではなく、「残り畝」、すなわち、どうにか災害を免れ、貢租賦課が可能な所域に着目し、そこに竿入れを行なって、川欠・山崩れの畝数を割り出す。丸欠・丸崩

れ、つまり全壊の場合には、検地帳によって被害を免れた隣接地の地字・名請人を確かめ、該当する所域を厳密に確定するように求めている。起こし鍬下年季仕法による耕地の復旧の成否は、最終的には領民の自由意志に委ねられており、大規模な被害を受けた場合、現実的に、短期間のうちに被災地全体の修復がはかれる可能性は薄い。この点を看取していた領主側は、厳しい線引きを行なって、比較的被害が少なく従前通り貢租収入が期待できる耕地を被災地全体から切り離し、最大限の貢租収入を確保することに努めたのである。

## 第五節　福山藩起こし鍬下年季仕法の年季算出法

### （一）起こし鍬下年数の算出原理

起こし鍬下年季の適用年数はいかにして算出されたのか。これを解説する「郷中覚帳」の記事は精細を極め、地方算法書としての面目躍如たるものがある。演算過程に留意しつつ同書の記事を分析し、福山藩における起こし鍬下年数の算出原理を考察しよう。

耕地の水害には、砂入りが生じ、これを除去する必要がある場合と、耕土が流失し修復に客土を要する場合がある、まず、除去する土砂、あるいは客土の体積を算出し、作業に要する人夫数を算出する。すなわち、

一　壱反之田畑ニ砂入、又者上土流し掘候地損、砂流込候ハ、取捨、又堀レ候て外土ヲ入候場所鍬下与願候事、
譬ハ壱反之内江砂入浅深可有之積り合、たとへハ平均壱尺ト見候ハ、、壱尺ヲ六尺之六ニ而割、壱歩六厘
六毛六与成ル、是ニ壱反之歩数三百歩ヲ掛、立積五十坪、和解ヲ云、立積トハ六尺四方六面之坪也之砂也、
直ニ田之辺り土手江上ケ候へハ壱坪壱人掛り、又ハ道法壱町有之候へハ壱坪三人掛り、拾町ハ三十人、何

町ニ而も壱町ニ付三人ツヽ増積り也、但掘捨掘入土共同様也(46)

一反の田畑に平均一尺の深さの客土を行なうか、あるいは同じ深さの土砂の除去を必要とする場合の計算法が例示されている。福山藩阿部氏時代の丈量基準は、一間＝六尺、また五間×六〇間＝一反とされていたので、その体積は、六分の一×三〇〇＝五〇間立法（立積五〇坪）となる。この数値から夫数を算出する。客土ないし除去する土砂の体積、一間立方（立積一坪）当たりに要する夫数を一人掛かりとする。田畑最寄りの土手から直に客土するか、そこに直接捨てる場合はそのまま一人掛かり、運搬の道程が一町ならば三人掛かりとし、さらに運搬距離が一町増すごとに三人ずつ夫数を加算する方法がとられた。

土砂ではなく、「はゞら」、すなわち砂利を除去する場合の必要夫数、また、長い土手を捨て場として利用する場合の運搬距離は次のようにして算出された。すなわち、

一　はゞら取捨直ニ土手江上ケ候て壱坪壱人半、又壱町有之候ハ、壱坪五人掛り也、又長キ土手江上置土ニいたし、小口迄壱町、留り江弐町有之時ハ、右之積ニ而ハ不成割合有之

一　砂入取捨場所或者土手迄上置ニ致、田畑土手江一町之所土手上置ニ致候積なれハ留り江者弐町也、然レハ小口迄之壱町ト留り迄之弐町与平均ニ而、壱町半之場所与心得積り候事(47)

砂利を除去する場合は、体積が立積一坪増すごとに一人半掛かりずつ夫数が増加するものとし、運搬距離一町のとき、五人掛かりとして夫数を算出した。また、長い土手に砂利を上げる必要があるときは、最寄りの土手先までの距離と土手端までの距離の平均値を夫数の算出基準とした。例えば、土手までの最短距離が一町、土手端までの距離が二町の場合、平均値一町半が正式の運搬距離となった。

耕地の復旧に従事する農民は、人夫一人掛かりにつき扶持米一升・賃米一升、計二升の人足米の支給を受けるものと仮定し、その総量と農民が本来納入すべき年貢量の比率から鍬下年季を割り出した。復旧作業の見返りに

農民が受け取れると仮定される人足米量は、本来その耕地に賦課される年貢量の何年分に相当するか、この計算値が鍬下年数であるということになる。この原理はすでにみた宮津藩の場合と同様である。すなわち、

一　仮令ハ壱反之内ニ砂平均壱尺入候捨場江道法壱丁あり、砂坪五十坪壱坪ニ三人掛りニメ百五十人、壱人ニ付弐升積之内壱升ハ扶持方、壱升ハ御賃米、右之積ニメ三石也、右田壱石六斗代之時ハ其村之免たとへハ六ツ三分ヲ掛、壱石八合也、三年鍬下ニメ済候得共、夫ニ而者受不申故、一年之余計ヲ遣し、四年鍬下ニ極ル、又入土致候も右同断之積、但何ケ年鍬下ニ而も一ケ年之余計遣し候(48)

一反の田地に平均一尺の砂入りがあり、これを一丁(町)の距離の捨て場に除去しなければならない場合の計算法が示されている。先にみたように、除去すべきこの土砂の体積は立積五〇坪であった。捨て場まで一丁の運搬距離を要する土砂立積一坪当たりの夫数は三人掛りであるから、この場合、一五〇人掛かりの夫数を要する。一人当たりの扶持米・賃米は二升、したがって必要な扶持・賃米の総計は三石となる。斗代が一石六斗、その村の免率が〇・六三ならば、この土地一反当たりの年貢負担量は、一・六×〇・六三＝一・〇〇八、すなわち一石八合である。三石の扶持米・賃米は、三÷一・〇〇八＝二・九七六一九≒三で、三年分の年貢負担量に相当する。これにさらに一年を加え、起こし鍬下年季四年が確定する。

なぜ起こし鍬下年数の算出に当たって、計算値にさらに一年を加える措置がとられたか。これについては、次のように述べられている。

一　畑方ハ春改ニ付、改メ年半作ト心得鍬下年季余計可遣、田方も改時又ハ大旨たる砂入ニ而人足多掛り候場所ハ改年稲植付等も無之与見受候ハヽ、壱ケ年余計ニ可遣、兎角積ハ右之心得を以壱ケ年も余計遣候事定法也(49)

二月下旬の鍬下見分の終了後、ただちに耕地の復旧を行なっても、畑方ではせいぜい半年の作付けが可能な程

度であり、田方ではその年の稲作を見送らざるを得ない場合もあり得る。このような諸点が考慮されて、鍬下年季は計算値に一年を加えた年数とされた。また、計算値の端数は五捨六入、つまり端数が〇・六を越えたときはさらにもう一年鍬下年季が追加された。原則として、鍬下年季は鍬下見分の実施年度、すなわち、被災年度の翌年から開始された。

ところで、先にみたように直揚げの場合、立積一坪（本坪）につき砂入り・はばらに要する夫数はそれぞれ一人掛かり、一人半掛かり、また、捨て場まで一丁の距離がある場合は、前者は三人掛かり、後者は五人掛かりとされていた。その算出の根拠は次のような原理に裏付けられていた。すなわち、

鍬下割合

一　人足壱人一日道法り弐里あゆミ、

一　砂ハ尺坪壱荷ニ弐ツ持、

一　はゞらハ尺坪壱荷ニ壱ツ弐分持、

一　六尺四方六面ヲ壱坪トス、是ハ本坪也、此尺坪数弐百拾六坪、和解ヲ云、たて六尺ニ横六尺ヲ掛、高サ六尺ヲ掛、如此也

此荷数、砂ハ百八荷、羽原ハ百八拾荷

一　砂入之田畑直ニ辺りへ揚捨候者壱坪ニ壱人掛り、

一　はゞら入之田畑直ニ辺り江揚捨候者坪ニ壱人半掛り、

一　砂捨所壱町有之候者壱坪ニ人足三人也、此訳、百八荷ニ行帰り弐丁ヲ掛弐百十六丁ト成、壱人前之二里ヲ丁ニ直し七十六丁ト成、是ヲ法ニして弐百十六丁を割、三人トナル

一　羽原捨所壱丁有之候者坪ニ人足五人也、此訳、百八拾荷ニ行帰り弐丁ヲ掛三百六拾丁ト成、是ヲ割場ニ

又壱人前之弐里ヲ丁ニ直し七十弐丁、是ヲ法ニ割五人トナル
一　砂入ハ壱丁ニ付三人ツヽ増故人足之定法トして、何丁ニ而も此三ヲ掛ケ積ルナリ
一　羽原入ハ壱丁ニ付五人ヲ増ゆへ人足之定法トして、何丁ニ而も此五人ヲ掛人足何程ト知ル也(50)

一人の人足は一日に一荷の土石を二里運搬できるという前提を置く。一荷とは、土砂なら一尺立法（尺坪）の土塊を二個、砂利ならば一・二個担うことを意味する。一間立法（本坪）は尺坪に直せば、六×六×六＝二一六尺坪である。もし同体積の土砂を運搬除去するとすれば、二一六÷二＝一〇八荷、砂利では、二一六÷一・二＝一八〇荷の仕事量を要することになる。

捨て場まで一定の距離がある場合、往復とも一荷を担っているものとして夫数を算出する。捨て場まで一丁の場合、往復の距離は二丁、本坪を処理するのに必要な荷数は、土砂なら、一〇八×二＝二一六荷　はばらなら、一八〇×二＝三六〇荷である。先にみたように、人夫一人掛かりとは、一日二里の土砂ないし砂利の運搬を意味した。一里＝三六丁、二里なら七二丁であるから、土砂は、二一六÷七二＝三人掛かり、はばらなら、三六〇÷七二＝五人掛かりの夫数が必要となる。当然、捨て場までの距離がさらに一丁ずつ増すごとに、砂入の場合は三人掛かり、はばらの場合は、五人掛かりずつ必要夫数は増加することになる。

## （二）　起こし鍬下年数の算出実務

すべての担当役人が、このような複雑な鍬下年季の算出法を真に理解し、鍬下見分の現場に臨むことは望めない。「郷中覚帳」の著者は、実際に現場に赴き、鍬下年季を算出・決定するに当たっては、もっと簡便な方法をとるように強く奨めている。

鍬下見分担当役人は表7―3・7―4のような二つの覚書を携えて現場に赴くべきであると言う。

**表 7-3　鍬下見分担当役人が携帯する覚書(1)**

| 壱坪之人足米 | | | 土坪之寄 | |
|---|---|---|---|---|
| (1)道法 | (2)砂入 | (3)羽原入 | (4)深サ | (5)寸尺歩合 |
| 直楊 | 弐升 | 三升 | 壱寸入 | 壱歩六厘六毛 |
| 壱丁 | 六升 | 壱斗 | 弐寸 | 三歩三厘三毛 |
| 壱丁半 | 九升 | 壱斗五升 | 三寸 | 五歩 |
| 弐丁 | 壱斗弐升 | 弐斗 | 四寸 | 六歩六厘六毛 |
| 弐丁半 | 壱斗五升 | 弐斗五升 | 五寸 | 八歩三厘三毛 |
| 三丁 | 壱斗八升 | 三斗 | 六寸 | 壱割 |
| 三丁半 | 弐斗壱升 | 三斗五升 | 七寸 | 壱割壱歩六厘六毛 |
| 四丁 | 弐斗四升 | 四斗 | 八寸 | 壱割三歩三厘三毛 |
| 四丁半 | 弐斗七升 | 四斗五升 | 九寸 | 壱割五歩 |
| 五丁 | 三斗 | 五斗 | 壱尺 | 壱割六歩六厘六毛 |
| 五丁半 | 三斗三升 | 五斗五升 | 壱尺壱寸 | 壱割八歩三厘三毛 |
| 六丁 | 三斗六升 | 六斗 | 壱尺弐寸 | 弐割 |
| | | | 壱尺三寸 | 弐割壱歩六厘六毛 |
| | | | 壱尺四寸 | 弐割三歩三厘三毛 |
| | | | 壱尺五寸 | 弐割半 |
| | | | 此訳砂之寸ヲ六ニ而割如此也 | |

出所)「郷中覚帳」三「川欠鍬下改」(福山城博物館附属鏡櫓文書館鶴賓文庫所蔵)によって作成。

**表 7-4　鍬下見分担当役人が携帯する覚書(2)(沼隈郡長和村の場合)**

| 免率　6つ9分5厘 | | |
|---|---|---|
| (1)田位 | (2)斗代 | (3)1歩当たり年貢量 |
| 上田 | 1石7斗 | 米三合九勺三八 |
| 中田 | 1石5斗 | 同三合四勺七五 |
| 下田 | 1石3斗 | 同三合令壱 |
| 下々田 | 1石 | 同弐合三勺壱六 |
| 砂田 | 7斗 | 同壱合六勺弐壱 |
| 上畑 | 9斗 | 同弐合令八五 |
| 中畑 | 8斗 | 同壱合八勺五三 |
| 下畑 | 6斗 | 同壱合三勺九 |
| 下々畑 | 4斗 | 同九勺弐六 |
| 砂畑 | 3斗 | 同六勺九五 |

出所)表7—3に同じ。
注1)砂畑の斗代に誤記がみられるので修正した。
注2)(3)=(2)× 0.695 ÷ 300

表7—3の(1)~(3)欄には、一間立法＝立積一坪(本坪)の土砂か、はばらを除去するとき、

運搬距離によって必要人足米量はそれぞれいくらになるかが記されている。⑷欄に土砂ないしはばらの深さを記し、⑸欄にそれぞれの本坪に対する体積率を書き上げている。本坪の土砂ないしはばらは一間立方、つまり、六尺×六尺×六尺の体積の土石を意味するから、⑷欄の数値を六尺で割れば、これを算出できる。この体積率に⑵・⑶欄の捨て場までの距離ごとの人足米量を掛ければ、砂入り・はばら入り各々の運搬距離に応じた必要人足米量は容易に知られる。

表7―4は鍬下見分実施村落の田畑の段位ごとの一歩当たりの年貢負担量の計算表である。ここでは「郷中覚帳」所載の沼隈郡長和村の事例を挙げた。検地帳をみて、田畑の段位ごとに斗代とこの村の免率六つ九分五厘を掛け、一反当たりの年貢負担量を計算する。さらにこれを三〇〇で除し、一歩当たりの年貢負担量を算出する。例えば、上畑の場合、斗代は九斗＝九〇〇合、一歩当たり年貢負担量は、九〇〇×〇・六九五÷三〇〇＝二・〇八五＝二合八才五弗となる。他の段位も同様の計算を行ない、それらを覚書にして現場に携帯する。鍬下年季対象地の段位に応じ、この数値で先に表7―3を用いて算出した本坪当たりの必要人足米量を除せば、鍬下年数は容易に算出できる。

しかし、現実の鍬下年数の算出実務はこれほど単純ではない。ひとたび水害が起これば、村内の多数の箇所で同時に鍬下見分が必要となる。同じく長和村で、各々左記の畝数に平均深さ三寸五歩の砂入りがあり、捨て場までの距離が一町半の場合、どのように鍬下年季を算出するか。

長和村鍬下、縦令平均砂入三寸五歩、砂捨所壱丁半、三寸五歩者坪ニ直し五歩八厘三毛三ヲ用ル

壱石七斗盛

一　上田五畝拾五歩　　壱年三分三厘三

高九斗三升五合　　弐年鍬下極

壱石五斗
一　中田三畝拾壱歩　　壱年五分一一
　　高五斗五合　　弐年鍬下極
壱石三斗
一　下田壱畝歩　　壱年七分四四
　　高壱斗三升　　三年鍬下極
壱石
一　下々田弐畝歩　　弐年弐分六六
　　高弐斗　　三年鍬下極
九斗
一　上畑拾五歩　　弐年五分一八
　　高四升五合　　三年鍬下極
八斗
一　中畑弐畝拾五歩　　弐年八歩三三
　　高弐斗　　四年鍬下極
六斗
一　下畑壱畝拾五歩　　三年七分七
　　高九升　　五年鍬下極
四斗

一　下々畑九畝歩　　五年六分七厘
　　高三斗六升　　七年鍬下極
三斗
一　砂畑六畝弐拾壱歩　七年五歩五五
　　高弐斗壱合　　八年鍬下極
畝高三反弐畝弐歩
〆高弐石六斗六升六合
　　内
壱石四斗四升　　弐年鍬下
三斗七升五合　　三年鍬下
弐斗　　四年鍬下
九升　　五年鍬下
三斗六升　　七年鍬下
弐斗壱合　　八年鍬下
〆(51)
（下略）

表7―3から本坪に対する体積比率は直接読み取れないので、予め砂入りの深さ三寸五歩を六尺で除し、体積比率五歩八厘三毛三弗を得ておく。同表によって捨て場まで距離一丁半の本坪当たりの人足米は九升、両者を乗じて、五・二四九合の必要人足米量が知られる。次に上田五畝一五歩分の鍬下年季を算出する。表7―4から知られる斗代一石七斗に対する一歩当たりの年貢負担量は三・九三八合。必要人足米量五・二四九合をこれで除せば、

一・二二三二。これに一年を加え、鍬下年季二年が確定する。以下同様にして、田畑の段位ごとに鍬下年季を算出し、順次記入していく。下田・中畑・下畑・下々畑分は、算出値の端数が〇・六年を越えるので、先に述べた定法どおり、これを切り上げて一年と見なし、さらにこれに規定の一年を加えた起こし鍬下年数が設定されている。

## (三)　鍬下年数算出法からみた福山藩起こし鍬下年季仕法の位置

福山藩における起こし鍬下年数の算出法を先に第二節(二)でみた宮津藩の場合と比較し、耕地水害復旧支援策としての福山藩起こし鍬下年季仕法の意義を考察してみよう。

まず、福山藩では、夫掛かり数は、土砂と砂利によって区別されており、宮津藩に比べ、精緻な算出法がとられていた。すなわち、福山藩においては、一間立方(立積一坪)当たり、土砂の除去ないし客土の場合は一人掛り、砂利を除去する場合は一・五人とされていたが、宮津藩では、土砂・砂利、除去・客土の区別はなく、一律に一・五人であった。運搬距離に対応する夫掛かり数は、福山藩の場合、片道一丁につき、土砂の除去と客土は三人掛かり、砂利の除去は五人掛かりの増加とされていた。これに対し、宮津藩の場合、「鍬下年数極之大概」に、「往来弐丁之所者三人懸り、三丁ハ五人懸り、四丁七人懸り之積ヲ以、鍬下年数ヲ極メ遣スべし」と記されていたように、土砂・砂利、除去・客土を区別せず、往復距離を基準に夫掛かり数が算出された。これを福山藩の場合と同様に片道を基準にして記せば、まず、一丁を三人掛かりとし、それ以上は、〇・五丁距離が延びるごとに二人ずつ、つまり一丁ごとに四人ずつ夫数を追加する方法がとられていたことになる。人足米は、福山藩では、人夫一人掛かりにつき扶持米一升・賃米一升、計二升の支給とされたのに対して、宮津藩では、その半分の一升が人足扶持米の支給基準とされていた。

両藩のうち、いずれの藩の鍬下年季仕法が農民にとって有利に機能したのだろうか。同じ労役負担に対して、どちらの領民がより多くの鍬下年数を獲得できるかと言えば、福山藩の農民の方が有利であったと言えよう。鍬下年数は、一定面積の耕地を修復するに要する夫掛かり数に人足賃米量を乗じた数値をその耕地の年貢負担量で除すことによって算出される。したがって、両藩の斗代・引高・年貢率の設定条件にまで遡って考慮を巡らせる必要があるが、この点はここでは措くことにしよう。分母が一定であるとすると、一定量の土石の搬出作業に対する夫掛かり数、また、夫掛かり一人に対する人足米が多ければ多いほどより多くの鍬下年数が付与されることになる。福山藩の夫掛かり一人に対して与えられる人足米は二升であり、宮津藩の二倍となっていることは決定的である。土砂を搬出する場合、一定の搬出量に対して与えられる夫掛かり数は、直揚げの場合も、片道の運搬距離が一・五丁を超える場合も、宮津藩は福山藩を上回っているが、いずれの場合も、その差は二倍を超えていないので、差分は人足米の差異に吸収されてしまう。

福山藩においては、計算値を五捨六入し、さらにそれに一年を加えて鍬下年数を決定する仕法が確立していたが、宮津藩において、計算値からいかにして鍬下年数を割り出したかは明らかではない。宮津藩では、場所により本来の鍬下年数に一、二年の年季を加える保護的措置がとられたが、反面、これは、鍬下年数の決定に、藩役人の私的な裁量、恣意的な判断が混入する余地が大きかったことを意味する。また、年季内に起こし返しを達成した場合、一年の年季を追加する報償策がとられたが、福山藩では、鍬下年季開始当初から無条件に一年の年季が追加された。

鍬下年数の長短を比較すれば、福山藩においては、一〇年に達する鍬下年季が現実に実施されたが(後述する)、宮津藩では、長年季の鍬下年季の実施が推進され、現実にその実施事例をみることもできるもの(52)、基本的に鍬下年数は極力五、六年以内に止め、大規模な水害を受けた耕地の復旧は、公的な「普請」の成果に委ねようとする傾向がみられた。福山藩において起こし鍬下年季仕法は、耕地水害の復旧策として、宮津藩に比べて遙かに重

**表 7–5　福山藩水野氏時代（元禄 11 年）における引高**

総石高 131753.389 石

| 種別 | 石高（石） | 構成比率（%） |
|---|---|---|
| 実質石高 | 86875.235 | 65.9 |
| 年々川成荒地引 | 3645.702 | 2.8 |
| 池道溝土手成・土取跡引 | 1500.851 | 1.1 |
| 起鍬下引 | 349.356 | 0.3 |
| その他諸引高 | 39382.245 | 29.9 |

出所）「水野記」巻十二「元禄十一年寅九月指出郷帳之写」（広島県『広島県史近世資料編Ⅰ』昭和 48 年）によって作成。

注）総石高は高の内小物成高・同畳表機役高・同野山村山役高、総計 3425.782 石を除外した数値。

要な位置を占めていたのであり、それ故にこそ、きわめて綿密、かつ周到な制度化が達成されていたのだと言えよう。

## 第六節　福山藩起こし鍬下年季仕法の展開構造

### （一）水野氏時代における起こし鍬下年季仕法の展開

福山藩の起こし鍬下年季仕法はいつ成立し、何を契機にこのような綿密な年季算出法を備えるに至ったのか、これらの諸点についてはまったく不明である。しかし、「水野記」十二所載の「元禄十一年指出郷帳」に「起鍬下引」高の記載がみられることから、すでに水野氏時代にこの制度が機能していたことは明らかである。表7―5は、同帳によって同年における福山藩の領地石高構成をみたものである。

水野氏時代の起こし鍬下年季仕法の展開事情を芦田郡阿字村の事例についてみよう。同村は芦田川西岸に位置し、「備後郡村誌」には、「山七合田畑三合村に御座候、但弐歩水損所八歩旱損所、畑方四歩多葉粉六歩雑穀、山寄村[53]」と記されている。図7―3は元禄六年（一六九三）から同一二年に至る同村の引高の構成と起こし鍬下の実施事情をみたものである。元禄一一年、僅かとはいえ、水害によって「新川成引」が生じている。「備後郡村誌」は、

**図7–3　芦田郡阿字村における引高の推移（水野氏時代末期）**

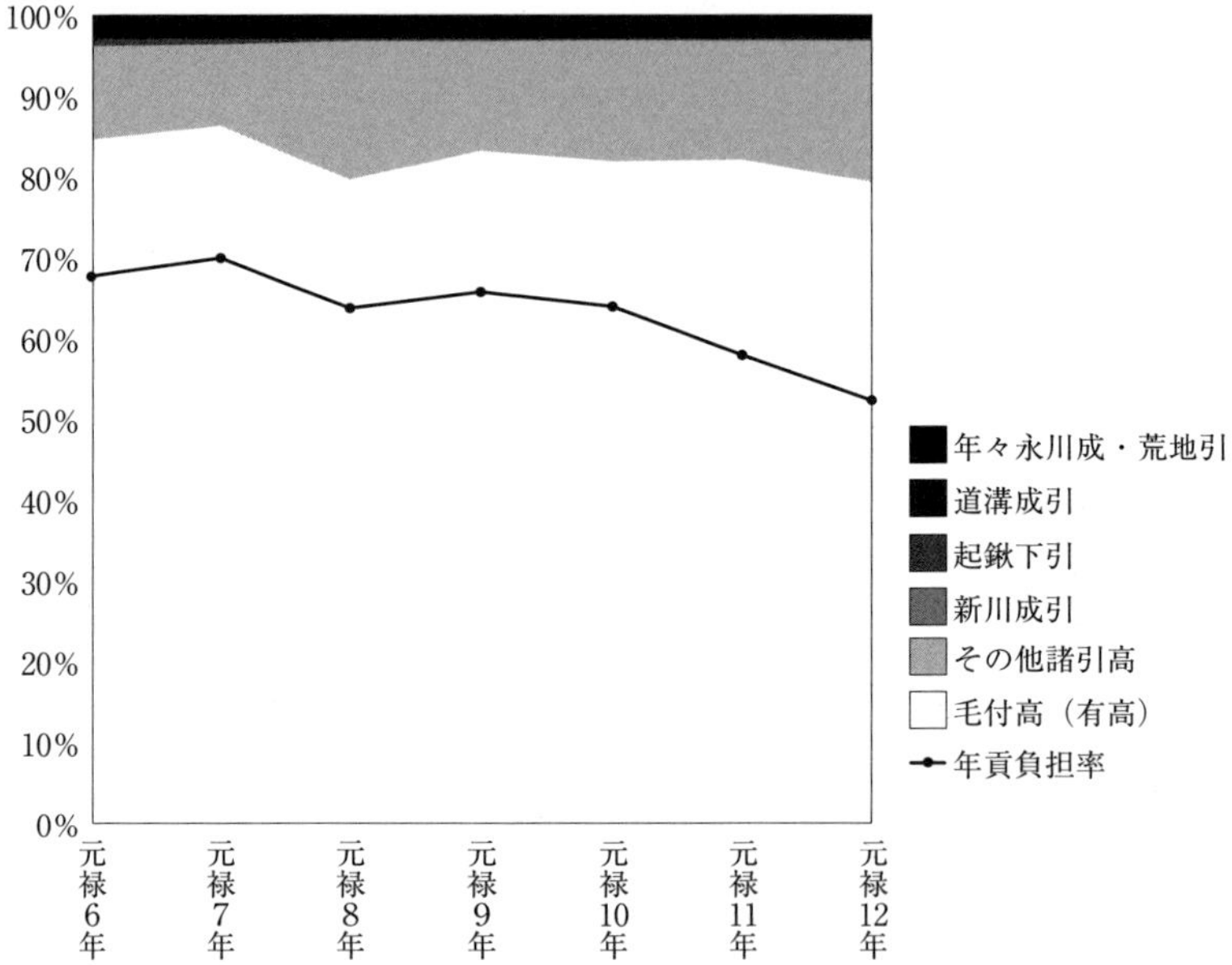


**数値表**

単位（石）

| 年代 | 年々永川成荒地引 | 道溝成引 | 起鍬下引 | 新川成引 | その他諸引高 | 引高計 | 毛付高（有高） | 引高率 | 年貢米 | 年貢率 | |
|---|---|---|---|---|---|---|---|---|---|---|---|
| | | | | | | | | | | 対毛付高 | 対村高 |
| 元禄6年 | 13.788 | 1.779 | 4.809 | | 59.975 | 80.351 | 440.47 | 15.4% | 352.46 | 80.0% | 67.7% |
| 元禄7年 | 13.788 | 1.939 | 3.666 | | 52.140 | 71.533 | 449.29 | 13.8% | 364.07 | 81.0% | 69.9% |
| 元禄8年 | 13.788 | 1.939 | 1.480 | | 89.089 | 106.30 | 414.52 | 20.4% | 331.85 | 80.1% | 63.7% |
| 元禄9年 | 13.788 | 1.939 | 1.472 | | 70.187 | 87.386 | 433.43 | 16.8% | 342.24 | 79.0% | 65.7% |
| 元禄10年 | 13.788 | 1.939 | 1.069 | | 77.470 | 94.266 | 426.55 | 18.1% | 332.89 | 78.0% | 63.9% |
| 元禄11年 | 13.788 | 1.939 | 1.069 | 0.207 | 76.281 | 93.284 | 427.54 | 18.0% | 301.41 | 70.5% | 57.9% |
| 元禄12年 | 13.788 | 1.939 | 1.069 | 0.207 | 90.922 | 107.93 | 412.89 | 20.1% | 272.51 | 66,0% | 52.3% |

出所）「阿字村年々万覚帳」（元禄13年）〈（府中市『府中市史史料編Ⅳ』昭和61年所収）549～82頁〉によって作成。

注1）この時期の阿字村の村高は520.819石、いわゆる備前検地以降は、604.345石となった。

注2）年貢米には口米等の付加税は含まれていない。

阿字村を旱損所として捉えているが、河岸に位置する限り、同村も水害の多発を免れ得ず、起こし鍬下年季仕法による荒地復旧の努力が積み重ねられていたのである。

## （二）　起こし鍬下年季仕法強化策の実施

水野氏の断絶後、天領、松平氏時代を経て、宝永七年（一七一〇）以降、福山藩は阿部氏の統治するところとなった。安永二年（一七七三）、阿部藩府は起こし鍬下年季仕法の強化策を打ち出している。

福山藩起こし鍬下年季仕法は、農民個人の自発性に期待し、自普請によって自己の保有地の水害復旧を求めるところに制度の根幹を置いていたが、その効力には限界があった。先に図7―2でもみたとおり、阿部氏は入国に当たって、水野氏・松平氏時代から継続されてきた川成・川欠など水害による田畑の荒廃に起因する多数の引高を継承せざるを得なかったが、その後もその累積は止まなかった。現況を打開すべく阿部藩府は、安永二年（一七七三）に、次のような措置を講じている。すなわち、

一　左之通安永二巳閏三月相移

鍬下三年又ハ五年付ケ年明キ候者、起し候様申付候而も年明毎ニ鍬下相願、ケ様之類ハ全斗代不相応ニ高く、いか様ニ致候而も作徳無之故、起し不申義与相見候ニ付、此るい半高又ハ三斗四斗代ニ見分之上、其土地ニ応シ高引ニ可申付之旨、郡奉行中江申渡候間、可被承知置候、以上

曰、五年七年之年之内たり共、斗代ヲ下ケ起し候様ニ見分之節取計可申候、何分御益筋心ヲ付可申事与存候(54)

辛苦の末、復旧を果たしても、さほどの作徳が得られないために、多数の農民が再鍬下願いの提出を繰り返し、耕地の復旧作業を忌避する傾向がみられる現状を指摘し、今後、旧来の斗代への復帰が困難なために渋滞してい

る起こし返しについては、斗代を下げる優遇措置を講じる旨の通達が行なわれている。文中の「半高」とは、これまで本書で幾度も触れたとおり、斗代の半減を意味する。福山藩備前検地の石盛では、「三斗四斗代」の田位は概ね下畑・下々畑・砂畑に相当した。

しかし、この特別措置は復旧後の検地帳記載石高の改訂を意味するものではなかった。本来、福山藩の起こし鍬下年季仕法においては、鍬下年季内に田畑の修復が完了すれば、その地は直ちに検地帳記載の面積（本畝）・石高（本高）に復帰し、従前通りの免率（本免）による貢租負担を課すことが定法とされていた。この定法は厳守し、貢租の納入時、下げられた斗代分に相当する用捨引が行なわれたのである。

この施策は、一般の田畑よりもむしろ、過去に川成・川欠となり、荒地として放置されている土地の起こし返しを狙うものであった。「郷中覚帳」はこのような荒地の起こし返しについて、次のように述べている。すなわち、

一　右起返本高ニ致ス畝歩ハ大概戻り不申者也、其訳ハ宜所斗起し六ツケ敷所ハ捨置候故也、且三畝之緩ミハ不遺候、有躰ニ竿入相究可申、併作人ニ少々勝手之筋無之候而ハ及聞もの重而起返し願不申者也、左候ハ、御為ニ成間敷候、竿先ニ心得有へし、且近在ニ而者功者成故地面悪敷抔与申、其外難渋申達本高壱石之処ハ三斗之五斗之与申達ニ付、右高ニ相成候程之用捨引別段ニ被遣候事も有之、何分其場所善悪見分候事難成者也、且三畝之綾ミト言ハ全ク之新発ニ限り候事也、心得違起返しニ、右之緩ミ遺候事決而有間敷候(55)

福山藩においては、寛保二年（一七四二）以来、百姓自分開きの新開は、鍬下年季終了後、若干の見取免の期間を置いた後、新開検地を実施し、知られた面積から、一反に付き三畝、つまり三割の畝数を差し引き、これを公式の畝数とする「三畝之緩ミ」の法が適用されていた(56)。しかし、古い荒地の起こし返しには「三畝之緩ミ」は認めず、一定の見取免の期間を置いた後、竿入れの結果をそのまま公式の畝数とする措置がとられた。新開の場合、検地帳に帳付けされる畝高の増加が確実であるのに対し、川成・川欠から荒地となった土地は、技術的に復旧が

困難であり、旧来通りの畝数が起こし返され、本高に復することはほとんど期待できなかったからである。

年々川成・川欠による荒地が増加し、しかもそれらは復旧されることなく次々と固定化していく。貢租の安定的収納を脅かす厳しい現実を前に、領主側は、旧畝高への復帰をめざす定法を建前として維持し、補償措置として村方に用捨引の恩典を付与する方法で、荒地の起こし返しに期待を繋ごうとした。このような現実的な起こし返しの畝高を「作人ニ少々勝手之筋」を許す範囲に定め、村方の復旧意欲の誘発をめざす施策には、頻発する再鍬下願いを阻止し、荒地の解消をはかろうとする領主側の狙いが込められていた。

しかし、旧畝高に復帰する定法を崩さず、補償措置として村方に用捨引の恩典を付与するこの施策は、川成・川欠から生じた荒地に限らず、長く復旧が見送られてきた一般の田畑の起こし返しにも適用されたから、村方の用捨引は増加し、その一部分は例年定例の引高として固定化されていくこととなった。多大な引高の縮減・解消こそが福山藩入封以来の阿部氏徴租制の最大の課題であり、起こし鍬下年季仕法の強化策はその対応策のはずであったが、「起こし返し用捨引」の設定によってかえって新たな引高が生み出される悪循環がもたらされたのである。

## （三）　福山領内諸村における起こし鍬下年季仕法の展開

起こし鍬下年季仕法強化策の実施以後、藩府の狙い通り、旧川成・川欠の再耕地化は進捗をみたのだろうか。分郡草戸村・同郡佐波《さば》村を事例として、福山藩領内農村における起こし鍬下年季仕法の展開事情を探ってみよう。まず、文化一二年（一八一五）の草戸村の免定をみよう。すなわち、

亥年免定之事

一　高四百五拾弐石六斗壱升八合　草戸村

内

九升　郷蔵屋敷引

百三石弐斗五升　先代ゟ作高用捨引

七斗九升　先代ゟ川欠引

九石三斗九升九合　辛丑　壬寅　丙辰　戊午

己未　癸亥　乙丑　戊辰

己巳　庚午　辛未　壬申

癸酉　甲戌　乙亥　丙子

戊寅　癸卯　庚辰　辛巳

壬午　辛未　甲申　丙戌

戊子　壬寅川欠引

三石三斗壱合　壬子ゟ新川成土手成引

五石五斗五升壱合　壬子土手成　癸丑ゟ引

壱石三斗六升九合　丙寅川欠

卯ゟ拾年鍬下

弐石八斗六升　丁卯川欠引

内

九斗弐升　辰ゟ八年鍬下

一石九斗四升　同　拾年鍬下

六斗弐升弐合　戊辰川欠引
　内
壱斗九升弐合　巳ゟ七年鍬下
五升　同　八年鍬下
三斗八升　同　拾年鍬下
弐石三斗九升四合　己巳川欠
午ゟ拾年鍬下
三石八斗九升九合　庚午川欠
　内
弐石壱斗三合　未ゟ八年鍬下
壱石七斗九升六合　同　拾年鍬下
弐斗五升七合　辛未川欠
未ゟ五年鍬下
三拾七石八斗六升弐合　辛未川欠引
　内
三石八斗三合　申ゟ四年鍬下
三石八斗六合　同　五年鍬下
拾五石弐斗五合　同　六年鍬下
拾石五斗弐升　同　七年鍬下

四石壱斗四升八合　同　八年鍬下
三斗八升　同　拾年鍬下
壱石三斗弐升　辛未川欠引
内
六斗四升五合　申ゟ五年鍬下
六斗七升五合　同　拾年鍬下
壱石八斗七合　壬申川欠引
内
六升　酉ゟ五年鍬下
壱石七斗四升七合　同　拾年鍬下
壱石五斗九升六合　癸酉川欠引
内
八斗弐升壱合　戌ゟ五年鍬下
七斗七升五合　同　七年鍬下
三石三斗四升八合　去戌川欠当亥改
亥ゟ五年鍬下
拾七石四升八合　検見引
引高〆百九拾六石七斗六升三合
五ツ七分

残弐百五拾五石八斗五升五合
取米百四拾五石八斗三升七合
一　高拾五石八斗弐升三合　新田畑
内
壱石四斗壱升　辛丑　壬寅　丙辰　乙丑
己巳　壬午川欠引
壱斗五升　丁卯川欠
辰ゟ拾年鍬下
三斗九升九合　戊辰川欠
巳ゟ拾年鍬下
四升　癸酉川欠
戊ゟ七年鍬下
引高〆壱石九斗九升九合
五ツ七分
残拾三石八斗弐升四合
取米七石八斗八升
一　米四斗六合　新屋敷斗代違
高七斗壱升弐合之分
一　米三石八升二合　口米

一　米三石六斗八升六合　夫米
一　米弐石四斗弐升九合　小物成米
米合百六拾三石三斗弐升　納辻
(小林年貢以下銀納分省略)
右之適当亥御年貢米相究候間、当月中急度可皆済者也
文化十二年亥十二月　高橋良助　㊞(57)(下略)

簡単にこの免定の全体の内容をみよう。まず本高(村高)四五二石六斗一升八合から諸引高一九六石七斗六升三合を差し引いた毛付高(有高)二五五石八斗五升五合に免率五つ七分を乗じて取米一四五石八斗三升七合を算出している。これに同様にして得られた新田畑分毛付高一三石八斗二升四合に対する取米七石八斗八升、さらに口米などの付加税を加え、総計一六三石三斗二升の貢租負担が求められている。

草戸村は高付総耕地面積一〇七町九反三畝三分・村高四五二石六斗一升八合のうち、水田面積わずか三町二反五歩・田高三石七斗一升九合という畑作村落であった。「備後郡村誌」は「山三合田畑七合村ニ御座候、但水損所、畑方五歩綿五歩雑穀、山寄村」と評している(58)。芦田川西岸に位置する草戸村は相次ぐ水害に苦しめられたが、それにしても川欠引の筆数の多さに驚かされる。鍬下年季が付されていない本田畑の川成土手成・土手成引の二筆、川欠引のうちの二筆、新田畑の川欠引一筆は、実質的には永川・川成引となっていることを意味する。起こし返しが進捗しなかったために、無期限の宥免措置を公認せざるを得なかったのである。それらのうち本田畑の九石三斗九升九合、新田畑の一石四斗一升の川欠引は、享保六年(一七二一)辛丑以来、度々再吟味を実施し、起こし鍬下年季仕法を介した再耕地化を村方に促したが効果なく、領主側はそれぞれ天明二年(一七八二)壬寅、宝暦一二年(一七六二)壬午の吟味を最後にこれを断念したことが知られる。参考までに、文化一二年の時点における

草戸村の水害による諸引高と起こし鍬下引の実施期間を図7―4に示しておこう。

図7―5は、伝存する免定一四通を基に作成した分郡草戸村の引高構成比率の実数値とグラフによる推移表である。同様に、同郡佐波村の免定二一通によって図7―6を作成した。両村ともに川成引・川成土手成引の固定化がみられ、起こし鍬下引が年々恒常的に実施されていたことが知られる。佐波村では、起こし鍬下年季による復旧終了後も旧高に復帰できない耕地が多く、これらに対し「起こし返し用捨引」が別に実施されている。この「起こし返し用捨引」こそ、前節でみた安永二年(一七七三)以来、川成・川欠から生じた荒地の解消策として藩府が実施していた村方への恩典付与の実例に他ならない。

藩府が打ち出したこの施策に対応して、草戸・佐波両村で、古い荒地の起こし返しはどの程度行なわれたのだろうか。草戸村においては、文政二年(一八一九)の免定に「古地川欠其外永川之内起返試作見取米」として、僅かに高二升九合の取米一升九合、佐波村では、文政五年以後、同じく高一斗六升六合の取米八升が記されているに過ぎない(59)。福山領内の他村においても事情は同様であり、過去の荒地を起こし返す取り組みはきわめて少数、小規模な営為に止まり、その累積を押し止める効果を果たせなかった。藩府が推進した荒地解消策はほとんど効果をもたらさなかったのである。

このような過去に川成・川欠となり、荒地として放置されていた土地の起こし返しに対する福山領民の消極的な姿勢は、天領諸村にみられたような「手余り荒地」の発生に関連して生み出されたものではなかった点に留意する必要がある。すでにみたように、天領村々においては、「退転潰百姓」の発生、あるいは奉公稼ぎによる多数の村民の流出によって、起こし返しに取り組む村方の活力が失われ、荒地が累積する結果がもたらされた。すでに序章あるいは第六章で触れたように、福山藩においても難渋村が発生し、一部の村では村民の退転が生じたが、大多数の村々においては、そのような人口の減少は生じなかった。現に、宝永八年(一七一一)と文化一三年

定による）

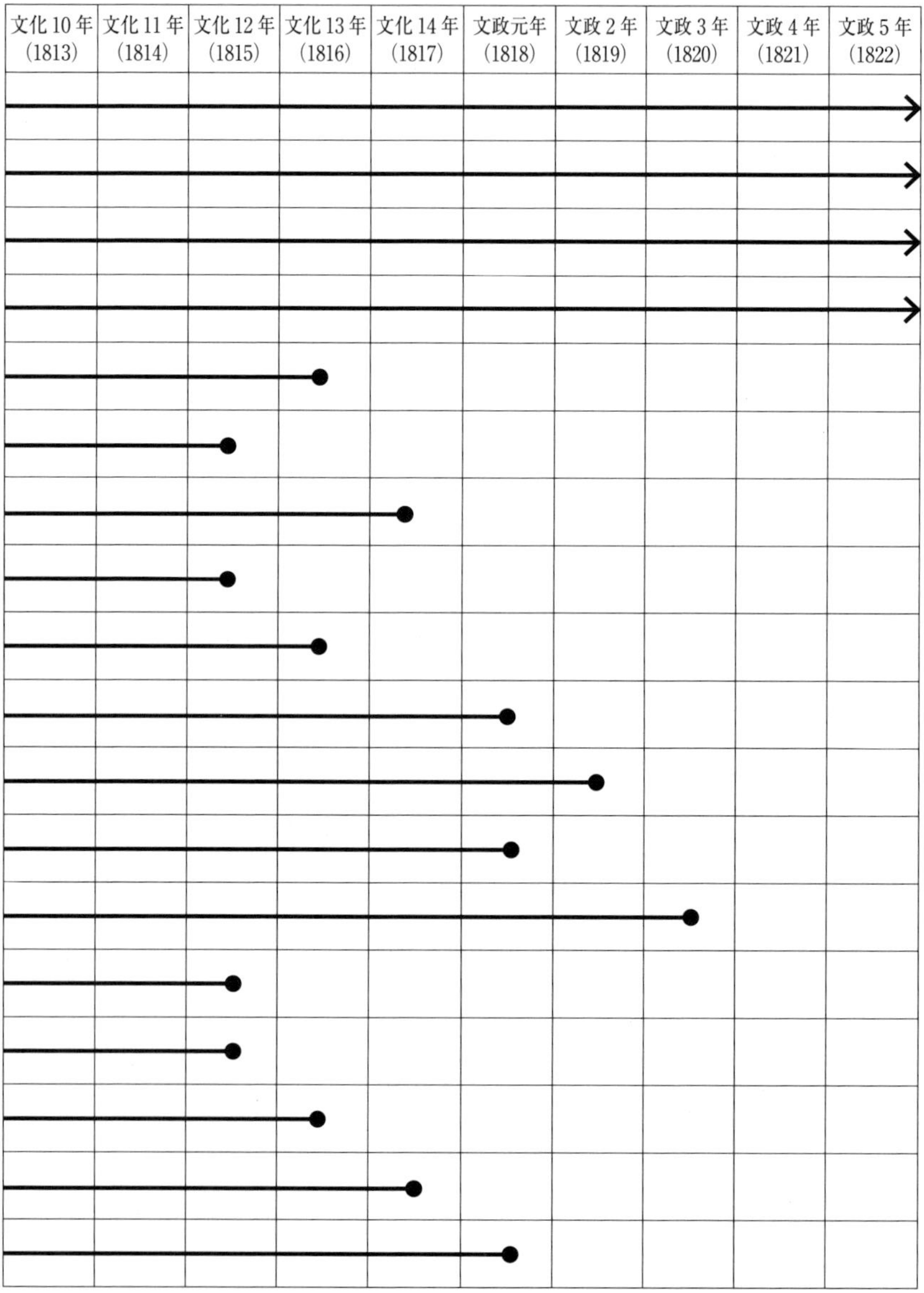
文化 10 年 (1813)
文化 11 年 (1814)
文化 12 年 (1815)
文化 13 年 (1816)
文化 14 年 (1817)
文政元年 (1818)
文政 2 年 (1819)
文政 3 年 (1820)
文政 4 年 (1821)
文政 5 年 (1822)

**図 7–4　分郡草戸村における水害による引高と起こし鍬下年季実施状況（文化 12 年免**

| | 引高 | | 文化 4 年（1807） | 文化 5 年（1808） | 文化 6 年（1809） | 文化 7 年（1810） | 文化 8 年（1811） | 文化 9 年（1812） |
|---|---|---|---|---|---|---|---|---|
| 本田畑 | 7 斗 5 升（川欠引） | 先代（松平氏時代）から | — | — | — | — | — | — |
| | 9 石 3 斗 9 升 9 合（川欠引） | 享保 6 年（1721）から | — | — | — | — | — | — |
| | 3 石 3 斗 1 合（川成土手成引） | 享保 17 年（1732）から | — | — | — | — | — | — |
| | 5 石 5 斗 5 升 1 合（土手成引） | 享保 18 年（1733）から | — | — | — | — | — | — |
| | 1 石 3 斗 6 升 9 合（川欠起鍬下引） | | ● | — | — | — | — | — |
| | 9 升 2 合（川欠起鍬下引） | | | ● | — | — | — | — |
| | 1 石 9 斗 4 升（川欠起鍬下引） | | | ● | — | — | — | — |
| | 1 斗 9 升 2 合（川欠起鍬下引） | | | | ● | — | — | — |
| | 5 升（川欠起鍬下引） | | | | ● | — | — | — |
| | 3 斗 8 升（川欠起鍬下引） | | | | ● | — | — | — |
| | 2 石 3 斗 9 升 4 合（川欠起鍬下引） | | | | | ● | — | — |
| | 2 石 1 斗 3 合（川欠起鍬下引） | | | | | | ● | — |
| | 1 石 7 斗 9 升 6 合（川欠起鍬下引） | | | | | | ● | — |
| | 2 斗 5 升 7 合（川欠起鍬下引） | | | | | | ● | — |
| | 3 石 8 斗 3 合（川欠起鍬下引） | | | | | | | ● |
| | 3 石 8 斗 6 合（川欠起鍬下引） | | | | | | | ● |
| | 15 石 2 斗 5 合（川欠起鍬下引） | | | | | | | ● |
| | 10 石 5 斗 2 升（川欠起鍬下引） | | | | | | | ● |

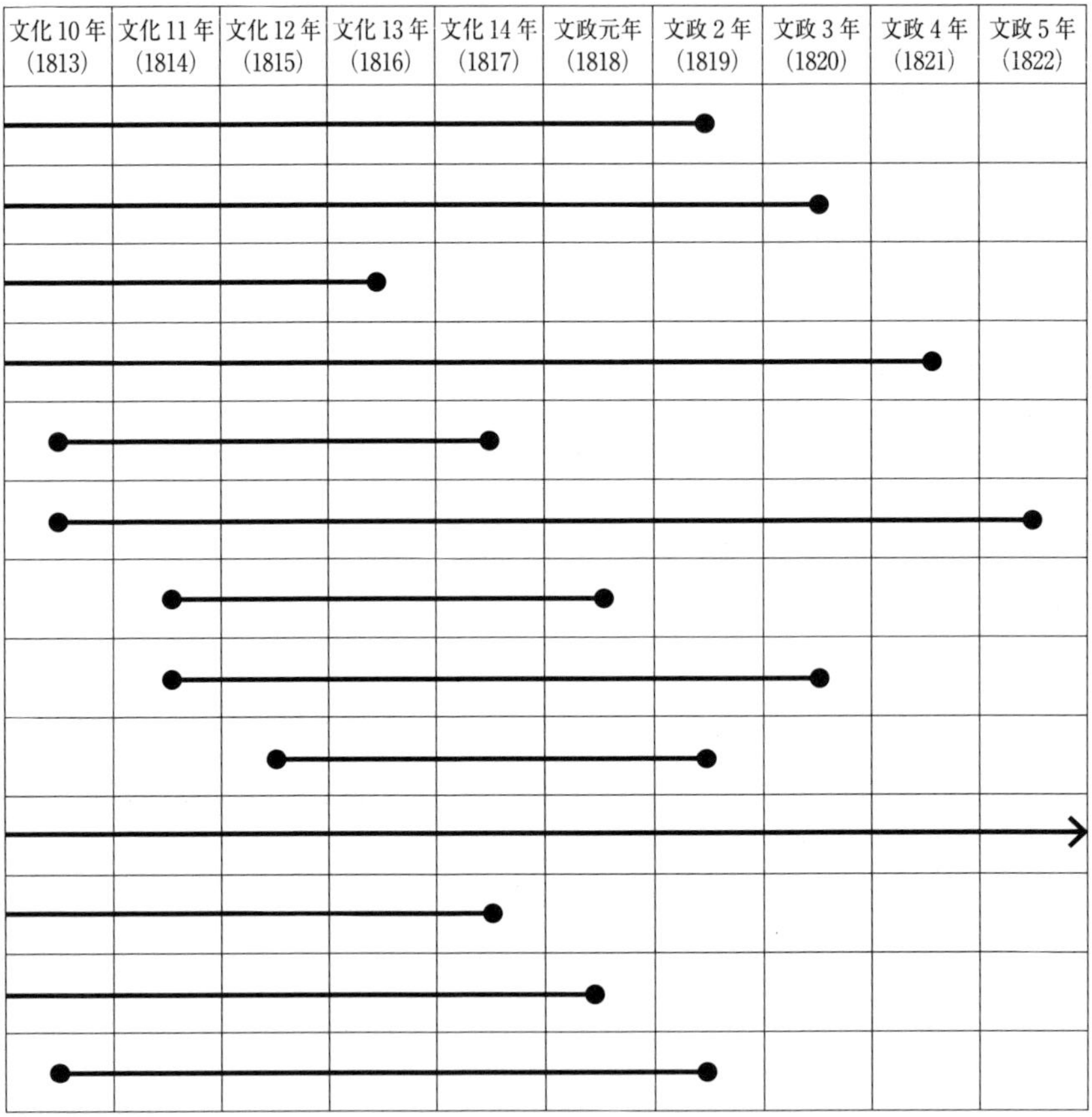


（一八一六）の草戸村・佐波村の人口をみると、それぞれ四四三人から七五一人、二八四人から三一三人へと増加しており、郡全体の人口も領内六郡のすべてに増加がみられた[60]。福山藩の領民は、自らの意志と判断に基づいて、古い荒地の起こし返しを放棄したのである[61]。

　改めて図7―5・7―6をみよう。二つのグラフは、起こし鍬下年季の適用によって耕地の復旧が進展しているさなか、水害に見舞われ、再び起こし返しを繰り返さざるを得ない悪循環に晒されていた福山藩水損地域村落の実情を端的に示している。佐波村は

| | 引高 | | 文化４年（1807） | 文化５年（1808） | 文化６年（1809） | 文化７年（1810） | 文化８年（1811） | 文化９年（1812） |
|---|---|---|---|---|---|---|---|---|
| 本田畑 | ４石１斗４升８合（川欠起鍬下引） | | | | | | | ●━ |
| | ３斗８升（川欠起鍬下引） | | | | | | | ●━ |
| | ６斗４升５合（川欠起鍬下引） | | | | | | | ●━ |
| | ６斗７升５合（川欠起鍬下引） | | | | | | | ●━ |
| | ６升（川欠起鍬下引） | | | | | | | |
| | １石７斗４升７合（川欠起鍬下引） | | | | | | | |
| | ８斗２升１合（川欠起鍬下引） | | | | | | | |
| | ７斗７升５合（川欠起鍬下引） | | | | | | | |
| | ３石３斗４升８合（川欠起鍬下引） | | | | | | | |
| 新田畑 | １石４斗１升（川欠引） | 享保６年（1721）から━ | ━ | ━ | ━ | ━ | ━ | ━ |
| | １斗５升（川欠起鍬下引） | | | ●━ | ━ | ━ | ━ | ━ |
| | ３斗９升９合（川欠起鍬下引） | | | | ●━ | ━ | ━ | ━ |
| | ４升（川欠起鍬下引） | | | | | | | |

出所）「文化十二年草戸村免定」（壇上家文書　福山城博物館附属鏡櫓文書館所蔵）によって作成

草戸村に比べそのサイクルは遥かに短い。両村の村民達は繰り返す災禍の波に耐え、持続的に耕地の復旧に取り組んだのである。

当然、水害年度は不作となりやすい。第二・三章で詳しく考察した通り、稲作・綿作（草戸村は大半が畑作、佐波村は稲作に田綿作を含む）に不作が生じたとき、村方の願い出に応じて検見が実施され、さらに引高が追加された。図7—5・7—6のグラフと付表には、それらの引高を例年定例の引高と合算し、「諸引高」として計上した。阿部氏福山藩における免率は、村々の本田畑と新田畑総石高から川成

**図 7–5　分郡草戸村における引高構成・年貢率の推移**

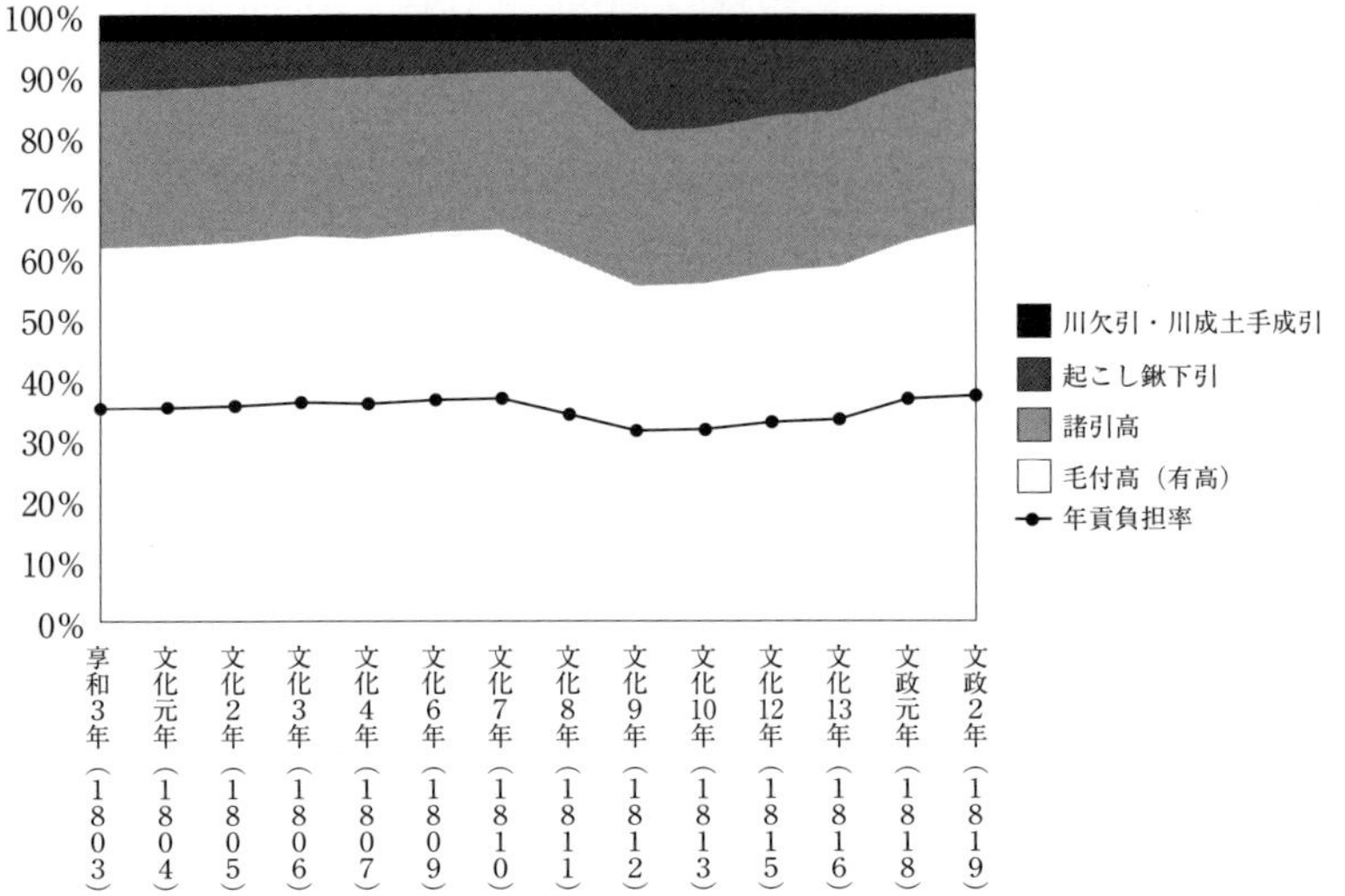


**数値表**　（単位　石）

| 年代 | 川欠引・川成土手成引 | 起こし鍬下引 | 諸引高 | 毛付高（有高） | 年貢米 | 高外用捨引 |
|---|---|---|---|---|---|---|
| 享和 3 年（1803） | 20.451 | 38.452 | 121.146 | 288.392 | 164.113 | |
| 文化元年（1804） | 20.451 | 37.094 | 121.197 | 289.699 | 164.847 | 2.0 |
| 文化 2 年（1805） | 20.451 | 34.463 | 121.3 | 292.227 | 166.288 | 3.0 |
| 文化 3 年（1806） | 20.451 | 29.139 | 121.508 | 297.343 | 169.174 | 2.0 |
| 文化 4 年（1807） | 20.451 | 27.997 | 124.612 | 295.381 | 168.086 | 6.0 |
| 文化 6 年（1809） | 20.451 | 25.859 | 121.638 | 300.493 | 171 | |
| 文化 7 年（1810） | 20.451 | 23.888 | 121.715 | 302.387 | 172.08 | |
| 文化 8 年（1811） | 20.451 | 23.578 | 143.757 | 280.655 | 159.693 | 4.0 |
| 文化 9 年（1812） | 20.451 | 69.413 | 119.94 | 258.637 | 147.142 | 2.5 |
| 文化 10 年（1813） | 20.451 | 67.412 | 120.019 | 260.559 | 148.238 | |
| 文化 12 年（1815） | 20.451 | 57.923 | 120.388 | 269.679 | 153.717 | |
| 文化 13 年（1816） | 20.451 | 53.958 | 120.451 | 273.581 | 155.89 | 4.5 |
| 文政元年（1818） | 20.326 | 33.795 | 121.33 | 292.99 | 167.005 | 3.5 |
| 文政 2 年（1819） | 19.088 | 22.02 | 121.838 | 305.495 | 174.195 | 1.8 |

出所）「享和 3・文化元・2・3・4・6・7・8・9・10・12・13・文政元・2 年草戸村免定」」檀上家文書・福山城附属鏡櫓文書館所蔵）

注 1）草戸村の引高構成比率は同村の本高 452.618 石＋新田畑高 15.923 ＝ 468.441 石を基礎に算出。年貢率も同様。

注 2）年貢米は口米・小物成米等の付加税を含まない本年貢取米量。

## 図 7-6 分郡佐波村における引高構成・年貢率の推移

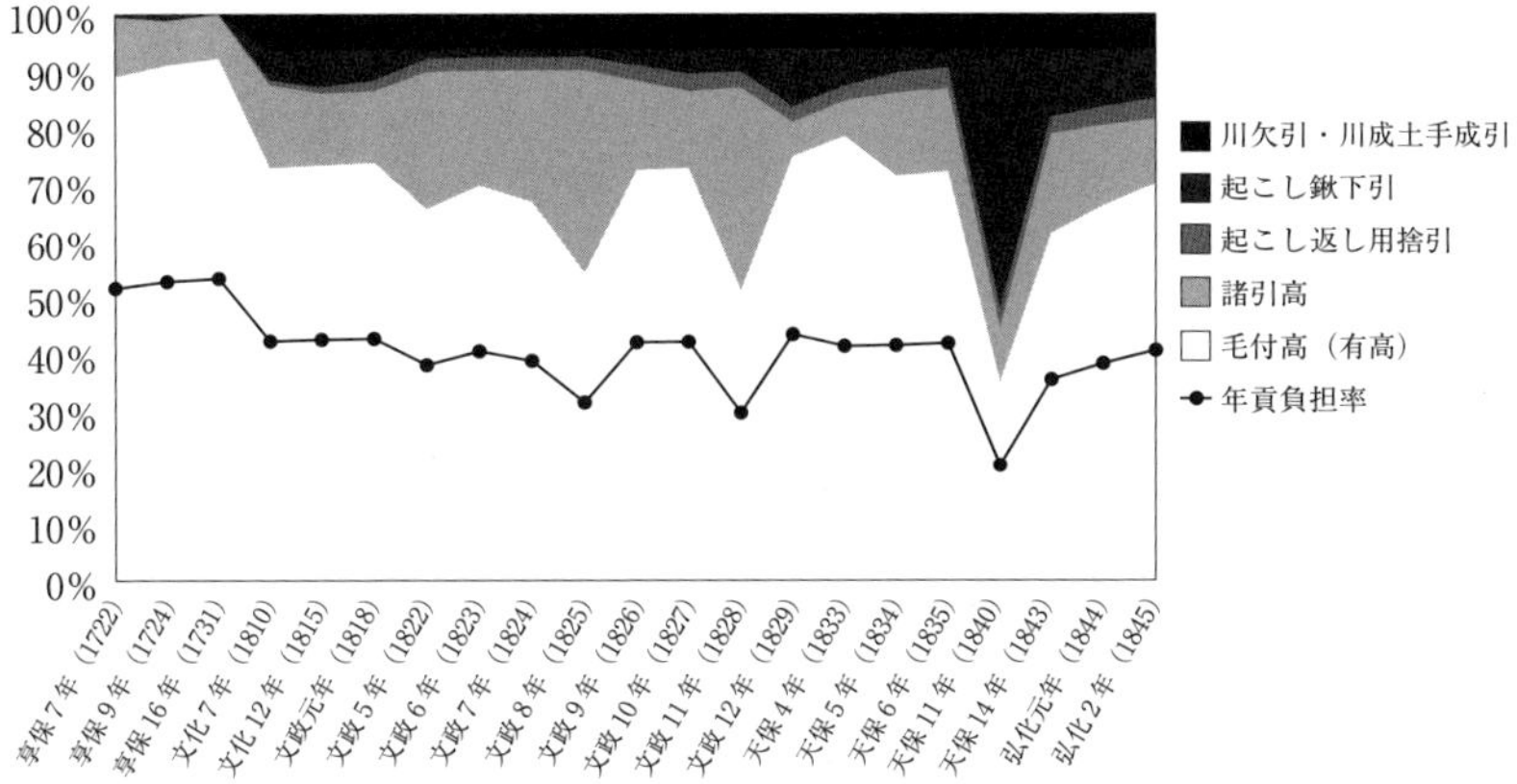


**数値表**　（単位　石）

| 年代 | 川欠引・川成土手成引 | 起こし鍬下引 | 起こし返し用捨引 | 諸引高 | 毛付高（有高） | 年貢米 | 高外用捨引 |
|---|---|---|---|---|---|---|---|
| 享保７年（1722） | 0.075 | 2.245 | | 35.567 | 302.206 | 175.279 | |
| 享保９年（1724） | 0.075 | 4.288 | | 26.684 | 309.046 | 179.258 | |
| 享保16年（1731） | 0.075 | 0.635 | | 26.159 | 313.858 | 181.476 | |
| 文化７年（1810） | 22.374 | 18.23 | 2.809 | 50.57 | 251.574 | 145.913 | 10.0 |
| 文化12年（1815） | 21.974 | 22.857 | 3.755 | 43.649 | 253.322 | 146.927 | 5.0 |
| 文政元年（1818） | 21.974 | 18.761 | 6.344 | 43.649 | 254.829 | 147.471 | 9.0 |
| 文政５年（1822） | 21.576 | 5.883 | 7.966 | 83.535 | 226.597 | 131.427 | 9.0 |
| 文政６年（1823） | 21.576 | 5.094 | 8.066 | 69.848 | 240.973 | 139.764 | 2.0 |
| 文政７年（1824） | 21.576 | 5.094 | 7.832 | 80.061 | 230.994 | 133.976 | 2.0 |
| 文政８年（1825） | 21.576 | 4.851 | 8.054 | 123.828 | 187.248 | 108.604 | 20.35 |
| 文政９年（1826） | 21.576 | 9.989 | 9.543 | 54.164 | 250.285 | 145.165 | 3.5 |
| 文政10年（1827） | 21.576 | 15.161 | 10.543 | 46.745 | 251.532 | 145.468 | 4.0 |
| 文政11年（1828） | 21.576 | 13.886 | 9.723 | 124.076 | 176.296 | 102.252 | 13.0 |
| 文政12年（1829） | 21.576 | 35.179 | 9.357 | 20.842 | 258.603 | 149.99 | 5.0 |
| 天保４年（1833） | 21.576 | 22.513 | 9.161 | 21.576 | 270.731 | 142.899 | 2.0 |
| 天保５年（1834） | 21.576 | 14.815 | 11.904 | 50.71 | 246.552 | 143.291 | 16.71 |
| 天保６年（1835） | 21.576 | 11.46 | 12.768 | 50.339 | 249.414 | 144.612 | 2.0 |
| 天保11年（1840） | 21.576 | 158.785 | 11.884 | 32.481 | 120.831 | 70.082 | 44.0 |
| 天保14年（1843） | 21.576 | 41.409 | 10.506 | 60.795 | 211.271 | 122.538 | |
| 弘化元年（1844） | 21.576 | 35.226 | 11.078 | 49.458 | 228.219 | 132.367 | |
| 弘化２年（1845） | 21.576 | 30.023 | 12.898 | 39.263 | 241.797 | 140.242 | |

出所）「享保７・９・16・文化７・12・文政元・５・６・７・８・９・10・11・12・天保４・５・６・11・14・弘化元・２年佐波村免定」」、（檀上家文書・福山城附属鏡櫓文書館所蔵）

注１）佐波村の引高構成比率は同村の本高340.093石＋新田畑高5.464石＝345.557石を基礎に算出。ただし、享保９年までは本高のみ、享保16年は本高＋新田畑0.634石＝340.727石を基礎に算出。年貢率も同様。

注２）年貢米は口米・小物成米等の付加税を含まない本年貢取米量。

引・川成土手成引、起こし鍬下引、さらに「諸引高」等、種々の引高を控除した毛付高(有高)に対して賦課された。正徳三年(一七一三)の土免制採用以後、草戸村・佐波村にはそれぞれ五つ七分と五つ八分の免率(定免)が賦課されたが、両村とも年々の引高が多く、二つのグラフにみる通り、総石高に対する年貢負担率はきわめて低率とならざるを得なかった。

それればかりか、水害・不作年度には、これら高の内の引高以外に「高外用捨引」と称してさらに追加的な引高が実施された。例えば、天保一一年(一八四〇)、佐波村では四四石の高外用捨引が行なわれ、年貢米に口米・夫米・小物成米等の付加税を合わせた同年の現実の領主取米量は僅かに三三石七斗八升九合に過ぎなかった(62)。

草戸村・佐波村ほど度々水害に見舞われた村落は稀であっただろう。しかし、阿部氏治世下の福山藩では、河川周辺に位置する大半の村落で年々発給される免定に幾筆かの川成・川欠引・起こし鍬下引が記された。度重なる水害は福山領内村民に多大な苦痛を与えたが、貢租収取者たる領主側もまた累積する多量の引高を前に塗炭の苦しみを味わったのである。

なお、両村の免定の他、福山藩の他郡他村の免定においても起こし鍬下の年季は一〇年が最長で、これを越える鍬下年季は見当たらない。「郷中覚帳」はこの点にまったく触れていないが、おそらく福山藩起こし鍬下年季仕法における鍬下年数は一〇年を限度とし、計算上これを越える場合は、再鍬下による処理が行なわれたものと思われる。

## (四)　大水害時における起こし鍬下年季仕法の役割

福山藩領内において、多数の村々の耕地が一時に冠水・砂入りの被害を受けるような大規模な水害が発生したとき、起こし鍬下年季仕法はどのような機能を果たしたのだろうか。嘉永三年(一八五〇)六月二日、芦田・神島・

高屋川など多数の河川が氾濫する大水害が発生した時の事情をみてみよう。

同月一五日、被害を受けた分郡一一カ村の庄屋達が集会し、協議を行なった。このとき郡役所が示した水害後の対応策のうち重要項目のみを抜粋して掲げる。すなわち、

一　稲作植付候御田地損候場所者、当年ゟ鍬下年季被仰付候事

　但、田畑稲植付不申木綿植付候分者、畑方同前被仰付候事

一　畑方地損之場所ハ、当年麦毛半方者生一毛荒来亥年ゟ之積り相応鍬下年季被仰付候事

　但、地損為太事も無之、一毛荒計ニ而相済御場所も可有之候間、用捨引等半分取戻候事、且又畑方江稲幷雑穀等植付候分布而見分者無之御法ニ候、尤地損者格別之事

一　土手切所御田地砂入地損等之儀者、御普請見分茂有之候間、右御見分積りヲ以土砂等取揚之分引残砂入等積りヲ以、鍬下或者一毛荒ニ茂可相成候[63]

水田については当嘉永三年から直ちに起こし鍬下年季が付与され、貢租負担を免除する特別措置が講じられた。しかし、畑と綿田は、仕法通り、翌年から鍬下年季を付与することとし、当年の年貢は半方負担、残りは「一毛荒」として処理された。

「一毛荒」については第二・三章で詳述したが、改めてその要点を述べよう。阿部氏福山藩が採用していた徴租法・土免制においては、凶作年度においても免率を変更せず、農民の願い出に応じて検見見分を実施し、その年限り引高を追加することによって年貢減免措置を講じる方法がとられていた。これに加え、水損・旱損等によって皆損に至った場合、一毛荒と称して、貢租の丸引きを認める特別措置が講じられた。しかし、無条件に貢租が免除されるわけではなく、寄せ取り法と称して、僅かでも作毛がみられる場合、これを生高・生畝として年貢免除の対象から外し、残り高・残り畝のみを一毛荒の対象とする仕法が実施されていた。また、このとき、その土

地に付けられた用捨引等の年々定例の引高は、水田はそのすべてを、畑・綿田はその半方を放棄することが義務づけられていた。この嘉永三年度の水害時においても、郡役所は、起こし鍬下年季を付与するほどの被害に及ばず、この年限りの一毛荒で対処できる畑方については、用捨引等の引高の放棄を命じている。

三項めでは、土手の決壊によって砂入り・地損が生じた田地について、普請見分を実施し、一郡寄せ人足普請による復旧支援措置を講じる旨が触れられている。一毛荒による年貢免除を行ない、起こし鍬下年季による農民の自己復旧も併用すると述べている。川土手のもつ「公益性」・「公共性」が、その破損によって生じた耕地の水害に寄せ人足普請を適用する根拠とされたことは明らかである。なお、降って、維新後の明治二年(一八六九)七月に発生した大水害の際にも、芦田郡の被災村々に対して同一の措置が取られている。(64)

このように、大規模な水害が発生し、一斉・緊急を要する耕地の復旧に際して、領主側は水害の発生後直ちに村方に復旧対策を指示し、起こし鍬下年季仕法の実施原則を緩め、また、寄せ人足普請の制度を併用するなど俊敏かつ柔軟な対応を示し得た。これは、同藩の起こし鍬下年季仕法が長期間機能し、広く領内農民に受容されている前提があってはじめて可能なことであったと言えよう。

## おわりに

水野氏治世期に成立をみた福山藩の起こし鍬下年季仕法は、阿部氏に引き継がれ、廃藩置県の時点まで機能した。引きも切らず発生する水害が福山藩における起こし鍬下年季仕法の成立を必然化し、同仕法の維持を余儀なくさせたのである。水害は領内農民の農業経営の安定を脅かし、また領主側による円滑な貢租制の遂行を阻む重大な障害であった。水害の頻発という如何ともしがたい自然災害の脅威の下で、いかにすれば耕地の復旧・保全に持続的に取り組み得るか、福山藩の起こし鍬下年季仕法は、この命題に応えるべく制度化され、例年通りの安定的な貢租収納をめざす領主側と労力負担の代償を求める領民側の利害の一致に支えられて展開をみたのである。

十全とは言えないにしても、福山藩の起こし鍬下年季仕法は、一定の水害復旧支援機能を果たし、領民に恩恵をもたらした。同仕法が領内農民の賛意を背景に機能していたことは、同藩において、数次にわたって発生をみた百姓一揆の際、起こし鍬下年季仕法の廃止、改善を求める一揆農民の要求は一切みられなかったことに表われている(65)。

福山藩の起こし鍬下年季仕法の特質は、きわめて精緻な鍬下年数算出法を備えていた点に求められる。このことは、同様な仕法が採用されていた丹後国宮津藩の場合と比較すれば明らかである。この綿密な鍬下年数算出法こそが領民の受容を促し、水野・松平・阿部三代にわたる同仕法の長期的な継続を可能にした。確固とした原理・原則が存在していたことが領主側の恣意的な運用を排し、福山藩起こし鍬下年季仕法の長期間にわたる展開を支えたと言えよう。

しかし、福山藩の起こし鍬下年季仕法が果たした役割には限界がみられた。領主側は起こし鍬下年季仕法の運用を通して、水害を受けた本田畑を早期に復旧するだけでなく、むしろ過去に川成・川欠となり、その後長く放置されていた荒地の起こし返しの進展を期待した。安永二年(一七七三)に復旧困難な荒地の起こし返しに対して斗代下げを行ない、年貢徴収時、その分を用捨引とする特別措置を講じたのもそのためであった。それにもかかわらず、荒地の起こし返しはほとんど進展しなかった。これは天領諸村にみられたごとく農村人口の減少、農民の疲弊の結果生じたことではない。川成・川欠から生じた荒地は耕地化しても劣等地であり、収穫は限られ、しかもその後も再々浸水の被害を受ける可能性が高い。農民たちは作業の労苦と得られる収益を比較し、敢えて復旧を断念したのである。起こし鍬下年季仕法は荒地の累積を抑止する効果を果たせず、領主側は貢租収入の回復・増加をめざす願望を満たせなかったが、それは福山藩領民の経済感覚に基づく自発的な判断によって生じたのである。

福山藩における起こし鍬下年季仕法は、領主側の一方的な強制や奉仕の強要によるのではなく、年貢宥免という刺激によって被災農民の自発性を引き出し、これを基盤に耕地の復旧を促す装置として構築され、機能した。幾度被害を受けても、稼穡《かしょく》に生活の根拠を置く限り、農民は自己の農業経営を放棄するわけにはいかない。気象・地勢等の自然条件と治水技術の限界によって、水害の頻発は福山藩の避けられない宿命となっていたが、起こし鍬下年季仕法は領内農民に復興に向かう持続力を与える役割を果たした。すでに触れた菊池勇夫氏の言説に倣えば、福山藩の起こし鍬下年季仕法は、農民個々にとって、水害に打たれ強い仕組み、年々の農業経営の持続を可能にするセーフティネットとして相当の役割を果たしたと言えよう。

言うまでもなく、この仕法を創始し維持した領主側の狙いは、農民保有地の災害復旧に要する人的・物的負担を農民に転嫁し、その成果を貢租収入の安定に結びつけるところにあった。もちろん、「普請」によってもそれは可能であり、六郡・一郡・村寄せ人足普請のうちのいずれかの形態をとって耕地水害の復旧に当たれば、人足扶持米等の必要経費の大半は、大割銀・一郡割銀・村入用の形で、村方から調達できた。領主側は、「普請」を執行することによって、直接被害とは無関係な広範囲の領民に労務負担を課し、税負担の増加を背負わせるよりもむしろ、起こし鍬下年季仕法を適用することによって、自己の保有地に愛着を持つ被害農民から意欲と志気を引き出し、復興の迅速化をはかる途を選択したのである。農民にとって比較的有利な鍬下年数の算出法が採られたのもそのためである。しかし、福山藩領民は、このような領主側の意図を掻い潜り、あくまでも自己の利益を基本に、自らの農業経営に有利となる方向で起こし鍬下年季仕法を活用した。福山藩における起こし鍬下年季仕法は、その展開を通して、領内農民に耕地に対する自力保全・自己管理意識を培う効果をもたらしたのである。

## 注

(1)木村礎「鍬下年季」国史大辞典編集委員会編『国史大辞典』第四巻 吉川弘文館 昭和五九年 九七九頁。

(2)菊池利夫『新田開発』改訂増補版 古今書院 昭和五二年 五頁。

(3)主に筆者の関心領域である徳川期における治山・治水・水害史に絞って一九八〇年代以降における主要な文献を挙げる。水本邦彦「土砂留制度と農民―淀川・大和川流域における―」(京都大学文学部史学研究会『史林』六四巻五号 昭和五六年)〈同氏『近世の村社会と国家』第三部一章 東京大学出版会 昭和六二年に再収〉、同氏「近世の奉行と領主―畿内・近国土留制度における―」(同氏『近世の郷村自治と行政』第八章 東京大学出版会 平成五年に再収)、同氏『草山の語る近世』山川出版社 平成一五年、小椋純一『絵図から読み解く人と景観の歴史』雄山閣出版 平成四年、コンラッド・タットマン・熊崎実訳『日本人はどのように森をつくってきたのか』築地書館 平成一〇年、佐竹昭「広島藩沿海部における林野(里山)利用の諸様相(1)(2)」(『広島大学総合科学部紀要Ⅰ地域文化研究』二五・二六号 平成一一・一二年)、同氏『近世瀬戸内の環境史』特に1第一〜三章 吉川弘文館 平成二四年、有岡利幸『里山Ⅰ・Ⅱ―ものと人間の文化史一一八―Ⅰ・Ⅱ―』第三〜五章 法政大学出版局 平成一六年、塚本学「用水普請」・西田真樹「川除と国役普請」(永原慶二・山口啓二代表編『講座・日本技術の社会史第六巻・土木』日本評論社 昭和五九年)、大谷貞夫『近世日本治水史の研究』雄山閣出版 昭和六一年、同氏『江戸幕府治水政策史の研究』雄山閣出版 平成八年、大熊孝『洪水と治水の河川史―水害の制圧から受容へ―』第三章 平凡社 昭和六三年、伊藤安男『治水思想の風土―近世から近代へ―』古今書院 平成六年、村田路人『近世広域支配の研究』特に第一部三・四章、第二部一・二章 大阪大学出版会 平成七年、福山昭『近世日本の水利と地域―淀川地域を中心に―』雄山閣出版 平成一五年。他に、寛保二年(一七四二)の千曲川大水害を特集した東信史学会『千曲』一〇七号 平成一二年、長谷部弘・高橋基泰・山内太編著『近世日本の地域社会と共同性―上田領上塩尻村の総合研究1―』特に第一章第二節「耕地と自然災害」・第二章第四節「治水をめぐる藩と村」が興味深い。

（4）これに対して、福山藩における新田開発推進策としての鍬下年季仕法は、水野氏時代以来、藩府主導型の新田開発が中心を占めたためにほとんど機能の追求が見られぬまま推移した。寛保二年（一七四二）、農民の新田開発を促す「三畝之緩ミ」の法（後述）の成立をみたが、やがて国益政策の一環として藩営による新開の造成が独占的に進められるようになり、天保四年（一八三三）、遂に農民による新田開発は禁止されるに至った〈「閏四月廿六日上山守村庄屋杢右衛門殿宅ニ而集会御談、御役方箱田昌平様」（戸手・信岡家「永代記録」嘉永二年）（広島県『広島県史近世資料編Ⅴ』昭和五一年所収 史料番号八八八号）八〇五頁〉。

（5）菊池勇夫「徳川日本の飢饉対策」（社会経済史学会編『社会経済史学の課題と展望』有斐閣 平成一四年）三七五頁。同氏の飢饉史研究については、菊池勇夫『飢饉の社会史』校倉書房 平成六年、『近世の飢饉』吉川弘文館 平成一三年、『飢饉から読む近世社会』校倉書房 平成一五年等を参照。

（6）大石久敬『地方凡例録』（寛政六年）巻之三下〈大石慎三郎校訂『地方凡例録』上巻 近藤出版社 昭和四四年〉一九三頁。

（7）長谷川寛『算法地方大成』（天保八年）巻之一〈村上直・荒川秀俊校訂『算法地方大成』近藤出版社 昭和五一年〉二一〇頁。

（8）「覚」（享保六年）〈荒井顕道編『牧民金鑑』（嘉永六年）上巻第九「荒地起返」（滝川政次郎校訂『牧民金鑑』上巻 刀江書院 昭和四四年）六七三頁〉。

（9）大谷貞夫氏によれば、徳川期の治水にかかわる普請は、（一）公儀普請（すべての普請費を幕府が負担）、（二）大名手伝普請（普請材料を幕府が負担、材料運搬費・人足賃を大名が負担）、（三）国役普請（国奉行制のもと一国か数カ国の領民から費用・人足を徴発）、（四）領主普請（天領、藩領、旗本領、寺社領にそれぞれの領主が実施。費用は領主の全面負担、領主・村方の分担負担の場合があった）、（五）自普請（すべての普請費用を農民が負担）に大別される（大谷貞夫 前掲『江戸幕府治水政策史の研究』）六頁）。（四）の領主普請のうち、幕府は、享保一七年（一七三二）、天領ないし幕領・私領入り組み地域の「堤・川除・用水・悪水等御普請」は、一カ村につき、高一〇〇石につき五〇人までは村役、五一～一〇〇人は一人一日につき玄米七合五勺ずつ、それ以上は、一人一日玄米一升七合相当の代銀をそれぞれ幕府の負担で支給し、材木・鉄物類は現物・運送費とも幕府の負担、竹・葛・茅・莚・縄等は村方負担とすることを定めた。この規定は、すでにあった正徳年中の規定（不明）に地域により不同がみられたのを改めたものであるという〈「享保十七年子年六月申渡書付」（享保一七年）（荒井顕道編・滝川政次郎校訂 前掲『牧民金鑑』上巻第十「御普請」）七四一～三頁〉。この享保六年度の荒地復旧推進の通達で述べられている「普請」は、村方の自普請によるものではなく、何らかの幕府の支援を含むものだろう。なお、長妻廣至『補助金の社会史』人文書院 平成一三年 二一～三五頁は、近代地方土木事業における補助金と徳川期の普請における領主側の支援との連続性を指摘したきわめて示唆に富む論考である。

(10)「定免年内荒地御取ケ附並引方之事」（享保一五年）〈荒井顕道編・滝川政次郎校訂 前掲『牧民金鑑』上巻第九〉六七四頁。

(11)無題（明和五年）〈同右〉六七八頁。

(12)「関東筋御代官申渡」（寛政五年）〈同右〉六九六～七頁。

(13)幕府は普請における夫積もりについて、「土取人足者、壱町送り三人、石取人足者、一町送り四人、其余者内外共ニ右ニ准し可申候、御材木持運は、長一尺角八人持一日六里運之積、且杭打人足之儀者、石砂場泥場平均之定法ニ候得者、右之内泥場者別而人足掛相減候様可被致候」等の規定を定めていた〈無題（明和七年）〈同右〉七六四頁〉。人足扶持米については本章注(9)参照。

(14)「申渡」（安永三年）〈同右〉六八九～九〇頁。

(15)「申渡」（宝暦一二年）〈同右〉六八五～六頁。

常陸国筑波郡上郷・今鹿嶋・鬼ケ窪・弥平太村の村高は、それぞれ三〇四一・五一一二石（寛政一二年）、二一一一・六九八石（明治元年）、三八九・一〇〇二石（同年）、七〇・二八一石（同年）であった（『日本歴史地名大系第八巻 茨城県の地名』平凡社 昭和五七年 五七三・五七六・五八〇頁）。四カ村の手余り荒地の総石高は、総村高五六一二石余の一一%以上に及んでいたことになる。

(16)「申渡書付」（天明八年）〈荒井顕道編・滝川政次郎校訂 前掲『牧民金鑑』上巻第九〉六九一～二頁。

(17)その興味深い一例を挙げる。代官・重田又兵衛は支配地の備中・美作一六二カ村の人口減少と手余り地の多発を訴え、幕府から五〇〇〇両の拝借を受け、それを私領村々に年利一割三歩で貸し付け、その利金五五〇両を下賜し、困窮村々の立て直しを図りたい旨請願した。文化二年(一八〇五)、幕府は一村ごとに調査を実施、七〇カ村の困窮を確認したが、備中・美作一六二カ村の人口は平均高一〇〇石につき六〇人であり、関東筋天領村々に比べ三〇人余も多いので、手当金を二〇〇両程度に減額して伺い書を再提出するように命じている〈無題〈文化二年〉〈同右〉七〇三頁〉。なお、関東農村の疲弊・手余り地の解消を強く意識して、寛政の改革において「旧里帰農令」、天保の改革において「人返しの法」が発令されたことはあまりにもよく知られている。

(18)岩崎伸一「徳島県日和佐町における安政南海津波の痕跡跡—奥河内田地大地震ニ付潮入御鍬下石寄からの推定—」(歴史地震研究会編『歴史地震』第七号 平成三年)、日和佐町史編纂委員会『日和佐町史』日和佐町 昭和五九年 一二〇二〜三頁。

(19)「安政弐卯年九月伺　嘉永七寅年十一月五日津浪、大地震ニ付奥河内村田地大地震ニ付(ママ)潮入御鍬下石寄写帳 甚助持田分」(東京大学地震研究所編『新収日本地震史料第五巻別巻五—二』東京大学地震研究所 昭和六二年)一八五四〜六一頁。

(20)奥河内村の徳島藩領石高は九五一・九一七石(明治元年)である(木村礎校訂『旧高旧領取調帳 中国・四国編』近藤出版社 昭和五三年 二八三頁)。このうち、谷屋甚助が鍬下年季を願い出た田地の総石高は一〇二・八三〇一石である。

(21)「乍恐奉願覚」(寛延四年)〈『阿波藩民政資料上巻』複製版 徳島県史料刊行会 昭和四三年〉九六一〜四頁。

(22)「鍬下年貢成覚書」(安政五年)〈『同下巻』複製版〉一二六六〜八頁。

(23)本庄宗秀による宮津藩藩政改革の構造と展開を、民心安定策・国産化政策・海防策等の視角から総合的に論じた論考として、宮本裕次「幕末譜代藩の在地政策—丹後宮津藩主本庄宗秀時代を中心に—」(神戸大学史学研究会『神戸大学史学年報』第一〇号 平成七年)がある。同稿は藩主・宗秀襲封以後に展開された水害復旧支援策については触れていない。

| | |
|---|---|
| 寛永 12 年(1615)8 月 | 慶安 4 年(1651)8 月 |
| 享保 20 年(1735)6 月 | 延享 2 年(1745)不明 |
| 寛延 2 年(1749)7 月 | 宝暦元年(1751)8 月 |
| 明和元年(1764)8 月 | 明和 5 年(1768)7 月 |
| 安永 5 年(1776)7 月 | 天明 4 年(1784)9 月 |
| 寛政 4 年(1792)7 月 | 享和 3 年(1803)8 月 |
| 文化 11 年(1814)7 月 | 文政 9 年(1826)7 月 |
| 天保 6 年(1835)5・6 月 | 弘化 2 年(1845)8 月 |
| 嘉永元年(1848)8 月 | 嘉永 3 年(1850)9 月 |
| 安政元年(1854)6 月 | 万延元年(1860)8 月 |

出所）岩滝町『岩滝町史』岩滝町役場　昭和 45 年 234 ～ 5 頁による。

(24)丹後国では、徳川期、特に野田川・竹野川周辺諸村に水害が頻発した。竹野川に近接していた与謝郡弓木・岩滝・男山三カ村域の徳川期における水害発生年次は上表のとおりである。

(25)「九月十六日申渡」（嘉永三年）〈「臨時留」（宮津市史編纂委員会編『宮津市史 史料編第二巻』宮津市役所 平成九年）〉六五四頁。

(26)「新荒地改方之儀ニ付申上候書抜」（嘉永三年）〈同右〉六五四～五頁。以下、同「書抜」による。

(27)「荒地見分之大意被仰出書写」（年代不詳）〈同右〉六五五頁。

(28)同右 六五五～六頁による。

(29)「鍬下年数極之大概」（年代不詳）〈同右〉六五六～七頁。

(30)同右 六五七頁。

(31)同右。

(32)藩政末期には、かなり長年季の鍬下年季が実施されていた。明治元年（一八六八）の「与謝郡男山村免状」、同二年「弓木村免状」には、それぞれ「一　弐石五斗八升　慶応寅改新荒七ケ年鍬下酉ヨリ毛付入極引」、また、「一　弐石弐升九合慶応二寅改新荒七ケ年鍬下酉ヨリ毛付入極引。　一　壱石弐斗八升四合　慶応四辰改新荒九ケ年鍬下丑ヨリ毛付入極引」という鍬下引の記載がみられる（岩滝町『岩滝町誌』岩滝町役場 昭和四五年 一五二・一五六頁）。

(33)喜多村俊夫「土木技術」『体系日本史叢書・産業史Ⅱ』山川出版社　昭和三九年　一一一～一二〇頁、古島敏雄『日本農業技術史（古島敏雄著作集第六巻）』東京大学出版会　昭和五〇年　三七六～九・五七五～七頁。また、知野泰明「近世文書にみる治水・用水技術」（『近代日本の技術と社会四・川を制した近代技術』平凡社　平成六年所収）は、近世川除技術に関する地方書の記述方法の変化を論じ、興味深い。

(34)浜本鶴賓編著『福山水害誌』福山水害誌刊行会　昭和九年　二五二～四・二五八～六八頁、広島県『広島県史近世1』昭和五六年　五二九頁。

(35)同氏 同右二五三頁、芦田川改修史編集委員会編『芦田川改修史』昭和四三年 一〇六頁。
(36)前掲『芦田川改修史』五六七頁。
(37)前掲『福山市史中巻』五一一〜五頁。
(38)福山藩寄せ人足普請における扶持米支給法については、「覚」(金丸・天野家「御書出定法」享保三年)、「覚」(山手・三谷家「御用状願書控帳」安政二年)〈広島県『広島県史近世資料編Ⅴ』昭和五四年 所収 史料番号一九二・九八八号〉一九九頁・八八九〜九〇頁〉を参照。
(39)文久三年(一八六三)、芦田郡久佐村の百姓達は、庄屋の田地が村普請の対象となったことに抗議して箱訴したが、以前から同地が「普請場所箇所付帳」に載っているという理由で敗訴した。村方の抗議の根拠は、個人の保有地の復旧作業は本来自普請が原則であり、郡・村の「普請」となるためには、その所域に一定の「公共性」が要求されるという共通認識にあったことは明らかである〈「差入申一札之事」(文久三年)(府中市『府中市史史料編Ⅲ近世下Ⅲ』昭和六三年 所収)二五八〜九頁〉。
(40)「郷中覚帳」三「川欠鍬下改」(福山城博物館附属鏡櫓文書館鶴賓文庫所蔵慶応元年書写本)。地方書「郷中覚帳」の詳細については本書序章を参照。
(41)同右。
(42)同右。
(43)同右。
(44)同右。
(45)同右。
(46)同右。
(47)同右。
(48)同右。
(49)同右。

(50)同右。
(51)同右。
(52)本章注(32)を参照。
(53)「備後郡村誌」(前掲『府中市史史料編Ⅳ地誌編』所収)四七二頁。
(54)「郷中覚帳」廿七「鍬下之事」。なお、この史料は、前掲『広島県史近世資料編Ⅴ』二五四頁に史料番号二三九号として所載されている。
(55)「郷中覚帳」六「古キ川成起返并見取場替地」
(56)「郷中覚帳」一八「新屋敷分ケ地并新発鍬下」
(57)「草戸村免定」(文化一二年)〈檀上家文書・福山城博物館附属鏡櫓文書館所蔵〉。
(58)「備後郡村誌」(前掲『府中市史史料編Ⅳ地誌編』)五九～六〇・六二頁。
(59)「草戸村免定」(文政二年)、「佐波村免定」(文政五年)〈檀上家文書・福山城博物館附属鏡櫓文書館所蔵〉。
(60)「備後郡村誌」(前掲『府中市史史料編Ⅳ地誌編』所収)五六・六一頁。福山藩六郡の宝永八年(一七一一)から文化一三年(一八一六)における人口の推移については、本書第四章図4―1を参照。
(61)すでに本書第二章第一節で触れたとおり、そればかりか、福山藩の農民達は、阿部藩政開始当初から、あるいはその後水害その他の理由によって認められた引高をあたかも商品のごとく村民間で売買するに至った。第二章注(12)に掲げたものとは別の史料を示そう。すなわち、

(前略)然ルニ品治郡内外郡内ニ茂坪引を売買いたし、田地を不持坪引計を所持いたし候もの共も有之趣相聞候、往古ハ地所之善悪成替り候事も有之候得共、其田坪之高位之償ニ候得ハ、外田江増減附替候茂不埒之処、右坪引を引上ケ所持いたし候段ハ不届之事ニ候得ハ、夫々遂穿鑿取揚ニ茂可被仰付候得共、近年之仕業ニも無之、以前心得違来之事ニ候得ハ、先つ此度ハ以御憐愍を不被及其御沙汰事ニ候

〈「御書下之写シ」(文化一三年)(前掲『府中市史史料編Ⅱ近世上』所収)三〇〇頁〉。

郡役所から大庄屋宛の令達の一節である。引高は本来特定の耕地にみられる公式の斗代と現実の田位との乖離を補

填するための保障措置であるにもかかわらず、土地から切り離され、商品として一人歩きしている現状が糾弾されている。福山藩の農民達は、水害がもたらした引高という貢租制の綻びに吸着し、それを実利に結び付けるしたたかな対応を示したのである。

(62)「佐波村免定」(天保一一年)〈檀上家文書・福山城博物館附属鏡櫓文書館所蔵〉。
(63)「戌六月十五日川口村庄屋本右衛門殿宅ニ而臨時集会之節御談書写」(山手・三谷家「御用上願書控帳」嘉永三年)〈前掲『広島県史近世資料編Ⅴ』所収 史料番号八九九号〉八一九頁〉。
(64)「覚」(戸手・信岡家「御用状溜帳」明治二年)〈同右 史料番号一一五八号〉一一五三〜四頁〉。
(65)すでに序章で福山藩における百姓一揆について触れたが、同藩における主要な百姓一揆は、享保二年(一七一七)、宝暦三年(一七五三)、明和七年(一七七〇)、天明六・七年(一七八六・七)の四次を数える。一揆農民達は、水害に関連して。検見見分・引高の励行、寄せ人足普請の縮減、大割銀・一郡割銀の出納の公正化を求める訴願を繰り返したが、起こし鍬下年季仕法に関連する要求は全くみられなかった。

(付記)

本章の論考は、平成一四年(二〇〇二)一一月二日、社会経済史学会中国四国部会二〇〇二年度大会(於：山口大学)における報告をもとに、その後の研究成果を加え、大幅に改稿を行なったものである。報告時には、司会を務めていただいた松尾寿先生をはじめ、諸先生方から多数の有益な御意見を賜った。また、本章の論考の作成に際し、史資料の収集に当たって、福山城博物館の園尾裕氏、井上節子氏(いずれも当時)、尾道市立大学附属図書館職員の方々、特に渡邊徹氏に多大な御支援をいただいた。ここに記し、深謝の意を表したい。

# 第八章　総括的考察—結語にかえて—

本書では、岡本膳兵衛著「郷中覚帳」、「郡中町方明細記」などの地方書の分析を通して、阿部氏治世期福山藩における徴租法の基本原理とその運用の実態の解明を試みた。七章にわたる本書の考察のうち、予備的考察として福山藩の農業経営環境を論じた第一章を別にすれば、それぞれ章末の「おわりに」に各章の大要を記したので、ここでは追加的な考察を加えつつ、いま少し広い視野からこれまでの分析結果を総括し、本書における考察を結びたい。

## 第一節　阿部氏福山藩における徴租法の確立過程

宝永七年(一七一〇)、福山に入封した阿部氏は、先々代・先代藩主の水野・松平氏が継続してきた検見制を廃し、正徳三年(一七一三)、徴租法として土免制を採用した。享保二年(一七一七)の百姓一揆では、一揆農民たちは検見制の継続と定例引高の存続を願ったが、享保五年(一七二〇)には、水野・松平氏時代から引き継がれてきた検見引・用捨引・下免引等の引高を定例の「検見引高」として温存することと引き替えに、それまで農民の選択意志に委ねられていた土免の請け負いが強制された。また同年、一村坪入検見を停止し、人別作平均検見に一本化する措置を取った。凶作時に実施する検見の対象を村内の全米作田地から村内の特定不作農民の保有する米作田地に限定したのである。

藩府は、木綿作についても凶作時における木綿年貢の減免法を木綿見分に一本化しようとする姿勢を示した。遅くとも享保三年(一七一八)以降、領内の大多数の村々では、畑綿のみならず田綿においても半高を引高の算出基準とする措置が取られた。しかし、稲作検見において人別作平均検見を強制したような強硬な手段は取らず、往古から木綿検見を受ける由緒を持つ深津郡八カ村に対しては、他村と同様に徐々に「大通之見分」を受容させ、人別作平均仕法に基づく段取綿によらない見分、半高を基準とする引高の算出方法をなし崩しのうちに村方に受け入れさせる方法を選択した。

土免制下の福山藩においては、災害で稲が皆損に及んだ場合、貢租の「丸引」を認める一毛荒（皆捨り）の仕法があり、綿作では「抜綿改め」と「一毛荒」の仕法が適用された。いずれの場合も皆損田畑からわずかでも収穫を見出して引高の縮小をはかる、「生畝を取る」、あるいは「寄せ取り法」と呼ばれる引高の算出法が用いられ、綿作に対しては半高の法が適用された。きわめて厳しい運用が行なわれたとは言え、このような作物の皆損に対応した年貢減免仕法は隣藩の広島藩ではまったくみられないものであった。

半高の法は阿部氏福山藩の徴租法を貫く基本原理として機能した。水田単作・稲麦二毛作の稲に限り、不作が生じて引高が実施される場合には丸高・丸引きが適用されたが、水田裏作麦の不作を理由とする年貢減免はいっさい認められなかった。藺田の場合、不作年度に限って検見見分が実施される稲作・綿作とは異なり、例年六月の村方内見・役人見分で、下々・捨てりにランク付けられた藺田だけに晩稲検見が実施され、その結果を加味して引高が決定された。上・中・下に段取りされた藺田はすでにその水田の石高を満たす収穫が得られたものとみなされ、表作の稲に不作が生じても、例年どおりの年貢負担を求められた。稲藺二毛作田においては、貢租賦課の主点を表作の稲から裏作の藺草に移し、そこに半高の法を組み込む仕法が採用されていたと言えよう。

稲作に対する一村坪入検見・人別作平均検見、これを綿作に適用した木綿検見・木綿見分、また、藺作に対する藺田の段取りと晩稲検見を組み合わせた徴租法、さらにそれらの諸仕法の根幹をなす半高の法、それらはいずれもすでに何らかの形で水野氏時代に成立をみていた仕法であった。水野氏時代の検見制の下では、麦作・夏作を含め、早・中・晩田に至るその田地一年間のすべての作物の出来高を査定して、引高と免率を年々決定する方法が採られていた。これを大検見と称したが、田方・畑方を含めこれらの諸仕法が検見制にいかに位置づけられ、運用されていたかについては、まったく不明である。抜綿改め・一毛荒の仕法もすでに水野氏時代に成立をみていたとみられ、水害を受けた耕地の復旧を促す起こし鍬下年季仕法も同時代に制度化され実施されていた。これらの諸仕法の緻密にして周到な制度設計には目を見はるものがある。

福山藩主となった阿部氏の課題は、水野・松平氏時代、検見制の下で作動していたそれらの諸仕法を新たに採用した土免制にいかに接合し、実効性ある運用をはかるかというところにあった。享保期初期までに稲作・綿作において一村坪入検見・木綿検見を廃止し、人別作平均検見・木綿見分への一本化に成功したことは、明らかに領主側の利益拡大、村方側の損失を意味した。

しかし、徴租法の展開において、阿部氏福山藩の農民は領主側に一方的に屈服を強いられ続けていたわけではない。綿作における「大通之見分」は、米作における「相対検見」に対応する不作時における年貢減免のための検見仕法として成立した。それぞれ本来村方の負担とされていた稲検見・木綿見分実施に要する諸費用〈下改め村役人「喰口」(夫飯米)、藩役人送迎用人馬・給仕夫・料理夫賃米等々〉一日分を領主側が負担する見返りに、査定を簡略化し、見計らいで引高を決定する仕法であり、次第に多用されるようになった。このような年貢減免のための検見の簡略化の傾向は、畑作麦の場合にもみられ、検見見分を行なわず、「捨てり」麦だけを計量して引高を算出したり、「皆捨てり」の場合にも査定を行なわず、「半高の三歩引」というような一定率の引高を認める簡便な方法が慣習的に行なわれるようになった。

検見見分の簡略化は必ずしも領主側の一方的な利益に基づいて定着したわけではない。凶作年度には多数の村落から年貢減免願いが殺到する。見分を原則通り実施するためには、多数の藩役人を投入し、日時をかけて実務を遂行する必要がある。これは領主側だけでなく、村方側も望まぬことであった。領主側は郡方所務の簡略化をはかり、しかも引高の増加を極力抑止する必要があった。村方側は役人見分の延引を避けつつ引高増大の成果を引き出す必要があった。年貢減免のための検見見分の簡素化・簡略化は、領主側の経費負担の見返りに、村方側が引高の増加を一定度断念することによって実現したのである。

　また、水野氏時代に成立をみた起こし鍬下年季仕法が阿部氏福山藩においても継続実施されたことは、領主側のみならず領民側にも大きな利益をもたらした。水害の頻発は福山藩の避けがたい宿命であったが、起こし鍬下年季仕法は年貢宥免という刺激によって、水害を受けた農民に耕地の復旧に取り組む意欲をもたらす大きな役割を果たした。同仕法の展開によって、荒地の発生が抑制されたことは、領主側に貢租収入の減少を防ぐ利得をもたらしたばかりでなく、耕地の保全が推進されたことによって、耕地の喪失あるいは障害の発生が防止され、農民各戸の家計の安定に寄与する効果をもたらした。

## 第二節　福山藩農民の徴租法への対応

　福山藩の農民たちはどのような意識をもって阿部氏が土免制の下で確立した徴租法に対応したのだろうか。阿部氏時代、四次にわたって発生をみた百姓一揆のうち、宝暦三年度（一七五三）の一揆における農民の要求事項の詳細は知られていないので、これを除く他の三つの百姓一揆における一揆農民の徴租法にかかわる要求内容を検討してみよう。

　第二章第二節でみた通り、阿部氏の徴租法が確立する直前に発生をみた享保二～三年（一七一七～八）の百姓一揆では、一揆農民たちは検見制の存続を願い、土免制に反対する意思を示した。しかし、明和七年（一七七〇）八月の百姓一揆では、すでに阿部氏の徴租法に反対あるいは修正を求める歎願はみられず、前年に続いて大凶作となった当年に限り、本来の徴租法の原則を外した特例措置を求めている。一揆農民の要求とこれに対する藩府の

回答一九ヶ条のうち本年貢の徴収法にかかわる条項は次のとおりである。すなわち、

一　当年稲作不熟に付御検見被仰付候節、少々宛令下付之儀者御見切御検見被下度願候事
　此儀者検見之義古来ゟ御定法ハ難破候、村々豊凶ニ付而摘ミ引等之御用捨者被成下事ニ候得者勘弁（翻刻者推定）致候、願通ニ者難成候
一　畑年貢之儀御用捨願之事
　此儀者其村ニ当無難儀候様可申仕候
一　雑穀物跡作御年貢之儀御引願之事
　此儀畑ニ何程豊熟致し候而も差定り候外、……願之意難心得候（ママ）(1)

当年は凶作ゆえ、当然、稲検見が実施される。その際、下見見分の結果、多少の出来越（合毛が当該田地の石高を上回っている）が生じた分も稲検見を実施し引高を認めてほしい、畑年貢については免除してほしいなどの歎願が行なわれたが、拒否されている。三項めでは、農民側は秋物畑作物の検見による引高の付与を求めていると思われるが、故意か真意か、領主側にその意図が伝わっていない。不測の事態においても徴租法の原理・原則を盾に特別措置を拒む領主側の硬直的な対応が浮き彫りにされている。

天明六・七年（一七八六・七）の百姓一揆における一揆農民の要求は、祝儀米・御用銀の賦課、未進願い、拝借米願い、畳表運上・綿改所の廃止、農民間の貸借・質物証文など約三〇項目に及ぶが、徴租法の運用に直接関連する項目は次の三項目であった。すなわち、

一　検見之節、中間一人に銀三匁つ、遣し申候、已来相止め申候様御願之事
一　綿作不熟の節、御見分被為成被下度御願之事
一　惣而稲作毛見・一毛荒・綿御見分等之節、御上役人多人数に付下方大に費に御座候間、小勢にて御見分

被成遺度御願之事(2)

稲検見を担当する藩役人に賄賂を贈ることが慣例化していたことが知られる(3)。稲検見に手加減を加えてもらうことを期待する村方側の願望と役得を期待する仲間《ちゅうげん》たちの欲望が生み出した悪しき慣行であった。おそらくそれは藩上層部のまったくあずかり知らぬことであっただろう。当然のことに、一揆後、この歎願は受理されている(4)。

二項めに綿作不熟の節の「御見分」と記されていることに留意すべきである。一揆農民たちが実施を望んでいるのはすでに廃止された木綿検見ではなく、阿部藩府が済し崩しの形で一本化をはかった木綿見分の励行である。領主側は「寅卯」、明和七、八年(一七七〇、一)の干魃の際、「古法」より相当緩い基準で木綿見分を実施したが、その条件での木綿見分なら不可、「古法」通りの見分ならば実施する旨、回答している(5)。詳細は明らかではないが、おそらく明和七年の百姓一揆後、農民の懐柔をはかるべく、二年間、比較的緩い基準で木綿見分が実施された。その後も同基準による木綿見分の継続的実施を求める村方と「古法」に押し戻そうとする領主側の対立が続いていたのであろう。

三項めの稲検見・一毛荒・木綿見分に従事する藩役人の人数の削減を求めた一揆農民の要求は拒否されている。藩側はその理由を次のように記している。

一　惣て稲作毛見・一毛荒・綿見分等の儀、古来より御法有之候事に候、別て毛見の義は往古重き改方にて、多人数被差出候へ共、下方難渋を御指酌(斟)、追々人数御人少き事に候、見分の節、御内目附等も被差出候て、庄屋・組頭・鈞頭共罷出、其坪の合毛見究め、庄屋役人へ為申聞、或は此田の目人通合毛無之と見込候へは其旨申、与風目入違有之候へは合毛引下け遣し、又目入程は丈夫に有之と見付候へは、其趣を以為申聞、納得の上坪の合毛を相究、若又双方論合の事も候へは、其場にて歩刈いたし、合毛相極候へは、毛頭依怙贔屓の沙汰無之事に候へは、改方厳重見分の通は升目無之抔様〔々〕の御役人の場を誘り候様成事、不届千万に候、全体末々に至ても何事も難行届者候間、庄屋役人より克々呑込可申聞候(6)

領主側は、農民側の要求の底意は、一毛荒・稲検見・木綿見分の担当役人の人数削減そのものよりもむしろ、合毛の査定の緩和、引高付与に際する寛容・穏便な取り扱いを期待するところにあることを看取したのである。これまで担当役人の減員に努め、依怙贔屓のない正確な目入の実施・合毛の決定を行なってきたことを強調している。領主側は、福山藩の徴租法の基本原理をなす稲検見・木綿見分を励行することに異存はなかったが、厳密・厳格に合毛を査定し、極力引高の縮小をはかるために、一定数の藩役人を村方に派遣する態勢を崩すわけにはいかなかったのである。

結局のところ、阿部氏福山藩における百姓一揆において、徴租法の確立以前に勃発した享保二〜三年の一揆を別にすれば、それ以後、徴租法の仕組みそのものに対する一揆農民の反対はみられなかった。彼らが強く望んだことは、平時において極力徴租法の原則に従い年貢完納の義務を果たす見返りに、著しい凶作に見舞われた時は、徴租法の原理を度外視した特別措置が講じられることであった。これに対して、領主側はどれほどの凶作時であろうとも、あくまでも徴租法の原理・原則の枠の中で年貢減免措置を講じるに止める姿勢を崩さなかった。そればかりか、一方で農民に対しては原理・原則の死守を命じつつ、他方で、自らは税目の新設、貢租の納期の繰上げ・分割払いなど次々と既定の徴租法の枠組みを無視した負担を強要した。農民側からすれば、このような領主側の振る舞いはどうみても承服しがたいものであっただろう。

だが、阿部藩府側にも弁明の余地はある。水野氏時代の福山藩は余裕のある領国経営が可能であった。一定の資本と技術を投入すれば開発が可能な土地が多数存在し、比較的容易に大規模な新開・新田開発を展開することができた。綿作・藺作・菜種作・煙草作などの商業的農業が拡大し、それらを原料とするプロト工業が進展した。

水野藩府はそれらの成果を幕府に知られることなく地詰(内検)によって掌握し、内部留保できた、それゆえ、領民に貢租負担を求める場合にも寛容な姿勢を保持することができたのである。

しかし、備前検地が実施されて以後、様相は一変した。水野氏時代を通して醸成され蓄積された福山領内の農業をはじめとする社会的生産力の増加分は綿密に調査・数値化され、白日の下に晒された。備前検地の結果、水野氏の旧領一〇万石は一五万石と査定され、そのうち五万石が天領となり、残る一〇万石が福山藩の所領となった。水野氏時代の三分の二の財政基盤で藩政を展開せざるを得ない現実は阿部氏福山藩を苛み続ける病苦の根源となった。しかも、阿部藩府は水野・松平氏時代からの引き継ぎ分をはじめ、多数の引高の設定に迫られ、実に総石高の一割を越える石高を予め貢租賦課の対象から外さざるを得なかった。阿部氏は、水野氏時代より遙かに不利な条件の下で財政運営をはからねばならなかったのである。

財政収入に見合う財政支出を行なうことは領国経営の鉄則である。しかし、阿部藩府は、江戸諸入用の肥大による財政支出の膨張に苦しみ、その縮減をはかることができなかった。歴代藩主が幕閣を歴任し、定府政治を展開したために江戸入用の増大は避けられなかったのである。阿部氏は幕閣での栄達の道を捨て、領国経営に徹すべきだったなどと論断するつもりはない。しかし、阿部氏の定府政治は紛れもなく福山藩の領民、領主側の双方に災禍をもたらした。藩府は、新たな財政収入を求めて、新藩札の発行と濫発、御用銀の賦課を繰り返さざるを得ず、天明六・七年の百姓一揆に先立つ遠藤弁蔵の暴政時代には先納制・初納制などの期日前に租税の強制的徴収をはかる諸制度を導入し、裏判銀制度や石代納制を領主側の利益に結び付ける巧妙・姑息な施策を展開するに至った。歴代の阿部氏福山藩主は在任中の大方を江戸に過ごし、例外なく領内の世情に疎く、領民に対する親和力を涵養するいとまがなかった。阿部氏福山藩において数次にわたって発生した百姓一揆の直接的な原因は、凶作による農民の経済的困窮や経済不安、また藩府が財政収入の増大を求めて実施した租税政策・経済政策・金融政策に対する不満にあったことは言うまでもないが、領内事情や領民の動向に目を向けぬまま一方的に諸施策を展開する藩主に対する強い不信が一揆の原動力となっていたことは否定できないであろう。

しかし、百姓一揆は領主の地方支配に対する農民の対応の一面を示しているに過ぎない。阿部氏福山藩農民の徴租法に対する対応をもう少し別の側面からみてみよう。

阿部藩府はいかなる場合にも土免制に組み込んだ徴租諸仕法を盾にして領主側の利益を優先する姿勢を貫き通したわけではない。本来、半高の法によれば田方麦の不作による年貢減免措置は認められない。しかし、農民たちは田方麦だけでなく、綿・煙草など複数の田方・畑方作物の収穫不振や凶作を訴え、用捨引の付与、拝借米の貸与を領主側に認めさせた。一つの作物の不作だけでは年貢減免が叶わぬ徴租仕法の間隙を巧みに突いて、天候不順・災害・病虫害等による複数の作物の不作を執拗に訴え、領主側から用捨引と拝借米の恩典を勝ち取ったのである。それらの事例は第五章第二節(三)で考察した。福山藩領内において、年々、年貢減免と拝借米の貸与をめぐる村方と領主側の攻防が繰り返されていたのであり、次第に村方側に有利な結果が得られることが多くなった。領内に難渋村が出現しその数が増加する傾向がみられたことや度重なる百姓一揆の苦い経験によって領主側は村方側の要求に比較的寛容な姿勢を取らざるを得なくなったのである。

それだけではない。福山藩の農民たちは、阿部藩政開始当初から認定されていた定例引高、あるいはその後水害などの理由によって永荒となり追加された引高をあたかも商品のごとく村民間で売買するに至った。藩府はこれをもっての外の所業として糾弾し、禁止を命じている。この事情については第二章第一節で触れたが、藩府の禁令は文化一三年(一八一六)に発令されており[7]、寛政改革における徴租法の引き締め策の実施直後においてさえ徴租仕法の網の目を潜る農民の抜け目のない営為がみられたことが知られる。事の是非はともかく、農民たちは引高を農民個人に付与された権利と捉え、その譲渡・購入も可能とみる合理性を身につけるに至ったのである。

このような領主側に対する福山藩の農民のしたたかな対応ぶりは他にもいくつか事例を挙げることができる。幕末期、物価高騰と食糧事情の悪化にともない、福山藩府は、田方における木綿・菜種の植栽の縮小、米穀等の増産を命じ、維新直前には稗作の奨励策を展開した。しかし、農民たちは藩府の通達に耳を貸さず、畑稗以外の稗作を避け、田方においては稲作とともに綿作をあくまで堅持する姿勢を崩さなかった。藩府の意向よりも綿作の経済的有利性を優先したのである。

安永二年(一七七三)、藩府は復旧が滞っている荒地の起こし返しを推進すべく、復旧後、その土地の斗代下げを行ない、年貢徴収時、その分を用捨引とする特別措置を講じた。しかし、農民の反応は鈍く、それまで長く復旧が見送られていた荒地の起こし返しはほとんど進展しなかった。放置されていた荒地の大半は川成・川欠によるものであり、復旧しても劣等地であり、以後も水害を被りやすい。農民たちは復旧の労苦と以後の収益を比較し、あえて復旧を断念したのである。福山藩の領民は、耕地水害の復旧に際して大いに起こし鍬下年季仕法の恩恵を受けたが、損益のバランスを欠いた起こし返しには応じなかった。領主側がいかに誘導に努めようとも、彼らはあくまでも自らの経済感覚を優先して行動する人間に成長を遂げていたのである。

## 第三節　福山藩地方支配における地方書の役割

本書では、「郷中覚帳」をはじめいくつかの地方書を活用し、阿部氏福山藩における徴租法の基本構造の解明を試みた。それらの地方書が同藩の地方支配の展開過程において果たした役割については、すでに序章で一定度触れたが、同藩の地方支配における地方書の意義と役割について、改めて総括的に考察しよう。

まず、福山藩寛政改革における地方書の役割を検証しよう。

寛政六年(一七九四)以降、福山藩寛政改革の一環として、租税徴収仕法の「古法への立て戻し」政策が実施された。阿部藩政開始当初に比べ、かなりの減収をみていた貢租収納高の回復をはかるべく租税収納仕法の見直しが進められ、阿部氏入封当時の仕法に立ち返る施策が推進された。同年八月に今後の検見の取り計らい方について国元から伺いを立てたところ、江戸から次のような下知があった。すなわち、

寛政六寅歳江戸ゟ来ル検見一件

一　検見古法江立戻候段申渡有之候得共、是迄之仕癖を下方ニ而者古法与存居可申、依而大庄屋共ゟ指出候答書尤ニハ候得共、此儀御代官之場ニ而厚相示し取乱候古法を立直、下も法令を犯し不申候様に郡方帳元・御代宮手代幷大庄屋共取扱を以人気ヲ立不申、いつとなく精直ニ立戻候様、其道具建を拵伺せ候付可相極事ニ候、其節ゟ古法立直候義を申出、受方役筋ゟ致来を古法与心得候ニ付、小面之居合不宜旨を申立候而者難熟、如此ニも致候ハ、可然与論シ詰、相伺取極可然候、右之意味を以御勘定組頭江御代官ゟ掛合、双方共以下迄も熟談之上、両三年四五年ニ者立戻候様当年検見ゟ相極可申事

但、俄ニ取計方相改目立候而者、大勢之儀ニ付不呑込候者ハ、検見受ざる者ニ而も人気を立可申候、能々申合連々立直し可申事

一　御代官当秋廻村之節、諸法式其外之申渡いたし候跡ニ而、先達而申渡置候通検見改方古法之義、人気ニ咎さる様能々為解聞、第一庄屋役人判頭之者共ニ為呑込、其後追々不呑込者共江為申聞、材々老人共先年之覚も可有之候、夫彼引合ヲ得与示し合候様可申渡事

但、庄屋役人共能呑込老人共覚居候者可有之候、乍爾皆式古法神文之通御改被成候事ニも有之間敷、御憐愍ハ御役人之場ニ有之事、下トして古法ヲ犯し不申候様相示し可申事ニ候

一　材々名面帳ハ水帳之反別当時之持主名前を付、地並之順を以仕組候帳面ニ候処、村方ニ寄古キ帳面江年々

付紙等致し紛敷難見分帳面も有之由、急ニ相改候而者物入も可有之候間、追々相吟帳面仕立直し置、検見之節明白ニ分り候様可申渡候事

　但、当年之検見時分ニ間ニあい候様ニハ参ル間敷候間、来年ゟ取用候様可申付候

一　庄屋役人共能呑込早中晩田共明白ニ相糺、下改帳為指出、小面之者共相偽出来越之稲作相隠候者、重キ御咎被仰付候趣ハ精々呑込候様為申聞、改方御役人も前方面々心得違無之様示合可被罷出候、尤用捨引田木綿平均引取戻等之義、其役場之定法古来ゟ之致来も可有之候間可申合事

　但、大庄屋共得与相含下方江も申付、不埒之儀無之様相示可申候、一体只今迄之姿を古法ト心得候付、彼是難シ候儀ハ尤ニ候へ共、前文之通いつとなく立直候様其主法を立候而申達、御役人之場ニ而も承之、猶亦能々呑込候様存寄を申談取扱可申事

一　右申渡置、此上ニ而も相偽不埒之義を書出候ハヽ、急度相糺御咎可被仰付候、且亦改方之義ニ付、不筋立候儀を小面相集り申立、或ハ庄屋役人宅江相越申達族有之候者、相糺急度御咎可彼仰付候、一躰上之御改を受候儀ニ付、不埒之訳を以申立候ハヽ、甚以不届至極候、尤改方御役人も古法相守可入念事ニ候、公義ニおひても年貢之儀ハ厳密ニ御取立、検見改候義ハ無筋用捨無之候、若彼是ト申立候小面有之候ハヽ、急度可申付候事

　但、出在御役人減少被仰付置候得共、不足之役方も有之候ハヽ、一両三人ハ相増候様可致候

右者検見取計之儀ニ付相伺候処、書面之通被仰渡候、尤伺之御下知一筋ニ心得取計而者難行届候、取扱方之品も数々可有之候、且臨気応変之勘弁も可有之候、御代官幷郡方帳元・御代官手代得与遂評儀、郡方御役所ゟ御元〆江及熟談、猶亦小訳之儀ハ御勘定組頭江御代官ゟ掛合、申合之上取計可申候、右之趣可申遣之旨被仰渡候、以上

八月(8)

第一項によって、検見の古法への立て戻し策は、周到な準備の後、実施に移されたことが知られる。究極的には「受方役筋」つまり郡方役所が提示した検見仕法が今後「古法」として位置づけられることになるのであるから農民たちの反応にも配慮し十分に議論を詰めた上で、その内容を上申し決定すべきである。代官は勘定組頭とも相談し、下役の者とも熟談の上、三～五年後には古法への立て戻しが実現するように今年の検見までには方法を決定すべきであると述べ、きわめて慎重な姿勢を示している。文面に度々現われる「人気《じんき》」は噂・評判の意と解して差し支えないだろう。検見の古法への立て戻しは不必要な農民の「人気」が立たぬように慎重に時間をかけて実現しなければならない旨が強調されている。度重なる百姓一揆の経験は、藩政主導者層に、独断を抑制し、慎重に政策の推進をはかる姿勢をもたらしたのである。郡方帳元・代官手代などの下級郡方役人、また大庄屋の意見を結集し、郡方・勘定方役人が一体となって検見の古法への立て戻し策を推進すべきことを要請している。

二項めでは、代官は秋の廻村時に、検見の古法への立て戻しについて、庄屋・村役人をはじめ村方に説明を徹底し、理解をはかるように求めている。古法を熟知している村役人や古老がいたときは十分議論をし、最終的には藩役人側が示す仕法に従うように命じるべきであると述べられている。

第三・四項の記事によって、領主側が言う「検見の古法への立て戻し」とは、単に検見の諸仕法を旧に復する施策を意味するだけでなく、むしろ村方に検見に要する諸帳面を整備させ、虚偽のない記帳・提出を義務づけることをめざす施策であったことが知られる。まず、これまで名寄帳の追記を付紙で処理していた村には同帳の新規作成を命じ、稲検見においては早中晩田ともに出来越を隠して下改帳を提出することを禁じるとともに、検見役人も慎重に査定に臨むように求めている。田木綿見分における用捨引・平均引等の定例引高の取り戻し方にその「役場」の定法があると記されており、田木綿見分における定例引高の取り扱いに郡により不統一があったとみられるが、申し合わせを行ない調整をはかるように命じている。

最終項では、農民に対して再度検見における虚偽の文書の提出を戒めるとともに、古法への立て戻しについて筋の立たない申し立てを禁じている。併せて、この際、検見に要する出在役人数の増員もやむを得ない旨が付記されている。

同年九月、代官・検見役人宛に検見仕法の施行細則が示され、これについて双方で伺い書と答書が交わされ、仕法の精査・確認が行なわれた。庄屋・組頭・釣頭・惣代百姓には、村方の検見における不正を戒めるとともに、平年においても「検見引」・「平均引」等の定例引高を実施しているのであるから、今後は少々の不作で検見の実施を願うことを差し控えるように通達している[9]。

阿部氏福山藩府は、「古法」という誰もが抗いがたい目標を措定し、それへの復帰をめざす形で強固な検見仕法を確立することに成功した。先に掲げた寛政六年八月の江戸からの下知に記された「乍爾皆式古法神文之通御改被成候事ニも有之間敷、御憐愍ハ御役人之場ニ有之事、下トして古法ヲ犯し不申候様相示し可申事ニ候」という一文がきわめて印象的である。古法への復帰とは単なる過去の仕法そのものへの復帰を意味するのではなく、役人側が憐愍をもって新たに領民に指し示す仕法の構築と実践を意味したのである。

寛政六年九月に通達された検見仕法の施行細則の骨子はすでに第二章で表2―1として示した通りである。言うまでもなく、この検見仕法の細則は、郡方役所を中心に相当以前から準備・検討されていたのであり、これを練り上げるに際して現場の知見が汲み上げられた。福山藩の地方役人たちはこの時初めて農政の表舞台に引き出されたのである。地方役人たちは細則を編むに必要な知見の源泉を、すでに明和期に成立し、その後補筆・改訂が加えられ、ほとんど定本化していた祖本「郷中覚帳」に求めた。彼らは同書を回覧・書写することを通して、その記述内容を自らの郡方所務の経験と照合し、検見の「古法」として上層部に提案するに足る原理・原則を模索することに努めたのである。むろん、すでに安永六〜八年(一七七七〜九)頃に成立をみていた「郡中町方明細記」も参考資料として一定の役割を果たしたであろう。

検見の古法への立て戻し策の実施を契機として、福山藩の地方役人の間に検見仕法のみならず郡方所務全般についてその実施原理・原則を地方書に温ねようとする気運が高まったことは容易に想像できる。岡本膳兵衛は祖本「郷中覚帳」の増補に取り組み、広田守訓はその書写を試みて、寛政改革が終了した文化初期に、それぞれ増補本「郷中覚帳」・「郡中諸見分覚書」を完成させた。寛政改革にともなう検見仕法の古法への立て戻し策の推進にともなって、祖本「郷中覚帳」は福山藩の地方役人たちに再発見されたのである。

だが、すでに明和期に「郷中覚帳」原本の成立がみられたことは、寛政改革以前から、福山藩の地方役人のなかに、領主側の利益を守りつつ、しかし、恣意を廃し、極力公正・堅実な郡方実務の遂行をめざそうとする役人群が存在していたことを示している。祖本「郷中覚帳」の著者、手帳を残した池田要平次、「郡中町方明細記」の著編者、彼らは皆、過去の先例の記録から学び取った知識に自らの実務経験を通して掴み取った知見を加え、福山藩における郡方所務の手順と内容を記録して、郡方役所で席を同じくする同輩や後輩、また後代の地方役人に伝えようとした。彼らは、ともすれば領民側の事情を無視した一時凌ぎの財政補強策に目を奪われがちな藩上層部や、思慮もなくその場限りの郡方所務を行なう一群の郡方役人たちとは異なり、藩政における地方支配の重要性、藩財政における貢租徴収の意味と役割の大きさを意識しつつ[10]、領主側の利益に叶う範囲で、可能な限り堅実かつ実直に、収税実務を含む郡方所務全般を遂行することに自らのアイデンティティを見出そうとした人々であった。

しかし、郡方所務を公平・公正に遂行することは言うほど容易ではない。検見見分をはじめ諸種の郡方所務を遂行するには村方との交渉が必要となる。時と場合によっては妥協あるいは強制が要求される。賄賂や過度の接待が横行し、また、逆に村方の実状を無視した藩役人の横暴が生じるのはこのためである。いかにすれば村方に阿《おもね》らず、さりとて領主側の専横をも貪ることなく、領主側の利益を確保しつつ郡方実務を遂行することができるか、享保初期における確立後、時を経て、すでに相当変容を遂げつつあった阿部氏福山藩の郡方所務の現状を見つめつつ、祖本「郷中覚帳」の著者は、顧みるべき郡方実務の原理・原則を指し示そうとしたのである。

祖本「郷中覚帳」の著者は相当の地方巧者であったに違いない。私見を示す言辞を極力差し控え、様々な事例を挙げ、具体的に数値を示しつつ福山藩における収税実務をはじめ郡方所務の内容を終始緊張感を失うことなく詳細に解説している。彼の営為は、福山藩の郡方役人の間に早くから堅実な郡方所務の遂行に価値を置く意識が底流として存在していたことを証すものであり、その後、出郡記録を手帳に纏めた池田要平次、祖本「郷中覚帳」をはじめ、諸種の記事を集成し「郡中町方明細記」を編んだ著編者の活動に繋がるものであった。福山藩の地方書は、寛政改革における徴租仕法の古法への立て戻し策の実施にともない、きわめて重要な役割を果したが、それに先立つ財政補強策の推進時代や遠藤弁蔵の専横による苛政の時代の嵐にもよく堪え、福山藩の地方役人の威信を支える根拠として、福山藩郡方役人の良識の証しとしてきわめて重要な役割を果したのである。

## 第四節　近世徴租法研究の課題

本書では、土免制の設定を基礎として確立をみた阿部氏福山藩の徴租法について、米作のみならず、麦作・綿作・藺作・麦作・稗作・煙草作など、多様な作付作物に対する貢租徴収仕法とその実務内容の解明を試みた。その結果、これまでほとんど知られていなかった阿部氏福山藩における徴租法の構造とその運用の実態を相当部分明らかにすることができた。しかし、まだ多数の課題が残されている。まず、すでに本書の各章で繰り返し述べたように、水野氏治世期における徴租法の解明を急がなければならない。阿部氏は水野・松平氏とは異なり、徴租法として土免制を採用したが、一村坪入検見・人別作平均検見、木綿検見・木綿見分、藺作における藺田の段取りと晩稲検見を組み合わせた徴租法、それらの諸仕法の根幹をなす半高の法など、不作時における年貢減免にかかわる諸仕法はすべてすでに水野氏時代に成立をみていた。これらの諸仕法が水野氏あるいは松平氏の検見制の下でどのように機能していたか、これを明らかにしない限り、先代・先々代領主が採用した諸仕法を土免制に取り込んで確立を果たした阿部氏の徴租法の意味を真に解明することは困難であると言えよう。

だが、言うは易く、実践は相当難しい。まず、阿部氏治世期に比べて伝存する水野・松平氏両時代の関連史料の数はきわめて限られている。しかも未だ地方書の成立がみられないために、それらの収税関連史料を読み解くための手引書は一切得られない。課題に応えるためにはこれらの難関を乗り越えねばならない。

本書では福山藩という一藩域に対象を限定して徴租法の解明を試みたが、筆者の関心は必ずしも一地域史に限られるわけではない。例えば、藺草に対する徴租法についてみれば、他の藺草生産地域、すなわち、近江・備前・備中・肥前などの諸国では、いかなる藺田徴租法が行なわれていたのか。管見の限り、それらの研究事例を知らない。また、起こし鍬下年季仕法が実施されていた領国は本書で考察した福山藩・宮津藩に限られていたとは思われない。広島藩のごとく永荒の起こし返し奨励策を展開した諸藩の事例は比較的知られているが、水害を受けた耕地の復旧を促す施策として鍬下年季を積極的に活用した事例は他藩においても少なからずみられたと思われる。災害対策として、あるいは災害復興を促すべく独自の租税徴収仕法を展開した領国は他にみられなかったのだろうか。徴租法との関連の有無にかかわりなく、天領あるいは私領における災害対策・危機管理のあり方を遡及する近世史近世経済史研究の更なる広がりを期待したい。

近世農業の多面性が重視されるに至った今日、これに対応して、近世徴租法研究においてもまた、田方・畑方における表作・裏作全面にわたる年貢賦課構造の解明が強く求められるようになった。「免」・免相（合）の語義をめぐる議論の沸騰は研究に活気を付け加えた。近世徴租法研究は決して古色蒼然たる研究ジャンルではなく、今や最新の研究テーマへと変貌を遂げたのである。全国における地域史研究の成果を結集し、幕領・私領の諸事情を見通した近世貢租徴収システムの全体像を我々が思い描ける時はいつ来るのだろうか。その日を迎えるためには、研究者の不断の熱意と努力と忍耐が必要であり、まだ相当の歳月と道程を要すると言わざるを得ない。

**注**

（1）「明和七年寅九月日六郡村々願箇条申渡覚」（鶴賓文庫「備後資料採訪録」二　明和七年）〈広島県『広島県史近世資料編Ⅴ』昭和五四年 所収 史料番号二三一号〉二四四頁。なお、活字翻刻担当者が「摘ミ」と推定されている箇所は「痛ミ」と記されているのではないかと推測する。

（2）「乍恐書附を以奉願上候御事」（『蘆品郡志』天明六年）（前掲『広島県史近世資料編Ⅴ』所収　史料番号三五二号）三一六～七頁。

（3）生涯を備後国安那郡神辺に過ごし、廉塾を経営して子弟の教育に尽くし、豊後国日田・咸宜園の広瀬淡窓と並び称された菅茶山（一七四八～一八二七）の漢詩集「黄葉夕陽村舎詩」に、次の一編がある。

備中の途上に　路人の話を記す　　備中途上記路人話
閭巷を　人は　奔走しつつ　　閭巷人奔走
言ふ　吏の　田を検しに　来たれば　　言吏検田来
連日　里正が　宅に　　連日里正宅
珍羞は　厨に満ちて　堆しと　　珍羞満厨堆

菅茶山「黄葉夕陽村舎詩」（山岸徳平校注『五山文学集・江戸漢詩集―日本古典文学大系八九―』岩波書店　昭和四一年 所収）二八三頁。
村人は、閭巷（村里）を走り回りながら、検見役人が水田の作況を調べに来たと触れ回っている。里正（庄屋）の家では、連日、珍羞（珍しく美味しい食べ物）が台所にうずたかく積み上げられていると言う。検見見分の成り行きを見守る村民の緊張と興奮、検見に手心を加えてもらうために接待に余念がない庄屋宅の有様、路上での見聞という視角で二つのシーンを対比的に記し、見事に検見役人を迎える村方の実情を活写している。備中国を通ったときに道行く人の話を聞いてという題が付されているが、茶山は脳裏に福山藩の検見の現状をも併せて思い浮かべていたはずである。

（4）「今般被仰出候趣」（「西備遠藤実記」）（前掲『広島県史近世資料編Ⅴ』所収 史料番号三五六号）三二二頁。

（5）同右。

（6）同右　三二三頁。

（7）本書第七章注（61）を参照。

（8）「寛政六寅歳江戸ゟ来ル検見一件」（寛政六年）（「郷中覚帳」三五「諸見分一件」）（福山城博物館附属鏡櫓文書館鶴賓文庫所蔵慶応元年書写本）。地方書「郷中覚帳」の詳細については本書序章を参照。

（9）「御席江出候書付」・「御代官江遣ス書付」・「検者含書」・「此方一統申合之上書付指出候分」・「此方一統申合之上御代官江掛ケ合伺書」・「御席江出ス書付」（寛政六年）（「郷中覚帳」三五「諸見分一件」）

（10）現に阿部氏福山藩では、全時代を通して、貢租収入が財政収入のほとんどの部分を占めていた。

土井作治氏は、正徳五年（一七一五）・元文三年（一七三八）・宝暦三年（一七五三）・明和元年（一七六四）・同八年（一七七一）・安永八年（一七七九）・天明五年（一七八五）・文化一二年（一八一五）・文政五年（一八二二）の合わせて九年分の福山藩における財政収入のデータを集積され、歳入の内容は、銀納分を含む年貢米、諸役銀、町在諸運上、その他に大別でき、そのうち年貢米は、最低でも八八・六％（文政五年）、最高で九七・五％（正徳三年）を占め、平均値も九二％に達していたという分析結果を示された。他は町在諸運上が一〇％以下、諸役銀はわずか二％以下であり、両者は一九世紀以降、漸増する傾向がみられたが、収入構成に変化を及ぼすまでには至らなかったと述べられ、福山藩の財政収入において年貢米銀は終始九〇％以上を占めており、同藩は全面的に年貢収取に依存する体制にあったと結論づけられている（広島県『広島県史近世2』昭和五九年　一六二三頁）。

# あとがき

前著『広島藩地方書の研究』の刊行後、一五年の時を経て、今ここにようやく二冊目の著書『福山藩地方書の研究―阿部氏治世期徴租法の解明―』を纏めることができた。思い起こせば、近世地方書を農政史・民政史研究のための史料として活用する可能性を探る営みを開始したのは昭和五三年（一九七八）のことである。それ以後、今日まで、頑迷かつ不器用に近世地方書研究を継続してきた。

前著では、もっぱら農政批判書・政策提言書としての地方書を採り上げ、分析を試みたが、本書に収めた論考では、「郷中覚帳」・「郡中町方明細記」などの実務マニュアルとしての地方書に注目し、その読解を通して、阿部氏治世期福山藩の徴租法の構造を解明することに専念した。これまでほとんど先行研究がみられなかった同藩の徴租法の運用構造をかなり明らかにすることができたので、近世備後地域の経済史研究の前進に幾ばくかでも資するところがあれば嬉しい限りである。

本書を纏めるに当たって序章と第八章を新たに書き加えた。その他の章の初出一覧を挙げれば次のとおりである。

第一章「徳川期における耕地水害復旧支援策の展開構造―福山藩起こし鍬下年季仕法の分析を中心に―」第三章（尾道大学『経済論集』第六巻二号　平成一八年一二月）、「福山藩における麦作・稗作徴租法」第一章（尾道大学『経済情報論集』第一〇巻一号　平成二二年四月）

第二章「福山藩における土免制の基礎構造―地方書「郷中覚帳」の分析を中心に―」（広島史学研究会『史学研究』

第二二八号　平成一二年六月）
第三章「土免制下、福山藩における木綿徴租法」（広島史学研究会『史学研究』第二三五号　平成一四年一月）
第四章「福山藩における藺田徴租法」（尾道大学『経済情報論集』第四巻一号　平成一六年六月）
第五章「福山藩における麦作・稗作徴租法」第二章以下（尾道大学『経済情報論集』第一〇巻一号　平成二二年四月）
第六章「福山藩における屋敷地徴租法」（尾道市立大学『経済情報論集』第一三巻二号　平成二五年一二月）
第七章「徳川期における耕地水害復旧支援策の展開構造―福山藩起こし鍬下年季仕法の分析を中心に―」第三章を除く（尾道大学『経済論集』第六巻二号　平成一八年一二月）

福山藩の地方書研究に取り組んだこの一五年間は私にとってまさに激動の歳月であった。平成一三年（二〇〇一）、勤務校であった尾道短期大学は二学部三学科を擁する四年制の尾道大学（平成二四年、尾道市立大学と改称）となり、私は経済情報学部に所属することとなった。勤務年数が長かったためであろうか、全学教務委員長・附属図書館長、遂には経済情報学部長・大学院研究科長まで、次々と要職がわが肩にかかってきた。特に学部長時代には、大学の独立行政法人化と経済情報学部のコース制の実施を目前に控え、その準備に息つく暇もない日々を過ごすことになった。非力な私は、公務に汲々として、その間研究をまったく進捗させることができなかった。今顧みて自らの研究能力の脆弱さには忸怩たるものがあるが、足立英之学長をはじめ、学内の多数の先生方・職員の方々のご指導・ご支援を得て、どうにか役務を遂行し、大いに人間力を磨くことができた。

一方、この一五年間は私にとって哀しみが続く歳月でもあった。関西大学経済学部・同大学院の在学中、そして教員として尾道短期大学に職を得た後も引き続き薫陶を賜わった恩師・津川正幸先生、中学時代からの人生の師・市川浩平先生、短大教員時代にお世話になった吉原龍介先生が次々に鬼籍に入られた。津川先生から受けた厳しくも暖かい御指導は以後の私の研究を支える土台となり、多感な青年期に市川先生が熱意を込めて語ってくだくさった数々の人生論は、苦境に立ったとき、進むべき方向を指し示してくれる羅針盤となった。日本山岳会会員であられた吉原先生の登山談義は今も懐かしい思い出である。先生方からこれまでに賜わった深い学恩とご支援に感謝すると共に、ご冥福を心からお祈り申し上げたい。

本書が形をなすまでにはその他にも多数の方々のご支援をいただいた。加勢田博先生には、関西大学に学位を申請するよう強く背中を押していただくなど、数々の御支援、御助力を賜わった。地方書研究を継続する自信と意欲を与えていただいたことに深く感謝を申し上げたい。また、前著で広島藩の土免制を考察するに当たり、その精緻な研究成果を学ばせていただき、大いに啓発を受けた水本邦彦先生、広島・福山両藩の農政史の分析を進める過程でその巧緻な藩政史研究を参照させていただいてきた土井作治先生には、賀状のみながら、変わらぬご高誼にあずかっており、感謝を申し上げたい。また、常に真摯な研究姿勢を貫かれ、ともすれば研究意欲の衰弱に見舞われがちな私を鼓舞する役割を果たして下さった畏友・梶本元信氏にこの度も深謝の意を表わしたい。

本書を纏めるまでの過程で実に多数の方々の研究に学ばせていただいた。特に本城正徳氏が示された数々の研究成果には大いに刺激を受けた。玉稿はもとより近著『近世幕府農政史の研究―「田畑勝手作の禁」の再検証を起点に―』(大阪大学出版会)までご恵送いただき、私自身の研究に生かしうる数多くの示唆をいただいたが、本書に収めた論考ではほとんどそれを実践できなかった。今後の研究の糧とさせていただきたい。中山富広氏の高著『近世の経済発展と地方社会―芸備地方の都市と農村―』(清文堂出版)は実に興味深く、近世芸備地域の経済的展開の多様性を実感するとともに、収集・分析された史資料について数々の稔りある知見を得させていただいた。佐竹昭氏から『近世瀬戸内の環境史』(吉川弘文館)を恵送していただいたことも有り難かった。斬新な分析視角と卓抜な分析手法に魅了された。その他多数の方々の研究から様々な御教示を得た。一々御名前を記さない非礼をご海容いただきたい。

勤務校であった尾道市立大学では、先述の通り、足立学長をはじめ、多数の先生方・職員の方々のお世話になった。深く感謝を申し上げたい。そして前著と同様にこの度も、特に刈山和俊・大西秀典両氏のお名前を記させていただきたい。ほぼ四〇年に及ぶ歳月、両氏と共に切磋琢磨を重ね、苦楽を分け合いつつ教員生活を送ることができたことは私にとって何よりも幸運なことであった。月並みな表現で誠に恐縮ながら、両氏が示して下さった長きにわたる変わることのない厚い友誼に深甚より感謝を申し上げたい。

また、本書の出版を快諾して下さった清文堂出版の前田博雄社長、編集、校正を担当していただき、数々の有益な助言をいただいた同社の松田良弘氏に心より御礼を申し上げたい。編集・組版プロダクション・トビアスの齋藤伸成氏にも随分助力をいただいた。感謝を申し上げたい。

あとがきを結ぶに当たり、家族への礼に紙幅を割くことをお許しいただきたい。本書の刊行を待たず、妻の父茂人は九二歳、わが母キヨは八七歳の天寿を全うした。義父の実直な生き様と厚い信義、母が示し続けてくれた限りない慈愛を心に留め、これからの人生の糧として弛まずなおも研究に邁進していきたい。わが父勇は九一歳の今なお矍鑠として健在である。不肖の息子の思いを理解し自由な生き方を認めてくれたことに感謝しつつ、益々の健勝を祈りたい。最後に、私の研究の最も良き理解者である妻良子に改めて感謝を申し述べたい。長きにわたり私の教員生活・研究生活を蔭で支えてくれた妻の助力がなかったらとうてい本書を刊行することはできなかったと思う。本当にありがとう。

平成二六年一〇月　　勝矢　倫生

勝矢倫生（かつや　みちお）

〈著者略歴〉
昭和 23 年（1948）　三重県名張市に生まれる
昭和 46 年（1971）　関西大学経済学部卒業
昭和 51 年（1976）　関西大学大学院経済学研究科博士課程単位取得満期退学
昭和 63 年（1988）　市立尾道短期大学経済科教授
平成 13 年（2001）　博士（経済学　関西大学）
同年　市立尾道大学経済情報学部教授（平成 25 年尾道市立大学に改称）
平成 26 年（2014）　尾道市立大学名誉教授

〈著書〉
『広島藩地方書の研究』英伝社　平成 11 年（1999）

〈共編著〉
『現代知のネットワーク』渓水社　平成 13 年（2001）

福山藩地方書の研究
— 阿部氏治世期徴租法の解明 —
2015 年 1 月 31 日　初版発行

著　者　勝矢倫生©
発行者　前田博雄
発行所　清文堂出版株式会社
〒542 − 0082　大阪市中央区島之内2 − 8 − 5
電話06 − 6211 − 6265　FAX06 − 6211 − 6492
ホームページ＝http://www.seibundo-pb.co.jp
メール＝seibundo@triton.ocn.ne.jp
振替00950 − 6 − 6238

組版：トビアス　　印刷：朝陽堂印刷　　製本：免手製本
ISBN978-4-7924-1034-6　C3021